साहित्य और इतिहास दृष्टि

साहित्य और इतिहास दृष्टि

मैनेजर पाण्डेय

वाणी प्रकाशन

प्रकाशन के उत्कृष्टतम 61 वर्ष

vaniprakashan.com

पेपरबैक पहला संस्करण : 1981
पेपरबैक दूसरा संस्करण : 2000
पेपरबैक तीसरा संस्करण : 2005
पेपरबैक चौथा संस्करण : 2009
पेपरबैक पाँचवाँ संस्करण : 2013
पेपरबैक छठाँ संस्करण : 2016
पेपरबैक सातवाँ संस्करण : 2021
पेपरबैक आठवाँ संस्करण : 2024

वाणी प्रकाशन

4695, 21-ए, दरियागंज, नयी दिल्ली-110 002

फ़ोन: + 91 11 23273167, 23275710

शाखाएँ

अशोक राजपथ, पटना-800 004, बिहार

कॉफ़ी हाउस कैम्पस, महात्मा गांधी मार्ग, प्रयागराज-211 001, उत्तर प्रदेश

महात्मा गांधी अन्तरराष्ट्रीय हिन्दी विश्वविद्यालय, वर्धा-442 001, महाराष्ट्र

36/ए, शेक्सपियर सरणी, रानी बिरला गर्ल्स कॉलेज के पास, कोलकाता-700 017, प. बंगाल

sales@vaniprakashan.in
vaniprakashan@gmail.com

Sahitya Aur Itihas Drishti
by Manager Pandey

ISBN : 978-93-5072-534-4
Criticism

मूल्य : ₹ 325

जी.एस. ऑफ़सेट, दिल्ली-110 095 में मुद्रित

वाणी प्रकाशन का लोगो मक़बूल फ़िदा हुसेन की कूची से

चन्द्रा के लिए

भूमिका

साहित्य के स्वरूप और प्रयोजन संबंधी अनेक दृष्टिकोण हैं। इन दृष्टिकोणों में अंतर के कारण ही आलोचना और इतिहास के विभिन्न सिद्धांतों और पद्धतियों में बुनियादी अंतर होता है। ऐतिहासिक दृष्टि से साहित्य के अनुशीलन के लिए साहित्य के ऐतिहासिक स्वरूप और उसके सामाजिक प्रयोजन को पहचानना जरूरी है। साहित्यिक रचनाएं इतिहास से निर्मित होती हैं और इतिहास का निर्माण भी करती हैं। रचना का अस्तित्व इतिहास के भीतर होता है, इतिहास के बाहर नहीं। कृतियों की उत्पत्ति में इतिहास की सक्रिय भूमिका होती है और पाठकों द्वारा उनके अनुभव तथा मूल्यांकन का इतिहास उनके जीवन का इतिहास होता है। कलाकृतियां अपने सामाजिक ऐतिहासिक संदर्भ की उपज होती हैं, लेकिन महत्वपूर्ण कलाकृतियां अपने संदर्भ के परे भी सार्थक सिद्ध होती हैं। कलाकृतियों की कालबद्धता और कालजयीपन में द्वंद्वात्मक संबंध होता है। महान कलाकृतियों को कालजयीपन की क्षमता इतिहास से ही प्राप्त होती है, उनका कालजयीपन इतिहासप्रक्रिया में ही सिद्ध होता है। इस तरह कलाकृतियों की उत्पत्ति, उनके अस्तित्व और उनके जीवन को समझने के लिए ऐतिहासिक दृष्टि आवश्यक है। ऐतिहासिक दृष्टि से साहित्य के विकास की व्याख्या करना ही साहित्य के इतिहास का उद्देश्य है।

साहित्य का अस्तित्व समाज मे अलग नहीं होता, इसलिए साहित्य का विकास समाज के विकास से कटा हुआ नहीं हो सकता। साहित्य सामाजिक रचना है, साहित्यकार की रचनाशील चेतना उसके सामाजिक अस्तित्व से निर्मित होती है, साहित्यिक कर्म की पूरी प्रक्रिया सामाजिक व्यवहार का ही एक विशिष्ट रूप है; इसलिए साहित्य का इतिहास समाज के इतिहास से अनेक रूपों में जुड़ा होता है। साहित्य का इतिहास व्यापक सामाजिक इतिहास का अंग है। इसी रूप में साहित्य के इतिहास को समझने-समझाने के दृष्टिकोण, प्रयोजन और पद्धति की सहायता से साहित्य के इतिहासलेखन की सामाजिक सार्थकता का विकास हो सकता है।

कुछ लोग समझते हैं कि साहित्य का इतिहास केवल छात्रों और अध्यापकों के लिए उपयोगी है, रचनाकारों, पाठकों और आलोचकों के लिए नहीं। यह भ्रांत

धारणा साहित्यविवेकविहीन इतिहासलेखन और इतिहासविरोधी साहित्य चिंतन का परिणाम है। साहित्य का इतिहास रचनाकारों, पाठकों और आलोचकों के लिए समान रूप से जरूरी है। साहित्य के इतिहास का एक प्रयोजन साहित्य के विकास की गति और दिशा का बोध कराना है। इस बोध के बिना रचनाकार, पाठक और आलोचक न तो अपने अपने दायित्वों का ज्ञान प्राप्त कर सकते हैं और न दायित्वों का उचित निर्वाह ही। साहित्य की रचना और आलोचना की अधिकांश समस्याएं साहित्य के इतिहास की समस्याएं होती हैं,इसलिए साहित्य के इतिहास के बोध से ही ऐसी समस्याओं के समाधान खोजे जा सकते हैं। वास्तव में साहित्यविवेक के विकास के लिए इतिहासबोध आवश्यक है। इतिहासबोध के बिना साहित्यविवेक अंधा होगा और साहित्यविवेक के बिना इतिहासबोध लंगड़ा।

साहित्य के इतिहासलेखन में साहित्य के परिवर्तन और विकास की व्याख्या होती है, उसमें परंपरा और परिवर्तन के द्वंद्वात्मक संबंध का बोध होता है। साहित्यिक परिवर्तनों की व्याख्या के अनेक उद्देश्य हो सकते हैं। कुछ इतिहासकार केवल व्याख्या के लिए परिवर्तन की व्याख्या करते हैं और कुछ साहित्य के विकास को समझने के लिए। लेकिन परिवर्तन की व्याख्या का एक उद्देश्य नए परिवर्तनों को प्रेरित करना और दिशा देना भी होता है। साहित्य के परिवर्तन और विकास के मूल में सामाजिक परिवर्तन और विकास की महत्वपूर्ण भूमिका होती है और समाज के परिवर्तन तथा विकास में साहित्य की सक्रिय साझेदारी। साहित्य और समाज के इस आपसी संबंध का बोध जगानेवाला इतिहासलेखन ही समाज और साहित्य के इतिहास के निर्माताओं के लिए उपयोगी हो सकता है। इतिहास का निर्माण करनेवाले स्वयं इतिहास से निर्मित भी होते हैं। यह बात समाज और साहित्य के इतिहास के संदर्भ में समान रूप से सच है। जैसे समाज के इतिहास का बोध समाज के इतिहास का निर्माण करनेवाली जनता के लिए जरूरी होता है वैसे ही साहित्य के इतिहास का बोध साहित्य के इतिहास के निर्माताओं के लिए आवश्यक है।

कुछ साहित्यचिंतक मानते हैं कि साहित्य समाज से स्वतंत्र होता है, साहित्यसंसार पूर्णतः स्वायत्त होता है, कृतियों का बोध इतिहासमुक्त होता है, कलाकृतियों का सौंदर्यबोध शाश्वत और सार्वभौम होता है। कुछ दूसरे साहित्यचिंतक कहते हैं कि साहित्य केवल भाषिक संरचना है और साहित्य का इतिहास साहित्य के रूप संबंधी परिवर्तनों का इतिहास है। ये सभी रूपवादी और सौंदर्यवादी मान्यताएं इतिहासविरोधी मान्यताएं हैं। इस पुस्तक में ऐसी इतिहासविरोधी नई पुरानी मान्यताओं का खंडन किया गया है। इसमें साहित्य के स्वरूप और विकास के बारे में एक ऐसे दृष्टिकोण का समर्थन है जो साहित्य और समाज के

विकासशील संबंध को स्वीकार करता है और इतिहास-लेखन में साहित्य की सामाजिकता तथा साहित्यिकता की एक साथ रक्षा करता है। इस दृष्टिकोण के अनुसार साहित्य का इतिहास समाज के इतिहास से प्रभावित होता है और उसे प्रभावित भी करता है। साहित्य के स्वरूप और विकास को ऐतिहासिक दृष्टि से समझने पर ही व्यापक सामाजिक संदर्भ में साहित्य की क्रांतिकारी भूमिका को पहचाना जा सकता है।

आजकल हिंदी में साहित्य के इतिहास और साहित्य के प्रति ऐतिहासिक दृष्टि का विरोध पुराणपंथी और आधुनिकतावादी, पुराने रीतिवादी और नए रूपवादी अपने अपने ढंग से करते हैं। पुराणपंथी वर्तमान और भविष्य को अतीत के अनुरूप बनाना चाहते हैं, वे प्रगति का निषेध करते हैं, रूढ़ि की पूजा करते हैं और रूढ़िवाद की वकालत करते हैं। हिंदी के आधुनिकतावादी वर्तमान के क्षण और क्षण की वर्तमानता में जीने वाले अनुभववादी हैं. वे पूंजीवादी और साम्राज्यवादी पतनोन्मुख कला मूल्यों की हिमायत करते हैं। हिंदी के पुराने रीतिवादी और नए रूपवादी साहित्य के ऐतिहासिक संदर्भ और सामाजिक प्रयोजन को अस्वीकार करते हैं, वे सामाजिक परिवर्तन में साहित्य की सक्रिय भूमिका का विरोध करते हैं। ये आधुनिकतावादी और रूपवादी साहित्य को दूसरे सामाजिक व्यवहारों और विचारों से पूरी तरह अलग रखने की मांग करते हैं, लेखक के लेखकीय व्यक्तित्व और नागरिक व्यक्तित्व में पार्थक्य स्थापित करते हैं और कभी कभी यह भी घोषणा करते हैं कि कविता ही कवि की संपूर्ण नागरिकता है। हिंदी के आधुनिकतावादी और रूपवादियों का यह दृष्टिकोण जनविरोधी और इतिहास विरोधी है।

वास्तव में इस देश का शासक वर्ग शोषक समाजव्यवस्था को बनाए रखने के लिए समाज के बुनियादी परिवर्तन और विकास का विरोध करता हुआ अपनी इतिहासविरोधी भूमिका निभा रहा है। संस्कृति और साहित्य के क्षेत्र में शासक वर्ग के प्रतिनिधि और सेवक बुद्धिजीवी ऐसे सिद्धांतों और मूल्यों की वकालत करते हैं जिनसे साहित्य का ऐतिहासिक स्वरूप धूमिल होता है और समाज के विकास में साहित्य की क्रांतिकारी भूमिका का विरोध होता है। हिंदी साहित्य में रचना के स्तर पर जनवादी प्रवृत्तियों के विकास और आलोचना में ऐतिहासिक दृष्टि के प्रसार के लिए पुराणपंथियों, आधुनिकतावादियों और रूपवादियों के विरुद्ध विचारधारात्मक संघर्ष तेज करना आवश्यक है।

आचार्य रामचंद्र शुक्ल, हजारीप्रसादद्विवेदी और रामविलास शर्मा ने अपने अपने इतिहास और आलोचना संबंधी लेखन में पुराणपंथियों, रीतिवादियों, आधुनिकतावादियों और रूपवादियों के तरह तरह के जनविरोधी और इतिहास-विरोधी दृष्टिकोणों के विरुद्ध संघर्ष किया है। आज जब हम जनविरोधी और इतिहासविरोधी दृष्टिकोणों से संघर्ष करना चाहते हैं और जनता के मुक्तिसंघर्ष में सहायक हिंदी साहित्य तथा उनके इतिहास की पक्षधर भूमिका की पहचान

विकसित करना चाहते हैं तो यह आवश्यक है कि हम आचार्य रामचंद्र शुक्ल, हजारीप्रसाद द्विवेदी और रामविलास शर्मा के ऐसे संघर्षों को याद करें।

नामवरसिंह ने इस पुस्तक के कुछ निबंधों को 'आलोचना' पत्रिका में छापकर मुझे प्रोत्साहित किया और समय समय पर विभिन्न महत्वपूर्ण मुद्दों पर मूल्यवान सुझाव देकर कई तरह की मुश्किलों से बचाया, मैं इन सबके लिए उनका बहुत आभारी हूं।

इस पुस्तक के कुछ निबंध 1976 से 1978 के बीच जब 'आलोचना' में छपे तो उनका मित्रों ने स्वागत किया और इस काम को पूरा करने का आग्रह किया। यह पुस्तक उन मित्रों की प्रेरणा का ही फल है।

'साहित्य और इतिहास दृष्टि' को पुस्तकाकार रूप में हिंदी जगत के सामने लाने का काम भाई श्यामबिहारी राय ने किया है। इस पुस्तक को हर तरह से सुव्यवस्थित और बेहतर बनाने में उनके सुझावों का योगदान महत्वपूर्ण है।

इस पुस्तक के लेखन का आरंभ जोधपुर में हुआ था। जोधपुर के मेरे अनेक छात्र और मित्र पुस्तक के निर्माण में कई तरह से सहायक रहे हैं। उन्हें इस पुस्तक के प्रकाशन से जितनी खुशी होगी उतनी मेरे धन्यवाद देने से नहीं। आज उनके सहयोग को याद करना अपने जीवन के इतिहास के एक महत्वपूर्ण अध्याय से पुनः गुजरने जैसा है।

मैनेजर पाण्डेय

17 अक्टूबर 1981
जवाहरलाल नेहरू विश्वविद्यालय
नई दिल्ली-110016

अनुक्रम

खंड : एक

साहित्येतिहास लेखन की सैद्धांतिक समस्याएं

1

साहित्य का इतिहास क्या है ?

साहित्य के इतिहास की अवधारणा विगत तीनचार दशकों से साहित्य चिंतन के क्षेत्र की एक महत्वपूर्ण लेकिन विवादास्पद समस्या बनी हुई है। साहित्य के इतिहास का स्वरूप तो विवाद का विषय है ही, उसकी आवश्यकता और संभावना को भी संदेह की दृष्टि से देखा गया है। रूपवादी आलोचना के बढ़ते हुए प्रभाव के दौर में साहित्येतिहास की असमर्थता या असमर्थ साहित्येतिहास के दोषों की इतनी चर्चा हुई कि उसे अनावश्यक और असंभव घोषित करना सरल हो गया। इतिहास से नाराज अनेक आलोचकों ने आलोचना में ऐतिहासिक संचेतना को अनावश्यक मानकर उसे समालोचना से बहिष्कृत करने का प्रयत्न किया और साहित्य सिद्धांत तथा व्यावहारिक आलोचना तक ही आलोचना को सीमित कर दिया। लेकिन कछुआधर्मी चिंतन प्रक्रिया का अंत यहीं नहीं हुआ। अब कुछ दार्शनिक आलोचक, आलोचना और आलोचनात्मक सिद्धांत के बीच विरोध मानते हुए साहित्य सिद्धांत की अनिवार्यता को भी अस्वीकार करने लगे हैं। आलोचना को साहित्य के बोध और व्याख्या के लिए पर्याप्त कहकर या फिर साहित्य के बोध और व्याख्या के संदर्भ में इतिहास को अनावश्यक समझकर साहित्य चिंतन को आलोचना का पर्याय मान लिया गया है। साहित्येतिहास के विरोधी आलोचक साहित्य की स्वायत्तता, साहित्य के सौंदर्यबोधीय मूल्य की शाश्वतता और सार्वभौमिकता के आधार पर ही इतिहास को अनावश्यक मानते हैं। एक ओर साहित्य चिंतन को दार्शनशास्त्र बनानेवाले आलोचक यदि इतिहास का विरोध करते हैं तो दूसरी ओर 'साहित्य का विज्ञान' विकसित करने के दावेदार भी। 'साहित्य का दर्शन' और 'साहित्य का विज्ञान' निर्मित करनेवाले आलोचक साहित्य के इतिहास का खंडन करके साहित्य की 'साहित्यिकता' और आंतरिकता को बचाने के प्रयत्न में साहित्य की सामाजिकता की हत्या करने पर तुले हुए हैं। रचनाकार की ऐतिहासिक चेतना रचना की अंतर्वस्तु, उसके कलात्मक रूप और उसकी मूल्यवत्ता को नियमित निर्धारित करती है, यह इतिहासविरोधी

आलोचक भूल जाते हैं। आज के जमाने में, जैसाकि जी. हार्टमैन ने लिखा है, साहित्य का इतिहास एक बौद्धिक अनुशासन के रूप में ही नहीं बल्कि साहित्य की रक्षा के लिए भी आवश्यक है। (न्यू लिटरेरी हिस्ट्री, वा. II, सं. 1, 1970, पृ. 183)

साहित्य का इतिहास न तो वर्तमान से पलायन का साधन है और न अतीत की आराधना का मार्ग, वह न तो अतीत के गड़े मुर्दे उखाड़ने का फल है और न वर्तमान के कटु यथार्थ के दंश से बचानेवाला कल्पनालोक। इतिहास न अतीत की अंध पूजा है और न वर्तमान का तिरस्कार। इतिहास वर्तमान की समस्याओं से बचने का बहाना नहीं है, वह विकास, प्रगति और कर्म का निषेध नहीं है। साहित्य का इतिहास अतीत की विलुप्त रचनाओं और रचनाकारों के उद्धार का केवल साधन नहीं है, वह काल प्रवाह में अपनी कलात्मक अक्षमता के कारण अपने अस्तित्व की रक्षा में असमर्थ रचनाओं और रचनाकारों का अजायबघर नहीं है। वह न तो रचना और रचनाकार संबंधी तिथियों और तथ्यों का कोश है और न 'कविवृत्त संग्रह' मात्र। वह किसी रचना को अपने काल का केवल ऐतिहासिक दस्तावेज या कीर्ति स्तंभ ही नहीं मानता, रचना को अपने युग के यथार्थ के प्रतिबिंबन का केवल साधन नहीं समझता है और रचना की परंपरा, परिवेश और प्रभाव का विश्लेषण करके उसे भूल नहीं जाता। साहित्य का इतिहास केवल विचारों का इतिहास नहीं होता, वह संस्कृति के इतिहास का परिशिष्ट भी नहीं है। वह रचनाओं के कलात्मक बोध का बाधक नहीं, साहित्य सिद्धांत निर्माण का विरोधी नहीं, आलोचना का दुश्मन नहीं है। वह केवल महान प्रतिभाओं और महान रचनाओं का स्तुति-गायन भी नहीं है। वह रचनाओं और रचनाकारों का ऐसा जंगल नहीं है जिसमें रचना और रचनाकार की विशिष्टता या अद्वितीयता खो जाए। साहित्य का इतिहास न तो रचनाओं की केवल अंतर्वस्तु का इतिहास है और न मात्र रूपों का। वह रचनाओं की साहित्यिकता या पाठक की ग्रहणशीलता या शब्दों के विज्ञान का इतिहास नहीं है। वह रचना और रचनाकारों से संबंधित आलोचकीय प्रतिक्रियाओं का सारांश नहीं है और न मुक्त चिंतन के नाम पर वैचारिक दृष्टिहीनता का फल। वह न तो पुरातात्विक चिंतन है और न कलावादी आलोचना का विस्तार मात्र। वह साहित्य की धारणा और इतिहास की धारणा के मेल का फल नहीं है। साहित्य का इतिहास ऐतिहासिक, दार्शनिक, मनोवैज्ञानिक, समाजशास्त्रीय, भाषावैज्ञानिक और सौंदर्यशास्त्रीय साहित्यानुशीलन का सारसंग्रह भी नहीं है।

साहित्य के इतिहास का आधार है, साहित्य के विकासशील स्वरूप की धारणा। साहित्य की निरंतरता और विकासशीलता में आस्था के बिना साहित्य का इतिहास लेखन असंभव है। साहित्येतिहास के सभी प्रकार के विरोधी यह

विश्वास करते हैं कि कला स्थिर रहती है, उसका सौंदर्यबोधीय स्वरूप स्थायी और शाश्वत होता है। कृतियों के कलात्मक मूल्य की शाश्वतता में विश्वास रखनेवालों के अनुसार साहित्येतिहास स्वतंत्र और पृथक रचनाओं की शृंखला मात्र रह जाता है। लेकिन, जैसाकि रेनेवेलेक ने लिखा है, साहित्य के इतिहास का प्रयोजन है साहित्य की प्रगति, परंपरा, निरंतरता और विकास की पहचान करना। (डिस्क्रिमीनेशंस, 1970, पृ. 143) विकास की धारणा के भी अनेक रूप हैं। उन्नीसवीं शताब्दी के यूरोपीय चिंतन में प्रगति की धारणा का बोलबाला था और उस प्रगति की धारणा की समाजशास्त्रीय तथा मनोवैज्ञानिक व्याख्याएं साहित्य के संदर्भ में हुई हैं। प्रगति की दो धारणाओं ने इतिहास संबंधी चिंतन को प्रभावित किया है। ये धारणाएं हैं : (क) चक्रीय प्रगति की धारणा और (ख) रेखीय प्रगति की धारणा। चक्रीय प्रगति की धारणा के अनुसार साहित्य का विकास विश्लेषित करनेवाले इतिहासकार किसी साहित्य परंपरा या एक विधा के विकास को उदय, उन्नति और ह्रास के पुनरावर्ती क्रम के रूप में समझते हैं। रेनेवेलेक ने लिखा है कि चक्रीय प्रगति की धारणा का परिणाम यह हुआ कि साहित्य का विकास दो तत्वों के परस्पर संघर्ष का इतिहास या क्रियाप्रतिक्रिया का सिलसिला बनकर रह गया। यह संघर्ष सर्जनात्मक और प्रतिबिंबात्मक, मौलिक और अनुकरणात्मक, स्वाभाविक और कृत्रिम अथवा स्वच्छंदतावादी और परंपरावादी प्रवृत्तियों के बीच संघर्ष के रूप में समझा जाता था।

साहित्य और कला के संदर्भ में प्रगति की धारणा की एक नई व्याख्या आर्थर कोएस्लर ने अपने एक निबंध में की है। (एनकाउंटर, मई 1970, पृ. 41-45) उनका विचार है कि विज्ञान या कला में प्रगति न तो पूर्ण रूप में होती है और न अनवरत; वह काल विशेष में एक सीमित अर्थ और निश्चित दिशा में होती है। कला में प्रगति के चक्र की चार अवस्थाएं हैं। 'जैसाकि जीवन का नियम है, पूर्ववर्ती प्रभावशाली प्रवृत्ति के अस्वीकार और उसके खिलाफ भावावेशमय विद्रोह से जीवन चक्र की शुरुआत होती है और नई दिशाओं की खोज प्रारंभ होती है। इस चक्र की दूसरी अवस्था में महान प्रतिभाओं की विजयों से उत्पन्न आशावाद और कभी कभी उन्माद की स्थिति होती है। महान प्रतिभाओं के अनुगामी नए उन्मुक्त क्षेत्र में अपनी क्षमताओं के उपयोग और क्रियान्वयन की संभावनाएं तलाशते हैं। यही प्रगति का चरमोत्कर्ष काल होता है और यही नई अंतर्दृष्टियों की सुदृढ़ करने, नई तकनीकों तथा शैलियों को विकसित और परिष्कृत करने का काल होता है। तीसरी अवस्था में विकास की संभावित पूर्णता के बाद ही निराशा और ह्रास की स्थितियां आती हैं। चौथी और अंतिम अवस्था साहसपूर्ण प्रयोगों और अराजकता की होती है जिससे नई क्रांति की भूमिका तैयार होती है, नई संभावनाओं की तलाश शुरू होती है और इस प्रकार चक्र पुनः प्रारंभ हो जाता है।' उनका विचार

है कि साहित्य रचना की अंतर्वस्तु और रूप में क्रांतिकारी उत्थान पतन प्रासंगिकता के बदलाव के कारण होता है। कला के विकास में क्रांति, उसको सुदृढ़ करने, परिपूर्णावस्था की प्राप्ति, संकट और अंत में नई शुरुआत की विभिन्न अवस्थाओं के रूप में विकास की प्रक्रिया चलती रहती है।

साहित्य और कला के विकास की व्याख्या करनेवाला एक आवयविक सिद्धांत भी है जिसके अनुसार साहित्य या कला को सांस्कृतिक या सामाजिक विकास के अंग के रूप में विवेचित किया जाता है। इसके अनुसार साहित्य अपने समाज, युग और राष्ट्र की चेतना का अभिव्यंजक और विधायक होता है। भाषा के विकास सिद्धांत का भी साहित्य के इतिहास की विकासवादी धारणा पर प्रभाव पड़ा है। समानांतर विकास या रेखीय प्रगति की धारणा मानव समाज को एक लक्ष्य की ओर प्रगति करती हुई मानती है। साहित्य या कला का विकास इस लक्ष्योन्मुख प्रगति का एक रूप है। सांस्कृतिक चक्रवाद में एक ओर लक्ष्यहीन गति पर बल दिया जाता है और दूसरी ओर सभ्यता को एक सजीव प्राणी की तरह जन्म लेने, प्रौढ़ होने और मर जाने की प्रक्रिया पर। रेखीय प्रगति की धारणा में अगर विकास प्रक्रिया के सरलीकरण की संभावना रहती है तो चक्रवादी प्रगति की धारणा अंततः विकास की निरंतरता को ही खंडित करती है। कला और साहित्य की चक्रवादी व्याख्या पर सबसे अधिक प्रभाव हेगेल के कला दर्शन का पड़ा है। सांस्कृतिक चक्रवाद साहित्य और संस्कृति के युगांतकारी परिवर्तनों की व्याख्या करने में अक्षम है। साहित्य और कला के विकास की निरंतरता के अंतर्गत ही विभिन्न प्रवृत्तियों का उत्थान पतन चला करता है, इसलिए कला या साहित्य की मृत्यु की कल्पना से इतिहास के अंत की कल्पना भी जुड़ जाती है। तात्पर्य यह है कि साहित्य के विकास का लक्ष्य मानव समाज के विकास के लक्ष्य से संबद्ध है और कोई भी विकास लक्ष्यहीन नहीं होता। मानव समाज का इतिहास मनुष्य की प्रयोजनयुक्त क्रियाशीलता का ही परिणाम है। साहित्य का इतिहास लेखन साहित्य में होनेवाले परिवर्तन और निरंतरता के द्वंद्वात्मक विकासशील संबंध की व्याख्या से संभव होता है।

साहित्य के इतिहास में संपूर्ण विश्व साहित्य की या किसी एक राष्ट्र के साहित्य की विशेष प्रवृत्तियों या रचना विधाओं की विकासशीलता को स्वीकार करनेवाले साहित्य चिंतक साहित्य को एक गतिशील प्रक्रिया मानते हैं। साहित्य को गतिशील प्रक्रिया माननेवाले विचारक वस्तुवादी और रूपवादी दोनों तरह के हैं। ऐसे विचारक साहित्येतिहास में विकास की विशेष प्रक्रियाओं और प्रक्रियाओं की कार्य प्रणाली की खोज करते हैं। साहित्य को गतिशील प्रक्रिया माननेवाले चिंतन के दो रूप हैं। कुछ विचारक साहित्य को पूर्ण स्वायत्त प्रक्रिया मानते हैं। वे साहित्य की रूप और वस्तु संबंधी रचनात्मक

प्रवृत्तियों और अभिव्यक्तियों की विकासशीलता साहित्य में ही खोजते हैं। कुछ दूसरे विचारक साहित्य की सापेक्ष स्वतंत्रता को स्वीकार करते हुए उसकी विकास प्रक्रिया का अनुशीलन सामाजिक जीवन और यथार्थ की विकासशील प्रक्रिया से संबद्ध रूप में करते हैं। साहित्यिक प्रक्रिया का यह समाजसापेक्ष अध्ययन साहित्य की ऐतिहासिक यथार्थ से संबद्धता को महत्वपूर्ण मानता है। साहित्य के विकास के आवयविक सिद्धांत का एक नया रूप ग्राम्शी के चिंतन के आधार पर भी विकसित किया जा सकता है। 'आवयविक बौद्धिकों' और 'प्रभुत्व की अवधारणा' के आधार पर समाज की संपूर्ण बौद्धिक क्रियाओं की गतिशील प्रक्रिया को सामाजिक विकास की प्रक्रिया के संदर्भ में विवेचित करते हुए साहित्य के विकास को इन धारणाओं के आलोक में समझा जा सकता है। इससे एक ओर साहित्य के विकास के दौरान साहित्य की वर्गीय और विचारधारात्मक स्थिति का विवेचन संभव होगा और दूसरी ओर साहित्य की कलात्मक सत्ता का उद्‌घाटन भी।

साहित्य के इतिहास में यदि विकास को स्वतः संचालित प्रक्रिया माननेवाले विचारक हैं तो उस विकास को सामाजिक ऐतिहासिक यथार्थ की विकास प्रक्रिया से अनुशासित प्रक्रिया माननेवाले विचारक भी हैं। साहित्य के विकास के सिद्धांतों की समीक्षा करते हुए एलेमर हेंकिस ने विकास के सात नियमों की चर्चा की है। (पोयटिक्स, सं. 5, 1972, पृ. 42-45)

1. नवोन्मेष का नियम : इतिहास या साहित्यचिंतन का यह स्वीकृत सिद्धांत है कि रचनाकार नया सृजन करके परंपरा में परिवर्तन करता है। नवीनता या मौलिकता रचनाशीलता की एक अनिवार्य विशेषता है जिससे साहित्य की परंपरा में परिवर्तन और विकास की प्रक्रिया चलती है। रूसी रूपवादियों ने नवीनता को अपने साहित्य सिद्धांत का केंद्र-बिंदु बनाया था और प्राग स्कूल के यान मुकारोव्स्की ने भी रूप संबंधी नवीनता को साहित्य के विकास में केंद्रीय महत्व का तत्व माना है।

2. निरंतरता का नियम : साहित्य के इतिहास में नवीनता और निरंतरता में द्वंद्वात्मक संबंध होता है। नवीनता और निरंतरता में विरोध एकताविकास का संबंध भी होता है। नवीनता की शुरुआत शून्य से नहीं होती। परंपरा और वैयक्तिक प्रज्ञा के संयोग से उत्पन्न नवीनता में एक प्रकार की निरंतरता होती है। सृजन और संरक्षण के माध्यम से ही विकास का इतिहास बनता है।

3. घटावबढ़ाव का नियम : साहित्य का विकास परंपरा और प्रतिभा, नवीनता और निरंतरता के बीच ही नहीं आंदोलित होता रहता है बल्कि विरोधी साहित्य प्रवृत्तियों, अभिव्यक्त रूपों और विशेषताओं के परिवर्तन से भी प्रभावित होता है। इसके अतिरिक्त साहित्य का विकास अभिव्यंजना के नवीन रूपों के अन्वेषण के साथ साथ वस्तुपरकता और आत्मपरकता, भावात्मकता और बौद्धिकता, शास्त्रीयता और स्वच्छंदवादिता आदि के बीच गतिशील होते हुए कभी एक छोर

के, और कभी दूसरे छोर के निकट होता है। विकास के दौरान कभी एक प्रवृत्ति घटती है तो दूसरी बढ़ती है और इस प्रकार प्रवृत्तियों के घटावबढ़ाव या उतार चढ़ाव का क्रम चलता रहता है।

4. आवयविक विकास का नियम : आवयविक सिद्धांत के विवादास्पद होने के बावजूद इससे साहित्यिक प्रवृत्तियों, आंदोलनों, विधाओं और शैलियों के उद्‌भव, विकास और ह्रास की प्रक्रिया को समझने में मदद मिलती है।

5. अत्यधिक परिपूर्णता का नियम : कलाकार की आकांक्षा अपनी भावनाओं, विचारों और अनुभूतियों की पूर्णतम अभिव्यक्ति की होती है। नवीन अनुभव और विचारो के साथ साथ अभिव्यंजना के नए रूपों की तलाश होती है, पुराने रूपों में संशोधन होता है और नए रूपों का आविष्कार भी होता है। इस प्रक्रिया में अभिव्यंजना के रूपों का विकास होता है।

6. प्रथक्कीकरण और संश्लेषीकरण का नियम : साहित्य के विकास में यह एक सामान्य प्रवृत्ति है कि एक रचना रूप के विकसित होने के बाद रचनाकार नए अनुभवों की अभिव्यक्ति के लिए उस रूप में परिवर्तन करता है, एक अभिव्यंजक रूप का परिष्कार, संशोधन करके या उसे दूसरे रूपों के साथ संयुक्त करके नए रूपों का विकास करता है। एक अभिव्यंजना रूप कुछ विशेष प्रकार के अनुभवों की व्यंजना के लिए निर्मित होता है लेकिन कभी कभी नए अनुभवों की व्यंजना के लिए पृथक्कीकरण और संश्लेषीकरण के माध्यम से उसका रूपांतरण किया जाता है।

7. संचयन का नियम : लोक संस्कृति में साहित्य और कला के रूप प्रयुक्त और अप्रयुक्त होने के कारण काल प्रवाह में खो जाते हैं। मानवीय स्मृति को सीमित क्षमता के कारण धीरे धीरे पुराने रूपों, विषयों और पद्धतियों का स्थान नए रूप और विषय ले लेते हैं, लेकिन लिखित साहित्य में विभिन्न कारणों और तरीकों से पुराने का संचय और संरक्षण संभव होता है और परवर्ती रचनाकार उनका सर्जना उपयोग करते हैं।

साहित्य की विकासशील प्रक्रिया में नई प्रवृत्तियों के उदय, पुरानी प्रवृत्तियों से नई प्रवृत्तियों के संघर्ष, नए प्रयोग और परिवर्तन के साथ साथ निरंतरता का क्रम चलता रहता है। साहित्य की विकास प्रक्रिया के अंतर्गत क्रियाशील आंदोलनों परिवर्तनों और नवीन प्रयोगों के संबंध का विवेचन साहित्येतिहास में होता है। साहित्य में परिवर्तन और आंदोलनों से नवीन प्रयोगों की संभावना उत्पन्न होती है और नवीन प्रयोगों से परिवर्तनों के लिए भूमिका तैयार होती है। परिवर्तनशीलता के साथ साथ निरंतरता मानव चेतना और मानव समाज की एक विशेषता है। मानव चेतना और साहित्य में पूर्ण परिवर्तनशीलता की संभावना को स्वीकार करने पर इतिहास लेखन असंभव होगा और परिवर्तनों के अभाव में इतिहास लेखन निरर्थक।

किसी काल के साहित्य में कोई ऐसा परिवर्तन नहीं होता जो अतीत और भविष्य से पूर्णतः विच्छिन्न हो। रचनात्मक प्रवृत्तियों, चिंताधाराओं, सौंदर्यबोधीय मूल्यों और साहित्य मूल्यों की विकासशील परंपरा में परिवर्तन और निरंतरता का द्वंद्वात्मक गतिशील संबंध होता है। यहां तक कि क्रांतिकारी परिवर्तनों के बीच भी एक विकासशील निरंतरता होती है। हर नया आंदोलन अतीत से मुक्ति की बात करता हुआ भी नया होने के बावजूद इतना नया नहीं होता कि अतीत से उसका कोई संबंध ही न हो। कई बार नवीन प्रवृत्तियां पुरानी प्रवृत्तियों का निषेध करती हुई भी उनसे काफी कुछ ग्रहण कर लेती हैं। साहित्य और कला के क्षेत्र में क्रांति सामजिक क्रांति की तरह ही अतीत के बोझ और बंधन से मुक्त होकर भी अतीत के जीवंत और मूल्यवान दाय को आत्मसात करती है। साहित्य और कला के इतिहास में क्रांतिकारी परिवर्तनों के बावजूद निरंतरता के कारण हैं: मानव चेतना और मानव स्वभाव की निरंतरता, मानव समाज की निरंतरता और रचना माध्यमों की निरंतरता। साहित्य की परंपरा का संबंध एक ओर सामाजिक परंपराओं से होता है और दूसरी ओर भाषा की परंपरा से। सामाजिक जीवन, जीवनानुभव और भाषा का गतिशील संबंध ही साहित्य में परिवर्तन और निरंतरता की संबद्धता का कारण है।

साहित्य के इतिहास में विचारणीय विषय अगर एक ओर परिवर्तन और निरंतरता का संबंध है तो दूसरी ओर नवीन प्रयोगों की विशिष्टता और परंपरा का संबंध भी है। माइकेल एच. ब्लैक ने लिखा है कि साहित्य में एक महत्वपूर्ण समस्या अभिनव प्रयोगों की विशिष्टता है और दूसरी समस्या विकास के बावजूद निरंतर गतिशील परंपरा के अंतर्गत घटित होनेवाले परिवर्तनों का स्वरूप है। (न्यू लिटरेरी हिस्ट्री, वा. VI, सं. 3, 1975, पृ. 486) परंपरा और प्रयोग के संबंध पर 'प्रयोगवाद' के संदर्भ में पर्याप्त लिखा गया है, फिर भी यह कहना जरूरी है कि केवल रूप संबंधी प्रयोग ही विचारणीय नहीं है 'बल्कि वस्तु संबंधी प्रयोगों का स्वरूप भी विचारणीय है। चौंकानेवाली आत्यंतिक मौलिकता से उत्पन्न नकेनवाद' जैसे प्रयोग साहित्य के विकास में योगदान करने के बदले शीघ्र ही इतिहास की चीज बन जाते हैं। वस्तु या रूप संबंधी वही प्रयोग सार्थक हैं जो नए प्रयोगों के लिए प्रेरक बन सकें।

कार्ल पापर जैसे इतिहास के कट्टर विरोधी आधुनिक भाववादी दार्शनिकों की बात को अगर उपेक्षणीय मान लिया जाए तो भी यह सच है कि साहित्येतिहास के विरोधी और समर्थक विचारक यह मानते हैं कि साहित्य का इतिहास और साहित्य के अनुशीलन की ऐतिहासिक पद्धति दोनों एक ही नहीं हैं। यह एक तथ्य है कि साहित्येतिहास के विरोधी साहित्य के संदर्भ में ऐतिहासिक चेतना या ऐतिहासिक अंतर्दृष्टि को अनावश्यक मानते हैं, ऐतिहासिक पद्धति के सारे दोष

साहित्येतिहास के मत्थे मढ़ देते हैं। उनके अनुसार ऐतिहासिक प्रणाली में रचनाओं की उपेक्षा होती है, तथ्यों और तिथियों पर बल दिया जाता है, स्रोतों की खोज की जाती है, आलोचना जीवनीपरक हो जाती है और कलाबोध की हानि होती है। ऐतिहासिक पद्धति में इतिहास की धारणा प्रमुख बनी रहती है और साहित्य की धारणा गौण हो जाती है, साहित्य इतिहास के अनुशासन से अनुशासित होने लगता है। फलतः इतिहास और आलोचना का अलगाव अनिवार्य हो जाता है। ऐतिहासिक पद्धति में अतीत की तथ्यपरकता में साहित्य खो जाता है और अध्ययन का विषय साहित्य नहीं केवल इतिहास रह जाता है। ऐतिहासिक पद्धति ऐसे परिवर्तनों की व्याख्या करने में अक्षम है जो परंपरा से नहीं, रचनाकारों की प्रतिभा से उत्पन्न होते हैं। ऐतिहासिक पद्धति ऐसी विचार प्रक्रिया का परिणाम है जो समाजविज्ञानों से पैदा हुई है। फिलिप राह्व ने ऐतिहासिक पद्धति से सर्जनात्मक ऐतिहासिक दृष्टि का अंतर स्पष्ट करते हुए लिखा है :

> सर्जनात्मक ऐतिहासिक अंतर्दृष्टि और नीरस ऐतिहासिक पद्धति में अंतर होता है। नीरस ऐतिहासिक पद्धति में परिश्रमपूर्वक स्रोतों की खोज और तथ्य संग्रह की यांत्रिक प्रवृत्ति प्रमुख होती है। यह अपने सर्वोत्तम रूप में उपयोगी दस्तावेजीकरण है और निकृष्ट रूप में पुरातत्त्ववादिता। (लिटरेचर एंड सिक्स्थ सेंस, लंदन 1970, पृ. 360)

उन्होंने ऐतिहासिक पद्धति को ऐतिहासिक तथ्यों पर निर्भर और ऐतिहासिक तथ्य को तटस्थ आंकड़े मात्र माना है। किसी रचना की ऐतिहासिकता रचना से संबंधित ऐतिहासिक तथ्यों का कुल योग मात्र नहीं है बल्कि ऐतिहासिकता ऐतिहासिक कल्पना शक्ति से निर्मित एक मूल्य है जिससे रचना का मूल्यांकन होता है। रचना के परिवेश की ऐतिहासिक वास्तविकता के बोध के बाद जब ऐतिहासिकता को मूल्य के रूप में स्वीकार किया जाता है तब इतिहास और आलोचना की एकता स्थापित होती है। ऐसी ऐतिहासिक चेतना विश्लेषणात्मक अंतर्दृष्टि और आलोचनात्मक कलाबोध के योग से बनती है। फिलिप राह्व ने आलोचनात्मक अंतर्दृष्टि की सार्थकता और साहित्य बोध की जीवंतता के लिए रचना और उसके ऐतिहासिक संदर्भ के संबंधबोध को आवश्यक माना है। उन्होंने लिखा है :

> ऐतिहासिक काल के भीतर ही पाठ के संदर्भ का बोध हो सकता है। पाठ और संदर्भ के बीच द्वंद्वात्मक संबंध होता है; जिसकी उपेक्षा करने पर आलोचना बुद्धि कमजोर हो जाती है और साहित्य की शक्ति का बोध नहीं हो सकता। (लिटरेचर एंड सिक्स्थ सेंस, लंदन 1970, पृ. 360)

कुछ विचारक साहित्य के इतिहास में अतीत को वर्तमान के केवल कारण के रूप में देखते हैं। इस तरह अतीत और वर्तमान का संबंध कार्य कारण संबंध हो जाता है। इस प्रक्रिया में अतीत वर्तमान के ऐतिहासिक संघर्ष से स्वतंत्र प्रतीत होता है। वाल्टर बेंजामिन का मत है कि वर्तमान के ऐतिहासिक संघर्ष के परिणाम से अतीत भी प्रभावित होता है। समाज और साहित्य के इतिहास में वर्तमान का विचार-धारात्मक संघर्ष वर्तमान और भविष्य के लिए ही नहीं होता, वह अतीत के लिए भी होता है। साहित्य के इतिहास में अतीत की प्रगतिशील परंपरा के लिए संघर्ष एक ओर वर्तमान संघर्ष का अंग होता है और दूसरी ओर अतीत की रक्षा के लिए संघर्ष होता है। कुछ लोग साहित्य के इतिहास में अतीत की रचनाओं की 'विगत सार्थकता' देखते हैं और उनकी 'वर्तमान अर्थवत्ता' की उपेक्षा करते हैं। ऐसे इति-हासकार और आलोचक रचनाओं को इतिहास के निर्माण के तत्व के रूप में ही देखते हैं, उन्हें इतिहास प्रक्रिया के अंग के रूप में नहीं देख पाते। वाल्टर बेंजामिन साहित्य के इतिहास लेखन में अतीत की रचनाओं के वर्तमान अनुभव की व्याख्या को आवश्यक मानते हैं। इस प्रकार वे अतीत की रचनाओं को इतिहास प्रक्रिया के अंग के रूप में देखने परखने का आग्रह करते हैं। (इल्यूमिनेशंस, 1977, पृ. 257)

साहित्येतिहास को ऐतिहासिक आलोचना से स्वतंत्र एक बौद्धिक अनुशासन के रूप में विकसित करने के लिए यह आवश्यक है कि रचना, रचनात्मक प्रवृत्तियों और कलात्मक बोध के उदय तथा द्वंद्वात्मक विकास को एक गतिशील प्रक्रिया के रूप में विवेचित किया जाए और इस विकास प्रक्रिया को प्रभावित करनेवाले ऐतिहासिक यथार्थ से विकास प्रक्रिया के संबंध की व्याख्या भी की जाए। इस विकास प्रक्रिया से उत्पन्न परिवर्तनों के कारण और प्रभाव की व्याख्या करना भी इतिहासकार का काम है। इसके लिए निश्चय ही रचना और रचनाकार से संबंधित तिथियों और तथ्यों का अनुसंधान करना होगा, लेकिन रचना का मूल्यांकन करनेवाली आलोचना दृष्टि के पीछे वर्तमान की कला चेतना की सक्रियता आवश्यक है। अतीत की रचनाओं की वर्तमान में प्रासंगिकता, वर्तमान की कला चेतना और सामाजिक चेतना से निर्धारित होती हैं। ऐतिहासिक कल्पना की सर्जनात्मक क्रियाशीलता से निर्मित ऐतिहासिक अंतर्दृष्टि और मूल्य दृष्टि के अभाव में रचना के आलोचनात्मक विश्लेषण मूल्यांकन के बिना इतिहास अगर पुरातात्विक चिंतन बन जाएगा तो रचना और रचनाकार से संबंधित तथ्यों के विवेकपूर्ण अनुसंधान के बिना इतिहास ऐतिहासिक आलोचना का पर्याय हो जाएगा। ऐतिहासिक अंतर्दृष्टि और आलोचनात्मक चेतना के संयोग के कारण ही आचार्य रामचंद्र शुक्ल का इतिहास एक क्लैसिक कृति है जबकि ऐतिहासिक अंतर्दृष्टि और आलोचनात्मक चेतना के सामंजस्य के अभाव के कारण हिंदी

साहित्य के अनेक दूसरे इतिहासों में इतिहास और आलोचना का पार्थक्य स्पष्ट देखा जा सकता है।

साहित्येतिहास के संदर्भ में अतीत और वर्तमान का संबंध विचारणीय है। इतिहास मूलतः मूल्यांकनपरक होता है। प्रश्न यह है कि अतीत की रचनाओं का मूल्यांकन अतीत के अनुभव के रूप में किया जाए या वर्तमान के अनुभव के रूप में? कलात्मक अनुभव को शाश्वत अनुभव के रूप में परखा जाए या नए अनुभव के रूप में? रचना का मूल्यांकन रचनाकालीन संदर्भ में हो या समकालीन संदर्भ में? इन प्रश्नों से कलाकृति के अतीत और वर्तमान की, रचनाकाल और आस्वादन काल की एकता और अंतर्विरोध की व्यंजना होती है। आलोचक इतिहासकार रचना के अतीत और वर्तमान को, उसके सृजन और आस्वादन को, एक दूसरे से अलग करके नहीं देख सकता। रचना के केवल अतीत की मीमांसा करना विधेयवादी इतिहास की कमजोरियों का शिकार होना है और रचना के केवल वर्तमान को या उसके वर्तमान आस्वाद्य रूप की मीमांसा करना नई समीक्षा की प्रवृत्ति को स्वीकारना है। रचना की उत्पत्ति और उसकी वर्तमान सार्थकता दोनों पर विचार करना इतिहास का उद्देश्य है।

साहित्येतिहास में संदर्भ सापेक्षता की आत्मपरकतावादी परिणति के खतरों की ओर संकेत करते हुए ई. डी. हर्ष ने लिखा है (एसेज इन क्रिटिसिज्म, वा. XXV, सं. 1, जन. 1975, पृ. 154) कि जब इतिहास में इतिहासकार का निजी दृष्टिकोण मूल्यांकन का केंद्र होता है तब इतिहास का वैयक्तिकीकरण हो जाता है और इतिहास में वर्तमान की चेतना की खोज प्रमुख हो जाती है। जाहिर है ऐसी स्थिति में इतिहास की वस्तुपरकता खंडित होती है। साहित्येतिहास में कभी कभी अतीत के किसी काल विशेष की वैयक्तिकता पर बल दिया जाता है तो उस काल की व्यक्त एकता के खोज के नाम पर विरोधी प्रवृत्तियों की उपेक्षा की जाती है। जो विचारक अतीत को समशील (होमोजीनियस) मानते हैं, वे उसे वर्तमान से विच्छिन्न समझते हैं और अतीत की रचनाओं के मूल्यांकन के लिए ऐतिहासिक कल्पना या ऐतिहासिक सहानुभूति की आवश्यकता पर बल देते हैं। इस प्रकार अतीत की रचनाओं की केवल अतीतता विचारणीय रह जाती है, उनकी वर्तमानता नहीं। लेकिन सच्चाई यह है कि साहित्य का इतिहास वर्तमान की चेतना के परिप्रेक्ष्य में ही अतीत की सार्थकता की व्याख्या करके वर्तमान के लिए उसे उपयोगी और प्रासंगिक बनाता है।

साहित्य के इतिहासलेखन में अतीत को ठीक से समझने के लिए वर्तमान की सही समझ जरूरी है। डब्लू जे ओंग् ने ठीक ही लिखा है (पी. एम. एल. ए., वा. 94, सं. 3, 1977, पृ. 392) कि अतीत को समझने के लिए वर्तमान की गहरी समझ जरूरी है, क्योंकि वर्तमान समाज से ही अतीत के बारे में हमें नए जरूरी

सवाल मिलते हैं। पहले के अधिकांश इतिहास निरर्थक हैं क्योंकि उनके लेखक जितना अतीत के बारे में जानते थे उससे बहुत कम अपने युग को जानते थे। वे जिस संदर्भ में अतीत को देखना चाहते थे उस संदर्भ पर विशेष विचार न कर सके। दूसरे इतिहासों की तरह साहित्य के इतिहास को भी दोनों छोरों से समझना जरूरी है : दूरवर्ती अतीत के छोर से और निकटवर्ती वर्तमान के छोर से भी। साहित्य के इतिहास लेखन के लिए वर्तमान समाज और साहित्य के वास्तविक स्वरूप का बोध आवश्यक है अन्यथा इतिहास लेखन के नाम पर अतीत के लिए अतीत की साधना होगी। वर्तमान से विच्छिन्न इतिहास बोध अतीत और वर्तमान दोनों को समझने में असमर्थ होगा, वर्तमान की चेतना से शून्य इतिहास लेखन केवल पुरातात्विक लेखन होगा।

साहित्येतिहास के प्रति समकालीन उदासीनता के कारणों की खोज करते हुए ज्यां ब्रांड कोर्टियस ने ठीक ही लिखा है (न्यू लिटरेरी हिस्ट्री, वा. II, सं. 1, 1970, पृ. 66) कि समकालीन उदासीनता का एक कारण साहित्येतिहास का वह रूप भी है जिसका वर्तमान से, वर्तमान की चेतना और संवेदनशीलता से, कोई संबंध नहीं होता बल्कि वह अतीत की घटनाओं और तथ्यों का पुंजमात्र होता है। लेकिन सच्चाई यह है कि ऐसा साहित्येतिहास, साहित्येतिहास का सच्चा रूप नहीं बल्कि उसका विद्रूप है।

साहित्य के इतिहास में रचना के अतीत और वर्तमान के संबंध का प्रश्न कालजयी कृतियों के संदर्भ में भी विचारणीय है। कालजयी कृतियों की युग सापेक्षता और युग निरपेक्षता, परंपरा और परिवेश से उनके जुड़ाव और परंपरा परिवेश से परे उनकी सार्थकता का सवाल साहित्येतिहास का एक महत्वपूर्ण लेकिन विवादास्पद सवाल है। कालजयी कृतियों में व्यक्त कलात्मक मूल्यों के स्थायित्व का स्वरूप इतिहास और आलोचना में विवाद का विषय बना हुआ है। कालजयी कृतियों को प्रत्येक पीढ़ी अपनी युगीन चेतना और मानसिकता के अनुसार ग्रहण करती है और जो कृति जिस सीमा तक परवर्ती पीढ़ियों और युगों की मूल्य दृष्टि और कला चेतना को संतुष्ट कर पाती है वह उसी सीमा तक सार्थक बनी रहती है। निरवधि काल में समानधर्मा सहृदयों की कामना हर कृतिकार करता है लेकिन प्रत्येक कृति कालजयी कृति नहीं होती। कालजयी कृतियों में युग सापेक्षता और युग निरपेक्षता का विरोध ही नहीं होता, उनकी एकता भी होती है। अपने प[illegible] और अपनी परंपरा से सर्जनात्मक संबंध स्थापित करनेवाली कृति ही रचनाकार की सृजनशीलता (मौलिकता और नवीनता) के कारण कालजयी भी होती है। गहरे स्तर पर समकालीन होकर, समकालीन जीवन से संबद्ध होकर ही कोई कृति सार्वकालिक बनती है न कि परंपरा और परिवेश से विच्छिन्न होकर। कालजयी कृतियों में व्यक्त युगीन और युगातीत मानव मूल्यों

की पहचान के लिए मौलिकता और परंपरापरकता, वैयक्तिकता और प्रातिनिधिकता, समकालीनता और सार्वकालिकता के द्वंद्वात्मक संबंध की समझ आवश्यक है। युग सापेक्षता समकालीन ऐतिहासिक यथार्थ की व्यंजना का परिणाम है और युग निरपेक्षता ऐतिहासिक यथार्थ की पुनर्रचना करनेवाली सर्जनात्मक प्रतिभा की देन है। रचनाशीलता शून्य से शुरू नहीं होती और न शून्यता में विकसित होती है। कालजयी कृतियों का कलात्मक मूल्य आलोचनात्मक चेतना से विश्लेषित होता है और उन कलात्मक मूल्यों की प्रासंगिकता की पहचान ऐतिहासिक चेतना से संभव होती है। मूल्यवान कृतियों की रक्षा करना इतिहासकार का नैतिक दायित्व है। कृति का कलात्मक मूल्य उसमें व्यक्त नैतिक मानवीय मूल्यों से संबद्ध होता है और नैतिक मानवीय मूल्यों की सार्थकता का बोध ऐतिहासिक चेतना से संभव होता है।

साहित्येतिहास में अतीत और वर्तमान का अलगाव साहित्येतिहास की अनिवार्य दुर्बलता नहीं है बल्कि गलत इतिहास दृष्टि का परिणाम है। भाववादी इतिहासकार ही इतिहास में अतीत के शाश्वत बिंब प्रस्तुत करते हैं या भाववादी रूपवादी इतिहासकार कल्पना के शाश्वत प्रत्ययों की पुनरावर्ती पद्धति के रूप में इतिहास की व्याख्या करते हैं। ऐतिहासिक भौतिकवाद इतिहास के संदर्भ में अतीत और वर्तमान के अलगाव को अस्वीकार करता है। वाल्टर बेंजामिन ने लिखा है :

> वर्तमान की धारणा के बिना ऐतिहासिक भौतिकवादी का काम नहीं चल सकता। इतिहासवाद अतीत का शाश्वत बिंब उपस्थित करता है लेकिन ऐतिहासिक भौतिकवाद अतीत को वर्तमान के अनुभव के रूप प्रस्तुत करता है। (इल्यूमिनेशंस, 1977, पृ. 264)।

मार्क्स ने प्राचीन यूनानी कला पर विचार करते हुए लिखा है कि तद्युगीन विशिष्ट सामाजिक विकास से यूनानी कला और महाकाव्यात्मक कविता के संबंध का बोध कठिन नहीं है बल्कि वर्तमान काल में उनकी कलात्मक श्रेष्ठता और सौंदर्यबोधीय आनंद प्रदान करने की क्षमता का विश्लेषण करना कठिन काम है। इस प्रकार मार्क्स कृति की उत्पत्ति पर या उसके अतीत पर नहीं, उसके वर्तमान सौंदर्यबोधीय स्वरूप के विश्लेषण पर ही बल देते हैं।

साहित्येतिहास में अंतर्वस्तु और रूप के संबंधों को लेकर अपनाए गए अलग अलग दृष्टिकोण के चलते ही वस्तुवादी और रूपवादी साहित्येतिहास की धारणाएं विकसित हुई हैं। वस्तुवादी इतिहासकार रचना में वस्तु को केंद्रीय महत्व देकर साहित्य के विकास के दौरान वस्तु संबंधी परिवर्तनों की ही व्याख्या करते हैं। उनका यह भी विचार है कि वास्तविक मौलिकता या नवीनता वस्तु में होती है और वस्तु अपने अनुरूप रूप का विकास कर लेती है; इसलिए वस्तु के उपादान ही

विवेच्य हैं। वस्तुवादी इतिहासकार अंतर्वस्तु के संदर्भ में ही नए पुराने का संबंध देखते परखते हैं। वस्तुवादी साहित्येतिहास की एक धारा साहित्येतिहास को विचारों का इतिहास मानती है तो दूसरी उसे सभ्यता का इतिहास समझती है। रूपवादी इतिहासकार साहित्य के इतिहास को साहित्य रूपों का इतिहास मानते हैं, वे रूप को स्वायत्त और पूर्ववर्ती रूपों से उत्पन्न मानते हैं, न कि अंतर्वस्तु से विकसित। उनके अनुसार रूप का नयापन वस्तु की नवीनता या अनुभव की नवीनता से उत्पन्न नहीं होता। रूपवादियों की धारणा है कि रूप वस्तु को रूपांतरित कर लेता है; इसलिए रूपों का विकास ही साहित्य के इतिहास का मूल विषय है। रूपवादी इतिहासकार साहित्य के विकास में रूप संबंधी परिवर्तनों की व्याख्या करते हैं, पुराने रूपों को स्वीकार करनेवाली रचना को निषेधात्मक और नए रूप विकसित करनेवाली रचना को सर्जनात्मक मानते हैं। उनके अनुसार इतिहास में विवेच्य वस्तु 'साहित्यिकता' है, जो रूप में निहित होती है। इस प्रकार रूपवादी साहित्येतिहास साहित्य का नहीं, साहित्यिकता का इतिहास बन जाता है। साहित्य को भाषा का पर्याय समझनेवाले भाषा वैज्ञानिकों, शैली वैज्ञानिकों और पाठालोचकों के लिए साहित्य का इतिहास शब्दों का इतिहास है और संरचनावादियों का साहित्येतिहास स्वायत्त संरचनाओं का इतिहास है।

कला और साहित्य में वस्तु और रूप के संबंध के बहुचर्चित विवाद में न पड़कर यह स्वीकारना उचित होगा कि साहित्येतिहास के वस्तुवादी और रूपवादी दृष्टिकोण जब एकांगी अतिवादी चिंतन प्रक्रिया के शिकार होते हैं तब साहित्येतिहास का अधूरा या विकृत रूप ही सामने आता है। रचना एक रूपायित वस्तु है इसलिए आलोचना या इतिहास में वस्तु और रूप की विच्छिन्नता नहीं, एकता का विवेचन आवश्यक है। साहित्य का इतिहास केवल रूप या वस्तु का इतिहास नहीं होता, वह रचना में व्यक्त रचनाकार की सृजनशील चेतना का भी इतिहास होता है। रचनानिष्ठ साहित्येतिहासकार वस्तु और रूप की समग्रता के बोध से ही रचना को प्रभावित करनेवाले वस्तु और रूप संबंधी परिवर्तनों और प्रयोगों की व्याख्या करता है। साहित्य में संगीत, मूर्तिकला या अमूर्त चित्रकला जैसी वस्तु और रूप की एकता भले ही न हो, लेकिन यहां वस्तु और रूप में ऐसा पार्थक्य भी नहीं होता कि दोनों का स्वतंत्र इतिहास बन सके। शब्द और अर्थ की संपृक्तता की तरह ही रचना में रूप और वस्तु की एकता व्यक्त होती है। वास्तव में अर्थ ही वस्तु है और रूप उसका शब्द, लेकिन इसका यह अर्थ नहीं कि शब्दार्थ की मीमांसा ही साहित्येतिहास है। वस्तु और रूप दोनों ही सामाजिक यथार्थ और उसके प्रति रचनाकार के दृष्टिकोण से प्रभावित निर्मित होते हैं, लेकिन केंद्रीय वस्तु अंतर्वस्तु ही है और अंतर्वस्तु की नवीनता से ही रूप की नवीनता विकसित होती है। नई वस्तु नए रूप में ही व्यक्त होती है। साहित्य में वस्तु और रूप रूप का द्वंद्व कभी कभी नए

अनुभव और पुराने कलात्मक संस्कार के द्वंद्व के रूप में भी प्रकट होता है। नया अनुभव नई वस्तु रचता है और उसके अनुरूप नया रूप भी विकसित करता है। तात्पर्य यह है कि साहित्येतिहास में वस्तु और रूप की एकता, संगति और अंतर्विरोध को ऐतिहासिक यथार्थ के संदर्भ में ही समझना चाहिए।

साहित्य और कला में, या प्रकृति और जीवन में नए पुराने का संघर्ष नया नहीं है और यह कभी पुराना भी नहीं पड़ता। सच तो यह है कि नए पुराने के संघर्ष के बिना विकास संभव ही नहीं है। विवाद की बात यह है कि नए पुराने के संघर्ष में कुछ लोग नए का पक्ष लेते हैं और कुछ पुराने के साथ जीने की कोशिश करते हैं। नए और पुराने की धारणाएं वास्तव में ऐतिहासिक धारणाएं हैं। कला या साहित्य के संदर्भ में नवीनता एक ऐतिहासिक मूल्य है। ऐतिहासिक संदर्भ में ही नवीनता का अर्थ प्रकट होता है। नया पुराने का निषेध करता हुआ उसी से विकसित होता है और पुराना पड़ जाने पर उसका भी निषेध हो जाता है। कला और साहित्य में वस्तु और रूप संबंधी पुरानेपन और नएपन के संघर्ष के विकास की यह प्रक्रिया ही इतिहास का निर्माण करती है और इस प्रक्रिया की व्याख्या करना ही इतिहास का प्रयोजन है। नए और पुराने के संघर्ष में इतिहास नए का पक्षधर होता है, लेकिन ऐतिहासिक मूल्य के निर्धारण के लिए पुराने का ज्ञान आवश्यक होता है। साहित्य और कला में नया शून्य से पैदा नहीं होता। वह कला परंपरा और ऐतिहासिक यथार्थ के मिलन बिंदु से प्रारंभ होता है और उस ऐतिहासिक क्षण की समझ के लिए नए और पुराने के संबंध का बोध इतिहास विवेक से प्राप्त होता है।

आधुनिकतावादी चिंतन के कुछ पक्षधर जब साहित्य चिंतन को केवल वर्तमान या समकालीन कला संवेदना की मीमांसा तक ही सीमित करते हैं तब ऐतिहासिक चेतना और इतिहास दोनों की आवश्यकता समाप्त हो जाती है। ऐतिहासिक चेतना और इतिहास से मुक्ति के प्रयत्न के परिणामस्वरूप वर्तमान की ऐतिहासिक वास्तविकता के बोध की भी जरूरत नहीं होती। इसके बाद क्षण की अनुभूति तक मनुष्य सीमित हो जाता है और अंतत: काल चेतना का आयाम चिंतन से गायब हो जाता है। ऐतिहासिक चेतना के ह्रास, ऐतिहासिक यथार्थ की उपेक्षा, अनैतिहासिक कालातीतता में जीने की कामना और लोकोत्तर ज्ञान की साधना की आधुनिकतावादी प्रवृत्ति की एक परिणति हिप्पीवाद में देखी जा सकती है। विलियम रोकर्ट ने आधुनिकतावादी चिंतन की विशेषताओं की व्याख्या करते हुए लिखा है :

> आजकल ऐतिहासिक चेतना से पलायन की आकांक्षा बहुत प्रबल और लोकप्रिय है, और इसे पूरा करने के साधन भी अनंत हैं। मादक पदार्थों का सेवन, पढ़ने से बचना, ऐसा कुछ भी न पढ़ना जो बेचैन करनेवाला हो या बौद्धिक श्रम की

> मांग करता हो और तीव्र अनुभूतिमय जीवन जीना—इन सबकी मदद से विचार के बहिष्कार और द्वंद्वात्मकता को नकारने की प्रवृत्ति आजकल खूब प्रचलित है। यह कहा जा सकता है कि अगर उन्नीसवीं सदी में ईश्वर मर गया तो बीसवीं सदी के उत्तरार्ध में आलोचना बुद्धि बीमार और मरणोन्मुख है। (न्यू लिटरेरी हिस्ट्री, वा. VI, सं 3, 1975, पृ. 510)

क्रांतिकारी चिंतन ऐतिहासिक चिंतन की देन है न कि ऐतिहासिक यथार्थ की उपेक्षा करनेवाली आत्मवादी चिंतन प्रक्रिया की। साहित्य और कला के संदर्भ में ऐतिहासिक चेतना से ही नए सिद्धांत और नई पद्धतियों का निर्माण होता है। नए और पुराने का सम्यक् बोध ऐतिहासिक चिंतन से संभव होता है न कि आत्मवादी अनुभूतिवाद से। आधुनिक रचनाशीलता की मूल्यवान देन की सुरक्षा के लिए इतिहास और ऐतिहासिक चेतना के विकास की आवश्यकता है। इतिहास की चिंता करना और ऐतिहासिक यथार्थ की उपेक्षा करना एक तार्किक असंगति है। साहित्येतिहास में ऐतिहासिक यथार्थ की समझ के बिना उससे उत्पन्न साहित्य का सम्यक् बोध केवल काव्यशास्त्र के आधार पर नहीं हो सकता। एक काल विशेष के साहित्य की मुख्य प्रवृत्ति या विभिन्न प्रवृत्तियों का उत्स उस काल का सामाजिक जीवन होता है, केवल साहित्य की परंपरा नहीं। हिंदी साहित्य के भक्तिकाल पर विचार करनेवाले को इस महत्वपूर्ण प्रश्न पर विचार करना होगा कि वे कौन से कारक तत्व थे जिनके परिणामस्वरूप भारतीय साहित्य के हजारों वर्षों के इतिहास में वर्ण व्यवस्था की दलित जातियों में भक्तिकाल में पहली बार अनेक महत्वपूर्ण कवि पैदा हुए ? दलित जातियों के इस रचनात्मक उन्मेष के कारणों की खोज के बिना भक्तिकालीन कविता का मूल्यांकन अधूरा होगा। केवल नाथों और सिद्धों की परंपरा में संत कवियों की रचनाशीलता के कारणों की खोज करना पर्याप्त नहीं है। इस रचनाशीलता के उन्मेष का एक कारण भक्ति के स्वरूप में या संतों की दार्शनिक दृष्टि में खोजने का प्रयत्न कुछ लोग करते हैं; लेकिन फिर यह प्रश्न भी विचारणीय है कि भक्ति के स्वरूप में उस काल में ही ऐसे तत्व कहां से आए जिससे इस रचनाशीलता का विकास संभव हुआ ? उस काल के सामाजिक जीवन और ऐतिहासिक यथार्थ के विश्लेषण से ही संत कवियों की उस रचनाशीलता के प्रेरक तत्वों की पहचान हो सकती है जो धार्मिक, सामाजिक और सांस्कृतिक जीवन में व्याप्त जड़ता और शास्त्रीयता का खंडन करती है।

साहित्येतिहास के संदर्भ में विचारधारा की स्थिति और इतिहास लेखन में दृष्टिकोण के स्वरूप की महत्ता का विवेचन भी आवश्यक है। साहित्य और कला के वस्तुतत्व और रूप के विकास में विचारधारा की भूमिका को मार्क्सवाद विरोधी साहित्य चिंतक अस्वीकार करते हैं, लेकिन कुछ मार्क्सवादी आलोचक साहित्य के

कलात्मक मूल्य के निर्धारण में विचारधारा की महत्ता स्वीकारते हुए भी एक प्रकार के असमंजस से आक्रांत प्रतीत होते हैं। रचनाकार की विश्वदृष्टि या विचारधारा और रचना के कलात्मक ज्ञानात्मक मूल्य के बीच संबंध की समस्या निश्चय ही एक जटिल समस्या है जिसका सरलीकृत समाधान संभव नहीं। विचार-धारा के वर्गीय स्वभाव और कलाकृति के इतिहासातीत चरित्र तथा कलात्मक मूल्य का संबंध सरल सीधा नहीं है। इसके अंतर्विरोधी और पूरक दोनों ही रूप मिलते हैं। आजकल मार्क्सवादी सौंदर्यशास्त्र के क्षेत्र में विचारधारा और कलात्मक रूप का संबंध, विचारधारा और वस्तु के संबंध से अधिक विवादास्पद बना हुआ है। इतिहास और कला सृजन के बीच संबंध की खोज एक महत्वपूर्ण समस्या है और यही साहित्येतिहास की अपनी समस्या है। साहित्य में अपने युग के जीवन की विमर्शात्मक व्यंजना होती है। रचना में ऐतिहासिक और व्यक्तिगत दोनों तरह के तत्व होते हैं। विचारधारा में जीवन प्रक्रिया का अमूर्तन होता है जबकि कला में जीवन का मूर्त रूप व्यक्त होता है। साहित्य का इतिहासकार साहित्य के निर्माण में सहयोगी ऐतिहासिक और व्यक्तिगत दोनों प्रकार के तत्वों की भूमिका पर विचार करता है। वह कृति में व्यक्त जीवन को महत्व देता है। साहित्य के इतिहास के प्रसंग में कुछ लोग विचारधारा की उपस्थिति का विरोध वस्तुनिष्ठता और मुक्त दृष्टि के नाम पर करते हैं। इस संबंध में विचारणीय यह है कि एक तो विचारधारा वस्तुनिष्ठता का विरोधी नहीं है और दूसरे दृष्टिहीनता मुक्त दृष्टि का पर्याय भी नहीं है। इतिहास तटस्थ तथ्यों का केवल संग्रह नहीं है और तथ्य संग्रह में भी इतिहासकार की दृष्टि सक्रिय रहती है। साहित्येतिहास साहित्य के विकास के अंतर्गत होनेवाले परिवर्तनों के स्वरूप की व्याख्या है और हर तरह की व्याख्या के लिए एक सुसंगत दृष्टिकोण की आवश्यकता होती है। एक व्यापक विचार प्रक्रिया ही इतिहास को सुसंगति प्रदान करती है। विचार प्रक्रिया से अनु-शासित साहित्येतिहास समग्र इतिहास होता है जिसमें प्रत्येक परिवर्तन की व्याख्या होती है। परिवर्तनों की दिशा और सिद्धांतों की खोज के लिए इतिहास को गति-शील प्रक्रिया के रूप में समझना जरूरी है। विचारधारा से इतिहास की विषयवस्तु व्यवस्थित और संरचित होती है। इतिहास लेखन में विचारधारा की आवश्यकता स्वीकारने का अर्थ न तो साहित्य का विचारधारात्मक इतिहास लिखना है और न उसे 'विचारों का इतिहास' बनाना है।

कला और इतिहास के साहित्य संबंधी आधुनिक चिंतन की एक धारा सभी कलाओं के एक समन्वित इतिहास या समग्र इतिहास की धारणा विकसित करने के लिए प्रयत्नशील है। इस तरह के चिंतक कला के समग्र इतिहास के अंग के रूप में साहित्य का इतिहास लिखना चाहते हैं। कुछ दूसरे विचारक सभ्यता और संस्कृति अंग के रूप में कला का इतिहास लिखना चाहते हैं। संस्कृति के इतिहास के अंग वे

के इतिहास के रूप में साहित्येतिहास को समझने का एक परिणाम यह हुआ कि साहित्य का इतिहास विचारों का इतिहास बन गया। विभिन्न कलाओं के निजी स्वरूप की विशिष्टता को भूलकर कलाओं में निहित सृजन और आस्वादन संबंधी सामान्यताओं की खोज करते हुए सार्वभौम सौंदर्यशास्त्र और सार्वभौम कला इतिहास की कल्पना इस तरह के इतिहास दर्शन का आधार है। कलाकृतियों की कलात्मक सौंदर्यबोधीय युग निरपेक्षता और कलाकृतियों में व्यक्त मूलभूत मानवीय संवेदनाओं, मूल्यों आदि को इतिहास की विषयवस्तु मानकर ही ऐसा इतिहास लिखा जा सकता है। इस प्रकार के चिंतक भाषा को केवल माध्यम के अर्थ में ग्रहण करते हैं और सभी कलाओं के माध्यमों में निहित सामान्यताओं की खोज करते हैं। कलाओं के समन्वित इतिहास का प्रयास कला को माध्यम (भाषा) का पर्याय समझनेवाले विचारक भी करते हैं और वे ऐसा साहित्य या दूसरी कलाओं के इतिहास को वैज्ञानिक बनाने के नाम पर करते हैं। साहित्य का विज्ञान या कला का विज्ञान विकसित करने के प्रयत्न का एक रूप कलाओं के समग्र इतिहास में प्रकट होता है। समग्र इतिहास की धारणा के समर्थक विचारकों का एक वर्ग कलाओं के इतिहास के संस्कृतीकरण का प्रयत्न करता है तो दूसरा वर्ग संस्कृति के सौंदर्यबोधीकरण का। कुछ साहित्य चिंतक कलाओं में निहित केंद्रीयता या केंद्रीय तत्वों की व्यवस्था की खोज करने के प्रयास के साथसाथ कलाओं का समन्वित इतिहास बना रहे हैं। यह काम संरचनावादी एक तरह से तथा नार्थ्रोप फ्राई जैसे आलोचक दूसरी तरह से कर रहे हैं।

ऐसे वैचारिक प्रयत्न कला संबंधी आत्यंतिक अमूर्तन और सामान्यीकरण के परिणाम हैं। इस प्रकार के चिंतन में प्रत्येक कला के स्वरूप की विशिष्टता, कलाकृतियों की ऐतिहासिकता और विभिन्न कला माध्यमों की स्वरूपगत अद्वितीयता को भुला दिया जाता है। यह ध्यान देने की बात है कि चित्रकला या संगीत में रूपवादी प्रवृत्तियां जितनी प्रबल और कभी कभी सार्थक सिद्ध होती हैं उतनी साहित्य में नहीं; क्योंकि साहित्य के माध्यम (भाषा) की एक अपनी विकासशील सामाजिक परंपरा होती है। यहां भाषा का प्रयोग नया होता है, भाषा नई नहीं होती। अति प्रयोगवादी साहित्यकार भी भाषा की विकासशील अर्थ परंपरा और प्रतीक पद्धति का नया विकास ही करता है, नई भाषा नहीं गढ़ता। साहित्य में माध्यम (भाषा) की प्रकृति और प्रयोग दोनों की परंपरा होती है, लेकिन चित्रकला आदि में प्रयोग की ही परंपरा होती है, प्रकृति की नहीं। अतः कला रूप की दृष्टि से साहित्य और दूसरी कलाओं के रूप की समस्याएं समान ही नहीं हैं। मानवीय सृजनशीलता की अभिव्यक्ति के विभिन्न रूपों में मानवीय संदर्भ की समानता के बावजूद उनके विकासक्रम में उनकी सापेक्ष स्वतंत्रता भी होती है। कहना न होगा कि विभिन्न कलारूपों की अपनी सापेक्ष स्वतंत्रता के कारण उनके

इतिहास के स्वरूप में भी अंतर होता है।

साहित्येतिहास के स्वरूप पर विचार करनेवालों के सामने एक प्रश्न यह भी है कि साहित्य का इतिहास कला है या विज्ञान। साहित्य का विज्ञान विकसित करने का प्रयत्न एक ओर शैली वैज्ञानिक कर रहे हैं और दूसरी ओर संरचनावादी साहित्य विचारक। ये विचारक साहित्य को भाषा का पर्याय मानते हैं, साहित्यिक कृति को भाषिक संरचना समझते हैं और भाषा के अध्ययन के सहारे साहित्य का विज्ञान विकसित करना चाहते हैं। शैली वैज्ञानिकों के लिए साहित्य का इतिहास शब्दों का इतिहास है। संरचनावादी भाषाओं की अनेकता स्वीकार करते हुए भी सभी भाषाओं में निहित मूलभूत संरचनाओं की खोज करते हैं। उनका विचार है कि भाषा की मूलभूत संरचनाएं सार्वभौम हैं, साहित्य भाषा का ही विशेषीकरण है; इसलिए साहित्य की संरचना को भाषिक संरचनाओं के रूप में ही समझा जा सकता है। संरचनावादी बार्थ का विचार है कि साहित्यिक कृतियों को 'मिथ' मानने पर ही साहित्य का विज्ञान संभव है। उनका यह भी कहना है कि साहित्य का विज्ञान साहित्य की अंतर्वस्तु का विज्ञान नहीं है, वह अंतर्वस्तु की दशाओं अर्थात रूपों का विज्ञान है। एक अन्य संरचनावादी फूको का कहना है कि साहित्य से हमारा संबंध या तो व्याख्यात्मक हो सकता है या विश्लेषणात्मक। संरचनावादियों का साहित्य विज्ञान विश्लेषणात्मक संबंध को स्वीकार करता है और आलोचनात्मक संबंध को अस्वीकार।

साहित्य के इतिहास को कला से विज्ञान बनाने या साहित्य का वैज्ञानिक इतिहास लिखने के लिए 'साहित्य', 'इतिहास' और 'विज्ञान' को नए सिरे से परिभाषित करना होगा। साहित्य को कला मानने के पीछे 'साहित्य', 'कला' और 'इतिहास' की विशिष्ट धारणाएं हैं। साहित्य के इतिहास के समानांतर 'समालोचना' की प्रक्रिया और प्रयोजन की भी नई परिभाषा आवश्यक होगी। सारांश यह कि साहित्य की अवधारणा और संपूर्ण विचार प्रक्रिया में बुनियादी परिवर्तन के बिना साहित्य का विज्ञान या साहित्येतिहास का विज्ञान संभव नहीं है। काडबेल ने लिखा है कि कला अनुभूतियों का विज्ञान है और विज्ञान ज्ञान की कला। (इल्यूजन ऍंड रियलिटी, लंदन 1947, पृ. 265) विज्ञान और कला की यदि ऐसी परिभाषा मान ली जाए तो इस प्रकार की व्यापकता के भीतर सब कुछ समा सकता है, लेकिन विज्ञान और कला की यह परिभाषा ऐसी सरलीकृत परिभाषा है कि इसके आधार पर किसी विचारप्रक्रिया की संभावना नहीं बनती। साहित्यालोचन और साहित्येतिहास पर मानवविज्ञानों; विशेषतः समाजशास्त्र, मनोविज्ञान और भाषाविज्ञान— का प्रभाव पड़ा है। स्तारोबिंस्की ने लिखा है (डायजिनिस, सं. 74, 1971, पृ. 64) कि समाजशास्त्र सामाजिक जीवन की संरचनाओं का विज्ञान है, मनोविज्ञान व्यक्तित्व का विज्ञान है और भाषाविज्ञान

भाषा की संरचनाओं का विज्ञान है। साहित्येतिहास लेखन में इन मानव विज्ञानों की सहायता ली जा सकती है लेकिन साहित्येतिहास को न तो प्राकृतिक विज्ञानों के अनुरूप बनाया जा सकता है और न समाजशास्त्र, मनोविज्ञान या भाषाविज्ञान का उपफल (बाईप्रोडक्ट) बनाया जा सकता है। विज्ञान में तथ्यों की खोज, परिकल्पनाओं का निर्माण और कार्य कारण संबंध की विवेचना होती है। साहित्य का इतिहास दस्तावेजों और तथ्यों की खोज, उनके वर्गीकरण और काल निर्धारण तक ही सीमित नहीं होता। साहित्येतिहास में रचनाओं का मूल्यांकन, परंपरा का विवेचन और युग की सामाजिक सांस्कृतिक चेतना की खोज का काम भी होता है। उसमें रचनाकार की रचनाशीलता के संदर्भ में जीवन की वास्तविकता की मीमांसा होती है। फ्रांसीसी साहित्येतिहासकार जी लासों के अनुसार (डायज़िनिस, सं. 74, 1971, पृ. 63) साहित्य का इतिहास मूल्यांकन और सुरुचि से बचने की कोशिश नहीं करता। जहां तक इसका संबंध प्रमाणों से है वहां तक यह विज्ञान है; लेकिन जब तथ्यों के ज्ञान पर आधारित मूल्यांकन में अभिरुचि और संवेदनशीलता की सक्रियता प्रबल होती है तो इतिहास विज्ञान नहीं रहता। इस प्रकार किसी कृति का मूल्यांकन करना विज्ञान का काम नहीं है, विज्ञान से प्रभावित व्यक्तिगत विवेक का कार्य है। साहित्येतिहास में वस्तुपरक ज्ञान और आत्मपरक कलाभिरुचि दोनों का सहयोग होता है।

साहित्येतिहास की विषयवस्तु (साहित्य) के कलात्मक रूप और मूल्य की संचेतना के साथ साथ अपनी कला (इतिहास लेखन की कला) की प्रकृति के प्रति सतत जागरूकता के कारण ही साहित्य का इतिहास सामान्य इतिहास से भिन्न होता है। साहित्येतिहास काव्यसत्य का विवेचन करनेवाला बौद्धिक अनुशासन है। इसकी संभावना कम ही है कि निकट भविष्य में साहित्य का इतिहास कला से विज्ञान बन जाएगा या साहित्यालोचन का स्थान साहित्यविज्ञान ले लेगा। साहित्य-विज्ञान की चर्चा के समानांतर ही साहित्यिक और वैज्ञानिक संस्कृतियों के स्वरूप पर भी पश्चिम में पर्याप्त बहस हुई है। वैज्ञानिक संस्कृति के समर्थक सी. पी. स्नो के विरुद्ध साहित्यिक संस्कृति की सुरक्षा के मोर्चे पर एफ. आर. लीविस दृढ़ता से डटे हुए हैं। कंप्यूटर और कविता के विवाद से भी यह सिद्ध नहीं हुआ कि कंप्यूटर कभी कवि का स्थान ले लेगा। जब केवल वैज्ञानिक संस्कृति रह जाएगी, कंप्यूटर कवि हो जाएगा, मानव की कलात्मक सृजनशीलता की विशिष्टता समाप्त हो जाएगी, साहित्य और कला के बदले प्रति साहित्य (एंटी लिटरेचर) और प्रति-कला (एंटी आर्ट) का बोलबाला हो जाएगा तब शायद साहित्यविज्ञान, कला-विज्ञान आदि के साथ साहित्येतिहास भी पूर्णत: विज्ञान बन जाएगा। जिस सृजन-शीलता का एक रूप कला में दिखाई पड़ता है उसी का दूसरा रूप साहित्येतिहास की कला में भी। साहित्य का इतिहास रचना और पाठक के बोध संबंधी निरंतर

गतिशील संबंध की व्याख्या करता है; इसलिए साहित्येतिहास की कला की सार्थकता साहित्य कला का इतिहास होने में ही है।

साहित्येतिहास संबंधी कुछ समस्याओं पर विचार करने के बाद साहित्येतिहास के एक नए स्वरूप पर भी विचार करना जरूरी है। साहित्य एक जीवंत गतिशील प्रक्रिया है, रचनाकर्म एक सामाजिक व्यवहार है। साहित्य को सामाजिक सांस्कृतिक व्यवहार के अंग के रूप में एक विशिष्ट रचनात्मक व्यवहार समझना साहित्येतिहास की नई धारणा का आधार है। मानव सृजनशीलता की अभिव्यक्ति के अनेक रूप हैं, साहित्य सृजन उनमें से एक है। संपूर्ण मानव सृजनशीलता जीवन के यथार्थ और चेतना के द्वंद्वात्मक संबंध से विकसित होती है। साहित्य का मूल उपादान मानव जगत का यथार्थ है। यहां यथार्थ का अर्थ मानवीय अनुभव के संपूर्ण यथार्थ से है जिसमें केवल वस्तुजगत ही नहीं बल्कि मानव के अनुभूति जगत और चिंतन जगत का भी समावेश है। यह मानवीय यथार्थ एक गतिशील और विकासशील प्रक्रिया है। साहित्य और कला में विकासशील यथार्थ की गतिशील प्रक्रिया की व्यंजना होती है। मानव सृजनशीलता के माध्यम से इस यथार्थ के नए आयामों और रूपों की अभिव्यक्ति होती है। मानवीय यथार्थ की रचनाशील व्यंजना का एक अनिवार्य ऐतिहासिक संदर्भ होता है, रचना अपने काल के यथार्थ की जटिल समग्रता का अंग होती है; इसलिए साहित्येतिहास की पहली शर्त यह है कि रचना में निहित ऐतिहासिक यथार्थ की प्रामाणिक व्याख्या हो।

कलाकृति जीवनकृति का अंग होती हैं। साहित्य सृजन एक कर्म है और रचना कर्म के परिवेश तथा परिस्थितियों का विवेचन साहित्येतिहास की दूसरी शर्त है। रचना संबंधी परिस्थितियों और परिवेश के विवेचन के अंतर्गत रचनाकाल की सांस्कृतिक कलात्मक प्रवृत्तियों का विश्लेषण भी जरूरी है। साहित्य और कला को दूसरे सामाजिक सांस्कृतिक व्यवहारों का अंग समझते हुए भी साहित्य संसार की सापेक्ष स्वायत्तता का बोध जरूरी है और इस विशिष्ट रचनाकर्म के उपादानों और साधनों की मीमांसा के अंतर्गत वस्तु और रूप की परंपरा की प्रकृति का विश्लेषण होना चाहिए। प्रत्येक समर्थ कृति एक नई रचना है, इसलिए उसकी नवीनता का उद्घाटन उसके आंतरिक स्वरूप अर्थात् वस्तु, अनुभूति और विचार के विश्लेषण से ही इतिहासकार कर सकता है। इस प्रक्रिया में वस्तु, वस्तु की रचनाप्रक्रिया और वस्तु के अभिव्यंजक रूप का विवेचन जरूरी होगा। रूपायित वस्तु के विवेचन के साथ ही संप्रेष्य वस्तु को संप्रेषणीय बनानेवाले रूप की सफलता असफलता की मीमांसा भी आवश्यक है और कलात्मक रूप की मीमांसा के अंतर्गत ही उसके विभिन्न साधनों का विवेचन भी इतिहासकार का कर्तव्य है। किसी रचना के संप्रेष्य मूल्यों का आकलन और उनकी मानवीय सार्थकता की व्याख्या भी इतिहासकार का कर्तव्य है ताकि परंपरा और समकालीन रचनाशीलता के संदर्भ में कृति

की मूल्यवत्ता उजागर हो सके। इतिहासकार का यह नैतिक दायित्व है कि वह मूल्यवान कृति की पहचान बताते हुए उसकी रक्षा करे। रचनाकर्म और कृति के साथ साथ रचनाकर्मी कलाकार की चेतना की प्रकृति और क्रियाशीलता की परख भी इतिहासकार करता है क्योंकि रचना रचनाकार की चेतना की क्रियाशीलता का ही फल है। रचना में रचनाकार की ऐतिहासिक जागरूकता व्यक्त होती है और इसी संदर्भ में रचनाकार की विश्वदृष्टि तथा कृति से उस विश्वदृष्टि के संबंध का विवेनन इतिहासकार करता है। यह इतिहासकार की ऐतिहासिक अंतर्दृष्टि और आलोचनात्मक विवेक पर ही निर्भर है कि वह रचना से रचनाकार की ओर जाए या रचनाकार से रचना की ओर। महत्वपूर्ण बात यह है कि दोनों में से किसी एक के विस्मरण से इतिहासकार का दायित्व पूरा नहीं होता। कोई भी कृति एक बार अस्तित्व में आने के बाद एक वास्तविकता बन जाती है और वह परंपरा, परिवेश, और भावी रचनाशीलता को प्रभावित करती है। रचना पाठकों के लिए होती है, वह अपने संभावित पाठकों को संबोधित करती है और नए पाठकों का निर्माण करती है। वह पाठकों की रागात्मक और वैचारिक आकांक्षाओं को परिवर्तित, विस्तृत और संशोधित करती है। इस प्रकार रचना अपने पाठकों की चेतना का विधायक होती है। यही कारण है कि इतिहासकार रचना के प्रभाव का भी विश्लेषण करता है। इतिहासकार रचना और रचनाकर्म की परंपरा, परिवेश अंतस्वरूप और प्रभाव की मीमांसा के साथ साथ साहित्य की विकासशीलता में रचना से उत्पन्न परिवर्तनों की व्याख्या करते हुए साहित्य का इतिहास निर्मित करता है। साहित्येतिहास के इस नए स्वरूप के बारे में यह कहा जा सकता है कि इसमें इतिहास और आलोचना का पार्थक्य समाप्त हो जाता है। सचाई यह है कि इतिहास और आलोचना का अलगाव नहीं, दोनों की सर्जनात्मक एकता के आधार पर ही सच्चे साहित्येतिहास का विकास हो सकता है। यह भी सही है कि केवल इस विचार प्रक्रिया की जानकारी से ही सच्चा इतिहास नहीं लिखा जा सकता और अगर इतिहासकार में ऐतिहासिक अंतर्दृष्टि, आलोचनात्मक चेतना और कला संवेदना का अभाव है तो किसी भी विचार प्रक्रिया के ज्ञानमात्र से कोई सार्थक प्रयोजन सिद्ध नहीं होगा। ऐतिहासिक अंतर्दृष्टि और आलोचनात्मक विवेक से संपन्न इतिहासकार ही साहित्य को मानव के सामाजिक व्यवहार का एक विशिष्ट रचनात्मक रूप समझते हुए, एक ऐतिहासिक काल के यथार्थ की जटिल समग्रता के निर्माण में उसे सहायक मानते हुए साहित्य की सार्थकता, मौलिकता और विकासशीलता का विश्लेषण मूल्यांकन कर सकता है।

अंत में विचारणीय समस्या यह है कि साहित्येतिहास या इतिहासबोध की आवश्यकता और प्रयोजनीयता क्या है ? आधुनिक चिंतन की एक विशेष धारा में इतिहास को आधुनिक संस्कृति की नवीनता का विरोधी माना जाता है और

आधुनिक संस्कृति की नवीनता की सुरक्षा के लिए जान बूझकर इतिहास से बचने का प्रयत्न होता है। लेकिन विचार करने पर यह मालूम हो जाएगा कि संस्कृति का इतिहास होता है, इसलिए सांस्कृतिक चेतना के विकास के लिए संस्कृति के इतिहास का बोध आवश्यक है। कोई भी समाज अपने सांस्कृतिक रिक्थ से जुड़कर ही संस्कृति के नवीनीकरण का उद्देश्य प्राप्त कर सकता है। अतीत के दाय के सार्थक और मूल्यवान को निरर्थक और मूल्यहीन से अलगाने का विवेक इतिहास विवेक से प्राप्त होता है। फ्रैंशिस बेरी ने इतिहास को चयनात्मक और व्यवस्थित स्मृति मानते हुए कला या साहित्य के इतिहास के प्रति उदासीनता की स्मृति को जानबूझकर कमजोर करने का प्रयास कहा है। (न्यू लिटरेरी हिस्ट्री, वा. II, सं. 1, 1970, पृ. 60) साहित्य और कला के इतिहास के प्रति उदासीनता संपूर्ण सामाजिक स्मृति का तिरस्कार है, जाति और राष्ट्र की साहित्यिक चेतना और चिंतन की परंपरा का विस्मरण है। अतीत को खोकर वर्तमान अपनी सत्ता की वास्तविकता नहीं समझ सकता है। हार्टमैन ने ठीक ही लिखा है कि साहित्यिक चेतना और उसके इतिहास की एकता से साहित्य रूप में कलाकार की आस्था मजबूत होती है और मानव चेतना तथा उसकी विषयवस्तु के बीच अपनी मध्यस्थता के कर्तव्य का साहित्यकार को बोध होता है। साहित्य का इतिहास रचनाकार को उसके ऐतिहासिक कर्तव्य का बोध कराता है।

साहित्येतिहास की आवश्यकता और प्रयोजनीयता पर एक दूसरी दृष्टि से भी विचार किया जा सकता है। विचारणीय प्रश्न यह है कि साहित्येतिहास का वर्तमान के कर्मशील जीवन (रचनाकर्म) से क्या संबंध है ? इतिहास के अन्वेषण का लक्ष्य अतीत के जीवन व्यवहार, (सामाजिक, सांस्कृतिक, बौद्धिक) वैयक्तिक और सामाजिक सृजनशीलता की उपलब्धियों और अभावों, व्यक्ति और समाज की आकांक्षाओं के द्वंद्व तथा मानवचेतना से उसके परिवेश के संबंध का सम्यकबोध प्राप्त करते हुए वर्तमान से ज्ञानात्मक क्रियात्मक जीवन को अधिक सुसंगत बनाना है। इतिहास बोध अगर मानव समाज के विकास में, मानव की रचनाशीलता के उत्थान में सहायक नहीं है तो वह निरर्थक है। विकास के लिए अतीत का ज्ञान ही नहीं, वर्तमान की कर्मशीलता भी आवश्यक है; इसलिए वर्तमान रचनाशीलता को दिशा और दृष्टि देने में समर्थ साहित्येतिहास ही उपयोगी होगा। इतिहास बोध का प्रयोजन समाज को उसके अतीत के रचनात्मक ज्ञान और कर्म संबंधी अनुभवों का नया अनुभव कराना है। साहित्येतिहास का लक्ष्य व्याख्या की पुनर्व्याख्या करना नहीं है, साहित्य के विकास की केवल जांच पड़ताल करना भी नहीं है, बल्कि नई रचनाशीलता के संदर्भ में अतीत की रचनाशीलता की प्रासंगिकता का विवेचन करना है। साहित्य के इतिहास का उद्देश्य नई रचनाशीलता के लिए नई संभावनाओं की तलाश करना भी है।

2

समकालीन इतिहासविरोधी साहित्यचिंतन

इस समाज में कुछ लोग इतिहास बनाते हैं और कुछ दूसरे लोग उस बनेबनाए इतिहास का भोग करते हैं। जो इतिहास बनाते हैं वे इतिहास की निर्माणप्रक्रिया की चिंता करते हैं और जो इतिहास का केवल भोग करते हैं, वे निर्माणप्रक्रिया को भुलाने की कोशिश करते हैं। इतिहासनिर्माताओं के लिए इतिहास उनके कर्म का साधन और साध्य होता है लेकिन इतिहास का भोग करनेवालों के लिए वह केवल सुविधा की चीज होती है। इतिहास बनानेवालों के लिए इतिहास उनके जीवनकर्म का दायित्व है, जबकि भोग करनेवालों की चेतना के लिए वह एक बोझ है। निर्माताओं के लिए इतिहासविवेक अनिवार्य होता है, लेकिन भोग करनेवालों की अंतरात्मा को इतिहासविवेक अपराधी सिद्ध करता है।

चूंकि मनुष्य का इतिहास होता है, इसलिए उसे इतिहासबोध की आवश्यकता भी होती है। केवल पशु इतिहासबोध और इतिहासनिर्माण के दायित्व से मुक्त होते हैं। इतिहास और इतिहासविवेक की अनिवार्यता को अस्वीकार करनेवाले बुद्धिजीवी अपनी बौद्धिकता के बावजूद संभवत: पशुवृत्ति से चिपके रहना पसंद करते हैं। मनुष्य अपने इतिहास की व्याख्या ही नहीं करता, वह उसे बनाता और बदलता भी है। मनुष्य को इतिहास का असहाय गुलाम बनाना उसकी कर्मशीलता और महत्ता का अपमान करना है। वह इतिहास का ज्ञान प्राप्त करके ही उसे बनाता है इसलिए इतिहासबोध और इतिहासनिर्माण के घनिष्ठ संबंध की गहरी समझ के बाद ही इतिहासविवेक की अनिवार्यता मालूम होती है।

साहित्य के इतिहास लेखन की संभावना साहित्य की अवधारणा पर निर्भर है। अगर साहित्यिक कृतियों को परस्पर स्वतंत्र सौंदर्यबोधी वस्तु मान लिया जाए और साहित्यपरंपरा को ऐसी ही वस्तुओं का समुच्चयमात्र, तो इतिहास की संभावना ही समाप्त हो जाएगी या फिर साहित्य का इतिहास केवल सौंदर्यबोध का इतिहास बन जाएगा। साहित्येतिहास के विरोधी एक तो कला की स्थिरता में विश्वास करते हैं और दूसरे कलापरंपरा को परस्पर स्वतंत्र, अपरिवर्तनशील सौंदर्यबोधी वस्तुओं

का समुच्चय मात्र मानते हैं। साहित्य के इतिहास लेखन के लिए यह जरूरी है कि साहित्य परंपरा को एक विकासशील, गतिशील प्रक्रिया माना जाए और साहित्यिक कृतियों को उस प्रक्रिया का अनिवार्य अंग।

साहित्य की विकासशील परंपरा और नवीन प्रयोगों की द्वंद्वात्मक प्रगति के स्वीकार और बोध से ही साहित्य का इतिहास लिखा जाता है। इतिहास का मुख्य काम साहित्यिक कृतियों की मीमांसा ही है, लेकिन इतिहासकार के लिए कोई भी महत्वपूर्ण रचना एक सौंदर्यबोधी वस्तु मात्र नहीं, एक सांस्कृतिक घटना भी है, इसलिए वस्तु के रूप में रचना के स्वरूप की मीमांसा और घटना के रूप में उसके कारण, प्रभाव और महत्व का मूल्यांकन इतिहासकार करता है। जब इतिहासकार रचना को भूलकर केवल परंपरा, परिवेश और प्रभाव का विवेचन करता है तब इतिहास अधूरा और एकांगी हो जाता है। विधेयवादी इतिहास के स्वरूप के कारण इतिहास और आलोचना का अलगाव हुआ। रचना से, जीवंत साहित्य से इतिहास विच्छिन्न हो गया। रचना के कलात्मक मूल्य का विश्लेषण आलोचना का विषय बन गया और इतिहास परंपरा तथा परिवेश के विश्लेषण तक सीमित हो गया। इतिहास का काम तथ्यसंग्रह मात्र रह गया और आलोचना का काम कलात्मक सौंदर्य के संस्पर्श से मन पर पड़नेवाले प्रभावों का विवेचन हो गया। साहित्य के इतिहास का विधेयवादी रूप इतना स्थायी बन गया कि प्रायः विधेयवादी इतिहास ही साहित्य के इतिहास का पर्याय हो गया। इतिहासविरोधी आलोचक विधेयवादी इतिहास की कमजोरियों को साहित्येतिहास की अवधारणा की स्थायी कमजोरी समझकर उसकी आलोचना करते हैं। विधेयवादी इतिहास में इतिहास का काम रचना के मूल्यांकन के लिए वस्तुपरक भूमिका तैयार करना रह गया। उसमें साहित्यपरंपरा के विश्लेषण से उत्पन्न सामान्य संश्लिष्ट रूप की उपेक्षा की गई, उसे इतिहास की उपलब्धि के रूप में स्वीकार नहीं किया गया। विधेयवादी इतिहासवाद के फलस्वरूप इतिहास और आलोचना का जो अलगाव हुआ उससे एक ओर उपयोगितावादी या परिणामवादी इतिहास की धारणा का विकास हुआ और दूसरी ओर प्रभाववादी आलोचना का। परिणामवादी इतिहास में रचना की उत्पत्ति, रचनाकाल, रचनाकाल की प्रवृत्तियों और रचनाकारों का जीवनवृत्त मुख्य विवेच्य विषय बना और प्रभाववादी आलोचना में केवल पाठकीय संवेदना की चर्चा होने लगी। साहित्यानुशील की ऐतिहासिक प्रणाली में रचना और रचना के कलात्मक रूप की उपेक्षा हुई। रचना और रचनाकाल से संबंधित तथ्यों तक ही साहित्य का अध्ययन सीमित हो गया। इस यांत्रिक इतिहासवाद के विरुद्ध व्यापक प्रतिक्रिया हुई और इतिहासविरोधी साहित्यचिंतन का एक लंबा दौर आया। पिछले चालीसपचास वर्षों में इतिहासविरोधी साहित्यचिंतन के जो प्रमुख सिद्धांत और सिद्धांतकार आलोचना के क्षेत्र में आए हैं वे मूलतः रूपवादी ही हैं। आधुनिक काल

के प्रमुख इतिहासविरोधी आलोचनासिद्धांत ये हैं :

(1) प्रभाववादी आलोचना; (2) मनोवैज्ञानिक आलोचना; (3) नई समीक्षा; (4) मिथकीय और आद्य बिंबात्मक आलोचना; (5) बिंबवादी आलोचना; (6) संरचनावाद और संरचनावादी आलोचना; (7) शैली-वैज्ञानिक आलोचना; (8) सौंदर्यशास्त्रीय आलोचना।

इतिहासवादी आलोचना की तथ्यपरकता, अंतर्वस्तु पर अत्यधिक निर्भरता और प्रभाववादी आलोचना की आत्मपरकता के विरुद्ध प्रतिक्रिया से नई समीक्षा का जन्म हुआ। 'नई समीक्षा' ने कृति को वस्तु के रूप में परिभाषित करते हुए उसके वस्तुपरक स्वरूप के विश्लेषणमूल्यांकन को आलोचना का एकमात्र प्रयोजन माना है। इसमें रचना को परंपरा, परिवेश, रचनाकार और पाठक से स्वतंत्र, स्वायत्त वस्तु कहा गया। रचना के प्रेरक स्रोत, रचनाकार के अभिप्राय और रचना के प्रभाव विश्लेषण को आलोचना के लिए अवांछनीय घोषित करते हुए 'अभिप्राय-परक हेत्वाभास' और 'प्रभावपरक हेत्वाभास' जैसे सिद्धांतों की स्थापना की गई। 'नई समीक्षा' ने काव्यसंसार को ऐतिहासिक सामाजिक संदर्भों से स्वतंत्र स्वायत्त संसार माना है। 'नई समीक्षा' का मुख्य लक्ष्य कलावस्तु के वस्तुनिष्ठ विश्लेषण और कला माध्यम की मीमांसा के आधार पर ही रचना का मूल्यांकन करना है। 'नई समीक्षा' के प्रवक्ता एलेन टेट ने साहित्य के इतिहास की आलोचना करते हुए लिखा है (एसेज आफ फोर डिकेड्स, 1970, पृ. 146-150) कि साहित्य के इतिहास की मूल मान्यता के अनुसार केवल विषयवस्तु की वस्तुपरक सत्ता है, कृति का विशिष्ट रूप बाहरी और यांत्रिक होने के कारण केवल 'टेकनीक' है। सभी प्रकार के साहित्य का मूल विषय मानवजीवन है। एलेन टेट का विचार है कि जो लेखक साहित्यिक कृतियों की विशिष्ट रूपात्मक वस्तुओं को अनदेखा करके रचना में पाठक के सामने प्रस्तुत मानवजीवन की केवल सीमा और मात्रा की खोज करते हैं वे अभिव्यंजनावादी हैं। इससे यह साफ हो जाता है कि एलेन टेट रचना में मानवजीवन की व्यंजना और आलोचना में उसकी पहचान को अवांछनीय मानते हैं और रचना की विशिष्ट रूपात्मक विशेषताओं की खोज को ही आलोचना का धर्म समझते हैं। साहित्यानुशीलन की ऐतिहासिक पद्धति को आलोचना के विकास में बाधक मानने के कारण एलेन टेट ने रचना में देश, काल और रचनाकार के व्यक्तित्व की व्यंजना को भी आवश्यक माना है। उनके अनुसार आलोचक का पहला काम है रचना की विशिष्ट वस्तुनिष्ठता की खोज करना। और यह वस्तु-निष्ठता साहित्यरूप में निहित होती है। उन्होंने प्रासंगिकता की धारणा का भी खंडन किया है। एलेन टेट के चिंतन का निष्कर्ष यह है कि रूप (साहित्य रूप) की आराधना के अंतर्गत जो चीज नहीं आती वह आलोचना का विषय नहीं है। रूप

पूजा की ऐसी धारणा में अपनी आस्था व्यक्त करनेवाले आलोचक से यह आशा नहीं की जा सकती कि वह रचना में मानवीय अंतर्वस्तु की खोज करे। एलेन टेट रूपवादी नई समीक्षा की इतिहासविरोधी प्रवृत्ति के पक्के प्रतिनिधि हैं। रूपवादी समीक्षा की इस केंद्रीय धारणा की आलोचना करते हुए रेनेवेलेक ने लिखा है कि रूपवादी समीक्षा के अनुसार कलारूप स्वायत्त होते हैं, नई कविता और नए चित्र पुरानी कविता और पुराने चित्रों से पैदा होते हैं, न कि नवीन रचनापरिवेश से; रचना में परिवेश, अंतर्वस्तु या अनुभूति की नवीनता से रूप की मौलिकता उत्पन्न नहीं होती। (डिस्क्रिमिनेशंस, 1970) 'नई समीक्षा' की आलोचनादृष्टि को स्वीकार करने के बाद साहित्य के इतिहास की संभावना समाप्त हो जाती है, और अगर कोई इतिहास बनता है तो वह स्वतंत्र, स्वायत्त, परस्पर विच्छिन्न रचनाओं की श्रृंखला मात्र होगा जो इतिहास होगा ही नहीं। 'नई समीक्षा' ने इतिहास और आलोचना के अलगाव को चरमांत तक पहुंचा दिया। 'नई समीक्षा' आलोचना के उस द्वंद्वात्मक और ऐतिहासिक दृष्टिकोण का दुश्मन है जिसके अनुसार साहित्य और समाज की, कलात्मक संवेदनशीलता और सामाजिक संवेदनशीलता की परस्पर संबद्धता से इतिहासविवेक उत्पन्न होता है।

मनोविज्ञान और विशेषत: मनोविश्लेषण का रचना और आलोचना दोनों पर प्रभाव पड़ा है। रचना की प्रेरणा, रचनाप्रक्रिया के स्वरूप, संप्रेषण की समस्या और रचना के प्रभाव का विश्लेषण मनोवैज्ञानिक सिद्धांतों के आलोक में हुआ है। मनोवैज्ञानिक आलोचना में काव्यानुभूति के विश्लेषण पर अधिक बल दिया जाता है और रचना के मूल्यांकन पर कम। फ्रायड के मनोविश्लेषणसंबंधी चिंतन, और कला, साहित्य तथा विभिन्न कलाकृतियों के संबंध में उनके फुटकर विचारों के आधार पर ही मनोवैज्ञानिक आलोचना का विकास हुआ है। फ्रायड के अनुसार काव्य में कामवासना अपने उदात्त रूप में प्रकट होती है। दमित इच्छाओं, वासनाओं, मानसिक ग्रंथियों और मानस (चेतन, उपचेतन और अचेतन) के विभिन्न व्यवहारों का कला में उपयोग होता है। फ्रायड के अनुसार काव्यरचना बीमार मन की क्रिया है, कविता की रचनाप्रक्रिया दिवास्वप्न की प्रक्रिया के समान है और काव्यसृजन अचेतन तथा उपचेतन मानस की क्रिया है। फ्रायड ने जातीय मनोविज्ञान से उत्पन्न मिथ, 'लीजेण्ड्स' और परीकथाओं से भी काव्य का संबंध जोड़ा है। मनोवैज्ञानिक आलोचना के अनुसार कविता कवि के व्यक्तित्व की अभिव्यंजना तक ही सीमित हो गई। मनोवैज्ञानिक आलोचक साहित्यिक कृतियों में रचनाकार के व्यक्तित्व की केवल विशेषताएं खोजने लगे। इस तरह आलोचना पूर्णत: जीवनीपरक हो गई। फ्रायड के चिंतन का केंद्र है व्यक्ति मानस। व्यक्ति मानस के उपचेतन और अचेतन मन की क्रियाओं का प्रतिफल मानने के कारण साहित्य व्यक्तिकेंद्रित बन गया और कविता अबौद्धिक क्रिया का परिणाम मान

ली गई। अबौद्धिकता कविता की एक स्थायी विशेषता बन गई। फ्रायड के चिंतन के परिणामस्वरूप मानवअनुभव के दो स्वतंत्र क्षेत्र निर्धारित किए गए: (1) आत्मपरक और आत्मकेंद्रित मानसिक अनुभव और (2) बाह्य जगत से संबद्ध वस्तुनिष्ठ अनुभव। साहित्य की रचना और आलोचना का संबंध आत्मपरक और आत्मकेंद्रित मानसिक अनुभव तक सीमित हो गया। आलोचना में रचनाकार के अव्यक्त अभिप्रायों की खोज हुई, लेकिन यथार्थ की जटिल समग्रता की उपेक्षा की गई। रचनाकार के उपचेतन और रचना के संबंध पर विचार हुआ, लेकिन चेतन मानस और सामाजिक चेतना की रचनात्मक भूमिका पर विचार नहीं हुआ। लेखक के व्यक्तित्व की अभिव्यंजना मानने के कारण रचना रचनाकार के जीवन का दस्तावेज बन गई। वह लेखक के पत्र, डायरी आदि के समान हो गई।

युग के सामूहिक उपचेतन की धारणा और अचेतन मानस में आद्यबिंबों की स्थिति की धारणा का परवर्ती आलोचना पर प्रभाव पड़ा। मिथक, प्रतीक और आद्यबिंबों के आधार पर कृतियों की आलोचना की गई। साहित्य और कलाओं के विकास को भी मिथक, प्रतीक और आद्यबिंबों के स्वरूप से जोड़कर देखापरखा गया। मनोवैज्ञानिक आलोचना की प्रक्रिया व्यक्तिमानस से रचना की ओर गतिशील होती है, रचना के यथार्थ से रचनाकार की सामाजिक चेतना के संबंध की उपेक्षा करती है, इसलिए उसका व्यक्तिवादी स्वरूप इतिहासविरोधी होता है। कविता को अबौद्धिक और काव्यरचना को दिवास्वप्न मानने के कारण मनोवैज्ञानिक आलोचना इतिहासविरोधी बन जाती है। लेखक के जीवनचरित्र पर अधिक बल देने के कारण रचना के निर्माण में रचनाकाल के सामाजिक और वैचारिक प्रभावों की उपेक्षा होती है। रचना के निर्माण में परंपरा के महत्व की उपेक्षा करने के कारण ही मनोवैज्ञानिक आलोचना का साहित्य के इतिहास से विरोध है।

मनोविज्ञान, समाजशास्त्र और मानवजातिशास्त्र ने मिथक के अध्ययन के नए आयाम उद्‌घाटित करके साहित्य और कलाचिंतन के लिए एक नई दिशा का अन्वेषण किया है। फ्रायड और युंग ने मिथक और आद्यबिंब के रचनाशील स्वरूप पर विचार किया था और विको तथा फ्रेजर ने मिथक के स्वरूप, विकास और सार्थकता का अध्ययन करके परवर्ती साहित्यचिंतन को प्रभावित किया। मिथक आदिम सभ्यता की देन हैं, जिनमें मनुष्य की आकांक्षाओं, उसकी सर्जनात्मक प्रतिभा और प्रकृति से मानव के संबंध की व्यंजना हुई थी। विज्ञान और तर्क के विकास के साथ साथ मिथक और मिथकशास्त्र का विघटन हो जाएगा, मिथक संबंधी नए चिंतन से यह धारणा खंडित हुई है। मिथकीय चिंतन के नए दौर में मनुष्य को इतिहास से निकालकर पुनः मिथक की दुनिया में ले जाने का प्रयत्न कुछ विचारक कर रहे हैं। मिथकसंबंधी साहित्यचिंतन और उसकी इतिहासविरोधी प्रकृति की सर्वाधिक तर्कसंगत अभिव्यक्ति नार्थ्रोप फ्राई के साहित्यचिंतन में

हुई है। नार्थ्रोप फ्राई का विचार है कि साहित्य की आलोचना के लिए साहित्येत्तर आलोचनादृष्टि अवांछनीय है, साहित्य से प्राप्त मूल्यों को बाहरी स्रोतों से जोड़ना अनुचित है। 'सार्थक रूप' को सौंदर्यबोधी मूल्यों का एकमात्र स्रोत माननेवाले कलासमीक्षक क्लाइव बेल भी कलाबोध के लिए कला की दुनिया से बाहर की दुनिया द्वारा प्राप्त विवेक को आवश्यक समझते थे। नार्थ्रोप फ्राई ने लिखा है कि हर तरह की साहित्यिक कृति के अर्थ की दिशा आभ्यंतरिक होती है। साहित्यिक संरचना के अंतर्वर्ती अर्थ और स्वायत्त शब्दसंरचना की धारणा रूपवादी साहित्य-सिद्धांत की ही उपज है। साहित्य के विकास में पुनरावर्ती तत्वों का अन्वेषण करते हुए फ्राई ने प्रतीक, मिथक और रचना विधाओं की शाश्वतता की स्थापना की है। फ्राई ने लिखा है :

> साहित्य की दुनिया की स्वायत्तता की धारणा के अनुसार साहित्य जीवन और यथार्थ का भाष्य नहीं है, लेकिन इसके भाषिक संबंधों की व्यवस्था के भीतर जीवन और यथार्थ का समावेश है। (एनाटामी आफ क्रिटिसिज्म 1957, पृ. 122)

रेनेवेलेक ने नार्थ्रोप फ्राई के इस साहित्यचिंतन की आलोचना करते हुए लिखा है (डिस्क्रिमिनेशंस, 1970, पृ. 102-3) कि ऐसे चिंतन से साहित्यपरंपरा प्रतीकों और मिथकों की एक संवृत व्यवस्था बन जाती है, कालों और शैलियों का अंतर समाप्त हो जाता है और प्रतीक, मिथक और रूपक का आपसी अंतर भी मिट जाता है। नार्थ्रोप फ्राई की यह इतिहासविरोधी प्रवृत्ति उनके परवर्ती चिंतन में भी विद्यमान है। अपनी 'माडर्न सेंचुरी' नाम की पुस्तक में उन्होंने 'प्रगति से अलगाव' को आधुनिक चेतना की प्रमुख विशेषता माना है। उनके अनुसार अलगाव की इस भावना का कारण यह है कि मनुष्य अपनी नियति पर अपने नियंत्रण में विश्वास खो चुका है। प्रगति से अलगाव की यह धारणा इतिहास का निषेध करती है और इतिहास बनाने की मानवक्षमता को अस्वीकार करती है। मानवसमाज की प्रगति ही उसकी कर्मशीलता का इतिहास भी है। मानवसमाज की प्रगति का एक परिणाम यह भी है कि मनुष्य मिथक की दुनिया से निकलकर अपने बनाए हुए इतिहास की दुनिया में आया है, लेकिन फ्राई और लेवी-स्त्रास मनुष्य को इतिहास से निकालकर पुनः मिथक की दुनिया में ले जाना चाहते हैं; क्योंकि उनके अनुसार इतिहास उतना ही विवेकपूर्ण या अविवेकपूर्ण है जितना मिथक। फ्राई ने प्रत्येक युग में मनुष्य के अस्तित्व और उसकी नियति को व्यक्त करनेवाले विचारों, बिंबों, विश्वासों, मान्यताओं और आशाओं के स्वरूप को मिथकीय माना है। इस तरह उन्होंने मानव समाज के इतिहास को 'माइथोलाजी' घोषित किया है। (माडर्न सेंचुरी, 1967, पृ. 79)

फ्राई ने 'एनाटामी आफ क्रिटिसिज़्म' में साहित्य की दुनिया में मिथक की शाश्वतता स्थापित की थी, लेकिन 'माडर्न सेंचुरी' में उन्होंने मानवसमाज के इतिहास को शाश्वत मिथक व्यवस्था घोषित कर दिया। प्रगति की चेतना के खंडन साहित्य में कालों और शैलियों की समाप्ति और साहित्यसंसार को शाब्दिक संरचनाओं का आत्मबद्ध स्वायत्त संसार मानने के बाद साहित्य के इतिहास की संभावना समाप्त हो जाती है। मनोवैज्ञानिक आलोचना लेखक के व्यक्तित्व को सर्वाधिक महत्व देती है, लेकिन फ्राई की आलोचना में रचनाकार की चेतना और उसके अभिप्रायों की चर्चा के लिए कोई स्थान नहीं है। यहां साहित्य इतना निर्वैयक्तिक हो जाता है कि वह अमानवीय बन जाता है। फ्राई की आलोचना में कल्पना के प्रत्यय वस्तु के स्थानापन्न बन गए हैं। स्तारोविंस्की ने फ्राई के साहित्य-चिंतन की पद्धति और अवधारणा की आलोचना करते हुए ठीक ही लिखा है :

> नार्थ्रोप फ्राई की आलोचना पद्धति में कल्पना के प्रत्ययों को वस्तुओं की तरह मानकर उनका वर्गीकरण होता है। इस पद्धति के अनुसार संपूर्ण साहित्य एक दूसरी सृष्टि की तरह है, जो कृतियों की विशाल व्यवस्था से निर्मित, अपने आंतरिक नियमों से शासित और विभिन्न कालों तथा विधाओं में विभाजित है। (डायजिनिस, सं. 74, 1971, पृ. 79)

निष्कर्ष यह है कि फ्राई के अनुसार साहित्य का विकास नहीं होता बल्कि कुछ शाश्वत रूपों और संरचनाओं (प्रतीक, मिथक और आर्केटाइप) की पुनरावृत्ति होती रहती है। इस तरह साहित्य की परंपरा शब्दों की व्यवस्था मात्र रह जाती है। फ्राई ने साहित्य की तुलना गणित से की है। आधुनिक रूपवादियों के गुरु एजरा पाउंड ने भी कविता को 'अनुप्रेरित गणित' कहा था। फ्राई ने साहित्य की परंपरा और इतिहास की धारणा का खंडन करते हुए साहित्य की एक केंद्रीय विशेषता या साहित्यानुशीलन के केंद्रबिंदु की खोज करते हुए ही साहित्य की संरचना की समग्रता की व्याख्या की है और साहित्य को स्वायत्त शब्दसंसार कहा है। इस स्वायत्त शब्दसंसार से शब्दचित्र या शब्दमूर्ति की दुनिया की दूरी बहुत कम है। वास्तव में रचना को केवल स्वायत्त भाषिक संरचना माननेवाले आलोचक रचना और पाठक के संबंध को भूल जाते हैं। एक साहित्यिक कृति केवल स्वतः पूर्ण वस्तु नहीं होती, वह एक संबंध है, वह असंख्य संबंधों की एक धुरी भी है।

हिंदी आलोचना में काव्यबिंब के स्वरूप और रचना तथा आलोचना के संदर्भ में उसकी सार्थकता के पक्षविपक्ष पर पर्याप्त लिखा गया है। नई कविता के दौर में बिंबवाद की स्थापना का प्रयत्न हुआ। योरप के बिंबवादी साहित्यचिंतन का आयात किया गया और कवि कविता के बदले केवल बिंब बनाने लगे। लेकिन

अब रचना और आलोचना के संदर्भ में बिंबवाद की निरर्थकता सिद्ध हो चुकी है। योरप में भी बिंबवाद और प्रतीकवाद अब इतिहास की वस्तु बन गए हैं। स्पित्सर ने बिंबवादी चिंतन की अमानवीयता की ओर संकेत करते हुए ही साहित्य और दर्शन के क्षेत्र से उसे बहिष्कृत करने की सलाह दी थी। इतिहासविरोधी साहित्य चिंतन की एक धारा के रूप में प्रतीकवादी और बिंबवादी साहित्यचिंतन के स्मरण का प्रयोजन केवल यह है कि प्रतीकवाद के बुद्धिविरोधी रूप और बिंबवाद के रूपवादी स्वभाव का विस्मरण साहित्य के इतिहासदर्शन के लिए हानिकर हो सकता है। ये दोनों काव्यसिद्धांत कविता के मूल्यांकन के लिए सामाजिक संवेदनशीलता और नैतिक मूल्यदृष्टि को अनावश्यक मानते हैं, इसलिए ये साहित्येतिहास के विरोधी आलोचनासिद्धांत हैं।

साहित्येतिहास के एक विरोधी एफ. डब्ल्यू. बेटसन ने अपने एक लेख में साहित्येतिहास को सुसंगत विचारणीय विषय मानने से ही इंकार किया है। (न्यू लिटरेरी हिस्ट्री, वा. 11, सं. 1, 1970, पृ. 115) उनके अनुसार साहित्य का इतिहास एक अंतर्विरोधपूर्ण असंगत विषय है क्योंकि इसमें दो परस्पर विरोधी धारणाओं, साहित्य की धारणा और इतिहास की धारणा, का अनमोल मिश्रण है। साहित्येतिहास अगर अनुपयोगी नहीं तो कम से कम साहित्यानुशीलन की एक बदनाम पद्धति तो है ही। उनका विचार है कि साहित्येतिहास से कालक्रम का बोध होता है, प्रमाणिक चिंतन की आदत बनती है और आलोचनात्मक मूल्यों की सार्थकता सिद्ध होती है। लेकिन साहित्येतिहास से ऐसे अध्यापकों को सम्मान मिलता है जो प्रौढ़ आलोचनात्मक चेतना से वंचित हैं। ऐसे अयोग्य आलोचकों के खिलाफ ही 'नई समीक्षा' की क्रांति सफल हुई थी। अब इतिहास से प्राप्त सम्मान के छाते के नीचे प्रचारकों, शैलीवैज्ञानिकों, पाठालोचकों, जीवनीलेखकों और पुरानी शैली के इतिहासकारों को स्थान मिलने लगा है। बेटसन का विचार है कि साहित्य मूलतः सर्जनात्मक होता है, वहां भेद से अधिक अभेद जरूरी होता है, बिंब घटनाओं से संयुक्त होते हैं, घटनाओं और चरित्रों में एकता स्थापित की जाती है, जबकि इतिहास में अंतरों और भेदों की खोज की जाती है। बेटसन ने इ. एम. फास्टर के इस कथन का समर्थन किया है कि 'इतिहास विकसित होता है, कला स्थिर रहती है।' बेटसन का तो यहां तक कहना है कि इतिहास और साहित्य तेल और पानी की तरह हैं, उनमें कभी कोई एकता संभव नहीं। साहित्य अंतर्दर्शी होता है जबकि इतिहास बहिर्दर्शी। इतिहास का विषय वास्तविक जगत होता है जिसके संबंध में इतिहासकार की सूचनाएं न तो पूर्णतः प्रामाणिक होती हैं और न विश्वसनीय। लेकिन साहित्यकार अपने रचनासंसार का सर्वज्ञ और सर्वदर्शी होता है।

बेटसन साहित्यइतिहास को साहित्यानुशीलन की एक आवश्यक पद्धति न

मानकर उसे सामान्य इतिहास का पर्याय समझते हैं और इतिहास की कमजोरियों को साहित्येतिहास के मत्थे मढ़ देते हैं। इतिहास को विकासशील और कला को स्थिर मानना वास्तव में कला के अब तक के इतिहास के विभिन्न आंदोलनों, प्रयोगों और परिवर्तनों से मुंह मोड़ना है। सामाजिक जीवन के विकास के साथ साथ कला और साहित्य का भी विकास होता है। यह एक ऐसी स्वीकृत धारणा है जिसके बारे में विवाद करना कुतर्क नहीं तो और क्या है ? साहित्य की दुनिया की स्वायत्तता की धारणा का ही समर्थन बेटसन भी करते हैं। साहित्य की रचना ही नहीं उसका आस्वादन भी विकसित और परिवर्तित होता है। रचना काल-प्रवाह के एक विशेष बिंदु पर अस्तित्व में आती है और उसके अस्तित्व में आने के बाद ही रचना और पाठक के आत्मीय संबंध से काव्यानुभूति की संभावना बनती है। रचनाकाल की प्रवृत्तियों और आस्वादन काल की मूल्यदृष्टि से संप्रेषणीयता प्रभावित होती है। इस तरह रचनाकार की मानसिकता और पाठक की बोध-क्षमता दोनों का इतिहास होता है।

बेटसन का प्रश्न है कि किसी रचना का रचनाकाल उसके सौंदर्यबोधीय रूप को किस तरह प्रभावित करेगा ? इस संबंध में यह कहा जा सकता है कि जैसे इतिहास का विकास अग्रगामी होता है वैसे ही साहित्य के सर्जन और आस्वादन का भी विकास होता है। किसी रचना की विषयवस्तु तथा उसमें व्यक्त नैतिक और सौंदर्यबोधी मूल्यों का स्वरूप रचनाकाल की ऐतिहासिक वास्तविकता से नियमित निर्धारित होता है। साहित्य के रूप और विधा का भी विकास होता है, साहित्यरूप ऐतिहासिक यथार्थ और उससे निर्मित रचना की अंतर्वस्तु से अनुशासित होता है। सामाजिक जीवन, ऐतिहासिक यथार्थ और वैचारिकभावात्मक प्रवृत्तियों के स्वरूप से साहित्यरूप अनुशासित और परिवर्तित होता है। वस्तु अपने अनुरूप रूप का विकास करती है, लेकिन कला के क्षेत्र में कभीकभी विकसित रूप वस्तु को भी रूपांतरित कर देता है। मध्यकाल में महाकाव्य और आधुनिक काल के उपन्यास का विकास इसका प्रमाण है। वस्तु और रूप के संबंध के संदर्भ में यह ध्यान रखने की बात है कि रूप वस्तु से अधिक स्थायी होता है। कृति और पाठक के संबंध पर विचार करें तो यह ज्ञात होगा कि हर युग का पाठक रचना को अपने युग की चेतना के संदर्भ में स्वीकार करता है। पाठक की बोधदृष्टि अपने युग की मूल्यदृष्टि से प्रभावित होती है, लेकिन रचनाकाल की कलात्मकसामाजिक मूल्यदृष्टि के बोध से पाठक की बोधदृष्टि अधिक विवेकशील बनती है। रचना को अतीत का दस्तावेज समझना अगर गलत है तो उसे अपने वर्तमान के अनुरूप बनाने की कोशिश में विकृत करना भी गलत है। वर्तमान की चेतना और कृति के रचनाकाल की चेतनता के सामंजस्य से ही अतीत की रचनाओं का सम्यक् बोध संभव होता है।

बेटसन ने रचना के स्रोतों की खोज संबंधी इतिहासप्रवृत्ति की आलोचना की है। उनका विचार है कि कालक्रम के बोध या एक ही रचनाकार की अनेक रचनाओं के कालक्रम के बोध से रचना का सौंदर्यबोध प्रभावित नहीं होता। इस संबंध में यह कहा जा सकता है कि विभिन्न कालों की रचनाओं के कालक्रम के बोध से रचना का कलात्मक बोध प्रभावित होता है। रचना के कालक्रम के ज्ञान और रचना में रचनाकाल की प्रवृत्तियों की अभिव्यक्ति के आधार पर ही असली रचनाओं को नकली रचनाओं से अलगाया जाता है। दूसरी महत्वपूर्ण बात यह है कि एक रचनाकार की विभिन्न रचनाओं के कालक्रम के बोध से रचनाकार की रचनाशीलता के विकास और ह्रास का ज्ञान होता है। इससे रचनाकार की प्रारंभिक और परवर्ती प्रौढ़ रचनाओं का अंतर स्पष्ट होता है और उसके वैचारिकभावात्मक विकास का बोध होता है। परिणामस्वरूप रचनाओं का मूल्यांकन प्रभावित होता है। बेटसन का विचार है कि रचना से संबंधित ऐतिहासिक संदर्भ की कल्पना हमेशा की जा सकती है, लेकिन भाषिक, ऐतिहासिक या संरचनात्मक तथ्य कलावस्तु के वास्तविक स्वरूप को प्रभावित करते नहीं प्रतीत होते। ऐसे तथ्य सौंदर्यबोध की प्रारंभिक अवस्था को ही प्रभावित करते हैं। विचार करने की बात यह है कि कलाबोध की प्रारंभिक अवस्था के बिना भी क्या सौंदर्यबोध की प्रौढ़तर या अंतिम अवस्था की संभावना बन सकती है? बेटसन जिसे कलाबोध की प्रारंभिक अवस्था कहते हैं वही कलाबोध की अंतिम अवस्था का भी आधार है। अंत में यह कहा जा सकता है कि हर प्रकार के संदर्भ से मुक्त कलावस्तु रहस्यवादी संतों के ईश्वर जैसी कोई चीज बन जाएगी और ऐसी स्थिति में कलानुभूति रहस्यानुभूति हो जाएगी। आश्चर्य की बात यह है कि एक लंबे काल तक संपादक की हैसियत से अपनी पत्रिका में भाषिक, ऐतिहासिक और संरचनात्मक संदर्भों की खोज और मीमांसा को बढ़ावा देने और 'स्कालर क्रिटिक' नामक अपनी पुस्तक में तथ्यबोध को आलोचना के लिए अनिवार्य घोषित करने के बाद बेटसन कलात्मक अनुभव के संदर्भ में ऐतिहासिक, भाषिक और संरचनात्मक तथ्यों तथा संदर्भों को अनावश्यक कहते हैं।

इतिहासविरोधी संरचनावादी साहित्यचिंतन से भी साहित्य के इतिहास का विरोध है। संरचनावादी साहित्यचिंतन का इतिहासविरोधी स्वरूप अलग से विचारणीय विषय है। यह एक आश्चर्यजनक बात है कि विशेष प्रकार के कुछ मार्क्सवादी साहित्येतिहास का विरोध करते हैं। अतिक्रांतिवादी नवमार्क्सवादी इतिहास को क्रांतिविरोधी समझकर उसका विरोध करते हैं। इनका विचार है कि इतिहास पुराणपंथियों की क्रांतिविरोधी गतिविधि का वैचारिक हथियार बन जाता है, इसलिए हमें क्रांतिकारी साहित्य की आवश्यकता है, साहित्य के इतिहास की नहीं। ये नववामपंथी मार्क्सवादी अतीत की व्याख्या के बदले वर्तमान

को बदलने के प्रयत्न को अधिक सार्थक समझते हैं, इसलिए इतिहास का विरोध करते हैं। इनके इतिहासविरोध का एक और कारण इतिहास का वह पुरातात्विक स्वरूप भी है जिसका वर्तमान की चेतना से कोई संबंध नहीं होता। इतिहास का एक ऐसा रूप भी है जिसमें अतीत की रचनाओं को अतीत के अनुभव के रूप में या अतीत को शाश्वत अनुभव के रूप में उपस्थित किया जाता है, वर्तमान के नए अनुभव के रूप में नहीं। इतिहास की इस अतीतोन्मुखी दृष्टि के कारण भी अग्रगामी नवमार्क्सवादी साहित्य के इतिहास का विरोध करते हैं। ऐसे मार्क्सवादी इतिहास को प्रगतिविरोधी समझते हैं। वास्तव में ये नवमार्क्सवादी साहित्य के इतिहास के गलत रूप का, भाववादीरूपवादी साहित्येतिहास का, विरोध करना चाहते हैं लेकिन विरोध के आवेश से हर तरह के इतिहास का विरोध करने लगते हैं। डेनमार्क और बेल्जियम आदि पश्चिमी देशों के नवमार्क्सवादी संरचनावादी साहित्यचिंतन का विरोध करते हुए साहित्येतिहास का भी विरोध कर रहे हैं। संरचनावादी साहित्यचिंतन और अनेक दूसरे रूपवादी साहित्यसिद्धांतों से प्रभावित साहित्येतिहास में साहित्यानुशीलन का अर्थ भाषिक विश्लेषण तक सीमित हो गया है। संरचनावादी भाषिक विश्लेषण इन नव-मार्क्सवादियों के अनुसार ऐसा साधन है जिसके सहारे पूंजीवादी समाज आम पाठकों को बुर्जुआ व्यवस्था का अंग बनाए रखने की चालाकी करता है। लेकिन ध्यान देने की बात यह है कि साहित्येतिहास के गलत रूप का विरोध साहित्येतिहास के अस्तित्व का विरोधी न बन जाए, ये नवमार्क्सवादी भाववादी और रूपवादी साहित्येतिहास को ही संपूर्ण साहित्येतिहास का पर्याय समझकर उसका विरोध करते हैं। मार्क्सवादी वैचारिक अनुशासन के अनुसार संस्कृति की मूलगामी ऐतिहासिक मीमांसा के अनुरूप लिखा हुआ साहित्येतिहास न तो प्रगति का विरोधी है और न क्रांतिचेतना का। वह न बुर्जुआ समाजव्यवस्था की यथास्थितिवादी प्रवृत्ति का पोषक होगा और न परिवर्तनविरोधी। साहित्य की परंपरा को भाववादी बुर्जुआ चिंतकों के गलत हाथों में छोड़कर चुप हो बैठने से काम नहीं चलेगा। समाज में क्रांतिकारी चेतना के विकास के लिए यह जरूरी है कि परंपरा को सहमतिवादियों के हाथ से छीनकर उसकी जनवादी व्याख्या की जाए अन्यथा, जैसा कि वाल्टर बेंजामिन ने लिखा है, यथास्थितिवादी और सहमतिवादी सदैव परंपरा का अपने पक्ष में दुरुपयोग करते हैं। प्रगतिवादियों का यह अनिवार्य कर्तव्य है कि वे परंपरा को पुराणपंथियों के हाथों में जाने से बचाएं।

आधुनिकतावादी साहित्यचिंतन परंपराविरोधी होने के नाम पर परंपरा के बोध और अस्तित्व को अस्वीकारता है। आधुनिक संवेदनशीलता के निर्माता अनेक रचनाकारों ने परंपरावाद का विरोध करते हुए भी परंपरा के सर्जनात्मक स्वरूप को स्वीकार किया है, लेकिन परवर्ती आधुनिकतावादी रचनाकारों और

आलोचकों ने परंपरा को 'अधिकारवादी परंपरा और पुराणपंथी चेतना' का पर्याय मानकर उसका विरोध किया है। इस परंपराविरोध का एक परिणाम तो यह हुआ कि आधुनिकतावादी चिंतन में ऐतिहासिक चेतना का क्रमशः ह्रास दिखाई देता है। जान ब्राण्ट कोर्टियस ने आधुनिक काल में ऐतिहासिक चेतना के ह्रास के कारणों पर विचार किया है। (न्यू लिटरेरी हिस्ट्री, वा. 11, सं 1, 1970, पृ. 115) उनके अनुसार आजकल यह धारणा व्यापक रूप में फैली हुई जान पड़ती है कि वर्तमान समाज को अपनी समस्याओं के समाधान के लिए इतिहास की ओर देखने की कोई जरूरत नहीं। ऐसे लोग यह भी मानते हैं कि इतिहास के बिना जीने की आदत डालने की कोशिश होनी चाहिए। कोर्टियस के अनुसार इस युग में तेजी से बदलते हुए सामाजिक, नैतिक, दार्शनिक और धार्मिक विचारों तथा जीवन पर उनके प्रभावों के कारण, सिद्धांतों की निरर्थकता साबित होने तथा मानवजीवन के आदर्शों के जल्दी ही पुराने पड़ जाने के कारण, विचार और कर्म को बेचैन करनेवाले वर्तमान वातावरण के कारण ही विचारशीलता का ह्रास हुआ है और भावावेश निर्णय और निश्चय का आधार हो गया है। ऐसी स्थिति में जबकि वर्तमान ही अरक्षित और अनिश्चित हो तब अतीत की चिंता कौन करे! वर्तमान इतना शीघ्र अतीत में बदल जाता है कि केवल भविष्य की चिंता संभव प्रतीत होती है। आजकल तो कभीकभी भविष्य को भी अतीत से या इतिहास के प्रभाव से बचाने की कोशिश की जाती है। कोर्टियस ने लिखा है कि ऐसा चिंतन उन लोगों का है जो वर्तमान समाज को अस्वीकार करते हैं लेकिन भविष्य के लिए उनके पास ऐसी कोई सैद्धांतिक दृष्टि नहीं है जो कभी चरितार्थ हो सके। कोर्टियस ने ऐतिहासिक चेतना और साहित्येतिहास के ह्रास के पांच कारणों की ओर संकेत किया है: (1) वर्तमान सैद्धांतिक व्यावहारिक जीवन की अनिश्चितता, (2) मानविकी के विभिन्न विषयों के अध्ययन की पद्धतियों को स्थापित करनेवाले मूल्यों के प्रति सप्रश्नता, (3) सामाजिक, राजनीतिक और विचारधारात्मक संघर्ष में इतिहास को पुराणपंथियों का हथियार समझना, (4) साहित्येतिहास का पुरातात्विक नीरस स्वरूप, (5) रूपवादी साहित्य-चिंतन का विस्तार।

पश्चिम का आधुनिकतावादी चिंतन व्यक्तिकेंद्रित वर्तमान और वर्तमानकेंद्रित व्यक्ति के अस्तित्व की समस्याओं और संकटों से संबद्ध चिंतन बन गया है। वर्त-मान के सीमित संदर्भ में व्यक्ति की अस्मिता और उसके अस्तित्व के संकटों पर विचार करना ही आधुनिकतावादी चिंतन का लक्षण माना जाता है। यह विचार-धारा मनुष्य के अलगाव की समस्या पर विचार करने के बावजूद अलगाव को गहराती है। साहित्य के क्षेत्र में ऐसे चिंतन के फलस्वरूप कला, कलाकार, आलो-चक और पाठक इतिहास से बाहर होते हैं। यह विचारधारा और इतिहास दोनों

से मुक्ति की विचारधारा है। इसके अंतर्गत मनुष्य के वैचारिक भावात्मक अंतर्जगत और उसके भौतिक सामाजिक बाह्य जगत; चेतना और परिवेश, के संबंध को अस्वीकार किया जाता है। इसमें वस्तुगत संबंध अमूर्त हो जाते हैं, संबंधों की खोज निरर्थक हो जाती है या संबंधों की निरर्थकता की ही खोज की जाती है। इस प्रकार के चिंतन के अनुसार संवादहीनता की स्थिति आज की दुनिया की अज्ञेय वास्तविकता की एक विशेषता मानी जाती है। ये आधुनिकतावादी चिंतक दुनिया की सुसंगत व्याख्या करने में भी अक्षम हैं, फिर इनके लिए दुनिया को बदलने का तो सवाल पैदा ही नहीं होता। जहां परिवर्तन की आकांक्षा और शक्ति न हो वहां ऐतिहासिक चेतना की मौत निश्चित होती है। आधुनिकतावादी विचारधारा बुर्जुआ विचारधारा का समर्थक और यथास्थितिवाद का पोषक बन गई है। इस विचारधारा में या तो हर चीज को क्षणिक मान लिया जाता है या शाश्वत; और क्षणवाद तथा शाश्वततावाद दोनों ही अनैतिहासिक होते हैं, दोनों ही ऐतिहासिक वास्तविकता से विच्छिन्न होते हैं। ऐतिहासिक चेतना और ऐतिहासिक यथार्थ के बोध से कतराने का एक कारण यह भी है कि इससे बुर्जुआ व्यवस्था और विचारधारा की कलई खुलती है। आधुनिकतावादी आलोचक साहित्य और कला में व्यक्ति की अस्मिता की तलाश करते हैं, समाज की वास्तविकता की नहीं। आधुनिकतावादी चिंतन की अनैतिहासिक विचारप्रक्रिया का एक रूप रहस्यवाद और आध्यात्मिकता में भी प्रकट होता है। सामाजिक चेतना और ऐतिहासिक दायित्व से पलायन करने वाली यह कछुवाधर्मी चिंतनप्रवृत्ति बुर्जुआ व्यवस्था के हितचिंतकों के अनुकूल पड़ती है। ऐतिहासिक चेतना से रहस्यमयता का जादू टूटता है और उस रहस्य के पीछे सक्रिय विचार की वास्तविकता सामने आती है। आत्मालोचन को आधुनिकता की एक प्रमुख विशेषता मानने के बावजूद आधुनिकतावादी अपनी चेतना और चिंता की प्रासंगिकता पर विचार नहीं करते।

पश्चिम में आजकल आधुनिकतावाद और अवांगार्द से आगे बढ़कर उत्तर-आधुनिकतावाद रचना और आलोचना की प्रवृत्ति के रूप में चिंतन का विषय बना हुआ है। आधुनिकतावादी चिंतन के प्रारंभिक दौर में रूढ़ियों से मुक्ति का प्रयत्न या तो अतीत के दाय से वंचित होने और परंपरा से निर्मित विश्वासों तथा मूल्यों के खो देने का बोध भी था, लेकिन अब उत्तरआधुनिकतावादी चिंतन में अतीत से पूरी तरह अलगाव की साधना हो रही है। जहां कला और साहित्य में भाषातीत भाषा के सहारे अर्थ की खोज और अभिव्यक्ति की कोशिश हो रही हो, जहां मौन और शून्यता की भाषा से साहित्य और कला का अस्तित्व ही खतरे में पड़ गया हो, जहां रचनाकार अ-साहित्य (एण्टी लिटरेचर) और अ-कला (एण्टी आर्ट) की साधना कर रहे हों, जहां शब्दसाधना अर्थशून्यता की खोज में लगी हुई हो, जहां शब्द की सार्थकता निरर्थक होने या मौन हो जाने में हो और जहां इहाब हसन के

शब्दों में, आधुनिक आर्फियस टूटी वीणा पर गा रहा हो वहां ऐतिहासिक चेतना, इतिहासदर्शन और इतिहासलेखन की संभावना और आवश्यकता समाप्त हो जाए तो आश्चर्य क्या है।

इतिहासविरोधी आधुनिक साहित्यचिंतन पर विचार करने के बाद यह भी विचारणीय है कि क्या हम इतिहास और चिंता से मुक्त हो सकते हैं। ज्यां ब्राण्ट कोर्टियस ने कहा है कि इतिहास से मुक्त होने का अर्थ है मानवता से पलायन करना और चूंकि हम मानवता से पलायन नहीं कर सकते इसलिए इतिहास से भी अलग नहीं हो सकते। इतिहासविरोधी चिंतन अंततः मानवविरोधी चिंतन बन जाता है। इतिहास से पलायन का अर्थ है अपनी स्वतंत्रता को सीमित करना, क्योंकि इस प्रकार हम उस अतीत की व्याख्या और चेतना से वंचित हो जाते हैं, जो हमारे चिंतन का अनिवार्य अंग है, और हम वर्तमान की क्षणिक अनुभूति तक सीमित हो जाते हैं। जो व्यक्ति अतीत को अस्वीकार करता है और भविष्य की चिंता नहीं करता उसका वर्तमान अनुभूतियों के असंबद्ध क्षणों का एक सिलसिला भर रह जाता है। ऐसा दृष्टिकोण अपनाने पर वर्तमान की चेतना मिट जाती है, मानव एक चिंतनहीन प्राणी हो जाता है और वह लगभग शिशु की मानसिक दशा में जीने लगता है। डब्ल्यू. एच. आडेन ने मानवमात्र के लिए इतिहास की आवश्यकता पर बल देते हुए लिखा है कि मनुष्य अपने इतिहास का निर्माता है, वह अपने अतीत को दुहराता नहीं लेकिन वह उसे विस्मृत भी नहीं करता, वह हर क्षण अपने इतिहास को विकसित करता हुआ उसे संशोधित करता है। मानवजाति के निरंतर विकासशील अस्तित्व को प्रतीकित करनेवाले एक बिंब के माध्यम से आडेन ने मनुष्य जाति की उद्देश्यपरक जीवन यात्रा की व्याख्या की है। आडेन ने लिखा है :

> अगर हम मनुष्य के सदा मुक्त भविष्य पर ध्यान दें तो अनजान देश में अनंत पथ पर चलते जानेवाले एक यात्री का बिंब हमारे सामने आता है। अगर हम मनुष्य के अविस्मरणीय अतीत पर विचार करें तो विभिन्न शैलियों में निर्मित एक ऐसे भीड़ भरे शहर का बिंब बनता है जिसमें जीवित जनों की तरह मृत भी सक्रिय नागरिक हैं। इन दोनों बिंबों की एक सामान्य विशेषता है सोद्देश्यता। रास्ता किसी दिशा में जाने का संकेत देता है और शहर स्थायित्व तथा घर का।

मानवसमाज का इतिहास मनुष्य की सोद्देश्य जीवन यात्रा का इतिहास है। साहित्य की रचना और उसके बोध का इतिहास भी मनुष्य के सोद्देश्य व्यापक जीवन यात्रा के इतिहास का अंग है। अतीत की चिंता वर्तमान और भविष्य की चिंता से जुड़ी हुई होती है। इतिहास की प्रक्रिया में अतीत, वर्तमान और भविष्य परस्पर संबद्ध होते हैं, इनके विकासशील संबंध का बोध ही इतिहासबोध है। (सेलेक्टेड एसेज,

1960, पृ० 124)

साहित्य का उद्देश्य मनुष्य की एक मौलिक जिज्ञासा; मानवता से गहरी संबद्धता की जिज्ञासा, को संतुष्ट करना है। मानवता से गहरी संबद्धता के कारण ही मनुष्य इतिहास की चिंता करता है; क्योंकि इतिहास की व्यापक विकास-प्रक्रिया के अंतर्गत ही मनुष्य की परस्पर संबद्धता भी विकसित होती है। साहित्य मानव समाज के विकास के इतिहास का साधन और फल होने के कारण मनुष्य के इतिहासविवेक का अनिवार्य अंग होता है। जिस तरह साहित्य समाज से संबद्ध होता है वैसे ही साहित्य का इतिहास समाज के इतिहास से जुड़ा होता है। साहित्यानुशीलता में मानव मानस की सृजनशीलता के एक विशिष्ट रूप, साहित्य और कला, के विविध रूपों और उनमें व्यक्त जगत मीमांसा के बोध की जिज्ञासा प्रकट होती है। साहित्य का इतिहास मनुष्य समाज की सांस्कृतिक क्रियाओं का सम्यक् बोध प्रदान करता है और उससे मनुष्य की चेतना व्यापक बनती है। इतिहास से मनुष्य के वर्तमान के लिए आवश्यक विवेक भी प्राप्त होता है। निष्कर्ष यह है कि अतीत से अलगाव या इतिहास से मुक्ति का प्रयास मनुष्य की मनुष्यता को खंडित करता है। हमें इतिहास से बचने या भागने के बदले उसका ज्ञान प्राप्त करके उसे अपने अनुकूल बनाने की कोशिश करनी चाहिए।

3

संरचनावाद और साहित्य का इतिहास

इस शताब्दी के प्रारंभ में मुख्यतः भाषासंबंधी चिंतन से संरचनावाद का उदय हुआ। फर्दिनां द सास्यूर ने भाषाविज्ञान के क्षेत्र में ही 'संरचनाओं' की चर्चा की थी और उसने आदर्श भाषा तथा व्यावहारिक भाषा में अंतर करते हुए भाषिक संरचनाओं के विश्लेषण पर बल दिया था। सास्यूर ने भाषासंबंधी संरचनाओं के समकालिक और ऐतिहासिक दोनों रूपों को विवेच्य माना था। उसने सामाजिक रूढ़ियों को शब्द की ध्वनि और अर्थ के बीच संबंध और एकता का आधार स्वीकार किया था। लेकिन इस शताब्दी के मध्य में विकसित फ्रांसीसी संरचनावाद ने सास्यूर के संरचनावादी दृष्टिकोण में निहित सामाजिकता और ऐतिहासिकता को बहिष्कृत करते हुए संरचनाओं के समकालिक अर्थ और रूप को ही स्वीकार किया तथा शब्दार्थ के विकास में सहायक सामाजिक पक्ष की उपेक्षा की।

भाषाविज्ञान के क्षेत्र में जन्मे संरचनावाद के विकास और प्रसार में अनेक चिंतनधाराओं का योगदान है। भाषाविज्ञान के अतिरिक्त मानववंशशास्त्र, मानवजातिविज्ञान, मिथक के अध्ययन, सामूहिक चेतना (युग) की धारणा, मनोविश्लेषण, गेस्टाल्ट मनोविज्ञान, रूसी रूपवादी साहित्यचिंतन, प्राग स्कूल का भाषावैज्ञानिक चिंतन, तुलनात्मक धर्मशास्त्र, हर्सल का 'फेनोमेनालाजिकल' चिंतन, गणित और अनेक प्रकार के समाजशास्त्रीय चिंतन के संयोग से आधुनिक संरचनावाद का विकास हुआ है। फ्रांस में इसके पुनरुत्थान के परिणामस्वरूप आजकल भाषा, साहित्य, संस्कृति और समाज के अनुशीलन पर फ्रांसीसी संरचनावादी चिंतन का व्यापक प्रभाव पड़ा है। विश्व के विभिन्न देशों में संरचनावादी चिंतनप्रणाली भाषा, साहित्य और कलासंबंधी चिंतन की प्रमुख विचारप्रणाली बन रही है। रूस में, जहां इस शताब्दी के प्रारंभ में साहित्यचिंतन के क्षेत्र में रूपवाद और लोककथाओं के अध्ययन में संरचनात्मक विश्लेषण का विकास हुआ था, एक बार फिर नए रूप में संरचनावाद पनप रहा है। पोलैंड, चेकोस्लोवाकिया, डेनमार्क, जर्मनी और इटली आदि देशों में संरचनावादी और मार्क्सवादी विचारपद्धतियों का संघर्ष

साहित्यचिंतन तथा मानविकी की विभिन्न शाखाओं में चल रहा है। यूरोप में इस शताब्दी के पांचवें दशक तक मार्क्सवाद और अस्तित्ववाद का विचारधारात्मक संघर्ष प्रबल था, लेकिन अब मार्क्सवाद और संरचनावाद का संघर्ष यूरोपीय चिंतन का केंद्र बना हुआ है। संरचनावाद की तथाकथित घोषित वस्तुनिष्ठता, निर्वैयक्तिकता, समाजशास्त्रीयता और सामूहिकता के कारण अनेक मार्क्सवादी भी भ्रमित हुए हैं। यूरोप में, विशेषत: फ्रांस में, कुछ मार्क्सवादी संरचनावादी हैं जो संरचनात्मक इतिहासवाद या विचारधारा की संरचना को अपने अध्ययन का केंद्र मानते हैं, तो कुछ संरचनावादी हैं जो 'संरचनाओं' की निर्वैयक्तिकता, आंतरिकता और सार्वभौमिकता के सहारे संरचनावाद की सामाजिकता की वकालत करते हैं। रोलां बार्थ साहित्य और दूसरी कलाओं में शैली की निर्वैयक्तिकता सिद्ध करके उसे सामूहिक बनाने की कोशिश कर रहे हैं। विचारधारा की संरचनाओं का विश्लेषण करते हुए स्वयं संरचनावाद की विचाराधारा के शिकार मार्क्सवादी, मार्क्सवाद और संरचनावाद की परस्पर विरोधी विचारपद्धतियों के समन्वय का प्रयत्न करते दिखाई देते हैं। मार्क्सवाद और संरचनावाद के अंतर्विरोधी संबंध को अविरोधी संबंध समझने के परिणामस्वरूप संशोधित मार्क्सवादी चिंतन काफी समय से फ्रांस में फैल रहा है।

संरचनावाद इतिहास की सत्ता और महत्ता को अस्वीकार करता है, लेकिन उसके वर्तमान रूप को समझने के लिए उसके इतिहास पर एक नजर डालना आवश्यक है। संरचनावाद इतिहास को अस्वीकार करने का चाहे जितना प्रयत्न करे, इतिहास संरचनावाद की उपेक्षा नहीं कर सकता। इस शताब्दी के पहले दशक में सास्यूर के भाषावैज्ञानिक चिंतन से संरचनावाद का उदय हुआ, लेकिन साहित्यानुशीलन के संदर्भ में भाषिक मीमांसा का विकसित रूप रूसी रूपवादी चिंतन में दिखाई पड़ा। रूस में कविता और दूसरी कलाओं में व्याप्त प्रतीकवादी, बिंबवादी, और भविष्यवादी प्रवृत्तियों के वातावरण में कला के रूपपक्ष को कलाचिंतन का केंद्र बनाया गया। इस रूपवादी चिंतन के दौरान कलाकृति के रूपात्मक संगठन का विवेचन ही साहित्यचिंतन का लक्ष्य हो गया। विक्टर श्क्लोवस्की और बी. एम. आइकेनबाम ने 1920 के आसपास साहित्यचिंतन में रूपवाद की स्थापना की और इस रूपवाद के समानांतर ही एम. एम. बारवतिन तथा वी. या. प्राप आदि ने साहित्य और लोककथाओं के विवेचन में संरचनात्मक विश्लेषणपद्धति का विकास किया। रूस के इन संरचनावादियों के साहित्यचिंतन में रूपात्मक विश्लेषण ऐतिहासिक विश्लेषण का अंग था, उसमें दोनों का समन्वय था। कुछ लोग यह समझते थे कि संरचनावाद फ्रांस की उपज है, लेकिन सच्चाई यह है कि संरचनावाद का मूल स्रोत रूस के भाषा और साहित्य संबंधी रूपवादी और संरचनावादी चिंतन में निहित है। फ्रांसीसी संरचनावाद के संस्थापक लेवी-स्त्रास ने रूसी

संरचनावादी विचारक व्लादीमीर प्राप और रूस से प्राग स्कूल में आए हुए रोमन याकोव्सन से बहुत कुछ सीखा है।

संरचनावाद के रूसी उद्भव पर विचार करते समय यह ध्यान रखना चाहिए कि रूसी रूपवाद और संरचनावाद में अनेक समानताओं के बावजूद आधारभूत अंतर है। रूपवादी विचारक साहित्य को एक विकासशील प्रक्रिया मानते थे। उनके विश्लेषण में 'प्रक्रियाओं' की खोज पर बल दिया जाता था और साहित्यिक प्रक्रिया को दूसरी सामाजिक प्रक्रियाओं से पूर्णतः स्वतंत्र और विच्छिन्न नहीं माना जाता था। संरचनावादी जिन संरचनाओं की साहित्य या कला में खोज करते हैं उनका इतिहासप्रक्रिया और सामाजिक विकास से कोई संबंध नहीं होता ऐसा उनका मानना है, संरचनाओं की सतत वर्तमानता या समकालिकता ही महत्वपूर्ण होती है। दूसरी बात यह है कि रूसी रूपवादी कला में रूप और वस्तु का अंतर स्वीकार करते हुए रूप को वस्तुनिर्धारक और वस्तु से अधिक महत्वपूर्ण मानते थे जबकि संरचनावादी वस्तु और रूप के द्वंद्व को अस्वीकार करते हैं, उनके लिए वस्तु और रूप अलगअलग नहीं हैं। संरचनावादी चिंतन में रूप और संरचना पर्याय ही हैं। संरचनावादी साहित्यचिंतक साहित्यिक कृति को भाषिक संरचना या शाब्दिक संरचना समझते हुए वस्तु की सत्ता को भ्रामक मानते हैं और इस प्रकार रूप तथा संरचना को पर्याय समझते हैं। रूपवाद और संरचनावाद के परस्परविरोधी होने की पुष्टि इस बात से भी होती है कि रूपवादी श्क्लोवस्की ने संरचनावाद की आलोचना करते हुए उसका खंडन किया और दूसरी ओर प्राग स्कूल के संरचनावादी यान मुकारोवस्की ने रूपवाद की आलोचना करते हुए उसको अनुपयोगी घोषित किया।

संरचनावाद को भाषाविज्ञान से साहित्यचिंतन के क्षेत्र में लाने और उसे अंतर्राष्ट्रीय महत्व प्रदान करने में सबसे अधिक योगदान रोमन याकोब्सन का है। रोमन याकोब्सन रूस में रूपवादी आंदोलन से जुड़े हुए थे और बाद में 1920 में प्राग में यान मुकारोवस्की के साथ काम करते हुए उन्होंने संरचनावादी काव्यशास्त्र विकसित करने का प्रयत्न किया। अमेरिका में रहते हुए रोमन याकोब्सन ने लेवी-स्त्रास के साहित्यचिंतन को प्रभावित किया। संरचनावादी साहित्यचिंतन के विकास में प्राग निकाय के भाषावैज्ञानिक विचारकों के चिंतन का महत्वपूर्ण स्थान है। प्राग के भाषावैज्ञानिक समुदाय की स्थापना 1926 में हुई। प्राग के भाषा-वैज्ञानिक समुदाय में प्रारंभ में भाषाविज्ञान के क्षेत्र में संरचनावाद का विकास किया और 1934 के आसपास संरचनावादी काव्यशास्त्र का विकास हुआ। प्राग में ही 1923 में रोमन याकोब्सन ने भाषिकी की पद्धति और प्रतिमान का प्रयोग करते हुए साहित्य की संरचनावादी धारणा की व्याख्या की। यान मुकारोवस्की ने सौंदर्य-बोधी संरचनाओं का विवेचन करते हुए संरचनावादी सौंदर्यशास्त्र की संभावना

उपस्थित की। यान मुकारोवस्की ने साहित्य के इतिहास के संदर्भ में संरचनावाद के उपयोग का प्रयत्न किया। प्राग समुदाय के विचारकों ने संरचनाओं के पारस्परिक संबंध की व्याख्या की, काव्यभाषा के सौंदर्यबोधी कार्य का विवेचन किया, साहित्यिक कृति की अंतर्भूति या अंतस्स्थता की मीमांसा की और साहित्यिक कृति की अंतस्स्थता का खंडन करते हुए साहित्यचिंतन में समकालिक और ऐतिहासिक दृष्टिकोणों की एकता स्थापित करने का प्रयत्न किया। (पोयटिक्स, सं 8, 1973, पृ. 83-88)

यान मुकारोवस्की ने संरचना की धारणा का आधार समष्टि की आंतरिक एकता को माना था जो समष्टि के अंशों के परस्पर संबंध से बनती है और ऐसे संबंध केवल विधेयात्मक ही नहीं होते, उनमें सहमति या सामंजस्य की स्थिति ही नहीं होती, बल्कि अंतर्विरोध और द्वंद्व की संभावना भी होती है। रेने वेलेक ने ठीक ही लिखा है कि यान मुकारोवस्की की संरचना की धारणा में द्वंद्वात्मक संबंध की स्वीकृति है जिसका रूसी रूपवाद में अभाव था। (डिस्क्रिमिनेशंस, 1970, पृ.278-79) यान मुकारोवस्की ने संरचनावादी ऐतिहासिक काव्यशास्त्र विकसित करने का प्रयत्न किया और उस ऐतिहासिक काव्यशास्त्र का प्रामाणिक विकास आजकल पूर्वी यूरोप के अनेक देशों में हो रहा है। 1948 के आसपास यान मुकारोवस्की के साहित्यचिंतन में परिवर्तन हुआ। उन्होंने 1948 में 'कला और विश्व-दृष्टि' नामक अपने निबंध में कला और यथार्थ के विशिष्ट संबंधों को स्वीकार किया। उस निबंध में उन्होंने यह भी कहा कि कला में बुनियादी मानवीय प्रश्नों का उत्तर मिलता है। 1950 के आसपास यान मुकारोवस्की ने अपने संरचनावादी दृष्टिकोण पर पुनर्विचार किया और 1951 में संरचनावाद की आलोचना करते हुए अपने संरचनावादी विचारों का खंडन किया। यान मुकारोवस्की ने संरचनावाद को 'खतरनाक भाववाद' कहते हुए अलग होने की घोषणा की।

फ्रांस में 1960 के करीब संरचनावाद का उदय हुआ और लेवी-स्त्रास फ्रांसीसी संरचनावाद के प्रमुख विचारक प्रचारक बने। फ्रांस के संरचनावादियों पर अस्तित्ववाद, मनोविश्लेषणवाद, हर्सल की 'फेनामेनोलाजी' और मार्क्सवादी चिंतन का मिलाजुला प्रभाव है। फ्रांस में कुछ अस्तित्ववादी संरचनावादी हैं तो कुछ मार्क्सवादी संरचनावादी, कुछ मनोविश्लेषणवादी संरचनावादी हैं तो कुछ समाजशास्त्रीय संरचनावादी। साहित्यचिंतन के क्षेत्र में संरचनावादी विचार-प्रणाली की सहायता से संरचनावादी काव्यशास्त्र विकसित करनेवालों में रोलां बार्थ और मिशेल फुको मुख्य हैं, इन्होंने संरचनावाद के आधार पर साहित्य का विज्ञान विकसित करने का प्रयत्न किया है। फ्रांस में साहित्य, कला और दर्शन के क्षेत्र में इस शताब्दी के प्रारंभ से ही ऐसी प्रवृत्तियां मौजूद थीं जिनसे साहित्य के क्षेत्र में संरचनावादी चिंतन को बल मिला। मालार्मे ने लिखा था कि 'कविता शब्दों

से लिखी जाती है, विचारों से नहीं।' मालार्मे कविता की एक ऐसी भाषा निर्मित करना चाहते थे जिसमें से समाज, प्रकृति और कवि के व्यक्तित्व का संपूर्ण बहिष्कार हो। वह विशुद्ध कविता और कविता की विशुद्ध भाषा गढ़ना चाहते थे। फ्रांस के आधुनिक संरचनावादी साहित्यचिंतन मालार्मे की काव्यभाषा संबंधी धारणाओं का ही अनुगमन कर रहे हैं। प्रतीकवादियों के लिए कविता के शब्दों के अर्थ और ध्वनि का संबंध ही विचारणीय था और आधुनिक संरचनावादी भी साहित्यिक कृति को शाब्दिक संरचना मानते हुए उसके रूपात्मक स्वरूप को ही विचारणीय समझते हैं। फ्रांस में अस्तित्ववाद अगर महायुद्धों से जर्जर सामाजिक, राजनीतिक वातावरण की वैचारिक प्रतिक्रिया का परिणाम था तो संरचनावाद द गाल के शासन की सामाजिक राजनीतिक स्थिरता के वैचारिक वातावरण की उपज है।

अस्तित्ववाद अपने भाववादी उद्‌गम और आत्मवादी प्रवृत्ति के बावजूद अपनी मानवतावादी चिंता के कारण एक सीमा तक प्रासंगिक प्रतीत हुआ और रचनाकारों को प्रभावित कर सका। अस्तित्ववाद में मनुष्य की कर्मशीलता पर विचार नहीं हुआ, लेकिन उसमें आधुनिक युग के मनुष्य के अस्तित्व के संकटों का बोध था, मानवइतिहास की भयावह परिणतियों की चेतना थी, आधुनिक मानव नियति के त्रासद रूप के बोध से उत्पन्न वेदना थी। अस्तित्ववाद का जीवन की वास्तविकता से संबंध था, लेकिन संरचनावाद इतिहास की प्रगति को अस्वीकार करता है। वह मनुष्य को इतिहास से निकालकर मिथकों में जीने को मजबूर करता है, संरचनावाद मनुष्य को ऐसे मिथकों तक सीमित करता है जो संरचनावाद के ही अनुसार अचेतन मानस की उपज है। संरचनावाद की अनैतिहासिक कालातीतता के अनुसार आदिम मानस उतना ही आधुनिक है जितना आधुनिक मानस आदिम है या फिर संरचनावादियों के अनुसार आदिम मानवमानस आधुनिक से अधिक बेहतर है। संरचनाओं की शाश्वत समकालिकता या सतत वर्तमानता में इतिहास और इतिहासनिर्माता मनुष्य दोनों के लिए कोई जगह नहीं है।

संरचनावादी विचारक मिथक और आदिम संस्कृतियों के अध्ययन में ही अधिक प्रवृत्त हुए हैं, वर्तमान से उनका चिंतन लगभग विच्छिन्न ही है। अस्तित्ववाद में समाज में व्यक्ति के अस्तित्व और उसकी अस्मिता की समस्याओं पर विचार हुआ था, लेकिन संरचनावाद की निर्वैयक्तिक संरचनाओं की धारणा के अंतर्गत व्यक्ति के अस्तित्व और अस्मिता के लिए कोई जगह नहीं है। यहां मनुष्य अपने इतिहास का निर्माता, कर्मशील मनुष्य नहीं है, बल्कि वह संरचनाओं का बोझ ढोनेवाला निष्क्रिय प्राणी है। संरचनावादी परिवर्तन का विरोधी दृष्टिकोण है, वह वर्तमान को; बुर्जुआ व्यवस्था के वर्तमान को, शाश्वत वर्तमान बनानेवाली विचारधारा है। फ्रांसीसी संरचनावादी चिंतन की एक धारा में मार्क्सवाद और संरचनावाद के समन्वय का भी प्रयत्न हुआ है। लुसिएं गोल्डमन ने अपने उत्पत्ति-

मूलक संरचनावाद के अंतर्गत विचारधारा की संरचनाओं का विश्लेषण किया है और लुई अल्थुसर ने मार्क्सवाद को अधिक वैज्ञानिक बनाने के लिए संरचनात्मक इतिहासवाद का सहारा लिया है। मार्क्सवाद और संरचनावाद का समन्वय करने-वाले संभवत: यह भूल जाते हैं कि मार्क्सवाद और संरचनावाद उद्देश्य, प्रक्रिया और प्रभाव की दृष्टि से परस्पर विरोधी विचारधाराएं हैं। मार्क्सवाद इतिहास को सोद्देश्य मानता है, वह इतिहास को मानवीय क्रियाशीलता की गतिशील प्रक्रिया समझता है। उसके अनुसार इतिहास की समझ और व्याख्या का उद्देश्य मूलगामी सामाजिक परिवर्तन है। इसके विपरीत संरचनावाद इतिहासविरोधी है, वह अचेतन मानस की उपज कालातीत मिथक की संरचना के पुनरावर्ती क्रम की खोज करता है और उसका उद्देश्य है समाज और संस्कृति की व्याख्या या पुनर्व्याख्या करना।

संरचनावादी साहित्यविचारक संरचनावादी साहित्यसिद्धांत, काव्यशास्त्र, शैलीविज्ञान और साहित्यविज्ञान विकसित कर रहे हैं। साहित्य संबंधी संपूर्ण संरचनावादी चिंतन पर विचार करने के लिए एक स्वतंत्र निबंध की आवश्यकता होगी। यहां संरचनावादी साहित्यचिंतन की उन विशेषताओं पर विचार करना जरूरी है जिनका साहित्य के इतिहास से कोई संबंध है या हो सकता है।

अधिकांश संरचनावादी विचारक मूलत: किसी न किसी सामाजिक विज्ञान से संबद्ध हैं और वे उस सामाजिक विज्ञान की प्रकृति और चिंतनप्रणाली के अनुसार ही 'संरचना' की परिभाषा और व्याख्या करते हैं, यही कारण है कि मनोविश्लेषण, मानववंशशास्त्र, भाषाविज्ञान और साहित्य से संबद्ध विचारकों ने संरचना की अलगअलग व्याख्याएं प्रस्तुत करने का प्रयत्न किया है। रोलांबार्थ और लेवी स्त्रास के चिंतन में संरचना की परिभाषाएं अलगअलग हैं, सभी प्रकार के संरचनावादियों के साहित्यचिंतन को ध्यान में रखकर यह कहा जा सकता है कि संरचनावादी समग्रता को अंशों से अधिक महत्व देते हैं, लेकिन वे एक ओर अंशों के आपसी संबंध और दूसरी ओर अंशों से समग्रता के संबंध का विवेचन करते हैं। संरचना-वाद का दूसरा आधारभूत सिद्धांत है 'समकालिक' और 'ऐतिहासिक' में अंतर स्थापित करना। उनकी तीसरी मान्यता यह है कि संरचनाएं सतह के नीचे रहती हैं, इसलिए आलोचना में रचना का गहरा विश्लेषण होना चाहिए, ऊपरी विवेचन नहीं प्रत्येक प्रकार के संरचनावादी, संरचनापद्धति की सार्वभौमिकता में विश्वास करते हैं। एक आलोचक ने साहित्य संबंधी संरचनावादी मान्यताओं पर विचार करते हुए पांच विशेषताओं पर प्रकाश डाला है। (एल. एस. रोडिएज, बुक्स एब्राड, वा. 49, सं. 2, 1975, पृ. 207)

1. संरचनावाद के अनुसार किसी कृति की संरचनाओं के विश्लेषण के माध्यम से उसका अर्थ निश्चित किया जा सकता है। इस प्रक्रिया में विचारात्मक

आग्रहों के कारण रचना पर बाहरी अर्थ का आरोप नहीं होता।

2. ऐतिहासिक और जीवनीपरक आलोचनापद्धतियों से उत्पन्न मोहभंग की समस्या का समाधान संरचनावादी पद्धति से हो जाता है।

3. ऐसा कोई भी आलोचनात्मक दृष्टिकोण जो पाठ के संदर्भ में अभिप्राय या स्रोत की अवहेलना करता है, परोक्षतः संरचनावादी ही है; लेकिन खतरा यह है कि केवल वस्तुतात्विक विश्लेषण में रचना के बिखर जाने की संभावना है, जब कि संरचनावादी पद्धति के प्रत्यक्ष प्रयोग से रचना की एकता और सुसंगति पुनः स्थापित हो जाती है।

4. चूंकि संरचनाओं की अनुभूति न तो सर्जनात्मक चेतना को होती है और न आलोचनात्मक चेतना को, बल्कि संरचनाओं से एक बुनियादी ढांचा निर्मित होता है; इसलिए संरचनात्मक विश्लेषण मनोविश्लेषण या मार्क्सवाद से प्रभावित वर्गीकरण की पद्धति से मुक्त होता है। संरचनाओं से वस्तुपरक बोधगम्यता का एक सिद्धांत निर्मित होता है।

5. संरचनावाद देशकाल की दृष्टि से दूरस्थ रचनाओं के विश्लेषण में सर्वाधिक सफल होता है, लेकिन एक आलोचक समकालीन रचना की संरचनात्मक व्याख्या करके उसका नया अर्थ उद्घाटित कर सकता है।

प्रत्येक नवीन चिंतनपद्धति अपनी विषयवस्तु की नई परिभाषा करती है और यह आवश्यकता तब और अधिक प्रबल हो जाती है जब चिंतनपद्धति वैज्ञानिक होने का दावा करे। संरचनावादी संरचनावाद को तो वैज्ञानिक मानते ही हैं, वे साहित्य का विज्ञान विकसित करने का भी दावा करते हैं। संरचनावादियों ने साहित्य की नई परिभाषा देने की कोशिश की है। उनके अनुसार साहित्य भाषिक संरचना है। प्रश्न यह है कि अगर साहित्यिक कृति एक शाब्दिक या भाषिक संरचना है तो वह दूसरे प्रकार की शाब्दिक या भाषिक संरचनाओं से अलग कैसे है? संरचनावादी जब साहित्यिक भाषिक संरचना और दूसरी भाषिक संरचनाओं में अंतर करते हैं या साहित्य की भाषा की विशेषताओं का विवेचन करते हैं तो किसी रचना को साहित्यिक कृति मानने का आधार प्रायः रचना की साहित्यिकता की लोकस्वीकृति ही होती है, समाज जिन रचनाओं को साहित्यिक कृति मानता है उन्हीं रचनाओं की भाषिक विशेषता और संरचनाओं का विश्लेषण करके संरचनावादी साहित्यिक भाषिक संरचना की विशेषताएं सिद्ध करते हैं। टी. तोदोरोव ने साहित्य की पुरानी परिभाषाओं की आलोचना करते हुए लिखा है कि पुरानी परिभाषाओं से साहित्य के बारे में नहीं, परिभाषा देनेवालों के बारे में जानकारी प्राप्त होती है। हमारी संस्कृति के इतिहास के हर युग के कला और साहित्य की एक अपनी परिभाषा रही है और उन परिभाषाओं से संबद्ध काल की विचारधारात्मक व्यवस्था का बोध होता है क्योंकि परिभाषा उसी की देन होती है। उनसे (परिभाषाओं

से) हमें साहित्य संबंधी विचारों के इतिहास का बोध होता है, किसी साहित्य-सिद्धांत या साहित्य के विज्ञान की उपलब्धि नहीं होती। तोदोरोव ने लिखा है :

> अतीत में साहित्य की जो परिभाषाएं की गयी हैं, वे अत्यंत कमजोर हैं और साहित्य के व्यवस्थित विश्लेषण में लागू करते ही उनकी कमजोरी जाहिर हो जाती है। लेकिन इसका यह अर्थ नहीं है कि उनका कोई महत्व नहीं है। उनसे साहित्य के बारे में कोई जारकारो भले ही न मिलती हो, लेकिन परिभाषा करनेवालों के बारे में जानकारी जरूर मिलती है। हमारे सांस्कृतिक इतिहास के प्रत्येक काल की कला और साहित्य की भिन्नभिन्न परिभाषाएं हैं। इन परिभाषाओं से उस विचारधारात्मक व्यवस्था का बोध होता है जिससे ये पैदा हुई हैं। इन परिभाषाओं से साहित्य की धारणा के इतिहास का ज्ञान होता है, इनसे साहित्य के किसी सिद्धांत (या विज्ञान) का निर्माण नहीं होता।' (टी. एल. एस., अक्तूबर 1973, पृ. 1170)

संरचनावादियों ने साहित्य की सभी पुरानी परिभाषाओं की आलोचना करते हुए जो नई परिभाषा दी है उसके बारे में भी यही कहा जा सकता है कि इससे साहित्य के स्वरूप का बोध उतना नहीं होता जितना संरचनावादियों की विचारप्रणाली का बोध होता है। साहित्य की संरचनावादी परिभाषा भी एक विशेष प्रकार की विचारधारात्मक व्यवस्था की ही उपज है और इससे किसी विशिष्ट साहित्य-सिद्धांत या साहित्यविज्ञान की उपलब्धि का दावा भी केवल संरचनावादियों के इच्छाजनित विश्वास का फल ही प्रतीत होता है। संरचनावादियों का एक दावा यह भी है कि वे साहित्य का विज्ञान विकसित कर रहे हैं। रोमन याकोब्सन ने साहित्य का ऐसा विज्ञान विकसित करने की घोषणा की है जिसमें भाषाविज्ञान और काव्यशास्त्र दोनों का समावेश हो। साहित्य के इस विज्ञान का आधार भाषा-वैज्ञानिक, शैलीवैज्ञानिक और गणितीय संरचनावादी चिंतन है। रोमन याकोब्सन का विचार है कि शाब्दिक संरचना के वस्तुपरक गहरे विश्लेषण का विकल्प सर्जनात्मक साहित्य के संबंध में आलोचक की अपनी अभिरुचि और अभिमत की अभिव्यक्ति को नहीं बनाया जा सकता। रोमन याकोब्सन ने आलोचना के मूल्य-परक स्वरूप और वर्गीकरण का विरोध किया है। लेकिन ध्यान देने की बात यह भी है कि विश्लेषण की वस्तुपरकता और निर्वैयक्तिकता के आधार पर निर्मित वैज्ञानिकता वास्तव में संरचनाओं की पूर्वकल्पित धारणाओं के आरोप का परिणाम है। साहित्य का विज्ञान निर्मित करनेवाले एक दूसरे प्रमुख संरचनावादी रोलां बार्थ का विचार है कि साहित्यिक कृति को मिथक मानना ही साहित्य के विज्ञान का आधार है। रोलां बार्थ के इस विचार के मूल में लेवी-स्त्रॉस का चिंतन है, जिसके अनुसार मानवचिंतन के क्षेत्र से चेतना, व्यक्ति, रचनाकार, इतिहास

आदि का बहिष्कार आवश्यक प्रतीत होता है।

रोमन याकोब्सन ने संरचनावादी साहित्यविज्ञान की विषयवस्तु की व्याख्या करते हुए लिखा है कि साहित्य के विज्ञान की विषयवस्तु साहित्य नहीं बल्कि वह साहित्यिकता है जिसके कारण कोई कृति साहित्यिक कृति बनती है। रूसी रूप-वादियों ने भी 'साहित्यिकता की खोज' को ही साहित्यचिंतन का केंद्रीय विषय माना था। 'साहित्यिकता' उन्हें केवल साहित्य के रूप में दिखाई देती थी, वस्तु में नहीं। विचारणीय प्रश्न यह है कि यह 'साहित्यिकता' क्या है ? क्या यह साहित्यिक कृति से अलग कोई चीज है ? साहित्यिकता की खोज के लिए संरचनावादी साहित्यिक भाषिक संरचना और दूसरी किस्म की भाषिक संरचनाओं के अंतर का विश्लेषण करते हैं। जाहिर है कि एक विशेष देशकाल में; ऐतिहासिक काल में, जिस रचना को समाज साहित्यिक मानता है उसकी भाषिक संरचनाओं की विशेष-ताओं से ही उस रचना की साहित्यिकता का स्वरूप बनता है। इतिहास की प्रक्रिया और प्रगति के बाहर साहित्य की कोई परिभाषा संभव नहीं है। लेकिन संरचना-वादी साहित्यिक कृति की साहित्यिकता के विश्लेषण के संदर्भ में ऐतिहासिक देशकाल की उपेक्षा करते हैं। किसी कृति की साहित्यिकता का संबंध अगर एक ओर कृति के स्वरूप से है तो दूसरी ओर एक विशेष देशकाल के पाठकों की मान-सिकता से भी है। किसी साहित्यिक कृति या कलाकृति के सार्वभौम और स्थायी होने का अर्थ अनैतिहासिक होना नहीं है। एक समाज एक ऐतिहासिक कालविशेष में जिस कृति को साहित्यिक कृति स्वीकार करता है वह कृति लोकस्वीकृति के आधार पर ही साहित्यिक मानी जाती है। समाज की साहित्य संबंधी धारणाएं, आकांक्षाएं और अपेक्षाएं अतीत की कृतियों के आस्वादन के प्रभाव तथा वर्तमान की संवेदनशीलता के संयोग से बनती हैं। संरचनावादी जब साहित्यिक कृति को केवल शाब्दिक संरचना मानकर उसकी साहित्यिकता की खोज करते हैं तो वे साहित्य के स्वरूपनिर्धारण के लिए आवश्यक बहुत सारी बातों को पूर्वनिश्चित मान लेते हैं।

असल में रचना की साहित्यिकता को पूर्वनिश्चित और उपलब्ध मानकर उसके आधार पर अन्वेषित साहित्यिकता की धारणा नई नहीं है। यह कहा जा सकता है कि संरचनावादी साहित्य के भाषिक स्वरूप पर अधिक बल देते हैं। ऐसा नहीं है कि संरचनावाद के पहले साहित्यिक कृति के भाषिक स्वरूप की महत्ता की पहचान का साहित्यचिंतन में अभाव था या उसका विवेचन नहीं हुआ था। संरचना-वादियों ने अगर कुछ नया किया तो वह यह कि उन्होंने साहित्य के एक पक्ष; रूप के भाषिक स्वरूप, को ही साहित्य का सब कुछ मान लिया और उसके विश्लेषण को साहित्यविज्ञान का उद्देश्य घोषित कर दिया। काव्य को शब्द माननेवाले भारतीय आचार्यों ने शब्द के विशिष्ट या रमणीय अर्थप्रतिपादन की क्षमता को

विचारणीय माना था। साहित्यिक कृति की साहित्यिकता शाब्दिक संरचना में नहीं, उस विशिष्ट संरचना की विशिष्टता से उत्पन्न अर्थशक्ति में निहित होती है। संरचनावादी साहित्य के स्वरूपनिर्धारण में 'संदेश' से अधिक महत्व 'माध्यम' को देते हैं या उनके लिए माध्यम ही संदेश है। लेकिन रोमन याकोब्सन ने भाषिक सम्प्रेषण के कार्यों का विवेचन करते हुए भाषा के काव्योचित कार्य को संदेश से जोड़ा है। संरचनावादियों ने कविता की जिन भाषिक विशेषताओं को काव्यात्मकता का आधार माना है अनेक आलोचकों ने उनकी आलोचना की है। संरचनावादियों के साहित्यचिंतन पर विचार करते हुए एक आलोचक ने लिखा है (एल. एस. रोडिएज, बुक्स एब्राड, वा. 49, सं. 2, 1975, पृ. 209) कि आज के जमाने में 'साहित्य क्या है' के बदले 'साहित्य कैसे बनता है,' यह सवाल अधिक विचारणीय है। साहित्य की शाश्वत, सार्वभौम विशेषताओं की खोज करने के बदले साहित्य के निर्माण की दशाओं पर विचार करना अधिक आवश्यक और उपयोगी है। साहित्य के विज्ञान की संरचनावादी धारणा पर विचार करने से यह सिद्ध हो जाता है कि साहित्य का विज्ञान नहीं हो सकता बलिक केवल लिखित पाठों का विज्ञान हो सकता है और ऐसे पाठों को और अनेक बातों के अतिरिक्त ऐतिहासिक संदर्भ में रखकर देखनापरखना जरूरी है। संरचनावादी अपने साहित्य-चिंतन में साहित्य के विकासशील स्वरूप की उपेक्षा करते हैं, यह संरचनावादी मिशेल फुको के विचारों के आधार पर भी कहा जा सकता है। मिशेल फुको ने 1965 में कहा था कि संरचनावाद के अंतर्गत चेतना और निरंतरता की धारणाएं विचारणीय हैं। लेकिन 1970 में उन्होंने यह घोषणा की कि अब हमारे लिए चेतना और निरंतरता की धारणाएं बुनियादी विचारणीय धारणाएं नहीं हैं। संरचनावादी साहित्यिक कृति की स्वायत्तता और वस्तुनिष्ठता की बात करते हैं, लेकिन ध्यान देने की बात यह भी है कि कोई साहित्यिक कृति शून्य से अपने पूर्ण रूप में अवतरित नहीं होती और न वह पाठक निरपेक्ष होती है। प्रत्येक कृति का कोई न कोई ऐतिहासिक संदर्भ होता है जिसके अंतर्गत रचना, रचनाकार, रचना की विषयवस्तु और उसके पाठक का समावेश होता है।

संरचनावादी शैलीविज्ञान में किसी रचना को संकेत मानकर उसका विश्लेषण किया जाता है। प्राग के यान मुकारोवस्की ने साहित्यिक कृति को 'स्वायत्त संकेत' कहा था। 'स्वायत्त संकेत' की धारणा असंगतिपूर्ण और आत्मविरोधी है; क्योंकि संकेत अपने अतिरिक्त किसी चीज की ओर किया जाता है। संकेत और संकेतित का संबंध भाषा के स्तर पर शब्द और अर्थ का संबंध बन जाता है। शब्द की ध्वनि और उसके अर्थ का संबंध शब्द और संकेतित वस्तु का संबंध होता है। अर्थ-मीमांसा के अंतर्गत शब्द और उससे जो कुछ संकेतित होता है, उन दोनों के संबंध की व्याख्या होती है। इस संदर्भ में यह भी विचारणीय है कि संकेतित वस्तु के

स्वरूप में परिवर्तन से संकेत के रूप का भी रूपांतरण होता है। अगर किसी साहित्यिक कृति या कलाकृति को व्यापक अर्थ में संकेत माना जाए तो उसमें विषयवस्तु और मूल्य का संबंध अंतर्वस्तु के स्तर पर संकेत और संकेतित का संबंध प्रतीत होगा और रूप तथा वस्तु का संबंध एक दूसरे स्तर पर संकेत और संकेतित के संबंध का रूप धारण कर लेगा। साहित्यिक कृति या कलाकृति के स्वरूप की मीमांसा करनेवाले अनेक आलोचकों और सौंदर्यशास्त्रियों ने उसे 'स्वायत्त संकेत' या 'सार्थक रूप' के बदले 'प्रतीकात्मक रूप' कहना ज्यादा उचित समझा है और यह कला की प्रकृति के अधिक अनुकूल भी है।

रूस के रूपवादियों ने साहित्य के इतिहास की आवश्यकता का अनुभव किया था क्योंकि वे साहित्य को एक गतिशील प्रक्रिया मानते थे। लेकिन उनके लिए साहित्य के इतिहास का अर्थ साहित्यिक कृतियों की साहित्यिकता का इतिहास था और साहित्यिकता साहित्यिक कृतियों के रूपतत्व में निहित या व्यक्त होती थी। रूस की समाजवादी क्रांति के बाद वहां के बुद्धिजीवियों के सामने एक समस्या अपने अतीत के प्रति अपनाए जानेवाले दृष्टिकोण की थी। रूसी रूपवादी भी इस चिंता से मुक्त नहीं थे। उन्होंने साहित्यरूप या कलारूप की विकासप्रक्रिया के अंतर्गत नए और पुराने के संबंध के रूप में साहित्य का इतिहास समझने का प्रयत्न किया। उनका यह भी विचार था कि नया कलारूप नया वस्तुबोध निर्मित करता है। 1922 में तिन्यानोव ने यह घोषणा की थी कि साहित्य की परंपरा में कोई कृति स्वतंत्र और अकेली नहीं होती, उसका अर्थ संदर्भ से संयुक्त होता है। रूसी रूपवादी साहित्यचिंतन में परंपरा की ऐतिहासिक गतिशीलता का बोध था।

प्राग के यान मुकारोवस्की ने 1934 के आसपास साहित्य के इतिहास के अध्ययन पर विशेष ध्यान दिया था। उनका विचार था कि साहित्येतिहास पर दो दृष्टिकोणों से विचार होना चाहिए। (पोयटिक्स, सं. 8, 1973, पृ.88) साहित्य का विकास संरचनाओं के संघटकों के निरंतर आंतरिक पुनर्व्यवस्थापन से प्रेरित होता रहता है और बाहरी दबावों से साहित्यरूपों का विकास एक सीमा तक ही प्रभावित होता है। मुकारोवस्की का विचार है कि जब पुराने इतिहासकार साहित्य को आत्मप्रेरित या स्वायत्त विकासप्रक्रिया की उपेक्षा करके केवल बाहरी शक्तियों को ही साहित्य और साहित्यरूप के विकास के लिए उत्तरदायी मान लेते हैं तो वे गलती करते हैं। लेकिन दूसरी ओर रूपवादी साहित्य को बाहरी शक्तियों से पूर्णतः स्वतंत्र और उसकी विकासप्रक्रिया को स्वतः संचालित मानकर साहित्य को शून्य में लटका देते हैं। मुकारोवस्की के अनुसार साहित्येतिहास संबंधी संरचनावादी धारणा एक नए समन्वय की धारणा है जिसमें साहित्य की स्वायत्तता का समर्थन करते हुए उसे बाहरी प्रभावों से अछूता नहीं माना जाता और उसे दूसरी विकासप्रक्रियाओं से सर्वथा स्वतंत्र भी नहीं समझा जाता। इस प्रकार मुकारोवस्की

का यह महत्वपूर्ण विचार सामने आता है कि साहित्य और साहित्येतर तत्वों का संबंध स्वायत्त संरचना और किसी बाहरी शक्ति का संबंध नहीं है, बल्कि तत्वतः संरचनाओं के बीच पारस्परिक संबंध है, जिसके अंतर्गत सभी संरचनाओं का स्वायत्त विकास होता है, लेकिन सभी संरचनाएं एक दूसरे पर प्रभाव डालती हैं। उनमें से कोई भी संरचना एक दूसरी से पूर्णता की दृष्टि से श्रेष्ठ नहीं होती। यान मुकारोवस्की ने ऐतिहासिक और समकालिक दृष्टिकोणों की संबद्धता को स्वीकार किया था, वस्तु और रूप की एकता पर बल दिया था और कलाकृति के स्वरूपबोध के संदर्भ में कलाकार तथा पाठक के अभिप्रायों की महत्ता को स्वीकार किया था।

फ्रांस के संरचनावादियों का दावा है कि संरचनावाद ने साहित्येतिहास लेखन की पद्धति में मूलगामी परिवर्तन किया है और वास्तविक इतिहासलेखन को संभव बनाया है। फ्रांसीसी संरचनावादी रोलां बार्थ लेवी-स्त्रास और लुसिएं गोल्डमन आदि के साहित्यचिंतन में साहित्येतिहास की प्रकृति और प्रक्रिया संबंधी समस्याओं पर पुर्नविचार हुआ है। फ्रांस में आधुनिक साहित्येतिहास के जनक और साहित्यचिंतन के वैज्ञानिक दृष्टिकोण के प्रवर्तक गुस्ताव लासों के साहित्येतिहास संबंधी विचारों का प्रभाव इस शताब्दी के प्रारंभ के लगभग चार दशकों तक रहा है। फ्रांसीसी नयी आलोचना के प्रारंभिक दौर में लासों के साहित्येतिहास और आलोचना संबंधी विचारों की आलोचना हुई और संरचनावादी साहित्यचितक भी लासों के दृष्टिकोण का विरोध करते हुए ही साहित्येतिहास के नए दृष्टिकोण की संभावनाओं की तलाश कर रहे हैं। रोलां बार्थ ने लासों के विचारों का खंडन करते हुए साहित्येतिहास के नए दृष्टिकोण—संरचनावादी दृष्टिकोण—का प्रतिपादन किया है। बार्थ का कहना है कि लासों के इतिहास-दर्शन के मूल में एक ऐसी विचारधारा है जिसकी अभिव्यक्ति नियतिवाद और तथाकथित वस्तुनिष्टता में होती है, इसमें कला की एक ऐसी धारणा है जो ऐतिहासक प्रतीत होती हुई भी इतिहासविरोधी है। अध्यापकीय इतिहासकार स्रोत और जीवनी को प्रमुखता देते हैं, छोटेछोटे ब्यौरों के विवेचन में एड़ीचोटी का पसीना एक कर देते हैं, लेकिन वे रचना की सारसत्ता का विश्लेषण नहीं करते।

रोलां बार्थ ने जीवनीपरक, कालक्रमिक या सौंदर्यबोधीय साहित्येतिहास दृष्टि के बदले साहित्य के कार्यात्मक स्वरूप पर आधारित इतिहासदृष्टि की स्थापना का प्रयास किया है, जिसमें रचना से अधिक आस्वादन पर और कृति तथा कृतिकार से अधिक पाठक और उसकी मानसिकता पर ध्यान दिया जाता है। इस इतिहासदृष्टि के अंतर्गत एक संपूर्ण काल की कलानुभूति का विवेचन आवश्यक है। साहित्य के इतिहास में महत्वपूर्ण बात जीवनीपरक तथ्यों की खोज नहीं बल्कि साहित्य संबंधी टेकनीक, नियम और सामूहिक मानसिकता की गतिविधि का अनु-शीलन है। रोलां बार्थ के साहित्येतिहास संबंधी चिंतन में एक कठिनाई यह है कि

उनकी 'कार्य' की धारणा से अनेक उलझनें उत्पन्न होती हैं। एक ओर वे 'उत्पादन, संप्रेषण और आस्वादन' के संदर्भ में कार्य पर विचार करते हैं फिर दूसरी ओर वे रचना के पाठ का विशुद्ध सौंदर्यबोधीय दृष्टि से अंतस्थ विश्लेषण करना चाहते हैं। राबर्ट वाइमन ने लिखा है (स्ट्रक्चर ऐंड सोसाइटी इन लिटरेरी हिस्ट्री 1977, पृ. 152) कि बार्थ जब संरचनावाद को प्रतीकात्मक चेतना से निदर्शनात्मक चेतना में संक्रमण के रूप में परिभाषित करते हैं तब साहित्येतिहास के अपने दृष्टिकोण से वे साहित्य के संदर्भपरक और अनुकरणशील कार्य को तथा उस सामाजिक संबद्धता को वहिष्कृत कर देते हैं जो महान संरचनात्मक परिणामों से भरपूर क्रियाशील क्षण होता है, रोलां बार्थ के इस दृष्टिकोण से अंततः साहित्य और इतिहास के संबंध का सवाल पैदा होता है और बार्थ साहित्य की रक्षा के लिए इतिहास का बलिदान बेहतर समझते हैं। रोलां बार्थ इतिहास से आत्मपरकता और वैयक्तिकता के पूर्ण बहिष्कार को इतिहास और आलोचना की वस्तुनिष्ठता के लिए अनिवार्य मानते हैं। रोलां बार्थ यह नहीं मानते कि कलात्मक या सामाजिक आत्मपरकता से इतिहासप्रक्रिया की वस्तुनिष्ठता निर्मित होती है। रचनाकार की कीमत पर साहित्य का वस्तुनिष्ठ इतिहास बनाने के प्रयास में रोलां बार्थ ने काव्य संबंधी आत्मपरकता की पूर्णतः उपेक्षा की है। इतिहास की वस्तुनिष्ठता के लिए संरचनावादी शैलीविज्ञान की मदद से रोलां बार्थ ने साहित्य के इतिहास को साहित्य के तकनीकों का इतिहास बनाना चाहा है। बार्थ ने 1963 में लिखा था :

> अगर साहित्य का इतिहास अंततः तकनीकों का इतिहास है तो इसलिए नहीं कि साहित्य केवल तकनीक है, बल्कि इसलिए कि केवल तकनीक ही बोध को स्थगित करने और आवश्यक प्रश्नों को खुला रखने में सक्षम है। उत्तर देना उतना कठिन नहीं है जितना प्रश्न पूछना; प्रश्न मुखर होता है, लेकिन उत्तर मौन होता है। (एनकाउंटर, फर. 1975, पृ. 52)

रोलां बार्थ के अनुसार साहित्यरूपों, तकनीकों और रचनाविधाओं के आधार पर अलगअलग कालों के साहित्य का इतिहास निर्मित हो सकता है। कहा जा सकता है कि रोलां बार्थ की संरचनावादी ईतिहासदृष्टि अंततः रूपवादी इतिहासदृष्टि ही सिद्ध होती है।

लुसिएं गोल्डमान ने कांट, हेगेल, मार्क्स और लुकाच की विचारपरंपरा का अनुसरण करते हुए अनैतिहासिक संरचनावादी विश्लेषणपद्धति का खंडन करते हुए ऐतिहासिक दृष्टि से सार्थक संरचनाओं का विश्लेषण करके, समग्रता की द्वंद्वात्मक धारणा का प्रतिपादन किया है। गोल्डमान ने विशुद्ध संरचनावादी चिंतन को संगठित पूंजीवाद का, संस्कृतिविरोधी और मानवविरोध व्यवस्था का पोषक कहा है। गोल्डमान ने रूपवाद और अनैतिहासिक विश्लेषणपद्धति का जो विरोध

किया है, वह सही है। उन्होंने संरचनावाद की मीमांसा में ऐतिहासिक भौतिकवाद की कुछ धारणाओं का उपयोग किया है। गोल्डमान ने संरचना और कार्य के पारस्परिक संबंध की व्याख्या करते हुए संरचनाओं की परिवर्तनशीलता और निरंतर संघटन तथा विघटन को स्वीकार किया है। गोल्डमान ने संस्कृति और साहित्य के इतिहासदर्शन के संदर्भ में उत्पत्तिमूलक संरचनावादी विचारविधि की स्थापना की। मनुष्य और समाज के बीच संतुलन की धारणा की व्याख्या करते हुए उसे व्यक्ति की बौद्धिक संरचनाओं और उसके परिवेश के बीच का संतुलन कहा है। गोल्डमान के अनुसार साहित्य के इतिहास में कलाकृति और उस सामाजिक समूह के संबंधों का अध्ययन होता है जिसमें कलाकृति उत्पन्न होती है और उसके बाद रचना के प्रभाव से निर्मित मानस की बौद्धिक संरचनाओं और उसके परिवेश के संबंधों का अध्ययन होता है। इस प्रकार साहित्य का इतिहास कृति और उसको उत्पन्न करनेवाले समाज तथा रचना के प्रभाव से निर्मित मानस और उसके परिवेश के संबंधों का अध्ययन होता है। गोल्डमान के इतिहास दर्शन की केंद्रीय धारणा 'विश्वदृष्टि' की धारणा है, जो कृति की रचना के कारणतत्व और कृति के प्रभाव से निर्मित मानसिकता के संदर्भ में विचारणीय है। 1967 में लंदन के सम्मेलन में गोल्डमान ने अपने भाषण में हर प्रकार के बौद्धिक और सांस्कृतिक जीवन की सर्जनात्मक चेतना को मूलतः सामाजिक मानते हुए उसके सामाजिक और इतिहास-सापेक्ष अध्ययन को आवश्यक कहा था। (दि डायलेक्टिक्स आफ लिबरेशन, सं. डैविड कपूर, 1969, पृ. 128) उनके अनुसार साहित्य की व्याख्या में रचना के अर्थ और सामूहिक चेतना के व्यवहार के बीच का कार्यात्मक संबंध व्यक्त होता है।

कृति एक सार्थक संरचना होती है और उसकी एक प्रकार की सापेक्ष स्वायत्तता भी होती है। कृति के आंतरिक अर्थ और सामूहिक चेतना के व्यवहार के रूप में रचना की व्याख्या—इन दोनों में कोई अंतर्विरोध नहीं होता। हर प्रकार के सांस्कृतिक सृजन के मूल में निहित विश्वदृष्टि की धारणा पर बल देते हुए गोल्डमान ने कहा है कि एक विश्वदृष्टि एक समय में सर्जनात्मक और प्रगतिशील होती है, लेकिन वही परवर्ती काल में परिवर्तित यथार्थ के बदले हुए संबंध के कारण, चेतना को जड़ीभूत करनेवाली बन जाती है। गोल्डमान के अनुसार उत्पत्तिमूलक संरचनावाद ने हेगेल की विशुद्ध बौद्धिक ऐतिहासिकता के बदले एक मूर्त्त और सर्जनात्मक इतिहास दृष्टि का प्रतिपादन किया है, जिसके अंतर्गत बौद्धिक एकता सामाजिक संरचना की समग्रता के विकास से निरंतर क्रियाशील रूप में संबद्ध होती है। इतिहास या आलोचना में कलाकृति की एकता का बोध, कलाकृति में व्यक्त विश्वदृष्टि का विश्लेषण तथा विश्वदृष्टि और उसमें प्रतिबिंबित होनेवाले सामाजिक वर्ग के संबंध का विवेचन होना चाहिए। गोल्डमान के अनुसार साहित्यानुशीलन

में तीन बातों पर ध्यान देना आवश्यक है : 1. रचना के सामाजिक सांस्कृतिक पक्ष का विवेचन, सभी महान रचनाओं में एक विश्वदृष्टि होती है जिससे रचना का अंतर्जगत सुसंगठित होता है; 2. रचना में निहित एकता के बदले विविधता का बोध; 3. व्यक्ति की आकांक्षाओं और समाजव्यवस्था के बीच द्वंद्व के स्वरूप की पहचान। (दि डायलेक्टिक्स आफ लिबरेशन, 1969, पृ. 145-146)

गोल्डमान के विचारों की आलोचना करते हुए राबर्ट वाइमान ने लिखा है (स्ट्रक्चर ऐंड सोसाइटी इन लिटरेरी हिस्ट्री, 1977, पृ. 162-63) कि गोल्डमान के साहित्यरूप और यथार्थ के कार्यकारण संबंध तथा समानधर्मी संरचनाओं के विचार से साहित्य के इतिहासचिंतन को कोई विशेष मदद नहीं मिलती, उससे साहित्येतिहास की सर्वाधिक महत्वपूर्ण समस्या का यानी उत्पत्ति और मूल्य की एकता तथा अंतर्विरोध की समस्या का, कोई संतोषप्रद हल नहीं मिलता। गोल्डमान की संगतिपूर्ण और सार्थक संरचनाओं की धारणा से भी इस समस्या का कोई समाधान नहीं होता। राबर्ट वाइमान ने लिखा है कि रचना के स्वरूप, उपादान और माध्यम के नए रूप के विकास तथा रचना और पाठक के नए संबंध के विकास के कारण आधुनिक काल में साहित्य तथा दूसरी कलाओं के इतिहास के स्वरूप में परिवर्तन आवश्यक हो गया है। साहित्य के इतिहास के लिए यह आवश्यक हो गया है कि इतिहास और मूल्य की समस्या को अब दूसरी कलाओं के साथ भी जोड़कर देखा जाए। साहित्य के नए इतिहास के लिए यह जरूरी है कि वह कृति को केवल शाब्दिक संरचना ही न माने और उसे ऐतिहासिक-सांस्कृतिक संदर्भों से विच्छिन्न पाठ न समझे। कृति की सौंदर्यबोधीय संरचना केवल भाषिक ही नहीं होती वह सार्थक संरचनाओं की ऐसी सौंदर्यबोधीय समग्रता है जिसको ऐतिहासिक दृष्टि से देखने का अर्थ है उसे स्वायत्त या आत्मबद्ध रूप में न देखकर, रूपवादी अमूर्त्तन से बचते हुए, सौंदर्यबोधीय समग्रता की प्रतीकात्मक तर्कसंगति के रूप में देखना और इस प्रक्रिया से एक ऐसी साहित्यदृष्टि की क्रियात्मक, अर्थतात्विक और समकालिक एकता स्थापित करना जिससे साहित्य के इतिहास का सार्थक स्वरूप निर्मित हो सके।

जब साहित्य की प्रक्रिया को सृजन और आस्वादन दोनों संदर्भों में देखा जाता है तो वह क्रियात्मक, सार्थक और ऐतिहासिक रूप में सर्जक और आस्वादक की सामाजिक क्रियाशीलता का अंग सिद्ध होती है। इस तरह की सामाजिक क्रियाशीलता से ही भाषा की संरचनाव्यवस्था का निर्माण होता है और उसमें परिवर्तन होते हैं। साहित्य के इतिहास का प्रारंभिक बिंदु एक कृति नहीं होती बल्कि एक राष्ट्र, समाज या युग के समग्र साहित्य का परिदृश्य बोध ही प्रारंभिक बिंदु होता है। इस परिदृश्य बोध के अंतर्गत साहित्यपरंपरा की ऐतिहासिकता और

समकालिकता का बोध समाहित होता है। साहित्य के इतिहास का संबंध अगर एक ओर कृतियों की रूपात्मक व्यवस्था से होता है तो दूसरी ओर रचनाकार और पाठक की चेतना और कर्म से भी। साहित्येतिहास में सृजन और आस्वादन के कर्म के माध्यम के रूप में भाषा की परस्परसंबद्धता विचारणीय होती है।

संरचनावादी चिंतन के विचारधारात्मक स्वरूप पर भी विचार करना आवश्यक है। चिंतन के संदर्भ में केंद्रीय समस्या यथार्थ और विचार के संबंध की समस्या है। यथार्थ और विचार के संबंध के प्रति दृष्टिकोण के अनुरूप ही विचार और भाषा का संबंध भी बनता है। अनुभववादी चिंतक संरचनाओं को यथार्थ में निहित मानते हैं जबकि रूपवादियों के लिए संरचनाएं चिंतन के ऐसे वैचारिक प्रारूप हैं जो यथार्थ के रूपात्मक अमूर्तन के परिणाम हैं। भाववादी चिंतन में चेतन मानस यथार्थ पर रूप को आरोपित करता है, या जैसा कि लेवी-स्त्रास ने कहा है कि अचेतन मानस की क्रियाशीलता से यथार्थ पर रूप आरोपित होता है। संरचनावादी वास्तव में ऐसे भाववादीरूपवादी हैं जो पूर्वकल्पित अचेतन मानस-निर्मित संरचनाओं को यथार्थ पर आरोपित करते हैं। इस भाववादीरूपवादी चिंतन का एक परिणाम यह भी है कि भाषा यथार्थ से स्वतंत्र स्वायत्त सत्ता प्राप्त कर लेती है। यहां संरचनाएं मूलतः मानवनिर्मित नहीं होतीं और न मानवीय चेतना से निर्धारित ही होती हैं, बल्कि वे मानवचेतना और इतिहास का निर्धारण करती हैं। संरचनावादी मानवनिर्मित उन संरचनाओं की बात नहीं करते जिनमें मानवव्यवहार और इतिहास का द्वंद्वात्मक संबंध प्रकट होता है। संरचनावाद की भाववादीरूपवादी विचारधारा के इतिहास की खोज करते हुए योष्ट हरमांड ने उसे डिल्थे के 'रूप', स्पेंगलर के 'जीवनरूप', हर्सल के 'तात्विक रूप', मेक्स शिलर के 'भावात्मक रूप' और कैसिरर के 'प्रतीकात्मक रूप' की रूपवादी चिंतनपरंपरा का ही आधुनिक विकास माना है। (बुक्स एब्राड, वा. 49, सं. 2, 1975, पृ. 216) इतिहास और आलोचना से व्यक्ति और व्यक्तित्व के पूर्ण बहिष्कार की धारणा और 'नामहीन कलाइतिहास' की हाइनेरिख वुल्फिन की धारणा में समानता देखी जा सकती है। साहित्य और कला की सामाजिकता के विरुद्ध कला की स्वायत्तता और साहित्य की साहित्यिकता की रक्षा करना संरचनावादियों का घोषित उद्देश्य है। इस प्रकार कला की संरचनावादी धारणा अंततः विशुद्ध कला या विशुद्ध कविता या 'कला कला के लिए' की धारणा का आधुनिक संस्करण प्रतीत होती है।

संरचनावाद इतिहास को अस्वीकार करता है और वह मानव की चेतना की क्रियाशीलता तथा स्वतंत्रता को भी अस्वीकार करता है। साहित्य के संदर्भ में इसका परिणाम यह होता है कि रचनाकार और पाठक की चेतना की स्वतंत्रता बनाम नियतिवाद का प्रश्न उठ खड़ा होता है। संरचनावादी मानवचेतना की

स्वतंत्र सृजनशीलता को नहीं, संरचनाओं से उसके निर्धारण को विचारणीय समझते हैं। संरचनावादी विचारधारा मूलतः गुणात्मक परिवर्तन और क्रांति की धारणा का विरोधी है। प्रगति और विकास संरचनावाद के लिए सतह की चीजें हैं, इसलिए भ्रमपूर्ण हैं। संरचनावाद के अनुसार इतिहास सोद्देश्य विकास की प्रक्रिया नहीं है, बल्कि वह अर्थहीन प्रक्रियाओं का चक्र है। संरचनावादी चिंतन में सिद्धांत और व्यवहार तथा विचार और कर्म के बीच द्वंद्वात्मक संबंध के लिए कोई जगह नहीं है। यहां विचारक सामाजिक प्रक्रियाओं का सहभागी नहीं, तटस्थ द्रष्टा मात्र है, उसका काम केवल व्याख्या करना है। संरचनावादियों की यह घोषित मान्यता है कि उनका काम दुनिया की व्याख्या करना है, उसे बदलना नहीं। विचार करने पर यह भी ज्ञात होगा कि यह व्याख्या अंततः बुर्जुआव्यवस्था का पोषक और संरक्षक सिद्ध होती है।

वर्तमान बुर्जुआव्यवस्था के सेवकदार्शनिक किसी न किसी रूप में इस व्यवस्था के विभिन्न रूपों और पक्षों को सार्वभौम और शाश्वत सिद्ध करते हुए क्रांतिकारी परिवर्तनों का विरोध करते हैं। संरचनावादी चिंतनप्रणाली भी वर्तमान बुर्जुआ समाजव्यवस्था और उसकी सांस्कृतिक परिणतियों को शाश्वत सिद्ध करने का ही प्रयत्न करती है। संरचनावाद के इतिहासविरोधी, परिवर्तनविरोधी और प्रगति-विरोधी स्वरूप को पहचानकर तथा उस विचारप्रणाली में निहित बुर्जुआ वर्ग की चालाकी को लक्ष्य करके ही सार्त्र ने संरचनावाद को 'तार्किक षड्यंत्र' कहा था। (बुक्स एब्राड, वा. 49, सं. 2, 1975, पृ. 215) संरचनावाद के अनुसार संरचनाओं की अभिव्यक्ति प्रतीकों, मिथकों, बिंबों और संकेतो में होती है और इनका निरंतर पुनरावर्ती क्रम चलता रहता है; इसलिए इस स्वतःसंचालित पुनरावर्ती क्रम में मनुष्य की सृजनशील शक्ति और प्रयोजनयुक्त क्रियाशीलता के लिए कोई स्थान नहीं रह जाता। इस प्रकार संरचनावाद केवल इतिहासविरोधी ही नहीं बल्कि अंततः मानवविरोधी विचारप्रणाली सिद्ध होता है।

इतिहास की सत्ता और सार्थकता का निर्माण परिवर्तन की प्रक्रिया और नए-पुराने के द्वंद्व से होता है। इतिहासबोध का लक्ष्य है; परिवर्तन की व्याख्या करना, उसे समझना और उसे प्रभावित करना। साहित्य के इतिहास का बोध भी इसका अपवाद नहीं है, इतिहासबोध मानव की सोद्देश्य क्रियाशीलता का बोध है और इससे नई क्रियाशीलता को शक्ति, गति और दिशा भी मिलती है। साहित्य का इतिहास-बोध भी मानव की प्रयोजनयुक्त सर्जनात्मक क्रियाशीलता का बोध है और इससे नवीन सृजन को नई दिशा मिलती है। इतिहासबोध में मानवीय कर्म (बौद्धिक) के संस्कार और नए अनुभव की चेतना का द्वंद्वात्मक संबंध व्यक्त होता है। संरचनावाद नए अनुभव और काल की चेतना की उपेक्षा करता है। वह मिथकीय चेतना की अनैतिहासिकता और कालातीतता का समर्थन करता है। यही कारण है कि अपने

सारे दावों और प्रयत्नों के बावजूद संरचनावादी साहित्यचिंतन साहित्येतिहास के क्षेत्र में उतना प्रभावशाली सिद्ध नहीं हुआ जितना साहित्यालोचन या साहित्य-सिद्धांत के निर्माणक्षेत्र में। संरचनावादी विचारप्रणाली और साहित्यसंबंधी धारणाओं पर पुनर्विचार करने के बाद यह कहा जा सकता है कि संरचनावाद साहित्येतिहासलेखन के लिए निम्नलिखित कारणों से विशेष उपयोगी नहीं है :

1. संरचनावाद से साहित्य के विश्लेषण, साहित्यरूप की मीमांसा और साहित्य की भाषिक संरचना के शैलीवैज्ञानिक विवेचन में मदद मिल सकती है, लेकिन साहित्य के इतिहासबोध में नहीं। संरचनावादी विश्लेषणात्मक मीमांसा-विधि इतिहासदर्शन की संश्लेषणात्मक विचारप्रक्रिया से मेल नहीं खाती। इतिहास-बोध के लिए जिस समाकलनात्मक दृष्टिकोण की आवश्यकता होती है उसका संरचनावादी चिंतन में अभाव है।

2. संरचनावाद और साहित्येतिहास के विरोध का दूसरा कारण यह है कि संरचनावाद में मूलपाठ और उसके संदर्भ के बीच सिद्धांततः अंतराल बना रहता है। संरचनावादी साहित्यचिंतन में पाठविश्लेषण अधिक महत्वपूर्ण है जबकि साहित्येतिहास के लिए पाठ और उसके संदर्भ (सामाजिक, ऐतिहासिक और कलात्मक) का द्वंद्वात्मक संबंध आवश्यक है। इतिहास की मान्यता यह है कि संदर्भ के अनुरूप पाठ के अर्थ में परिवर्तन होता है, लेकिन संदर्भ की उपेक्षा करने के कारण पाठ के परिवर्तनशील अर्थ की व्याख्या करने में संरचनावादी सक्षम नहीं होते।

3. इतिहासबोध के लिए कृति, कृतिकार और पाठक के बीच गतिशील संबंध की जानकारी जरूरी है। रचना में व्यक्त और निरस्त मूल्य तथा पाठक की मूल्यचेतना पर रचना में व्यक्त मूल्यों के प्रभाव का आकलन आवश्यक है, जबकि संरचनावाद केवल कृति के वस्तुनिष्ठ, स्वायत्त और निर्वैयक्तिक रूप के विश्लेषण तक सीमित रह जाता है, इस तरह संरचनावादी साहित्यचिंतन में रचना की मूल्य चेतना और पाठक की मूल्यचेतना में कोई संबंध स्थापित नहीं हो पाता। संरचना-वाद से नैतिक और कलात्मक मूल्यों की विकासपरंपरा का भी बोध नहीं होता।

4. इतिहासबोध के लिए साहित्यिक कृति की भाषा और सौंदर्यबोधीय संरचना का महत्व है, लेकिन भाषा और सौंदर्यबोधीय संरचना से अधिक महत्व-पूर्ण रचना की वैचारिक और भावात्मक संरचना है। संरचनावाद के लिए रचना केवल शाब्दिक या भाषिक संरचना है, इसलिए रचनाकार के वैचारिक तथा भावात्मक अभिप्राय का विवेचन संरचनावाद के अंतर्गत नहीं आता।

5. संरचनावादी साहित्यचिंतन कलाकृति की स्वायत्तता और संरचनाओं की शाश्वत समकालिकता की धारणाओं पर टिका हुआ है। 'स्वायत्तता' और शाश्वत समकालिकता की धारणाओं का ऐतिहासिकता और संदर्भसापेक्षता से

स्थायी विरोध है। किसी भी तरह का इतिहास संदर्भसापेक्षता, परिवर्तनशीलता और विकासशीलता की उपेक्षा करके जीवित नहीं रह सकता।

6. रचना में व्यक्त और निहित अर्थसृजन की प्रक्रिया और पाठक के अर्थ-बोध की प्रक्रिया में रचनाकार तथा पाठक की चेतना और परिवेश का संबंध इतिहास के लिए अनिवार्य रूप से विचारणीय है, लेकिन संरचनावादी विचारक चेतना और परिवेश के द्वंद्वात्मक संबंध को अस्वीकार करते हैं। अर्थ की सर्जना, व्यंजना और बोध की प्रक्रियाएं केवल भाषिक प्रक्रियाएं नहीं हैं, इन प्रक्रियाओं से जीवन-मूल्यों का गहरा संबंध है। कृति की मूल्यवत्ता जीवनमूल्यों से जुड़ी होती है, केवल भाषिक संरचनाओं से नहीं। साहित्य का इतिहास रचनाओं के मूल्यांकन का भी प्रयत्न करता है और इस मूल्यांकन की प्रक्रिया में कृति की मूल्यचेतना तथा समाज की मूल्यचेतना का संबंध भी विवेचित होता है। संचरनावादी साहित्यचिंतन मूल्यमीमांसा को अनावश्यक समझने के कारण कृति के मूल्यांकन में अक्षम सिद्ध होता है।

7. इतिहास कलाकृतियों के स्थायित्व की प्रकृति का विवेचन करता है और इस स्थायित्व के विवेचन के माध्यम से ही साहित्यपरंपरा के विकास में रचनाओं और रचनाकारों के योगदान का मूल्यांकन होता है। कला के स्थायित्व का कारण कृति की केवल रूपात्मक संरचना की श्रेष्ठता ही नहीं है। स्थायी मानवमूल्यों और अपने युग के सामाजिक संबंधों की समग्रता की व्यंजना के कारण ही कोई कृति स्थायी बनती है। संरचनावाद कृतियों की रूपात्मक संरचना पर विचार करता है, लेकिन रचना के संप्रेष्य मूल्यों की प्रासंगिकता का विवेचन नहीं करता। इस-लिए संरचनावाद साहित्यपरंपरा में रूप संबंधी परिवर्तनों तक ही सीमित रहता है, जीवनमूल्यों के परिवर्तन से रचनात्मक व्यवहार में होनेवाले परिवर्तनों की उपेक्षा करता है।

8. संरचनावाद साहित्यिक कृतियों की संरचनाओं की समकालिकता की खोज करता हुआ रचना की वर्तमानता पर विचार करता है जबकि साहित्य का इतिहास रचना की ऐतिहासिकता और वर्तमानता के द्वंद्वात्मक संबंध का विवेचन करता है।

9. ऐतिहासिक चेतना और कलाचेतना के संयोग से ही किसी कृति के सृजन की संभावना बनती है। साहित्येतिहास के लिए कृति और कृतिकार की ऐतिहासिक चेतना और कलाचेतना के स्वरूप और संयोगप्रक्रिया का विश्लेषण आवश्यक है। संरचनावादी साहित्यचिंतन में इसके लिए कोई जगह नहीं है।

10. साहित्य का इतिहास कालक्रम, रचनास्रोत, रचनाकार का व्यक्तित्व और पाठक की संवेदना की उपेक्षा करके नहीं चल सकता। वह केवल रचनाओं का कोश नहीं हो सकता। संरचनावादी कालक्रम, स्रोत और रचनाकार के अभि-

प्रायों के विवेचन को अनावश्यक मानते हैं। संरचनावादी साहित्यसिद्धांत अनुसंधान को नहीं, केवल आलोचना को उपयोगी मानता है। साहित्य का सार्थक इतिहास अनुसंधान और आलोचना के सम्यक संयोग से लिखा जाता है। इतिहासविवेक केवल तथ्यों तक सीमित नहीं होता, लेकिन वह तथ्यों की उपेक्षा भी नहीं कर सकता।

संरचनावाद विकास, परिवर्तन और प्रगति की धारणाओं का विरोधी होने के कारण मानवसमाज, संस्कृति और इतिहास के लिए हानिकर है और साहित्य के इतिहास के लिए अनुपयोगी भी। साहित्य का इतिहास मानवसमाज के सांस्कृतिक विकास के इतिहास का अंग बनकर ही सार्थक हो सकता है, उससे विच्छिन्न होकर नहीं। संरचनावाद मानवीय चिंतन और मानव के कर्मशील जीवन के अलगाव को बढ़ावा देता है, एकता को नहीं।

4

साहित्य का इतिहास और शैलीविज्ञान

भाषा साहित्य का एक अनिवार्य आयाम है और काव्यशास्त्र के अंतर्गत साहित्य के भाषिक पक्ष पर प्राचीन काल से विचार होता आया है। कोई भी साहित्यिक कृति भाषा से निर्मित सौंदर्यबोधी वस्तु होती है, उसके सौंदर्यपरक और ज्ञानात्मक प्रयोजन होते हैं। साहित्य के स्वरूप के विश्लेषण में शब्द और अर्थ की संयुक्त सत्ता को स्वीकार करते हुए शब्द और अर्थ के संबंध का विवेचन साहित्यशास्त्र का मुख्य विषय भारत में ही नहीं, पश्चिम में भी रहा है।

प्राचीन भारत में भाषा संबंधी चिंतन की तीन परंपराएं मिलती हैं: दर्शन की परंपरा, व्याकरण की परंपरा और काव्यशास्त्र की परंपरा। ये तीनों परंपराएं एक दूसरे को प्रभावित करती हुई विकसित हुई हैं। चिंतन के भाववादी आधार के कारण भाषासंबंधी दार्शनिक परंपरा में शब्द की उत्पत्ति के आध्यात्मिक मूल की खोज की प्रवृत्ति थी, लेकिन उसमें भी भाषा के स्वरूप का विवेचन करते समय भाषा के व्यावहारिक रूप पर ध्यान दिया जाता था। भाषासंबंधी भारतीय चिंतन की तीनों परंपराओं में भाषा के व्यावहारिक रूप के विवेचन की प्रवृत्ति प्रमुख है। व्याकरण की परंपरा के आधारस्तंभ पाणिनि और पतंजलि की कृतियों में ही नहीं, दार्शनिक परंपरा के भर्तृहरि के ग्रंथ 'वाक्यपदीय' में भी यह प्रवृत्ति है। काव्यशास्त्रीय परंपरा के शब्दार्थविचार में भी इसे देखा जा सकता है। इन तीनों परंपराओं की एक दूसरी विशेषता यह भी है कि इनमें शब्दार्थविचार में संदर्भवाद की प्रवृत्ति मौजूद है। काव्यशास्त्रीय परंपरा के शब्दार्थविचार पर दर्शन और व्याकरण की परंपराओं का गहरा प्रभाव है, शब्द और अर्थ के विशेषसहभाव के विवेचन को साहित्यविद्या कहकर भारतीय आचार्यों ने साहित्यशास्त्र के विशेष स्वरूप और प्रयोजन को स्पष्ट कर दिया है। शब्द और अर्थ का सहभाव तो सामान्य भाषा में भी होता है, लेकिन काव्य में शब्द और अर्थ का सौंदर्यपरक सहभाव होता है और काव्यशास्त्र में इसी सौंदर्यपरक सहभाव का अनुशीलन होता है। भारतीय आचार्यों ने बारबार काव्यभाषा के संदर्भ में 'काव्योचित शब्द-व्यवहार' पर बल देते हुए

भाषा के सौंदर्यपरक रूप की ओर ही संकेत किया है। भारतीय आचार्य कविकर्म, काव्यस्वरूप, काव्यभाषा और काव्यास्वाद का विवेचन करते समय शब्द और अर्थ के विशेष संबंध (सौंदर्यबोधी संबंध) को बराबर ध्यान में रखते हैं। अधिकांश भारतीय आचार्य 'शब्दार्थ' को ही काव्य मानते हैं और 'शब्दार्थ' की विशेषताओं को स्पष्ट करने के लिए विभिन्न विशेषणों का उपयोग करते हैं। कविता के स्वरूप के बारे में यह रूपवादी धारणा है। अलंकार, रीति, वक्रोक्ति और ध्वनि को काव्य की आत्मा माननेवाले आचार्यों का साहित्यचिंतन मुख्यतः रूपवादी है। संस्कृत काव्यशास्त्र में काव्यसंसार की स्वायत्तता की स्वीकृति, कृति का निर्मित वस्तु के रूप में वस्तुनिष्ठ विवेचन और शब्दार्थ के सौंदर्यपरक संबंध के विश्लेषण में उसका रूपवादी स्वरूप दिखाई देता है। लेकिन इसके साथ ही भारत के 'नाट्यशास्त्र' से आचार्य रामचंद्र शुक्ल तक के साहित्यचिंतन की परंपरा में साहित्य और भाषा की सामाजिकता की खोज करने की प्रवृत्ति भी है। जो लोग आजकल संस्कृत काव्यशास्त्र को आधुनिक बनाने के प्रयत्न में पुराने रीतिवाद को वैज्ञानिक सिद्ध करते हुए 'रीतिविज्ञान' की दुकान चला रहे हैं वे भारतीय काव्यशास्त्र की वस्तुवादी और सामाजिकतासंपन्न चिंतनधारा की उपेक्षा करके पुराने रीतिवाद को नए रूप में प्रतिष्ठित करना चाहते हैं।

पश्चिम के आधुनिक साहित्यचिंतन पर समाजविज्ञान और मानविकी की अनेक शाखाओं का व्यापक प्रभाव पड़ा है। भाषाविज्ञान के प्रभाव से आधुनिक साहित्यचिंतन के स्वरूप में बुनियादी परिवर्तन हुए हैं। साहित्य के भाषावैज्ञानिक विश्लेषण के आधार पर साहित्यविज्ञान के विकास के प्रयास हुए हैं। साहित्य की आलोचना और इतिहास को भी इस व्यापक साहित्यविज्ञान की शाखाओं के रूप में स्वीकार किया गया है। साहित्य की भाषा के अनुशीलन के लिए शैलीविज्ञान के सिद्धांत और व्यवहार के विकास के प्रयत्न लगातार हो रहे हैं। वैसे यह आज भी विवाद का विषय है कि शैलीविज्ञान का संबंध केवल साहित्य की भाषा से है या साहित्येतर भाषा से भी। शैलीविज्ञान के स्वरूप पर विचार करने के लिए अगस्त 1967 में आयोजित एक परिसंवाद में भाग लेनेवाले अधिकांश शैलीवैज्ञानिकों की राय में शैलीविज्ञान का संबंध साहित्य की शैली से ही है। (लिटरेरी स्टाइल, iv, 1971, पृ. IX) इस परिसंवाद में भाग लेनेवाले अधिकांश विद्वानों का मत है कि साहित्य की भाषा का विश्लेषण ही शैलीविज्ञान का मुख्य प्रयोजन है।

शैलीविज्ञान के स्वरूप और क्षेत्र के बारे में पर्याप्त मतभेद हैं। कुछ आलोचक शैली को पाठ की रूपगत विशेषता समझते हैं। विंसैट और विएर्ड स्ले के अनुसार शैली का संबंध अर्थ से है, लेकिन फ्रांसीसी संरचनावादी रोलां बार्थ का विचार है कि अर्थ स्वयं पाठ के अनेक रूपों में से एक रूप है। रेनेवेलेक काव्यशास्त्र को शैलीविज्ञान से स्वतंत्र मानते हैं परंतु रोमन याकोब्सन के अनुसार भाषाविज्ञान भाषिक

संरचना का सार्वभौम विज्ञान है, इसलिए काव्यशास्त्र को भाषाविज्ञान का अंग माना जा सकता है। स्तेफान उलमान ने शैलीविज्ञान को भाषाविज्ञान से स्वतंत्र माना है। उनका यह भी कहना है कि साहित्य में भाषा के अतिरिक्त और बहुत कुछ होता है और उन सब पर शैलीवैज्ञानिक को विचार करना चाहिए। कुछ शैलीवैज्ञानिक कथावस्तु, विषयवस्तु, संरचना, चरित्र और रचना के सौंदर्यपरक महत्व को शैलीविज्ञान के अंतर्गत विचारणीय मानते हैं। मिस माइल्स ने शैलीविज्ञान में वस्तु और रूप दोनों को विवेच्य कहा है।

अधिकांश शैलीवैज्ञानिकों के अनुसार भाषा साहित्य का पर्याय है, साहित्यिक रचना भाषिक संरचना है। वह एक पाठ है और उस पाठ की रूपगत विशेषताओं का विश्लेषण ही शैलीविज्ञान का प्रयोजन है। संरचनावादी साहित्यिक रचना को आत्मनिर्भर भाषिक संरचना मानते हैं और रचना की आंतरिक संरचनाओं के आपसी संबंधों की खोज करते हैं। अधिकांश संरचनावादी शैलीवैज्ञानिक रचना की रूपगत संरचनाओं का ही विश्लेषण करते हैं। इसी आधार पर वे साहित्य की आलोचना और इतिहास को वैज्ञानिक बनाने का दावा करते हैं। आजकल कुछ शैलीवैज्ञानिक पाठ और पाठक के संबंध का विवेचन करते हुए रचना के सौंदर्यपरक प्रयोजन के उद्घाटन पर भी बल दे रहे हैं।

पश्चिम में शैलीविज्ञान के अनेक रूप और अनेक परंपराएं हैं। इनमें कुछ समानताएं हैं तो कुछ भिन्नताएं भी हैं। सर्वाधिक व्यापक और प्रभावशाली परंपरा संरचनावादी शैलीविज्ञान की है, जो संरचनावादी भाषाविज्ञान की उपज है। इसका व्यापक प्रभाव योरप के विभिन्न देशों के शैलीवैज्ञानिक साहित्यविश्लेषण में दिखाई देता है। संरचनावादी साहित्यचिंतन और शैलीवैज्ञानिक आलोचना के प्रचार प्रसार में रूपवाद के विश्वनागरिक रोमन याकोब्सन की महत्वपूर्ण भूमिका है। याकोब्सन के अनुसार कविता सौंदर्यात्मक प्रयोजनसंपन्न भाषा है। उनका यह भी कहना है कि साहित्य के अनुशीलन का विषय साहित्य नहीं, 'साहित्यिकता' है। (मेजर सोवियत राइटर्स, सं. इ. जे. ब्राउन, 1973, पृ. 62-63) याकोब्सन ने इतिहासलेखन की विधेयवादी प्रणाली की आलोचना करते हुए लिखा है कि साहित्य के इतिहासकार जीवनीपरक साक्ष्य, मनोविज्ञान, राजनीति और दर्शन आदि को महत्व देते हैं और इस प्रक्रिया में साहित्य का विज्ञान विकसित करने के बदले दर्शन, मनोविज्ञान तथा संस्कृति का इतिहास लिखते हैं। उनका आग्रह है कि अगर साहित्य के इतिहास को विज्ञान होना है तो उसे 'कौशल' (डिवाइस) को साहित्यानुशीलन का एकमात्र विषय बनाना होगा। याकोब्सन के अनुसार साहित्य की साहित्यिकता और कविता का काव्यत्व भाषिक 'कौशल' से ही निर्धारित होते हैं। इनके अनुयायी शैलीवैज्ञानिक भाषिक कौशल और विचलन को ही अपने अध्ययन का मुख्य विषय मानते हैं।

एक दूसरे महत्वपूर्ण संरचनावादी आलोचक हैं फ्रांस के रोलां बार्थ। वे साहित्य के विश्लेषण में अंतर्वस्तु और रूप के द्वैत का विरोध करते हुए केवल रूप की सत्ता को स्वीकार करते हैं। (लिटरेरी स्टाइल, पृ. 6) उनका मत है कि एक साहित्यिक कृति केवल भाषिक संरचना है जो केवल रूप है और उसकी कोई अंतर्वस्तु नहीं होती। पाठ में रूप और अंतर्वस्तु का द्वैत नहीं होता, वह एक बहुरूपी वस्तु ही है। सारत: पाठ अपनी संपूर्णता में वस्तुहीन रूपों की अनेकता है। स्वभावत: साहित्यिक रचना के बारे में रोलां बार्थ की इस निपट रूपवादी धारणा पर आधारित शैली-विज्ञान में रचना के केवल रूप की संरचनाओं का ही अध्ययन होगा। स्वयं रोलां बार्थ शैलीविज्ञान का प्रयोजन रूप के विभिन्न स्तरों की खोज मानते हैं। किसी भी साहित्यिक कृति का एक संदेश होता है। रचना को केवल रूपगत संरचनाओं का समूह मानने या अंतर्वस्तुविहीन बहुरूपी वस्तु मानने का अर्थ है माध्यम को ही संदेश समझना। बार्थ ने एक स्थान पर लिखा है कि सतही रूपवाद इतिहास से मुंह मोड़ता है लेकिन गंभीर रूपवाद इतिहास की ओर लौटता है। साहित्यिक कृति और उसके शैलीवैज्ञानिक अनुशीलन के बारे में बार्थ के निपट रूपवादी सिद्धांत और व्यवहार से भी यह बात साबित नहीं होती।

यहां हमारा प्रयोजन केवल शैलीविज्ञान और साहित्य के इतिहासलेखन के संबंध पर विचार करना है, इसलिए शैलीविज्ञान के विस्तृत विवेचन को अप्रासंगिक जानकर छोड़ दिया है।

कुछ शैलीवैज्ञानिकों ने साहित्य का इतिहास और शैलीविज्ञान के संबंध पर विचार किया है। उनमें से एक हैं एम. रिफतेर। (न्यू डाइरेक्शंस इन लिटरेरी हिस्ट्री स. राल्फ कुहन, 1974, पृ. 147) उन्होंने लिखा है कि साहित्य के इति-हास का संबंध साहित्य के उद्भव, वस्तुतत्व, बाह्य यथार्थ से उसके संबंध और कालक्रम में रचनाओं के परिवर्तित अर्थ के अध्ययन से है। शैलीविज्ञान का संबंध पाठ से है जो अपरिवर्तनीय है। इसमें शब्दों के आपसी संबंध की खोज होती है और वस्तु से अधिक रूप पर ध्यान दिया जाता है। फिर भी उनका विचार है कि ये दोनों परस्पर पूरक हो सकते हैं। रिफतेर का कहना है कि साहित्य के इतिहास को विचारों का इतिहास, समाजशास्त्रीय, सौंदर्यबोधीय या साहित्यिक तत्वों का ऐतिहासिक अनुशीलन बनने से बचाने के लिए शैलीविज्ञान की जरूरत है। इतिहास के संदर्भ में शैलीविज्ञान की बुनियादी मान्यता यह है कि साहित्य मूल पाठों से बनता है न कि लेखकीय अभिप्रायों से, पाठ शब्दों से बनता है, विचारों और वस्तुओं से नहीं, साहित्य का स्वरूप पाठ और पाठक के संबंध से निर्धारित होता है, लेखक और पाठ के संबंध से नहीं। उनके अनुसार साहित्य के इतिहास-लेखन में शैलीविज्ञान का उपयोग इन बातों की खोज के रूप में हो सकता है: (1) साहित्यिक प्रभाव का आकलन, (2) प्रवृत्तियों और विधाओं से पाठ के

संबंध की खोज, (3) पाठकों की पीढ़ी दर पीढ़ी के साथ पाठ के बदलते हुए अर्थ की खोज और (4) पाठ के मूल महत्व की खोज। रिफतेर का विचार है कि रचना की संरचना के विश्लेषण से विकसित अर्थबोध की प्रक्रिया केवल अतीतोन्मुखी ही नहीं, वर्तमान से संबद्ध और भविष्योन्मुखी भी होनी चाहिए।

किसी रचना की प्रभावशीलता उसकी बोधगम्यता पर निर्भर होती है। पीढ़ी दर पीढ़ी पाठक रचना को बोधगम्य बनाने का प्रयत्न करते हैं। यह कहना सही नहीं है कि किसी पाठ का मूल अर्थ प्रामाणिक होता है और परवर्ती अर्थबोध घटिया होता है। पाठ के मूल अर्थ की पुनर्रचना का उद्देश्य है लेखक के अभिप्रेत अर्थ तक पहुंचना। रचना के मूल अर्थ की खोज रचना के समकालीन पाठकों की प्रतिक्रियाओं के विश्लेषण से संभव है। लेकिन कठिनाई यह है कि अत्यंत प्राचीन रचनाओं के समकालीन पाठकों की प्रतिक्रियाओं का ज्ञान कैसे हो ? इतिहासलेखन में शैलीविज्ञान प्राचीन रचनाओं के मूल अर्थ की खोज करते हुए विशेष सहायक नहीं हो सकता; क्योंकि 'रामायण' और 'महाभारत' जैसी रचनाओं के रचनाकाल के पाठकों की प्रतिक्रियाएं जानना लगभग असंभव है।

शैलीविज्ञान और साहित्य के इतिहास के बीच किसी सार्थक संबंध की संभावना तब समाप्त होती दिखाई देती है जब रिफतेर कहते हैं कि साहित्य के इतिहास को शब्दों का इतिहास होना चाहिए। साहित्य के इतिहास को केवल शब्दों का इतिहास बनाना साहित्य की रूपवादी धारणा का शिकार होना हैं। बहुत पहले अज्ञेय ने लिखा था कि 'काव्य सबसे पहले शब्द है। और सबसे अंत में भी यही बात बच जाती है कि काव्य शब्द है। सारे कविकर्म इसी परिभाषा से निःसृत होते हैं।' (तारसप्तक, 1970, पृ. 301) कविता के विषय में अज्ञेय की इस धारणा का सारांश यही है कि भाषा ही साहित्य है। दुनियाभर के रूपवादी साहित्य को भाषा का पर्याय मानते हैं और इतिहास तथा आलोचना को शब्दमीमांसा तक सीमित कर देते हैं। इस संदर्भ में संतोष की बात यह है कि रूपवादियों के सारे दावों के बावजूद उनके द्वारा आज तक साहित्य का कोई ऐसा इतिहास नहीं लिखा गया है जो केवल शब्दों का इतिहास हो।

साहित्य के इतिहासलेखन में भाषाविज्ञान और शैलीविज्ञान की उपयोगिता पर विचार करनेवाले एक और व्यक्ति हैं, स्टेनले ई. फिश। उनके अनुसार साहित्य का इतिहास और शैलीविज्ञान में एकता स्थापित करने के लिए यह पूर्वग्रह छोड़ना जरूरी है कि भाषा एक चीज है और साहित्य दूसरी चीज। वे कहते हैं कि सभी भाषिक संरचनाएं साहित्यिक संरचनाएं हैं। उन्होंने संपूर्ण संस्कृति को ही पाठ मान लिया है। यह पाठ पाठकों पर तरहतरह के प्रभाव डालता है और यह प्रभाव भाषिक संयोजनों पर निर्भर है। (न्यू लिटरेरी हिस्ट्री, वा. 11, सं 1, 1970, पृ. 175) हेडेन व्हाइट ने फिश के विचारों की आलोचना करते हुए लिखा है कि

अगर फिश की विचार प्रक्रिया को स्वीकार कर लिया जाए तो इतिहास के नाम पर पाठों का शब्दकोश तैयार होगा जिसमें ऐतिहासिक यथार्थ की समस्या का कोई समाधान नहीं होगा। (वही, पृ. 176-77)

शैलीविज्ञान का उपयोग पाठविश्लेषण में होता है। पाठ की वस्तुनिष्ठता और पाठ के अर्थ की वस्तुनिष्ठता की रक्षा के लिए एक ओर उसे रचनाकार के अभिप्राय से अलग रखा जाता है और दूसरी ओर पाठक की बोधदृष्टि के निजीपन से दूर। इस पाठविश्लेषण में शब्दार्थ और रूपात्मक संरचना का विश्लेषण होता है। शब्द के अर्थ का विकास सामाजिक दार्शनिक प्रवृत्तियों और साहित्यिक मनोवृत्तियों से प्रभावित होता है। पाठ का बोध पाठक की बोधदृष्टि से एकदम स्वतंत्र नहीं होता। रचनाकार और पाठक की आत्मपरकता की कीमत पर पाठ की वस्तुनिष्ठता की रक्षा करनेवाली विचारप्रणाली वैज्ञानिकता के दावे के बावजूद अमानवीय हो जाती है।

कोई भी साहित्यिक रचना मानवीय कृति होती है और उसका उद्देश्य मनुष्य तक पहुंचना है। दूसरे शब्दों में एक साहित्यिक रचना मनुष्य द्वारा, मनुष्य के लिए और मनुष्य के बारे में होती है। वह रचनाकार और पाठक के बीच मानवीय संबंध का माध्यम बनती है। संरचनावादी साहित्यविश्लेषण में रचनाकार और पाठक की मानवीय उपस्थिति की उपेक्षा होती है। रोलां बार्थ के 'लेखक की मृत्यु' शीर्षक लेख में लेखन के भविष्य के लिए पाठक के जन्म की अनिवार्य शर्त लेखक की मृत्यु है। बार्थ के अनुसार रचना में मनुष्य नहीं, भाषा क्रियाशील होती है। स्पष्ट है कि संरचनावादी साहित्य चिंतन में मनुष्य का स्थान भाषा ने ले लिया है। माइकेल वुड ने संरचनावाद की इस प्रवृत्ति की आलोचना करते हुए ठीक ही लिखा है कि मनुष्य की दुनिया में ही भाषा की अर्थवत्ता और सार्थकता है, लेकिन संरचनावाद की भाषा की दुनिया में मनुष्य के लिए कोई जगह नहीं है। (दि न्यूयार्क रिव्यू आफ बुक्स, मार्च 4, 1976, पृ. 57) संरचनावाद के अनुसार साहित्यसंसार में केवल शब्द हैं, मनुष्य नहीं; वह भाषा की संरचनाओं और व्यवस्थाओं से निर्मित है, मनुष्य की भावनाओं और विचारों से नहीं। इस दुनिया में अपनी भावनाओं और विचारों के अनुसार इतिहास का निर्माण करनेवाला मनुष्य नहीं है। समाज के इतिहास की तरह साहित्य के इतिहास का निर्माण भी मनुष्य ही करता है, इस मानवनिर्मित इतिहास का प्रयोजन भी मनुष्य ही है। संरचनावाद समाज, भाषा और साहित्य के इतिहासनिर्माता मनुष्य की उपेक्षा करके इतिहासलेखन में सहायक नहीं हो सकता।

संरचनावाद में लेखक की बलिवेदी पर पाठक पैदा हुआ, लेकिन संरचनावाद के परवर्ती विकास में; विशेष रूप से पाठ तथा पाठक के बीच संवाद के विश्लेषण के संदर्भ में, पाठक का मानवीय पक्ष भी साहित्यचिंता के परिदृश्य से गायब होता

जा रहा है। एम. एच. अब्राम्स ने पुराने आलोचनायुग की तुलना में नए पठनयुग के साहित्यविश्लेषण में मानवीय पक्ष की अनुपस्थिति पर विचार करते हुए लिखा है कि फूको, दरिदा, स्टेनलेइ फिश और हेराल्ड ब्लूम के पाठ, पठनप्रक्रिया और पाठपाठकसंबंध के विश्लेषण की पूरी साहित्यचिंता मानवीय सरोकार से रिक्त है (पार्टीजैन रिव्यू, सं. 4, 1979, पृ. 566) रचना की उत्पत्ति, स्वरूप, पाठकीय ग्रहण और प्रयोजन आदि के विवेचन में निहित या व्यक्त मानवीय पक्ष इस प्रकार की आलोचना में चर्चा का विषय नहीं है। इस नए साहित्यविश्लेषण में लेखक लेखन में और पाठक पठन में गलकर गायब हो जाते हैं, और बच जाता है केवल अमानवीय पाठ। इस प्रकार की साहित्यचिंता के आधार पर लिखा गया साहित्य का इतिहास मानवविरोधी इतिहास होगा।

शैलीविज्ञान पाठ के विश्लेषण में जिस भाषिक संरचना को केंद्रीय तत्व मानता है वह भाषिक संरचना ही साहित्यिक कृति के कलात्मक रूप की समग्रता नहीं है। साहित्य में भाषिक संरचना के साथ जो संदेश या सौंदर्यबोधीय आयाम होता है, उसकी मीमांसा के बिना न आलोचना संभव है और न इतिहास। शैलीवैज्ञानिक आलोचना अंतर्वर्ती आलोचना है, वह कृति को बाह्य यथार्थ से जोड़कर देखने-परखने का काम नहीं करती। आलोचना का काम रचना के सौंदर्यपरक पक्ष की व्याख्या करना भी है। इतिहासकार सौंदर्यबोधी वस्तु और उसके माध्यम के रूप में भाषा का विश्लेषण करता हुआ सौंदर्यबोध की परंपरा के परिवर्तन और विकास के कारणों की खोज करता है। इतिहास में रचनाकार, रचना और रचनात्मक प्रवृत्तियों का समान महत्व होता है। शैलीविज्ञान रचनाकार और रचना के ऐतिहासिक संदर्भ की उपेक्षा करता है। साहित्य का इतिहास साहित्य के सामाजिक और मानवीय अर्थों का अन्वेषण करता है तथा सौंदर्यबोधी मूल्य का मूल्यांकन। साहित्य के ये पक्ष प्रचलित शैलीविज्ञान की सीमा में नहीं दिखाई देते। यही कारण है कि कुछ साहित्यविचारक शैलीविज्ञान की प्रचलित सीमाओं को तोड़कर साहित्य की भाषा और शैली के विश्लेषण के माध्यम से उसकी कलात्मकता और सामाजिकता की खोज करनेवाली विवेचनपद्धति के विकास का प्रयास कर रहे हैं। इस नई पद्धति में रचना को मानवीय कृति और भौतिक वास्तविकता मानकर उसमें व्यक्त वस्तु और चेतना के द्वंद्वात्मक संबंध की खोज की जाती है। इसमें वस्तु और संरचना या वस्तु और उसकी व्यंजना करनेवाली भाषिक संरचना का विवेचन करते समय दोनों के आपसी संबंध को ध्यान में रखा जाता है।

साहित्य के इतिहास में शैलीविज्ञान का एक दूसरी तरह का भी उपयोग हो सकता है। उसके सहारे जैसे एक रचना की शैली का विश्लेषण होता है वैसे ही एक रचनाकार की सभी रचनाओं की शैली का विश्लेषण करके उसकी सामान्य विशेषताओं को सामने लाया जा सकता है। इस प्रक्रिया को और अधिक विकसित

करके एक युग के लेखकों की शैली, एक विधा के अधिकांश महत्वपूर्ण रचनाकारों की शैली और एक साहित्य के शैलीसंबंधी परिवर्तन तथा विकास का विवेचन हो हो सकता है। इस प्रक्रिया को लागू करनेवाला आलोचक अगर साहित्य के शैली-संबंधी परिवर्तनों को सामाजिक परिवर्तनों से जोड़कर देखे तो साहित्य के विकास की अनेक महत्वपूर्ण विशेषताओं का उद्घाटन होगा।

साहित्यिक कृति में शैली केवल भाषा का एक पक्ष ही नहीं है, उसमें रचनाकार की यथार्थदृष्टि और रचनादृष्टि की भी अभिव्यक्ति होती है। यही नहीं शैली का संबंध रचनाकार के युग और समाज से भी होता है। साहित्यिक आंदोलनों के परिवर्तन और विकास के प्रभाव शैली में लक्षित होते हैं। अगर शैली के परिवर्तन और विकास को रचनाकारों के यथार्थबोध, सामाजिक परिवर्तन और साहित्य के विकास से जोड़कर देखा जाए तो एक विशेष रूप में साहित्य का इतिहास लिखा जा सकता है। शैली के रूपों और स्तरों के परिवर्तन के सिद्धांत के आधार पर ही पूरे योरपीय साहित्य में यथार्थबोध और रचनाशीलता के विकासशील संबंध का इतिहास, आरबाख के प्रसिद्ध ग्रंथ 'माइमेसिस' में दिखाई देता है। यह रूढ़ अर्थ में साहित्य का इतिहास नहीं है, लेकिन अनेक इतिहास नामधारी पुस्तकें इसके सामने निरर्थक लगती हैं। यह योरपीय साहित्य में यथार्थबोध, युगचेतना और साहित्य-विवेक के विकास का इतिहास है। यह प्रकारांतर से योरपीय साहित्य में यथार्थवाद के विकास का भी इतिहास है।

प्रत्येक साहित्यिक कृति एक अभिप्रायपरक रचना होती है। उसमें रचनाकार की जीवनदृष्टि व्यक्त होती है। इस जीवनदृष्टि से कृति की अंतर्वस्तु और रूप का निर्माण होता है। रचना की शैली का निर्माण और साहित्य के इतिहास में शैली का विकास रचनाकार के रूपात्मक आग्रहों से नहीं होता। कला के इतिहास में नई शैली का आविर्भाव भी नवीतता के आग्रह या रूपात्मक प्रयोग से ही नहीं होता, बल्कि नई जीवनदृष्टि और नए यथार्थबोध के कारण होता है। सामाजिक जीवन की अंतर्वस्तु के विकास से नई रचनाशीलता की अंतर्वस्तु और रूप का विकास संभव होता है। इस प्रकार कला में शैली का संबंध केवल रचना के रूप से ही नहीं होता, उसका संबंध रचनाकार की जीवनदृष्टि से भी होता है; इसलिए किसी रचना की शैली का विश्लेषण करते समय रचना की अंतर्वस्तु और रचनाकार की जीवनदृष्टि से उसके संबंध की पहचान भी जरूरी है।

साहित्यिक कृतियों का विश्लेषण करते समय जब शैलीवैज्ञानिक अंतर्वस्तु की सत्ता को अस्वीकार करते हुए केवल रूप की सत्ता मानते हैं तब वे भूल जाते हैं कि रचना का रूप अंतर्वस्तुविहीन नहीं होता और अंतर्वस्तु अरूप हो भी नहीं सकती। कृति की रचना और बोध के समय अंतर्वस्तु और रूप का पार्थक्य नहीं होता। अंतर्वस्तु और रूप में पार्थक्य आलोचनाप्रक्रिया की मजबूरी है क्योंकि आलोचना केवल

अनुभव की ही नहीं होती, अनुभव की वस्तु की भी होती है। रचना चाहे पूर्णतावादी दृष्टि से निर्मित हो या विकासवादी दृष्टि से, दोनों में रूप के स्वरूप का निर्धारण अंतर्वस्तु से होता है। जहां कृति अनुभव की पूर्णवस्तु के रूप में होती है वहां वस्तु और रूप की एकता पूर्वनिश्चित होती है, लेकिन जहां रचना के अनुभव के दौरान कृति का रूप उभरता है वहां रूप वस्तु की ओर संकेत करता है। अंतर्वस्तु और रूप के इस संबंध की उपेक्षा करके कोई भी आलोचक जब रचना में केवल रूप की सत्ता मानता है तो वह एक ऐसे गलत निर्णय का शिकार होता है जिससे पूरी आलोचनाप्रक्रिया गलत रास्ते पर चली जाती है। ऐसी आलोचना में भाषा और शैली को केवल रूपात्मक तत्व समझ लिया जाता है। लेकिन भाषा और शैली का संबंध अंतर्वस्तु से भी होता है, ये दोनों रचना के रूपतत्व के ही अंग नहीं हैं। किसी ने ठीक ही कहा है कि कविता के शब्द कवि के दिमाग से निकलते हैं, टोपी से नहीं। इसका तात्पर्य यह है कि रचना की भाषा का संबंध रचनाकार की जीवन-दृष्टि से भी होता है। रचनाकार की भाषिक संवेदनशीलता और समझदारी पर उसकी सामाजिक संवेदनशीलता और समझदारी का गहरा प्रभाव पड़ता है। अंततः भाषा के प्रति रचनाकार के दायित्वबोध में उसका मानवीय दायित्वबोध व्यक्त होता है।

साहित्य की भाषा पर विचार करते समय रचनाप्रक्रिया और रचना के बोध की प्रक्रिया में भाषा की भूमिका पर ध्यान देना जरूरी है। कला की रचनाप्रक्रिया मानवीय श्रम की विशिष्ट प्रक्रिया है। मार्क्स ने कला की रचनाप्रक्रिया और मानवीय श्रम की प्रक्रिया के संबंध को स्पष्ट करते हुए लिखा है कि श्रमिक (कलाकार) किसी वस्तु (कृति) के निर्माण के पहले उसकी धारणा निर्मित करता है। श्रम की प्रक्रिया (रचनाप्रक्रिया) के अंत में जो फल (कृति) प्राप्त होता है उसकी मूल धारणा श्रमिक के मन में पहले विद्यमान होती है। निर्माणप्रक्रिया के दौरान वह न केवल उत्पादन के उपादान (भाषा) के रूप को परिवर्तित करता है बल्कि परिवर्तित रूप में वह अपने प्रयोजन को ही साकार करता है। अपने प्रयोजन के प्रति वह निर्माणकाल में निरंतर सचेत रहता है और प्रयोजन के अनुरूप ही उसकी क्रिया की प्रक्रिया और पद्धति का विकास होता है। (कैपीटल, वा. 1, न्यूयार्क 1977, पृ. 283-84) कृति की रचना के पहले रचनाकार उसकी धारणा निर्मित करता है। मनुष्य भाषा में ही सोचता है इसलिए कृति की धारणा के निर्माण में भी भाषा की भूमिका होती है। यह भाषा रचनाकार के जीवन की भाषा होती है। अपने जीवनव्यवहार की भाषा में कृति की धारणा का निर्माण रचनाकार अपने रचनात्मक प्रयोजन के अनुसार करता है और रचनात्मक प्रयोजन में उसकी विचारधारा व्यक्त होती है। इस प्रकार रचनाप्रक्रिया के आरंभ से ही भाषा, कृति की धारणा और विचारधारा का सहअस्तित्व होता है। रचनाप्रक्रिया के विकास की दूसरी

अवस्था यानी कृति के निर्माण की अवस्था में, भाषा का अभिव्यंजक रूप विकसित होता है। इसमें रचनात्मक प्रयोजन को साकार करने के लिए रचनाकार भाषा की प्रातिनिधिकता और अपनी सृजनशीलता के योग से रचना की भाषा का निर्माण करता है। इस स्थिति में अंतर्वस्तु और भाषा का विकास साथसाथ होता है। भाषा के निर्माण की प्रक्रिया में रचनाकार जीवनव्यवहार की भाषा और साहित्य-परंपरा से प्राप्त भाषा से संग्रह और त्याग की प्रक्रिया अपनाते हुए रचना की भाषा तथा उसकी संप्रेषणीयता निर्मित करता है। इसी अवस्था में निर्मित कृति में रचनाकार का रचनात्मक प्रयोजन साकार होता है और उस प्रयोजन के अनुरूप रचना के रूप, शैली और भाषा का विकास होता है। कृति के पाठकीय ग्रहण में भाषा का संप्रेषण पक्ष प्रबल होता है। पाठक अपनी भाषाचेतना और विचारधारा के अनुसार ही कृति को ग्रहण करता है। इस प्रकार साहित्यिक कृतियों की भाषा और शैली पर विचार करते समय रचनाप्रक्रिया से लेकर बोधप्रक्रिया तक निर्मित, परिवर्तित और विकसित भाषा के रूपों तथा प्रयोजनों का अध्ययन जरूरी है, केवल कृति की भाषा की समकालिक सत्ता एवं संरचना का अध्ययन पर्याप्त नहीं है।

साहित्य के शैलीवैज्ञानिक विवेचन के लिए भाषा और विचारधारा के संबंध का अध्ययन विशेष महत्वपूर्ण है। कृति की धारणा के निर्माण से लेकर उसके पाठकीय ग्रहण तक की पूरी प्रक्रिया में भाषा और विचार का सहअस्तित्व होता है, इसलिए दोनों के संबंधों की पहचान के बिना इनमें से किसी एक के महत्व का बोध नहीं हो सकता। भाषा और विचारधारा के संबंध का अत्यंत महत्वपूर्ण विवेचन वॉलॉसिनोव ने अपनी पुस्तक 'मार्क्सवाद और भाषा दर्शन' में किया है। वॉलॉसिनोव ने यथार्थ, चेतना, वर्गसंघर्ष और विचारधारा से भाषा के अनेक आयामी जटिल संबंधों का विश्लेषण करते हुए साहित्य की भाषा और शैली के अनुशीलन की नई दिशा का संकेत दिया है। (मार्क्सिज्म ऐंड फिलासफी ऐंड लैंग्वेज, 1973 पृ. 157-58) उन्होंने लिखा है कि अद्वितीय विचारधारात्मक वस्तु के रूप में शब्द निरंतर विकास और परिवर्तन की प्रक्रिया में होता है, शब्द में सभी सामाजिक परिवर्तनों और मोड़ों का संवेदनशील प्रतिबिंबन होता है। शब्दों के इतिहास में शब्दों का प्रयोग करनेवालों का इतिहास व्यक्त होता है। शब्दों के इतिहास के माध्यम से विचारधारा और साहित्य के इतिहासलेखन का काम हो सकता है। भाषा का अध्ययन करते समय उसमें व्यक्त सामाजिक सत्य और कलात्मक सच्चाई की उपेक्षा नहीं की जा सकती।

साहित्यरचना में व्यवहार की भाषा का जितना महत्व होता है उतना परिभाषा की भाषा का नहीं। व्यवहार की भाषा का सामाजिक आधार साहित्य का भी आधार होता है, इसलिए साहित्य की भाषा का अध्ययन करते समय उसके

सामाजिक आधार की उपेक्षा उचित नहीं है। वॉलॉसिनोव ने लिखा है कि भाषिक सर्जना को उसमें व्यक्त होनेवाले विचारधारात्मक अर्थों और मूल्यों से विच्छिन्न करके नहीं समझा जा सकता।

गोल्डमान ने सामाजिक संरचनाओं, विश्वदृष्टि की संरचनाओं और रचना की संरचनाओं के संबंध की खोज की प्रणाली विकसित की है। साहित्य के इतिहासलेखन में गोल्डमान की इस पद्धति से मदद मिल सकती है। भाषा मनुष्य की सृजनशीलता और उसके भौतिक आधार के बीच माध्यम का काम करती है। साहित्य में मनुष्य की सृजनशीलता अपने भौतिक आधार से काफी दूर होती है, उसमें भाषा की माध्यमिकता का विशेष महत्व होता है। साहित्य के इतिहासलेखन में रचनाकार की सृजनशीलता और उसके भौतिक आधार से संबंध को स्पष्ट करने में भाषा की भूमिका का विश्लेषण जरूरी है, लेकिन तीनों के जटिल संबंध को ध्यान में रखकर ही यह काम होना चाहिए।

एक युग के साहित्य की शैली और भाषा का विश्लेषण करके उस युग के संपूर्ण विचारधारात्मक परिवर्तनों को पहचाना जा सकता है और इस पहचान के आधार पर साहित्य के इतिहास के परिवर्तनों की विशेषताओं का उद्घाटन हो सकता है। इस प्रक्रिया को दूसरी तरह भी लागू किया जा सकता है। यह भी संभव है कि एक युग के संपूर्ण विचारधारात्मक परिवर्तनों और साहित्य के इतिहास के परिवर्तनों के प्रकाश में भाषा और शैलीसंबंधी परिवर्तनों का विवेचन हो। यह एक जानी-पहचानी बात है कि साहित्य के इतिहास में विकसित होनेवाले विभिन्न वादों, आंदोलनों और प्रवृत्तियों में शैलीसंबंधी अंतर होता है, स्वच्छंदतावाद, शास्त्रीयतावाद, यथार्थवाद और प्रतीकवाद आदि के बीच अनेक दूसरी बातों के साथसाथ शैलीसंबंधी अंतर भी होता है। निश्चय ही साहित्यिक वादों, आंदोलनों और प्रवृत्तियों के विकास तथा ह्रास में सामाजिक विकास की महत्वपूर्ण भूमिका होती है।

ऐसी स्थिति में शैलीसंबंधी परिवर्तनों और अंतरों को उनके मूल सामाजिक आधार को समझे बिना स्पष्ट नहीं किया जा सकता। साहित्य के सामाजिक आधार को छोड़कर शैली के परिवर्तन, विकास और अंतर को समझने का प्रयत्न अधूरा और एकांगी होता है। समाज, भाषा और साहित्य की प्रक्रियाओं के पारस्परिक संबंधबोध के बिना केवल शैली के विश्लेषण से साहित्य के इतिहासलेखन में विशेष मदद नहीं मिल सकती। शैलीविज्ञान या साहित्य की भाषा के अनुशीलन को साहित्य के इतिहासलेखन में उपयोगी बनाने के लिए भाषा के कल्पित स्वायत्त संसार से निकलकर जीवन की भाषा के करीब आने की जरूरत है, परिभाषा की भाषा के बदले व्यवहार की भाषा को देखने की जरूरत है और सबसे महत्वपूर्ण बात यह है कि समाज, भाषा तथा साहित्य के संबंध को पहचानने की जरूरत है।

5

आलोचना और इतिहास

आधुनिक काल में साहित्यानुशीलन के क्षेत्र में रूपवादी चिंतन के प्रभुत्व का प्रभाव साहित्यसिद्धांत, आलोचना और इतिहास तीनों पर पड़ा है। रूपवादी चिंतन के कारण इन तीनों का स्वरूप ही नहीं बदला है, इनकी महत्ता और सार्थकता में भी परिवर्तन हुआ है। रूपवादी चिंतन के कारण साहित्यानुशीलन के केंद्र में आलोचना आ गई और उसके समर्थन के लिए साहित्यसिद्धांत बनाए गए, इतिहास की उपेक्षा हुई और उसे अनावश्यक मान लिया गया। रूपवादी साहित्यचिंतन के फलस्वरूप समाज से साहित्यसंसार की स्वतंत्रता और साहित्यिक कृति की स्वायत्तता की धारणाएं स्थापित हुईं। साहित्यसंसार की समाजनिरपेक्षता सिद्ध करने के लिए ही रचना को एक ओर सामाजिक प्रेरणा और प्रभाव से और दूसरी ओर परंपरा और परिवेश से पूर्णतः स्वतंत्र घोषित किया गया।

रूपवादी आलोचकों ने रचनाकार और पाठक की आस्था को भी साहित्यानुशीलन से बहिष्कृत करने का प्रयत्न किया। शायद रचना में आस्था के अस्तित्व की सार्थकता स्वीकार करने पर रचना की ऐतिहासिकता को स्वीकार करना असंभव होता। लेखक के रचनात्मक अभिप्राय, पाठक के मन पर पड़नेवाले रचना के प्रभाव और लेखक तथा पाठक की आस्था को साहित्यानुशीलन से बहिष्कृत करने के बाद ही कृति की स्वायत्त सत्ता सिद्ध होती है। जो आलोचक आलोचना में अभिप्राय, प्रभाव और आस्था की सार्थकता को स्वीकार नहीं करते, वे अंततः साहित्यसंसार की स्वायत्तता की धारणा के ही समर्थक बन जाते हैं। यह सच है कि रचना की उपेक्षा करके केवल रचनाकार के निहित अभिप्रायों या इरादों की खोज करनेवाली आलोचना, जीवनीपरक आलोचना बन जाती है और रचना के विश्लेषण से बचकर केवल पाठकीय प्रक्रिया के सहारे चलनेवाली आलोचना प्रभाववादी आलोचना हो जाती है। कभीकभी आस्थावादी आलोचक रचना की विशिष्ट रचनाशीलता को छोड़कर रचना में अपनी या रचनाकार की आस्था ही ढूंढ़ते फिरते हैं। ऐसी आलोचना में आस्था ही रचना के मूल्यांकन की कसौटी बन जाती

है। लेकिन आलोचना को अभिप्राय, प्रभाव और आस्था के अतिवादी दुष्प्रभावों से बचाने का सही तरीका यह नहीं है कि आलोचना से इनका बहिष्कार किया जाए। यह तो खाई में से निकलकर खंदक में गिरना होगा। जरूरी यह है कि लेखक के रचनात्मक अभिप्राय और उसकी आस्था के सर्जनात्मक प्रतिफलन का विश्लेषण हो और पाठक की चेतना के निर्माण में रचना के योगदान का मूल्यांकन भी। जाहिर है इससे आलोचनाकर्म कुछ कठिन हो जाएगा। लेकिन आलोचना में कठिनाई से बचाव कहां है ?

रूपवादी साहित्यचिंतन के अनुसार साहित्यिक कृति के सृजन और ग्रहण को ऐतिहासिक संदर्भों से मुक्त माना गया। कृति के सृजन और ग्रहण को ऐतिहासिकता से स्वतंत्र साबित करने के लिए ही सौंदर्यानुभूति को स्थिर, स्थायी और अपरिवर्तनशील कहा गया। रूपवादियों का यह भी दावा है कि ऐतिहासिक संदर्भ के परिवर्तन के कारण रचना की सौंदर्यानुभूति में कोई अंतर नहीं आता। काव्यानुभूति को सामाजिक जीवन के 'रूपभाव' से असंबद्ध माननेवाले और उसे 'सार्थक रूप' (क्लाइव बेल) तथा 'सार्थक भाव' (एलियट) में निहित माननेवाले रूपवादी चिंतक कला और सौंदर्यानुभूति की अपरिवर्तनशीलता में विश्वास करते हैं। इस प्रकार साहित्यिक कृति की रचना और उसके पाठकीय ग्रहण को ऐतिहासिक संदर्भों से स्वतंत्र माननेवाले न तो रचना के इतिहास में विश्वास करते हैं और न बोध के इतिहास में। जाहिर है ऐसे रूपवादी चिंतन से अनुशासित साहित्यानुशीलन के अंतर्गत इतिहास के लिए कोई जगह नहीं हो सकती। आलोचना को रूपवादी आलोचक केवल आभ्यंतरी आलोचना के रूप में स्वीकार करते हैं। 'आभ्यंतरी आलोचना', एलन रोडवे के अनुसार, 'केंद्राभिसारी होती है, उसकी चिंता कृति की अस्मिता की पहचान की होती है और उसका प्रयोजन कृति की सार्थकता नहीं, केवल उसके अर्थ की खोज करना है।' (कंटेंपरेरी क्रिटिसिज्म, 1970, पृ. 92)

आधुनिककाल में रूपवाद का साहित्य के अध्ययनचिंतन पर इतना व्यापक प्रभाव पड़ा है कि मार्क्सवादी साहित्यचिंतन भी उससे अछूता नहीं रह सका है। कुछ मार्क्सवादी आलोचक आलोचना को अद्यतन बनाने और उसे समृद्ध करने के लिए रूपवादी आलोचना के उपकरणों का उपयोग कर रहे हैं। ऐसे मार्क्सवादी आलोचक रचना की स्वायत्तता को स्वीकार करते हुए समाज से रचना के संबंध को व्यक्त करने के लिए रचना की सापेक्ष स्वतंत्रता पर अधिक बल देते हैं। रूपवादी और मार्क्सवादी आलोचना के समन्वय का प्रयत्न करते हुए रचना की निजता और समाज से उसके संबंध को, जेरेमी हाथर्न ने, 'अस्मिता और संबंधभावना' से रूप में उपस्थित करने का प्रयत्न किया है। हाथर्न के अनुसार रचना के विशिष्ट रूप और सामाजिक संदर्भ के बीच द्वंद्वात्मक संबंध होता है और आलोचना में

संबंध की द्वंद्वात्मकता पर ध्यान देना जरूरी है। संबंधभावना के अंतर्गत रचना से लेखक, पाठक और सामाजिक, सामयिक संदर्भ का संबंध विवेच्य होता है। कलाकृति की समाजसापेक्षता की व्याख्या का एक दूसरे प्रकार का प्रयत्न पोलैंड के मार्क्सवादी सौंदर्यशास्त्री स्तेफान मोरावस्की के चिंतन में मिलता है। स्तेफान मोरावस्की ने रचना की विभिन्न विशेषताओं को सांस्कृतिक संदर्भों की ऐतिहासिकता के अंतर्गत पहचानने पर बल दिया है और माना है कि कलामूल्यों का निर्धारण पाठक और कलाकृति के संबंधों द्वारा होता है। इस प्रकार उन्होंने रचना की विशिष्टता और समाज से उसके संबंध को स्पष्ट करने के लिए 'ऐतिहासिकतावादी संबंधवाद' की धारणा का प्रतिपादन किया है। स्तेफान मोरावस्की की इस धारणा के अनुसार रचना की विशिष्टता और उसकी ऐतिहासिकता के साथ साथ इन दोनों की एकता की भी व्याख्या हो सकती है। यहां आलोचना और इतिहास की एकता की संभावना बनती है। लेकिन इस प्रसंग में यह याद रखना जरूरी है कि किसी रचना की सार्थकता को केवल सौंदर्यानुभूति तक सीमित नहीं किया जा सकता और न आलोचना को सौंदर्यानुभूति या सौंदर्यबोधी मूल्यों की मीमांसा तक। सौंदर्यशास्त्र और साहित्यालोचन की एकता या सौंदर्यशास्त्रीय आलोचना की सार्थकता अभी भी विवादास्पद ही है। हिंदी में इस दिशा में जो प्रयत्न हुए हैं, उनकी असफलता और निरर्थकता असंदिग्ध है।

रूपवादी साहित्यचिंतन के फलस्वरूप साहित्यानुशीलन में इतिहास की सार्थकता संदिग्ध हो गई और आलोचकों को साहित्य की सामूहिक विकासशीलता की खोज के प्रयत्नों की विफलता का बोध होने लगा। ऐसी दशा में इतिहास से आलोचकों की आस्था उठने लगी। कुछ रूपवादी आलोचकों ने कहा कि सौंदर्यानुभूति का संबंध मुख्यतः रूप से होता है, इसलिए साहित्यरूपों, विधाओं, तकनीकों और शैलियों का ही इतिहास हो सकता है। रूपवादी चिंतन के प्रभाव में जीनेवाले कुछ आलोचकों ने 'साहित्यिकता का इतिहास' बनाने का प्रयत्न किया और साहित्य के इतिहास को एक कालविशेष के लेखन की रीति का इतिहास मान लिया। ऐसे ही कुछ आलोचक साहित्य के इतिहास को शब्दों का इतिहास बनाना चाहते हैं। इसी दौर में रूपवादी और मार्क्सवादी साहित्यचिंतन की कमजोरियों से मुक्ति का दावा करते हुए हान्स राबर्ट यौस जैसे विचारक, रचना के ग्रहण और प्रभाव के सौंदर्यशास्त्र के सहारे नया साहित्येतिहास विकसित करने की कोशिश कर रहे हैं। रूपवादी साहित्यचिंतन के प्रभाव के बावजूद साहित्यानुशीलन में इतिहास की सार्थकता पर अब नए ढंग से विचार होने लगा है। साहित्य के इतिहास के नए स्वरूप और आलोचना से इतिहास के संबंध पर जो नया चिंतन हो रहा है, उससे यह लगता है कि रूपवादी साहित्यचिंतन के प्रभाव का जादू अब टूट रहा है। इतिहास में आस्था एक प्रकार से जीवन और साहित्य की परस्परसंबद्धता में आस्था

है। यह साहित्य की विकासशीलता में भी आस्था है। इतिहास में आस्था मनुष्य की रचनाशक्ति में भी आस्था का द्योतक है। आलोचना रचनाशक्ति को दिशा देती है और इतिहासबोध अपनी रचनाशक्ति की प्रगति की निरंतरता में मनुष्य की आस्था जगाता है। इस आस्था को जगाना और मजबूत करना ही इतिहास और आलोचना के संबंध पर विचार करने का मुख्य प्रयोजन है।

आलोचना के मुख्यतः दो प्रयोजन होते हैं : व्याख्या और मूल्यांकन। व्याख्या और मूल्यांकन के लिए ही आलोचक विश्लेषण और तुलना का सहारा लेता है। रचना में रूपायित रचनाकार के जीवनानुभव और उस अनुभव को व्यक्त करनेवाले माध्यम का विश्लेषण करते हुए आलोचक रचना की व्याख्या करता है। रचना के विश्लेषण के दौरान ही आलोचक रचना की अंतर्वस्तु, अंतर्वस्तु को निर्मित करनेवाली रचनादृष्टि और रचना से व्यक्त होनेवाले संदेश की भी मीमांसा करता है। संदेश को सम्प्रेष्य बनानेवाले माध्यम की सृजनशीलता के विश्लेषण के साथ साथ उस सृजनशीलता को प्रभावित करनेवाली साहित्यिक और भाषिक परंपरा का भी विश्लेषण आवश्यक होता है। साहित्यिक और भाषिक परंपरा और परिवेश से रचना के संबंध के विश्लेषण के बिना किसी रचना की मौलिकता और नवीनता का मूल्यांकन नहीं हो सकता। यहीं आलोचना में इतिहासविवेक की आवश्यकता होती है, क्योंकि परंपराबोध तो इतिहासविवेक से ही प्राप्त होता है। जो लोग आलोचना को केवल व्याख्या तक सीमित रखना चाहते हैं, उन्हें भी यह याद रखना चाहिए कि इतिहासविवेक रचना की व्याख्या में भी सहायक होता है; क्योंकि इतिहास ही रचना का संदर्भ प्रस्तुत करता है और संदर्भ के बिना रचना की प्रामाणिक व्याख्या नहीं हो सकती। आलोचक अपने इतिहासविवेक से रचना के सामाजिक, सांस्कृतिक और भाषिक संदर्भ का पुर्ननिर्माण करके रचना की व्याख्या करता है। आलोचना में रचना के केवल कलात्मक मूल्यों की चिंता करनेवालों को भी कलात्मक मूल्यों की सार्थकता की परख के लिए रचना के सामाजिक सांस्कृतिक संदर्भ की जरूरत होती है।

कुछ आलोचक मूल्यांकन को ही आलोचना का मुख्य प्रयोजन समझते हैं। लेकिन आलोचना के प्रतिमान रचना की परंपरा और रचना के परिवेश से ही प्राप्त होते हैं, केवल रचना से नहीं। काव्यमूल्यों का गहरा संबंध समकालीन जीवनमूल्यों से होता है और जीवनमूल्यों से रचनादृष्टि ही नहीं, आलोचनादृष्टि भी अनुशासित होती है। रचना मूल्यों के सृजन का काम करती है और आलोचना सार्थक मूल्यों के संरक्षण का। समर्थ रचनाशीलता पुराने मूल्यों को तोड़ती है, नए मूल्य रचती है और नए मूल्यों को विकसित करती है। सार्थक रचनाशीलता पुरानी मूल्य-व्यवस्था को तोड़कर नई मूल्यव्यवस्था विकसित करती है। आलोचना रचना से निर्मित मूल्यों की सार्थकता और प्रासंगिकता की परख करती है, जिससे नए मूल्य-

बोध और नई मूल्यदृष्टि का विकास होता है। ऐतिहासिक चेतना से शून्य आलोचक रचनागत मूल्यों की सार्थकता और प्रासंगिकता की पहचान नहीं कर सकता।

ऐतिहासिक चेतना और कलाचेतना का जहां मेल होता है, वहीं से रचना या आलोचना की शुरुआत होती है। ऐतिहासिक चेतना से रचनाकार को राष्ट्रीय चेतना, वर्गीय चेतना और मानवीय चेतना का बोध होता है। इसी से उसे अपनी कलापरंपरा की चेतनता भी प्राप्त होती है और ऐतिहासिक चेतना से ही समकालीन युगचेतना के संदर्भ में रचनाकार को अपनी रचनाशीलता की सार्थकता का भी बोध होता है। इस बोध से ही रचनाकार के रचनाकर्म को दिशा और दृष्टि मिलती है। इसके बाद ही उसकी कलाचेतना की सृजनशीलता रचना में व्यक्त होती है। कलात्मक चेतना से संपन्न आलोचक किसी रचना के कलात्मक मूल्यों की पहचान करता है, उसकी कलात्मक विशेषताओं की व्याख्या करता है, लेकिन ऐतिहासिक चेतना से ही रचना में व्यक्त नैतिक और सौंदर्यबोधी मूल्यों के स्रोत और निर्माणप्रक्रिया की परख होती है। साहित्य की विशाल परंपरा में किसी रचना की महत्ता और मूल्यवत्ता का निर्धारण ऐतिहासिक चेतना के सहारे ही हो सकता है। रचना की विशिष्टता और मौलिकता का विश्लेषण आलोचनात्मक विवेक से होता है, लेकिन परंपरा और परिवेश के संदर्भ में किसी रचना की सार्थक नवीनता की पहचान ऐतिहासिक चेतना से होती है।

किसी रचना के मूल्यांकन में ऐतिहासिक चेतना की अनिवार्यता को समझने के लिए यह आवश्यक है कि 'कामायनी' जैसी महत्वपूर्ण कृति के संदर्भ में इस बात को स्पष्ट किया जाए। 'कामायनी' में भारतीय साहित्य, चिंतन और सामाजिक जीवन की परंपराओं का प्रभाव व्यंजित है। उसमें रचनाकालीन सामाजिक जीवन के यथार्थ और चिंतन की भी अभिव्यक्ति है। 'कामायनी' के संदर्भ में अगर यह विचारणीय है कि उसी परंपरा और परिवेश का हर रचनाकार कामायनीकार क्यों नहीं हो सकता, तो यह भी विचारणीय है कि 'कामायनी' किसी दूसरे युग में, पहले या बाद में, क्यों नहीं लिखी जा सकती ? कहने का तात्पर्य यह है कि आलोचना में रचना और रचनाकार की विशिष्टता का विवेचन जितना महत्वपूर्ण है, उतना ही महत्वपूर्ण है उस विशिष्टता के साथ युगचेतना या परिवेश के संबंध का भी विवेचन।

लेकिन आलोचना में आलोचनात्मक विवेक और ऐतिहासिक चेतना की एकता में निहित जटिलता पर भी ध्यान देना आवश्यक है। जहां ऐतिहासिक चेतना से अनुशासित आलोचना में रचनाकार की कलात्मक विशिष्टता की उपेक्षा करके केवल रचना या रचनाकाल की ऐतिहासिकता के आधार पर मूल्यांकन किया जाता है, वहां रचना या रचनाकार के अवमूल्यन का भी खतरा उत्पन्न हो जाता

है। ऐसे ही खतरे की ओर संकेत करते हुए सार्त्र ने कहा है, 'निस्संदेह पाल वालेरी एक निम्नपूंजीवादी बुद्धिजीवी हैं, लेकिन प्रत्येक निम्नपूंजीवादी बुद्धिजीवी पाल वालेरी नहीं होता।' हर महत्वपूर्ण रचना का एक ऐतिहासिक चरित्र होता है, लेकिन महान रचना ऐतिहासिक सीमाओं के परे भी सार्थक बनी रहती है। किसी रचना का मूल्यांकन करते समय उसकी ऐतिहासिकता के साथसाथ ऐतिहासिक सीमाओं को पार करके अपनी जीवंतता प्रमाणित करनेवाली रचनात्मक निजता पर भी विचार होना चाहिए।

आलोचना के संदर्भ में इतिहास की सार्थकता देखने के बाद साहित्येतिहास के संदर्भ में आलोचना की सार्थकता पर भी विचार करना जरूरी है। इतिहासलेखन प्रक्रिया चयन, व्याख्या और पुनर्निर्माण के सहारे चलती है। यह प्रक्रिया इतिहासकार की अपनी इतिहासदृष्टि से अनुशासित होती है। इतिहासकार पहले रचना और रचनाकारों का चयन करता है, फिर वह रचनात्मक प्रवृत्तियों, साहित्यिक दृष्टिकोणों और रचनासंबंधी रीतियों (मोड्स) के परिवर्तनों की व्याख्या करता है। इस प्रक्रिया से गुजरकर इतिहासकार साहित्य के सामूहिक विकास का इतिहास निर्मित करता है। इतिहासलेखन में आलोचनात्मक विवेक की जरूरत वहीं से शुरू हो जाती है जहां से इतिहासलेखन का कार्य शुरू होता है। जैसा कि विम्साट ने लिखा है, रचनाओं के चयन में ही मूल्यांकन निहित होता है। (दि वर्बल आइकन, 1970, पृ. 260) साहित्यसंबंधी किसी प्रकार के परिवर्तन की व्याख्या करते समय या साहित्य की विकासशीलता का विवेचन करते समय इतिहासकार साहित्यिक दृष्टिकोणों में परिवर्तन के साथसाथ उस परिवर्तन को प्रभावित करनेवाले मूल्यों पर भी विचार करता है। साहित्य का इतिहास असल में साहित्यिक कृतियों का ही इतिहास होता है, इसलिए इतिहास में कृतियों में निहित या व्यक्त मूल्यों की उपेक्षा नहीं हो सकती।

एक आलोचक ने लिखा है कि साहित्यिक कृति अपने जीवनानुभव के प्रति रचनाकार की निजी प्रतिक्रिया होती है और हम रचनाकार के उस अनुभव को छोड़कर रचना को केवल सामाजिक या ऐतिहासिक संदर्भों में नहीं समझ सकते। रचना एक ऐसी निर्मिति होती है जो रचनाकार की संवेदना के परिवेश से पैदा होती है और वह अपने परिवेश से परे भी सार्थक बनी रहती है। (दि डिस्पिलेन आफ क्रिटिसिज्म, सं. दिमेत्स और नेलसन, 1968, पृ. 480) कहने का तात्पर्य यह है कि इतिहासकार को किसी रचना की युगीन और युगातीत दोनों प्रकार की विशेषताओं पर विचार करना चाहिए। यह इतिहास के लिए एक जटिल और कठिन समस्या है। युगातीत किसी रचना में युगीन से पृथक नहीं होता, उसमें दोनों की एकता होती है, युगीन से ही युगातीत आविर्भूत होता है। कुछ लोग कह सकते हैं कि रचना की युगीनता ऐतिहासिक चेतना से उत्पन्न होती है और युगा-

तीतता कलाचेतना से। लेकिन हम यह जानते हैं कि ऐतिहासिक चेतना और कलाचेतना के मेल से ही रचना पैदा होती है, इसलिए कालजयी कृतियों में ऐतिहासिकता और कालातीतता की एकता होती है। ऐसी महत्वपूर्ण रचनाओं पर विचार करते समय इतिहासकार का आलोचनात्मक विवेक आलोचक की ऐतिहासिक चेतना की मदद करता है।

प्रत्येक पीढ़ी की अपनी संवेदनशीलता होती है। ऐसी संवेदनशीलता के निर्माण में पुरानी रचनाशीलता के बोध के संस्कार और नवीन जीवनानुभव, दोनों का योग होता है। नई रचनाशीलता के समानांतर ही नई आलोचनात्मक संवेदनशीलता समकालीन रचनाशील संवेदनशीलता से प्रेरित और समकालीन पाठकीय संवेदना से प्रभावित होती है। आलोचना समकालीन संवेदनशीलता के संदर्भ में ही अतीत की रचनाओं की व्याख्या और मूल्यांकन का प्रयत्न करती है। इस प्रकार किसी युग का इतिहासविवेक उस युग की आलोचनात्मक संवेदनशीलता से अनुशासित होता है। इतिहासविवेक से संपन्न आलोचक, परंपरा और समकालीनता के संबंधों का विवेचन करते हुए ही, समकालीन रचनाशीलता की मौलिकता और नवीनता की व्याख्या करता है। इस प्रकार समकालीन रचनाशीलता से उत्पन्न साहित्यविवेक इतिहास की नई व्याख्या को संभव बनाता है और इतिहासविवेक से नई रचनाशीलता की सार्थकता का बोध होता है।

कुछ आलोचक यह समझते हैं कि आलोचना आत्मपरक होती है और इतिहास वस्तुपरक होता है, इसलिए दोनों में अनिवार्यतः विरोध होता है। ऐसे आलोचक आलोचना को आलोचक की आत्मपरक ईमानदारी या कलात्मक संवेदनशीलता की ईमानदारी से संबद्ध मानते हैं और इतिहास को वस्तुपरक तथ्यनिष्ठता से संबद्ध समझते हैं। उनके अनुसार इतिहास का संबंध ऐतिहासिक तथ्य से होता है, जबकि आलोचना में 'काव्यसत्य' की चिंता अधिक होती है। वे यह जानते हैं कि ऐसे तथ्य और सत्य का संबंध साहित्य से ही होता है, लेकिन वे मानते हैं कि काव्यसत्य निजी होता है, उससे आलोचक का रागात्मक और बोधात्मक लगाव होता है; जबकि तथ्य तटस्थ और व्यक्ति निरपेक्ष होता है। साहित्यानुशीलन के संदर्भ में अगर हम तथ्य और सत्य के संबंध पर विचार करें तो यह स्पष्ट हो जाएगा कि साहित्य के इतिहास में तथ्यबोध मूल्यनिरपेक्ष और इतिहासकार की निजी संवेदनशीलता से कटा हुआ नहीं होता और न आलोचक का काव्यसत्य नितांत निजी होता है। इतिहास या आलोचना में वस्तुनिष्ठता अगर नैतिक दायित्वों से पलायन या मानवीय दायित्वों की पक्षधरता से बचाव का साधन बने तो वह असामाजिक और अमानवीय होने के कारण निरर्थक साबित होती है। साहित्य की विकासप्रक्रिया से 'सत्य' प्राप्त करने के लिए 'तथ्यों' की व्याख्या आवश्यक हो जाती है। साहित्य की विकासशील परंपरा के संदर्भ में सत्य तथ्य से अधिक जटिल, बहुआयामी और

मूल्यनिष्ठ होता है। मूल्य से संबद्ध होने के कारण ही सत्य अधिक मानवीय भा होता है। इतिहासकार केवल तथ्यों तक सीमित नहीं रहता, वह साहित्यपरंपरा के सत्यों की भी चिंता करता है। इतिहास में वस्तुपरकता को भावना और मूल्य से विछिन्न नहीं माना जा सकता। इतिहासकार की मूल्यदृष्टि उसके कलात्मक अनुभव से बनती है और उस मूल्य दृष्टि में इतिहासकार की निजी कलासंवेदना भी निहित होती है। चाहे आलोचक हो या इतिहासकार, दोनों को रचना के बोध से गुजरना पड़ता है।

इतिहास और आलोचना के अलगाव का एक कारण यह प्रतीत होता है कि प्रायः आलोचना में कृति की अस्मिता की खोज होती है और इतिहास में कृति के अस्तित्व की। आलोचना में कृति की निजता, मौलिकता और विशिष्टता की व्याख्या करते हुए उसके सौंदर्यबोधी मूल्य और महत्व की मीमांसा पर अधिक बल दिया जाता है। आलोचना में रचना की विशिष्टता की पहचान का जितना प्रयत्न होता है उतना सामान्यता की खोज का प्रयत्न नहीं होता। आलोचना के अनुसार रचना की अस्मिता की क्षमता ही उसके अस्तित्व के स्वरूप का निर्धारण करती है। दूसरी ओर, इतिहासकार प्रायः रचना के अस्तित्व की खोज करते हैं और वे यह भी मानते हैं कि रचना की अस्मिता रचना के परिवेशगत अस्तित्व से निर्धारित होती है। रचना की अस्मिता अपने अस्तित्व की सीमाओं से परे भी कायम रहती है, लेकिन इसका यह अर्थ नहीं कि वह अपने परिवेशगत अस्तित्व से पूर्णतः स्वतंत्र होती है। इतिहास में रचना के अस्तित्व को अधिक महत्व देने के कारण ही रचना के उत्पत्तिमूलक पक्षों के विवेचन पर अधिक ध्यान दिया जाता है, जबकि आलोचना में रचना के आस्वादपरक या प्रभावपरक पक्षों का ही अधिक विश्लेषण होता है।

रचना की अस्मिता और उसके सामाजिक अस्तित्व के संबंध को लेकर साहित्यानुशीलन के क्षेत्र में विरोधी विचारधाराओं की लगातार टकराहट होती रही है। जो लोग रचना की कलात्मक अस्मिता की स्वायत्तता के समर्थक हैं, उनके लिए रचना का सामाजिक अस्तित्व विचारणीय नहीं है, लेकिन जो रचना की अस्मिता को उसके सामाजिक अस्तित्व से संबद्ध मानते हैं, वे भी इस संबंध के स्वरूप के बारे में एकमत नहीं हैं। इस समस्या को सुलझाने का प्रयत्न करते हुए कभी कृति की 'समाजसापेक्ष स्वायत्तता' की बात की जाती है और कभी 'अस्मिता और संबंधभावना' की। अस्मिता और अस्तित्व के संबंध को स्पष्ट करने के लिए ही 'ऐतिहासिकतावादी संबंधवाद' की धारणा भी सामने आई है। इस संदर्भ में यह ध्यान रखना चाहिए कि रचना की अस्मिता और अस्तित्व के संबंध में भौंड़े नियतिवादी (डिर्टमिनिस्टिक) ढंग से नहीं समझा जा सकता। दोनों के बीच द्वंद्वात्मक संबंध होता है और इस संबंध को इसी रूप में समझना उचित होगा।

रचना पर विचार करते समय यह याद रखना चाहिए कि अस्तित्व से अस्मिता का आविर्भाव होता है, लेकिन इतिहास या आलोचना में रचना की कलात्मक अस्मिता की विशेषता भी विचारणीय होती है।

रचना वस्तु ही नहीं, घटना और क्रिया भी होती है। कोई भी रचना मानवीय क्रिया से उत्पन्न मानवीय वस्तु होती है। वह मनुष्य की जीवनकृति का अंग होती है। (डा. एहतेशाम हुसैन, उर्दू साहित्य का आलोचनात्मक इतिहास, 1969, पृ. 6) जब कोई महत्वपूर्ण रचना अस्तित्व में आती है तो साहित्यपरंपरा में एक महत्वपूर्ण परिवर्तन उत्पन्न होता है। किसी रचना में रचनाकार के अस्तित्व के साथ साथ रचनाकाल का अस्तित्व भी व्यक्त होता है। आलोचना में रचना को एक सौंदर्यबोधी वस्तु के रूप में ही देखापरखा जाता है, लेकिन इतिहास में उसे एक सोद्देश्य मानवीय क्रिया और रचनात्मक घटना के रूप में भी समझने का प्रयत्न होता है।

प्रायः ऐसा देखा जाता है कि इतिहासकार रचनाओं की अस्मिता से अधिक उनके अस्तित्व पर ही विचार करते हैं, वे रचना से अधिक रचनाकाल की खोज करते हैं। लेकिन एक सार्थक इतिहास का काम केवल रचनाकाल की खोज करना नहीं है, बल्कि रचनाकाल से अधिक रचना और रचना के जीवन की खोज करना है। आलोचक ऐसी रचनाओं को विचारणीय नहीं मानता जिनकी अस्मिता उनके अस्तित्व के साथ ही कालप्रवाह में विलीन हो गई हो। लेकिन इतिहासकार रचनाओं के अस्तित्व की खोज करते हुए उनकी अस्मिता का पुनर्निर्माण करता है। यह संभव है कि कोई रचना अपने रचनाकाल में अलोकप्रिय और उपेक्षित रह गई हो या अपने जमाने की प्रचलित मूल्यव्यवस्था के विरुद्ध होने के कारण जानबूझकर उपेक्षित कर दी गई हो। ऐसी रचनाएं कभी कभी परवर्तीकाल में अनुकूल मूल्यदृष्टि के वातावरण में पुनः प्रतिष्ठित होती हैं। इतिहासकार वर्तमान की आंख से अतीत को देखता है, इसलिए वह ऐसी रचनाओं की पुनः प्रतिष्ठा का प्रयत्न करता है। जो आलोचक की युगचेतना और मूल्यदृष्टि के अनुरूप होती है। आधुनिककाल में कबीर की लोकप्रियता का एक कारण नए युग की चेतना के संदर्भ में कबीर की सामाजिक दृष्टि की प्रासंगिता है तो दूसरा कारण उस प्रासंगिकता की आचार्य हजारीप्रसाद द्विवेदी द्वारा की गई व्याख्या भी है। इतिहास में किसी रचना के मूल अर्थ और प्रभाव की खोज की सार्थकता इस बात में प्रकट होती है कि उससे रचना के नए अर्थ और प्रभाव का कितना विकास होता है।

जार्ज लुकाच ने लिखा है कि जो कलाकृति मनुष्य को मानवमात्र से जोड़ सकने में सक्षम हो, उसी की खोज और मीमांसा होनी चाहिए। जाहिर है कि आलोचक और सौंदर्यशास्त्री लुकाच की दृष्टि रचना की अस्मिता पर है और उनके अनुसार रचना की अस्मिता ही उसके अस्तित्व की सार्थकता का कारण भी

है। लेकिन इतिहास केवल महान और महत्वपूर्ण से ही नहीं बनता, वह साधारण और सामान्य से भी बनता है। साहित्य के इतिहास में महान रचनाओं और रचनाकारों के साथ साथ साधारण रचनाओं और रचनाकारों का योगदान भी विचारणीय होता है। कई बार कालप्रवाह में विलुप्त कृतियों की खोज और उनकी कलात्मक उपलब्धि के विवेचन के बाद साहित्यपरंपरा नए ढंग से उपस्थित होती है। हम यह जानते हैं कि भास के नाटकों और अश्वघोष की रचनाओं की खोज से भारतीय नाटक और कविता के इतिहास में कई परवर्ती रचनाकारों के मूल्यांकन पर प्रभाव पड़ा है। कहने का तात्पर्य यह है कि इतिहास का काम केवल महान और महत्वपूर्ण रचनाओं की खोज करना नहीं है, उसका उद्देश्य साहित्यपरंपरा की रचनात्मक चेतना के विविध रूपों और अभिव्यक्तियों से संबंधित परिवर्तनों की प्रक्रिया और दिशा का बोध कराना भी है। साहित्यपरंपरा की रचनात्मक चेतना की विविधता के बोध से आलोचनात्मक विवेक भी समृद्ध होता है। इस प्रकार इतिहास से आलोचना की शक्ति और सरहदों का विस्तार होता है।

एक आलोचक इस्त्वान सोतेर ने आलोचना और इतिहास की एकता का समर्थन करते हुए लिखा है (न्यू लिटरेरी हिस्ट्री, वा. 11, सं. 1, 1970, पृ. 90) कि हमें पहले सौंदर्यबोधचिंतन या आलोचना पर ध्यान देना चाहिए और बाद में ऐतिहासिक समस्याओं पर। फिर ऐतिहासिक समस्याओं से रचना की ओर लौटना चाहिए। इस प्रकार हमें इतिहास और आलोचना की प्रतियोगी दुनिया से निकलकर आलोचना, इतिहास और पुनः आलोचना की प्रक्रिया से गुजरना होगा। लेकिन इस प्रक्रिया को तभी स्वीकार किया जा सकता है जब आलोचना सौंदर्यबोधीचिंतन से बाहर निकलकर इतिहास की समस्याओं को भी सुलझाने में सक्षम हो। इसके लिए जरूरी है कि इतिहास और आलोचना के केंद्र में रचना को रखा जाए और आलोचनात्मक इतिहास की प्रक्रिया का विकास किया जाए। लेकिन आलोचनात्मक इतिहास ऐसा न हो जिसमें इतिहास और आलोचना दोनों का निषेध हो, जैसा हिंदी के कुछ आलोचनात्मक इतिहासों में दिखाई देता है। ऐतिहासिक चेतना और आलोचनात्मक विवेक के द्वंद्वात्मक संबंध से विकसित रचनानिष्ठ इतिहास, इतिहास और आलोचना के अलगाव से उत्पन्न कमजोरियों से मुक्त हो सकता है

आलोचना में जब हम किसी रचना से युग की प्रवृत्ति की ओर बढ़ते हैं तो आलोचना से इतिहास की ओर जाते हैं और साहित्य के विकास का बोध प्राप्त करते हैं। लेकिन जब हम किसी युग की सामान्य प्रवृत्तियों पर विचार करते हुए उस प्रवृत्ति की किसी प्रतिनिधि रचना की विशिष्टता का विश्लेषण करते हैं तो हम इतिहास से आलोचना की ओर जाते हैं। ऐतिहासिक अनुसंधान से रचना के ऐसे नए आयामों का उद्घाटन होता है जो आलोचनादृष्टि से परे होते हैं। जब हम ऐतिहासिक संदर्भ और ऐतिहासिक चेतना के आलोक में किसी रचना पर

विचार करते हैं तो रचना की कलात्मक विशेषताओं की महत्ता का भी बोध होता है, क्योंकि ऐसी स्थिति में रचना अकेली कृति के रूप में नहीं बल्कि विशाल परंपरा के अंग के रूप में हमारे सामने आती है।

इस्त्वान् सोतेर ने इतिहास और आलोचना के गहरे सहयोग की समस्या पर विचार करते हुए लिखा है (न्यू लिटरेरी हिस्ट्री, वा. 11, सं. 1, 1970, पृ. 90) कि आलोचना और इतिहास की एकता तभी संभव होगी जब साहित्यानुशीलन का आरंभ रचना से, रचना के अंतजर्गत से होगा और बाद में रचना की वैयक्तिकता को छोड़कर दूसरी रचनाओं से उसके संबंध की खोज होगी। कहने का तात्पर्य यह है कि रचना को रचना के बाहर के जगत से जोड़कर देखने और रचनाओं की परंपरा की प्रगति के संदर्भ में रखकर परखने से ही रचना की सार्थकता प्रकट होगी। रचनाशीलता केवल दूसरी रचनाओं से या साहित्यपरंपरा से ही प्रभावित नहीं होती, वह रचनाओं से अधिक अपने आसपास के जीवन से प्रभावित होती है, इसलिए रचना के परिवेश का विश्लेषण ऐतिहासिक अंतर्दृष्टि की मदद से करना होगा।

साहित्यिक आंदोलनों, दृष्टिकोणसंबंधी संघर्षों और रचनासंबंधी नवीन प्रयासों की अभिव्यक्ति केवल प्रौढ़ कृतियों में ही नहीं होती, बहसों, घोषणापत्रों, पत्रों और डायरियों में भी होती है। एक युग की कलासंवेदना, वैचारिक संघर्ष और मूल्यदृष्टि को समझने में इनसे भी मदद मिलती है। इसके अतिरिक्त साहित्यक्षेत्र के बाहर घटित होनेवाली घटनाओं (जैसे राष्ट्रीय उद्देश्यों के लिए संघर्ष या जनता के मुक्तिसंघर्ष) का साहित्य से, कलात्मक मूल्यों से सीधा संबंध न होने पर भी नैतिक और मानवीय मूल्यों पर गहरा प्रभाव पड़ता है, इनसे संपूर्ण युगजीवन प्रभावित होता है और उस युग की रचनाशीलता भी प्रभावित होती है। किसी युग की रचनाशीलता को प्रभावित करनेवाले ऐसे तत्वों की समझ के लिए सौंदर्य-बोधी मूल्यदृष्टि पर्याप्त नहीं होती। ऐसी स्थिति में ऐतिहासिक यथार्थ की पहचान करानेवाली ऐतिहासिक अंतर्दृष्टि की जरूरत होती है।

आलोचना और इतिहास के अलगाव पर जोर देनेवाले और इतिहास को नावश्यक माननेवाले आलोचक कहते हैं कि रचना के अनुभव तथा आस्वादन में इतिहास से कोई मदद नहीं मिलती और इतिहास उस अनुभव और आस्वादन का विवेचन भी नहीं होता। यह काम केवल आलोचना का है। उनका कहना है कि इतिहास विश्लेषणात्मक होता है, जबकि रचना का अनुभव और उसकी आलोचना का स्वरूप मुख्यतः संश्लेषणात्मक होता है; इसलिए इतिहास और आलोचना का विरोध अनिवार्य है। रचना के अनुभव और आस्वादन की प्रक्रिया पर विचार करने से यह स्पष्टतः ज्ञात होता है कि कोई रचना कालप्रवाह के एक निश्चित ऐतिहासिक क्षण में अस्तित्व में आती है और उसके बाद ही रचना और पाठक के

आत्मीय संबंध से अनुभव, आस्वादन और संप्रेषण की संभावना बनती है। रचनाकाल की व्यापक सामाजिक साहित्यिक प्रवृत्तियों से रचनाकार और पाठक दोनों की चेतना प्रभावित होती है। कृति की रचना और उसके अनुभवआस्वादन की प्रक्रिया ऐतिहासिक काल के भीतर घटित होती है, बाहर नहीं। रचना के अनुभव की प्रक्रिया में रचना के माध्यम (भाषा) और पाठक की मानसिकता के संबंध की भी महत्वपूर्ण भूमिका होती है। रचनाकार की मानसिकता परंपरा और परिवेश से प्रभावित होती है और पाठक की मानसिकता भी परंपरा के बोध और परिवेश के प्रति जागरूकता से निर्मित होती है। इस प्रकार रचनाकार की सृजनशीलता और पाठक की ग्रहणशीलता, दोनों का इतिहास होता है।

किसी मध्यकालीन रचना को आधुनिक संवेदना का पाठक उसी रूप में नहीं ग्रहण करेगा जिस रूप में वह अपने रचनाकाल में ग्रहण की गई होगी। यही कारण है कि इतिहास या आलोचना में किसी रचना के मूल अर्थ से अधिक महत्वपूर्ण उसका वर्तमान अर्थ होता है। यह भी देखा जाता है कि आधुनिक भावबोधवाली किसी रचना को मध्यकालीन मानसिकता का पाठक स्वीकार नहीं कर पाता। नई रचनात्मक संवेदनशीलता और पुराने काव्यसंस्कारों के बीच लगातार संघर्ष चलता है। 'जड़ीभूत सौंदर्याभिरुचि' नई रचनाओं के सौंदर्य को देख नहीं पाती, इसीलिए पुराने संस्कारों और आग्रहों में जकड़े हुए आलोचक और पाठक नए साहित्य का हठपूर्वक विरोध करते हैं। नई रचनाशीलता और पुराने काव्यसंस्कारों का यह संघर्ष नया नहीं है। पुराने संस्कारों में जकड़े पाठकों द्वारा अपने काव्य की दुराग्रह-पूर्ण अवहेलना से पीड़ित होकर ही कालिदास ने लिखा होगा :

"पुराणमित्येव न साधु सर्वं न चापि काव्यं नवमित्यवद्यम्।
सन्तः परीक्ष्यान्यतरदभजन्ते मूढ़ः परप्रत्ययनेयबुद्धिः ॥

(मालविकाग्निमित्रम्, ।1।2)

अपने जमाने के रूढ़िग्रस्त और दुराग्रही पाठकों से निराश होने के बाद ही भवभूति ने आने वाले जमाने के 'समानधर्मा' पाठकों की ओर आशाभरी नजरों से देखा होगा। नई रचनाशीलता से पुराने संस्कारों से ग्रस्त मूढ़ पाठकों के विरोध के अनेक उदाहरण साहित्य के इतिहास से दिए जा सकते हैं। प्रायः नई रचनाशीलता पाठकों की संवेदनशीलता का परिष्कार करती हुई अपने लिए पाठकों का निर्माण करती है। कहने का तात्पर्य यह है कि साहित्यबोध या काव्यानुभूति या सौंदर्यानुभूति कोई स्थिर, स्थायी और शाश्वत चीज नहीं होती। सौंदर्यानुभूति ऐतिहासिक संदर्भों और ऐतिहासिक चेतना की सापेक्षता में ही अपना रूप ग्रहण करती है। उसमें परिवर्तन होता है और उसका विकास भी होता है। इस प्रकार रचना के पाठकीय अनुभव और उससे निर्मित होनेवाली मूल्यदृष्टि का एक ऐतिहासिक आयाम होता है। हान्स राबर्ट यौस ने ऐतिहासिक और सौंदर्यशास्त्रीय दृष्टिकोणों का समन्वय

करते हुए रचना के पाठकीय ग्रहण और रचना के प्रभाव के विश्लेषण से एक नए साहित्येतिहाससंबंधी दृष्टिकोण की संभावना पर विचार किया है जिसमें लेखक, रचना और पाठक के विकासशील संबंध की व्याख्या की गई है। (न्यू लिटरेरी हिस्ट्री, वा. 11, सं. 1, 1970, पृ. 7-8)

कुछ आलोचक यह समझते हैं कि साहित्यानुशीलन का आधार साहित्यसिद्धांतों से बनता है और साहित्यसिद्धांतों के निर्माण का काम आलोचना करती है, इतिहास नहीं। उन्हें इस बात पर विचार करना चाहिए कि साहित्यसिद्धांतों के निर्माण में इतिहास का कोई योगदान होता है या नहीं ? जो लोग साहित्यसिद्धांतों की शाश्वतता और सार्वभौमिकता को उनकी ऐतिहासिकता से अधिक महत्व देते हैं, वे ही पुराने सिद्धांतों के डंडे से नए साहित्य को नापने की कोशिश करते हैं और नए साहित्य के सामने पुराने सिद्धांतों को छोटा पड़ते देखकर नए साहित्य को ही खोटा कह देते हैं। ऐसे लोग यह नहीं समझते कि रचनाशीलता के विकास और परिवर्तनशीलता के साथ साथ रचना और आलोचना के सिद्धांत भी बदलते हैं।

साहित्य के सिद्धांत साहित्यिक प्रवृत्तियों और प्रयोगों के बीच से विकसित होते हैं। इतिहास साहित्यसिद्धांतों के निर्माण और उनके प्रामाणिक विनियोग से उत्पन्न समस्याओं के समाधान के लिए आवश्यक संदर्भ और तथ्य उपलब्ध कराता है। जॉं ब्रांट कोर्टियस ने ठीक ही लिखा है (न्यू लिटरेरी हिस्ट्री, वा. 11, सं. 1, 1970, पृ. 68) कि साहित्य के विकास के दौरान समय समय पर प्रकट होनेवाली रचनात्मक प्रवृत्तियां मुख्यतः साहित्यपरंपरा से निर्मित निर्धारित होती हैं। साहित्यिक रीतियां, धारणाएं, परिप्रेक्ष्य, आकांक्षाएं, सिद्धांत और प्रयोग साहित्यपरंपरा और नए अनुभव के द्वंद्व से उत्पन्न होते हैं। किसी युग की साहित्यिक चेतना और चिंतन के बोध से ही उस युग की विशिष्ट रचना की अवधारणा को समझना संभव होता है। रचना के माध्यम से न केवल रचनाप्रक्रिया बल्कि रचनाकालीन साहित्यचिंतन के प्रभावों को भी समझा जा सकता है। साहित्य का इतिहास, एहतेशाम हुसैन के शब्दों में, 'बदलते हुए साहित्यिक दृष्टिकोणों' का भी इतिहास होता है, उसमें साहित्यचिंतनसंबंधी युगसापेक्ष परिवर्तनों के स्वरूप और कारणों की भी मीमांसा होती है। इतिहास के माध्यम से युग के रचनाशील मानस की पहचान होती है और युग के रचनाशील मानस की पहचान के बाद ही उस युग के किसी लेखक के रचनाशील मानस की व्याख्या संभव होती है। आलोचना आजकल आलोचनात्मक मानस की मीमांसा बन गई है, क्योंकि रचनाकर्म भी अब अधिक आलोचनात्मक हो गया है।

प्रत्येक युग का साहित्यानुशीलन अपने युग के साहित्यिक दृष्टिकोण से अनुशासित होता है। साहित्यानुशीलन की पद्धति और परिदृश्य में परिवर्तन साहित्य की धारणा और साहित्य के प्रयोजन के परिवर्तन के अनुसार होता है। इसी से

आलोचना और इतिहास के स्वरूप में भी बदलाव आता है। साहित्य के इतिहास के लिए साहित्य की अवधारणा और इतिहास की अवधारणा का समान महत्व है। साहित्यिक कृति को देशकालातीत विलक्षण वस्तु मानने और देशकाल को मामाजिक यथार्थ से असंबद्ध समझने के बाद साहित्य के इतिहास की आवश्यकता समाप्त हो जाती है। साहित्यिक कृति को मानवीय विरासत की देन मानने के बाद ही साहित्य के सामूहिक विकास की धारणा बनती है, जो साहित्य के इतिहास का आधार है। साहित्य के इतिहास के अंतर्गत कृतियों के ऐतिहासिक आयाम और कलात्मक वैशिष्ट्य दोनों के विवेचन की जरूरत होती है और यह काम इतिहास और आलोचना की एकता से ही हो सकता है। आलोचना और इतिहास के संदर्भ में साहित्य की धारणा के केंद्रीय महत्व को स्वीकार करते हुए यह विचारणीय है कि साहित्य को एक ऐसी जीवंत गतिशील प्रक्रिया माना जाए, जिसमें कृति के निर्माण और अनुभव की प्रक्रियाओं का द्वंद्वात्मक संबंध प्रकट होता है, या उसे एक निश्चित रूपात्मक उपभोग्य वस्तु माना जाए? यह भी सवाल है कि साहित्य को परिवर्तनशील यथार्थ की सर्जनात्मक अभिव्यक्ति के रूप में स्वीकार किया जाए या उसे रचनाकार की निजी अनुभूति की अभिव्यक्ति माना जाए? साहित्य को व्यक्तिमानव के सामाजिक व्यवहार के विशिष्ट अंग के रूप में ग्रहण किया जाए या उसे व्यक्तिमानस के रूपरचना की शक्ति की देन माना जाए? यह भी विचारणीय है कि साहित्य को आत्मबद्ध संरचना या मिथक माना जाए अथवा उसे मानव-चेतना की सामाजिक चिंता के फल के रूप में ग्रहण किया जाए? इन प्रश्नों के उत्तर के अनुरूप ही साहित्यानुशीलन की पद्धति और परिदृश्य का स्वरूप भी निर्मित होगा।

साहित्यानुशीलन को सामाजिक दृष्टि से सोद्देश्य बनाने के लिए और साहित्य के इतिहास का एक सार्थक दृष्टिकोण निर्मित करने के लिए यह स्वीकार करना जरूरी है कि साहित्य एक जीवंत प्रक्रिया है, रचना एक सामाजिक कर्म है और साहित्यसृजन मनुष्य के सामाजिक व्यवहार का एक विशिष्ट रूप है। स्तारोबिंस्की ने साहित्य को एक सामाजिक कर्म मानते हुए लिखा है:

> साहित्य सामाजिक यथार्थ का मनमाना विकास नहीं है। यह एक विशिष्ट व्यवहार है जो दूसरे व्यवहारों से शैली तथा अर्थ की दृष्टि से भिन्न होते हुए भी उनके समान महत्व का होता है; और यह किसी ऐतिहासिक काल की जटिल समग्रता के निर्माण में दूसरे व्यवहारों का पूरक भी होता है। (डायजिनिस, सं. 74, 1971, पृ. 67)

साहित्य को सामाजिक व्यवहार का एक अंग और विशिष्ट रूप मानने तथा उसे ऐतिहासिक यथार्थ की जटिल समग्रता के निर्माण में दूसरे सामाजिक व्यवहारों के

समान महत्वपूर्ण तत्व स्वीकार करने पर रचना और रचनाकर्म की परिभाषा बदल जाएगी। ऐसी स्थिति में रचना के विश्लेषण और मूल्यांकन के लिए रचना के युग के ऐतिहासिक यथार्थ के स्वरूप का बोध भी जरूरी होगा। यही नहीं, रचना के मूल्यांकन के लिए समकालीन दूसरे सामाजिक व्यवहारों से रचना को जोड़कर देखना भी जरूरी हो जाएगा। कहने का तात्पर्य यह है कि रचना के मूल्यांकन के लिए रचनाकालीन ऐतिहासिक यथार्थ की जटिल समग्रता से रचना के संबंध की व्याख्या आवश्यक होगी। रचना के इस प्रकार के विश्लेषण और मूल्यांकन में आभ्यंतरी आलोचना या सौंदर्यबोधी आलोचना अपर्याप्त होती है। इसके लिए ऐतिहासिक चेतना से युक्त ऐसी आलोचनादृष्टि आवश्यक है जो रचना को उसके युग के ऐतिहासिक यथार्थ से जोड़कर देख सके, रचना के अंतर्जगत और बाहर के व्यापक सामाजिक जगत के संबंध को पहचान सके।

साहित्यसंसार की स्वतंत्रता, कृति की स्वायत्तता, सौंदर्यबोधी मूल्यों की समाजनिरपेक्षता और रचनाकार की अद्वितीयता की धारणाएं कला और साहित्य-संबंधी बुर्जुआ चिंतन की देन हैं और इनका पूंजीवादी समाजव्यवस्था से गहरा संबंध है। इन धारणाओं में बुर्जुआ वर्ग की सांस्कृतिक आकांक्षाएं व्यक्त होती हैं और तरह तरह की रूपवादी आलोचनाओं से इनको समर्थन प्राप्त होता है। सामंती और पूंजीवादी समाजव्यवस्था में ललित कलाओं का उपयोगी कलाओं से क्रमशः पार्थक्य स्थापित हुआ। कला की धारणा के संकुचित होने के साथ साथ कलाकार और कारीगर के कर्म में पार्थक्य आया, उसके अर्थ और मूल्य में अंतर स्थापित हुआ। धीरे धीरे रचनाकर्म दूसरे सामाजिक कर्मों से अलग और स्वतंत्र रूप धारण करने लगा। वर्गों में विभाजित समाजव्यवस्था में मानसिक श्रम और शारीरिक श्रम में अलगाव आया और मानसिक श्रम के विभिन्न रूपों में भी ऐसा पार्थक्य बना, जिससे मानसिक श्रम के विभिन्न रूप एक दूसरे से स्वतंत्र और विशिष्ट मान लिए गए। कलाक.र के कर्म की विशिष्टता और अनन्यता की धारणा, इस क्रमिक विभाजन और अलगाव की ही देन है। इसी प्रक्रिया के फलस्वरूप रचनाकर्म दूसरे सामाजिक कर्मों से पूर्णतः अलग और अनन्य समझा जाने लगा। ऐसी स्थिति में ही रचनाकार का रचनासंसार उसके सामाजिक व्यवहार के संसार से स्वतंत्र कहा गया।

रचना को 'कृति' कहने से कर्म की जो धारणा व्यक्त होती है वह रचना को 'वस्तु' मानने में व्यक्त नहीं होती। रेमण्ड विलियम्स ने ठीक ही लिखा है कि रचना को 'वस्तु' मानने की धारणा उपभोगवादी आलोचनासिद्धांतों की केंद्रीय धारणा है। (न्यू लेफ्ट रिव्यू, सं. 82, पृ. 14) सामंतवादी कलाचिंतन ने कवि और कविता को ईश्वरत्व से जोड़कर देखा और दोनों को अलौकिक घोषित कर दिया। बुर्जुआचिंतन ने अपनी समाजव्यवस्था की प्रकृति के अनुसार ही रचना को विनिमय

और उपभोग की वस्तु मान लिया। रचनाकर्म को 'दिव्य' कहा जाए या 'अनन्य परतंत्र' दोनों ही स्थितियों में दूसरे सामाजिक कर्मों से उसकी पृथकता प्रकट होती है। रचनाकर्म को दूसरे मानवीय व्यवहारों से अलग करके देखने की धारणा में बुर्जुआव्यवस्था की अलगाववादी प्रवृत्ति की ही अभिव्यक्ति होती है।

मनुष्य की जो सृजनशक्ति उसके सामाजिक जीवन के विभिन्न व्यवहारों में व्यक्त होती है, वही कलासृजन में भी प्रकट होती है। रचनाकर्म दूसरे मानवीय व्यवहारों से अपने स्वरूप और अर्थ की भिन्नता के कारण विशिष्ट होता है, लेकिन वह दूसरे मानवीय व्यवहारों से स्वतंत्र नहीं होता। वैसे तो मनुष्य के प्रत्येक सामाजिक व्यवहार की निजी प्रकृति होती है, लेकिन प्रत्येक प्रकार के सामाजिक व्यवहार में निहित मानवीयता और सामाजिकता के कारण ही दूसरे सामाजिक व्यवहारों से उसकी समानधर्मिता भी प्रकट होती है। रचनाकर्म मनुष्य के व्यापक सामाजिक कर्म का ही एक रूप है। रचनाकार केवल कलाकार ही नहीं होता, वह व्यापक सामाजिक प्रक्रिया में भाग लेता है, उससे प्रभावित होता है और उसे प्रभावित भी करता है, रचनाकार अपने सामाजिक जीवन में केवल कलाकार ही नहीं होता, वह कारीगर और कार्यकर्ता भी होता है। पाब्लो नेरूदा ने लिखा है कि 'कवि एक कारीगर होता है जिसका एक कार्य है, लेकिन यह कार्य अन्य कार्यों से अधिक महत्वपूर्ण नहीं होता सिवाय तब जब वह सामाजिक प्रतिक्रिया की शक्तियों का सामना करने की चुनौती स्वीकारता है और यह भी एक जोखिमभरा काम है क्योंकि कवि सच्चाई के रखवाले की हैसियत से बोलता है।' (माच्चू पिच्चू के शिखर अनुवाद निलाभ, पृ.8 [उद्धृत])।

साहित्य को एक जीवंत गतिशील प्रक्रिया और रचनाकर्म को सामाजिक व्यवहार का एक विशिष्ट रूप मानने के बाद रचनाकार, रचना, पाठक और उनके सामाजिक संदर्भ का आपसी संबंध नए रूप में हमारे सामने आएगा। इसके बाद ही समाज की व्यापक इतिहासप्रक्रिया के अंतर्गत मनुष्य के सामाजिकसांस्कृतिक व्यवहार के अंग के रूप में साहित्य की विकासशीलता का अनुशीलन हो सकता है। लेकिन इस संदर्भ में यह याद रखना चाहिए कि साहित्य को सामाजिक-सांस्कृतिक व्यवहार का अग समझते हुए उसके विशिष्ट स्वरूप पर भी ध्यान देना जरूरी है। तभी साहित्यक्षेत्र के आंतरिक परिवर्तनों की व्याख्या हो सकेगी और रचनाओं की अस्मिता के साथ साथ उनके अस्तित्व की परिस्थितियों का भी विश्लेषण हो सकेगा। इसके लिए यह जरूरी है कि सामाजिक व्यवहार के विकास के सिद्धांत के समानांतर ही चेतना के विकासशील स्वरूप पर भी ध्यान दिया जाए; क्योंकि केवल सामाजिक व्यवहार के विकास के सिद्धांत से ही साहित्यक्षेत्र के आंतरिक परिवर्तनों (साहित्यिक आंदोलनों, प्रवृत्तियों, दृष्टिकोणों, शैलियों और नए रूपविधानों) की व्याख्या नहीं हो सकती। (न्यू लिटरेरी हिस्ट्री, वा. vii, सं 1,

1975, पृ. 103) आलोचना और इतिहास दोनों की चिंता का मुख्य विषय रचना ही है और रचना अंततः रचनाकार की चेतना की संवेदनशीलता, कल्पनाशक्ति और सृजनशीलता का ही फल है। सामाजिक व्यवहार के परिवर्तन के साथ साथ चेतना के विकास की व्याख्या करने से ही परिवेश और चेतना के संबंध का बोध प्रकट होगा और रचनाकार की चेतना की सृजनशीलता की व्याख्या भी हो सकेगी। इस प्रकार सामाजिक व्यवहार, उससे प्रभावित होनेवाली चेतना और उस चेतना की सृजनशीलता से उत्पन्न होनेवाले साहित्य की विकासशीलता का समन्वित अनुशीलन हो सकेगा। रचनाकर्म को सामाजिक व्यवहार का अंग मानने पर रचना के अंतर्जगत और उसके परिवेश का संबंध स्पष्ट होगा और व्यापक जीवनमूल्यों से रचना के सौंदर्यबोधी मूल्यों की सापेक्षता भी प्रकट होगी। इस प्रक्रिया के अंतर्गत रचना की विशिष्टता और उसकी सामाजिकता में एकता स्थापित होगी और आलोचना तथा इतिहास का अलगाव भी दूर होगा। आलोचना और इतिहास में रचनाओं पर विचार करते समय अगर अंतर्वस्तुसंबंधी अन्वेषणों और रूपसंबंधी आविष्कारों का विवेचन न हो सके, प्रयोगों और परिवर्तनों के बीच से गुजरनेवाली निरंतरता की खोज न हो सके और इनके मूल स्रोत सामाजिक जीवन के ऐतिहासिक संदर्भ से इनका संबंध प्रकट न हो सके तो ये दोनों सारी तैयारी और दावों के बावजूद पाठकों के साहित्यविवेक के निर्माण के लिए अनुपयोगी ही साबित होंगे।

खंड : दो

हिंदी साहित्य के इतिहास लेखन की दिशाएं

6

साहित्य के विकास के सामाजिक आधार की खोज

आचार्य रामचंद्र शुक्ल की इतिहासदृष्टि

आचार्य रामचंद्र शुक्ल उन्नीसवीं शताब्दी के मध्य से आरंभ होनेवाले भारतीय नवजागरण के प्रतिनिधि चिंतक हैं और हिंदी नवजागरण की प्रगतिशील चेतना के अग्रगामी साहित्यविचारक। भारतीय और पाश्चात्य, नवीन और प्राचीन, ज्ञान की विभिन्न परंपराओं के गंभीर अध्ययन और स्वतंत्र चिंतन के आधार पर उन्होंने हिंदी में वस्तुवादी साहित्यदृष्टि का विकास किया। उन्होंने समकालीन पाश्चात्य और भारतीय साहित्य में विकसित रचना, आलोचना और इतिहास-लेखन का विवेकपूर्ण मूल्यांकन करते हुए हिंदी आलोचना और इतिहासलेखन की सुदृढ़ नींव ही नहीं रखी बल्कि भावी विकास का रास्ता भी तैयार किया। वे अपने समय के हिंदी के ही सबसे बड़े आलोचक और इतिहासकार नहीं हैं, वे अखिल भारतीय स्तर पर भी बेजोड़ साहित्यचिंतक दिखाई देते हैं, यही नहीं, वे अपने जमाने के संसार के बड़े से बड़े आलोचक और इतिहासकार के समकक्ष दिखाई देते हैं। उनके लेखन में आलोचना और इतिहास के सिद्धांत तथा व्यवहार की जो एकता दिखाई देती है, वह विरल है। आलोचना और इतिहाससंबंधी चिंतन और व्यवहार की ऐसी एकता दूसरी भारतीय भाषाओं के किसी एक आलोचकइतिहासकार में शायद ही मिले। राबर्ट वाइमन की धारणा के सहारे यह कहा जा सकता है कि आलोचक की ऐतिहासिक चेतना और इतिहासकार की आलोचनात्मक चेतना की विकासशील एकता से निर्मित साहित्यविवेक आचार्य शुक्ल के इतिहास और आलोचना-संबंधी लेखन की मुख्य विशेषता है।

आचार्य रामचंद्र शुक्ल ने इतिहास, दर्शन, भाषाशास्त्र, विज्ञान और साहित्य-संबंधी नए पुराने चिंतन की वैचारिक यात्रा करने के बाद एक सुनिश्चित समाजोन्मुखी, विकासशील वस्तुवादी साहित्यदृष्टि अर्जित की और अपनी इस अर्जित नई

दृष्टि से ही परंपरा के मूल्यांकन, वर्तमान की आवश्यकताओं की पहचान और भावी विकास की दिशा खोजने का प्रयास किया। विज्ञान, दर्शन, इतिहास, भाषाविज्ञान, साहित्य और समाज के विभिन्न पक्षों से संबंधित लेखों तथा पुस्तकों के अनुवाद, संपादन और मौलिक लेखन के बीच से उनका जो व्यापक ज्ञानसंपन्न व्यक्तित्व उभरता है, वह यूरोप के पुनर्जागरणकालीन महान विचारकों की याद दिलाता है। आचार्य शुक्ल की आलोचना और इतिहासदृष्टि के निर्माण में भारतीय पुनर्जागरण की चेतना सक्रिय दिखाई देती है। इस चेतना के कारण ही वे भारतीय समाज, संस्कृति, भाषा और साहित्य की परंपराओं के मूल्यांकन और नए विकास की संभावनाओं की तलाश का प्रयत्न करते हैं। उनकी इतिहासदृष्टि के निर्माण में राष्ट्रीय मुक्ति आंदोलन की चेतना भी मौजूद है। इस चेतना के कारण ही वे साहित्य और समाज के विकास के बीच संबंध की खोज करते हैं और समाज, भाषा और साहित्य के इतिहास में जनता की महत्वपूर्ण भूमिका की पहचान करते हैं।

आचार्य शुक्ल की आलोचना और इतिहास दृष्टि के निर्माण में भक्तिकाल के साहित्य की महत्वपूर्ण भूमिका है और यही उनकी आलोचना और उनके इतिहास का केंद्रीय विषय है। भक्तिआंदोलन भारतीय संस्कृति और साहित्य के इतिहास में जनसंस्कृति के उत्थान और उसकी रचनात्मक अभिव्यक्ति का आंदोलन है। यह एक प्रकार से जनसंस्कृति के नवजागरण का आंदोलन है, जिसमें जनभाषा में जनजीवन से जुड़े कवियों द्वारा जनभावना की अभिव्यक्ति हुई है। भक्ति आंदोलन और उसकी जनोन्मुखी कविता को केंद्र में रखकर ही आचार्य शुक्ल ने भारतीय साहित्य और साहित्यशास्त्र का पुनर्मूल्यांकन किया और स्वतंत्र साहित्यचिंतन विकसित किया। कहा जा सकता है कि नए नवजागरण के आचार्य ने पुराने सांस्कृतिक जनजागरण की रचनाओं और रचनाकारों के महत्व को पहचाना और उनका मूल्यांकन किया। भक्ति आंदोलन की जनोन्मुखी कविता के मूल्यांकन में आचार्य शुक्ल की सामंतविरोधी आलोचनादृष्टि और इतिहास दृष्टि का प्रमाण मिलता है। इस सामंतवादविरोधी इतिहास दृष्टि के निर्माण में आधुनिक नवजागरण और स्वाधीनता आंदोलन की चेतना का योगदान है।

आचार्य शुक्ल के साहित्यविवेक और इतिहासदृष्टि के निर्माण में भारतेंदुयुग, द्विवेदीयुग और छायावाद की रचनाशीलना की भी महत्वपूर्ण भूमिका है। भारतेंदुयुग की यथार्थवादी और जनवादी रचनाशीलता और साहित्यचेतना में आधुनिक भारतीय नवजागरण और विशेषत: हिंदी नवजागरण की जनवादी भावना की अभिव्यक्ति हुई है। आचार्य शुक्ल ने ठीक ही लिखा है कि भारतेंदु हरिश्चंद्र ने 'जीवन और साहित्य के बीच के विच्छेद को दूर किया।' इस काल का साहित्य रीतिकाल की रूढ़ियों से मुक्त होकर समाज और जीवन के यथार्थ से जुड़ा, उसमें यथार्थवाद का विकास हुआ और सामंतवादविरोधी तथा साम्राज्यवादविरोधी,

जनभावना की अभिव्यक्ति हुई, रीतिकालीन सामंती संस्कृति और रूढ़िबद्ध प्रणाली से नई रचनाशीलता मुक्त हुई तो साहित्य की नई धारणा का भी विकास हुआ। भारतेंदुयुगीन साहित्य जिस सीमा तक रीतिकालीन प्रवृत्तियों से मुक्त था उस सीमा तक ही उस युग का साहित्यविवेक नया और सार्थक था। बालकृष्ण भट्ट ने भारतेंदुकालीन रचनाशीलता की वास्तविकता और आकांक्षा को व्यक्त करनेवाली साहित्य की धारणा का प्रतिपादन किया। बालकृष्ण भट्ट ने लिखा कि 'साहित्य जन समूह के हृदय का विकास है।' यह साहित्य की नई जनवादी धारणा थी। जब आचार्य शुक्ल ने लिखा कि 'साहित्य जनता की चित्तवृत्ति का संचित प्रतिबिंब है' तो बालकृष्ण भट्ट की साहित्य की धारणा उनके सामने थी। बालकृष्ण भट्ट और आचार्य शुक्ल की साहित्य की धारणाओं को एक साथ रखकर देखने पर यह जाहिर होगा कि आचार्य शुक्ल की धारणा बालकृष्ण भट्ट की साहित्य की जनवादी धारणा का ही परिष्कृत रूप है।

महावीरप्रसाद द्विवेदी के युग में साहित्य 'जनसमूह के हृदय का विकास' ही नहीं रहा, उसके ज्ञानात्मक पक्ष के विकास पर भी ध्यान दिया गया। महावीर-प्रसाद द्विवेदी साहित्य को 'ज्ञानराशि का संचित कोष' मानते ही नहीं थे, वे हिंदी साहित्य को 'ज्ञानराशि का संचित कोष' बनाने के लिए प्रयत्नशील भी थे। द्विवेदी-युग के सभी प्रमुख लेखक इस काम में लगे हुए थे। आचार्य शुक्ल इन लेखकों में सबसे आगे थे। अपने अनुवाद, संपादन और लेखन के माध्यम से यह काम उन्होंने सबसे अधिक किया। उनकी आलोचना और उनके इतिहासलेखन में भारतेंदुयुग की जिंदादिली है, जनसमूह के हृदय की पहचान है, समाज तथा साहित्य के संबंध का बोध भी है, लेकिन वे भारतेंदुयुग की सीमाओं से भी परिचित हैं। उनकी आलोचना और उनके इतिहास में द्विवेदीयुगीन प्रभाव के कारण नैतिकता का आग्रह है, शृंगार की अतिशयता का विरोध है, साहित्य के ज्ञानात्मक पक्ष पर जोर है, लेकिन उपदेशवाद का विरोध भी है।

द्विवेदीयुग में आचार्य शुक्ल की आलोचनादृष्टि और इतिहासदृष्टि के विकास का प्रारंभ हुआ था, छायावादकाल में प्रौढ़ता आई। यद्यपि आचार्य शुक्ल ने छाया-वाद का विरोध किया, लेकिन उनके साहित्यिक दृष्टिकोण पर छायावाद का गहरा प्रभाव है। इस बात की ओर नामवर सिंह ने संकेत किया है। आचार्य शुक्ल की आलोचना और इतिहासलेखन का अपने समय की सार्थक रचनाशीलता से प्रभा-वित होना कोई आश्चर्यजनक बात नहीं है। समाज और साहित्य का इतिहासबोध वर्तमान से जुड़ा हुआ होता है। समकालीन रचनाशीलता की वास्तविक शक्ति और सीमा की गहरी पहचान करनेवाला इतिहासकार ही परंपरा का विवेकपूर्ण मूल्यांकन और वर्तमान के साहित्य के विकास की दिशा का संकेत दे सकता है। सार्थक इतिहासलेखन वर्तमान और भविष्य के लिए होता है, भोले इतिहासवादी

अतीत की आराधना करते हैं।

आचार्य शुक्ल कविता के आलोचक हैं। वे कविता को 'शेषसृष्टि के साथ रागात्मक संबंध की रक्षा और निर्वाह का साधन' मानते हैं, कविता में प्रकृति-चित्रण का समर्थन करते हैं। छायावादी कवियों ने अपनी कविता में सबसे अधिक यह काम किया है। छायावादी कवि कविता में 'अनुभूति' को सर्वाधिक महत्व देते थे, प्रसाद ने कविता को 'आत्मा की संकल्पात्मक अनुभूति' कहा है। आचार्य शुक्ल की आलोचना और इतिहासलेखन में इस 'अनुभूति' की केंद्रीय स्थिति है, बल्कि यह रचनाओं और रचनाकारों की श्रेष्ठता की कसौटी की तरह प्रयुक्त हुई है। इस 'अनुभूति' के आधार पर ही आचार्य शुक्ल भारतीय काव्यशास्त्र के रूपवादियों का सामना करते हैं और रससिद्धांत को आधुनिक बनाते हैं। इसी 'अनुभूति' की कसौटी पर परखकर वे नाथोंसिद्धों की उपदेशपरक रचनाओं को खारिज कर देते हैं। वे अनुभूतिवाद की मदद से ही आध्यात्मिकता और रहस्यवाद से लोहा लेते हैं, इनको साहित्यक्षेत्र से बहिष्कृत करते हैं। रहस्यवाद के प्रबल विरोधी होते हुए भी वे अनुभूतिसंपन्न भावात्मक रहस्यवाद को साहित्य में स्वीकार करते हैं। वे तुलसीदास की भावुकता और सूरदास की अनुभूतिप्रवणता की सराहना करते हैं और केशव की हृदयहीनता पर खीझ उठते हैं। वे अनुभूतिशून्य शब्दक्रीड़ा के लिए बिहारी की आलोचना करते हैं, लेकिन घनानंद को 'साक्षात रसमूर्ति' कहकर उनकी कविता पर रीझते दिखाई देते हैं। आचार्य शुक्ल भारतेंदुयुग के लेखकों की जिंदादिली की खूब तारीफ करते हैं और द्विवेदीयुग की कविता में 'हृदय के वेग के खुलकर व्यंजित न होने' पर असंतुष्ट होते हैं।

आचार्य शुक्ल का काव्यभाषासंबंधी दृष्टिकोण भी बहुत कुछ छायावादी काव्य-भाषा के निकट है। वे छायावाद की काव्यभाषा की कृत्रिमता की आलोचना करते हैं, लेकिन उसकी लाक्षणिकता, प्रयोगवैचित्र्य, बिंबधर्मिता, वाग्विदग्धता, अभिव्यंजकता और पदलालित्य को स्वीकार करते हैं, काव्यभाषा संबंधी उनका यह दृष्टिकोण उनके इतिहास में विभिन्न कालों की रचनाओं और रचनाकारों के मूल्यांकन में देखा जा सकता है। वे नाथोंसिद्धों की कविता में 'संस्कृतवाणी' का अभाव देखते हैं, कबीर की भाषा को सधुक्कड़ी और पंचमेल खिचड़ी कहते हैं। बीसलदेव रासो की भाषा के बारे में उनका विचार है कि वह साहित्यिक नहीं है, राजस्थानी है। निर्गुणपंथियों में सुंदर दास की रचना उन्हें साहित्यिक लगती है, क्योंकि उनकी भाषा काव्य की मंजी हुई ब्रजभाषा है। वे सूर की वाग्विदग्धता पर ही मुग्ध नहीं होते, वे घनानंद की लाक्षणिक वक्रता की जगह जगह प्रशंसा करते हुए छायावादियों की काव्यभाषा से उसकी तुलना करते हैं। वे द्विवेदीयुग की काव्यभाषा को गद्यवत् रूखा, इति-वृत्तात्मक और बाह्यार्थनिरूपक कहकर उसकी आलोचना करते हैं।

लेकिन इसका यह अर्थ नहीं है कि आचार्य शुक्ल काव्यभाषा में कृत्रिमता,

शब्दक्रीड़ा, उक्तिवैचित्र्य, चमत्कारवाद, अलंकारवाद और रीतिबद्धता आदि को पसंद करते हैं। उन्होंने रीतिकालीन कविता की भाषा की इन प्रवृत्तियों का डटकर विरोध किया है, केशव और बिहारी की काव्यभाषा की कारीगरी के नमूनों की बखिया उधेड़ कर रख दी है। आचार्य शुक्ल ने छायावादी काव्यभाषा की कृत्रिमता की ठीक आलोचना की है। छायावादी काव्यभाषा में जहां सहजता की जगह कृत्रिमता थी, साहित्यिकता के नाम पर जीवन की भाषा से अलगाव था, उसकी आचार्य शुक्ल ने आलोचना की। आचार्य शुक्ल जिस 'साहित्यिकता' की बार बार बात करते हैं, वह रूपवादियों की भाषानिष्ठ साहित्यिकता नहीं है। वह जीवन की अनुभूतियों की व्यंजना में सक्षम काव्यभाषा की साहित्यिकता है। आचार्य शुक्ल ने लिखा है कि 'विदग्धता वहीं तक काव्योपयोगी हो सकती है, जहां तक वह भाव-प्रेरित हो, जहां तक उसका कारण कोई भाव या रागात्मक दशा हो।' अनुभूति-शून्य भाषिक साहित्यिकता के शुक्लजी विरोधी हैं। वास्तव में श्रेष्ठ छायावादी कविता वही है, जिसमें अनुभूति की शक्ति और अभिव्यक्ति का सौंदर्य है और इन दोनों की एकता से निर्मित साहित्यिकता ही आचार्य शुक्ल की 'साहित्यिकता' है।

आचार्य शुक्ल ने रचना और आलोचना की अनेक परंपराओं के व्यापक अनुशीलन से अर्जित निभ्रांत साहित्यविवेक के सहारे हिंदी साहित्य के लगभग एक हजार वर्षों के इतिहास की साहित्यिक रचनाओं को असाहित्यिक रचनाओं से अलगाया। नंददुलारे वाजपेयी ने ठीक ही लिखा है कि 'साहित्यिक और असाहित्यिक का भेद जानना हो तो कोई शुक्लजी के इतिहास से जाने।' रचनाओं और रचनाकारों की भीड़ में से साहित्यिक को असाहित्यिक से अलग करने का काम मध्यकाल से अधिक आधुनिककाल में जरूरी और कठिन था। मध्यकाल की रचनाओं के असली या नकली होने का काफी कुछ निर्णय इतिहास और लोकमानस की कसौटी पर हो चुका था, लेकिन आधुनिककाल की रचनाओं और रचनाकारों के संदर्भ में यह काम आचार्य शुक्ल को करना था और उन्होंने अत्यंत सावधानी से सफलतापूर्वक यह काम किया। उनके इतिहास पर यह आरोप नहीं लगाया जा सकता कि उन्होंने मित्रता के कारण या गलती से किसी गैरसाहित्यिक पुस्तक या नकली साहित्यकार को महत्वपूर्ण माना है। मध्यकाल की रचनाओं और रचनाकारों का मूल्यांकन करते समय उन्होंने जनमानस में प्रतिष्ठित रचनाओं के महत्व का उद्‌घाटन किया, सामंती और दरबारी कवियों की आलोचना की और समय समय पर सर उठानेवाली साहित्यिक जालसाजी का भंडाफोड़ किया।

भाषा, साहित्य और इतिहास का संबंध

साहित्य का इतिहास भाषा के इतिहास से जुड़ा होता है और भाषा का इतिहास समाज के इतिहास से। साहित्य का इतिहास साहित्यिक कृतियों का इतिहास है

और साहित्यिक कृतियां भाषा में रची जाती हैं। साहित्यिक कृतियों का अस्तित्व और बोध इतिहास के बाहर नहीं होता, साहित्यिक कृतियों की भाषा में रचनाकार की सृजनशीलता व्यक्त होती है, इसलिए रचनाओं की भाषा का रचनाकार से जुड़ा एक वैयक्तिक पक्ष होता है, लेकिन साहित्यिक कृतियों की भाषा का आधार व्यापक सामाजिक जीवन की भाषा है, इसलिए कृतियों की भाषा का एक अनिवार्य सामाजिक पक्ष होता है। साहित्यिक कृतियों की भाषा के वैयक्तिक और सामाजिक रूपों का समाज संस्कृति और भाषा के इतिहास से गहरा संबंध होता है। यही कारण है कि साहित्य का इतिहासकार भाषा के इतिहास की उपेक्षा नहीं कर सकता। भाषा का इतिहास समाज के जीवन, संवेदनशीलता, चिंतन, सृजनशीलता और विकास का इतिहास होता है।

मार्क्स ने भाषा को व्यावहारिक चेतना कहा है। जैसे मनुष्य की चेतना उसके सामाजिक जीवन के क्रियाव्यापार, अनुभव और चिंतन से विकसित होती है, वैसे भाषा का भी विकास होता है। भाषा अपनी प्रकृति और प्रयोजन में सामाजिक होती है, भाषा के परिवर्तन और विकास का समाज के परिवर्तन और विकास से गहरा संबंध होता है। साहित्य के इतिहास में समाज और भाषा के परिवर्तन, परंपरा और विकास का संबंध प्रकट होता है। साहित्य का इतिहासकार अलग अलग कृतियों की भाषा, एक कृतिकार की सभी कृतियों की भाषा और उस युग की साहित्य की भाषा की विशिष्टताओं को समझता है। वह कृतियों और रचनाकारों के युग-विशेष के समाज की भाषा के संबंध का विवेचन करता है। इतिहासकार भाषा, साहित्य, संस्कृति और समाज के इतिहास की वैचारिक यात्रा करते हुए भाषा, समाज और साहित्य के इतिहास के आपसी संबंध का बोध प्राप्त करता है। इस व्यापक ऐतिहासिक चेतना के कारण ही वह कृतियों, रचनाकारों और एक युगविशेष की साहित्यिक भाषा के स्वरूप की पहचान कर पाता है। किसी देश और काल के समाज, जीवन और चेतना की सापेक्षता में ही भाषा और साहित्य के इतिहास को समझा जा सकता है। भाषा का इतिहास अंततः समाज, संस्कृति और साहित्य का इतिहास होता है, इसलिए भाषा और साहित्य के इतिहास के आपसी संबंध को न समझनेवाला साहित्य का इतिहासकार रचनाओं और रचनाकारों की खतियौनी करता हुआ या साहित्यशास्त्रीय वर्गीकरण करता हुआ जो इतिहास लिखता है, वह व्यापक सामाजिकसांस्कृतिक संबंधों से विच्छिन्न होने के कारण साहित्य के विकास के स्वरूप, स्रोत, प्रक्रिया और प्रयोजन को उद्घाटित नहीं कर पाता।

आचार्य शुक्ल ने हिंदी साहित्य का इतिहास ही नहीं लिखा है, उन्होंने हिंदी भाषा के इतिहास पर भी स्वतंत्र और महत्वपूर्ण चिंतन किया है। उन्होंने हिंदीभाषा के स्वरूप पर विचार करते हुए ही हिंदी साहित्य का इतिहास लिखा था, 'हिंदी

शब्द सागर' की भूमिका के रूप में ही हिंदी साहित्य के इतिहास का प्रारंभिक रूप तैयार किया गया था। हिंदी भाषा के स्वरूप और विकास से संबंधित उनके अनेक लेख पुरानी पत्रिकाओं में विस्मृत बिखरे पड़े हुए हैं। आचार्य शुक्ल ने 1899 ई० से 1928 के बीच 'आनंद कादंबिनी', 'सरस्वती' और 'नागरी प्रचारिणी पत्रिका' में हिंदी भाषा के स्वरूप, इतिहास, भाषा और साहित्य के संबंध आदि विषयों पर जो लेख लिखे थे, उनमें उनके स्वतंत्र चिंतन के प्रमाण मिलते हैं। यही नहीं, उन्होंने 'बुद्धचरित' के अपने अनुवाद के प्रारंभ में 'काव्यभाषा' शीर्षक एक लंबा लेख लिखा है, जिसमें काव्यभाषा के रूप में हिंदी भाषा के विकास पर विचार किया गया है। आचार्य शुक्ल ने 'हिंदी साहित्य का इतिहास' में हिंदी भाषा और हिंदी साहित्य के इतिहास के आपसी संबंध को बराबर ध्यान में रखा है।

हिंदी साहित्य के इतिहास की एक समस्या यह है कि हिंदी साहित्य का आरंभ कब से माना जाए। इस समस्या का संबंध हिंदी भाषा के इतिहास से भी है। कुछ विद्वानों ने अपभ्रंश के परवर्ती रूप को पुरानी हिंदी मानकर वहीं से हिंदी साहित्य के इतिहास का आरंभ माना है। आचार्य शुक्ल ने लिखा है कि 'प्राकृत की अंतिम अपभ्रंश अवस्था से ही हिंदी साहित्य का आविर्भाव माना जा सकता है (हिंदी साहित्य का इतिहास, पृ. 7)।' अपभ्रंश को शुक्ल जी कभी 'प्राकृताभास हिंदी' और कभी 'पुरानी हिंदी' भी कहते हैं। लेकिन वे यह भी मानते हैं कि यह 'उस समय की ठीक बोलचाल की भाषा नहीं है, जिस समय की इसकी रचनाएं मिलती हैं। (वही, पृ. 8) यह उस समय के कवियों की भाषा, केवल कविता की भाषा है। उस समय की काव्यभाषा के रूप में अपभ्रंश के प्रचलन का कारण सामंतवाद से उसका संबंध है, जिसकी ओर संकेत करते हुए आचार्य शुक्ल ने लिखा है कि 'कविता राज्याश्रय पाकर हुआ करती थी और इधर हजार-बारह सौ वर्ष से राजपूतों की बड़ी बड़ी राजधानियां राजपूताने, गुजरात, मालवा, दिल्ली आदि में रही हैं (बुद्धचरित, पृ. 3)।' ये ही सामंतीगढ़ अपभ्रंश कविता के केंद्र रहे हैं। शुक्लजी ने अपभ्रंश की कविता में ब्रजभाषा और अवधी के प्रयोगों और प्रभावों की खोज करते हुए लिखा है कि 'हिंदी की काव्यभाषा के पूर्व रूप का पता विक्रम की 11वीं शती से लगता है (वही, पृ. 6)।' इससे यह सिद्ध होता है कि अपभ्रंश उस समय की बोलचाल की भाषा नहीं थी, बोलचाल की भाषा के रूप में ब्रजभाषा और अवधी का विकास हो चुका था, इसलिए इनका प्रभाव अपभ्रंश की कविता में मौजूद है। ऐसी स्थिति में अपभ्रंश को पुरानी हिंदी कहना उचित नहीं लगता। अपभ्रंश के बारे में आचार्य शुक्ल के विचारों में अंतर्विरोध है, लेकिन इन अंतर्विरोधों के बावजूद अपभ्रंश की वास्तविक स्थिति और उससे स्वतंत्र बोलचाल की भाषा के रूप में हिंदी के अस्तित्व को वे पहचान सके हैं, यह उनकी विशेषता है। वे अपभ्रंश को बोलचाल की भाषा नहीं मानते, उसे कविसमयसिद्ध सामान्य

भाषा कहते हैं और उसे साहित्य की कृत्रिम प्राकृत से निर्मित और उस समय की बोलचाल की भाषाओं से प्रभावित स्वीकार करते हैं। आचार्य शुक्ल प्राकृत और अपभ्रंश, दोनों को ही बोलचाल की भाषाएं नहीं मानते। प्राकृत और अपभ्रंश के बारे में आचार्य शुक्ल के विचारों को रामविलास शर्मा ने अब नये प्रमाणों और तर्कों से प्रामाणिक सिद्ध किया है।

हिंदी साहित्य का इतिहास देशी भाषा के साहित्य का इतिहास है। आचार्य शुक्ल, जिसे 'देश भाषा काव्य' कहते हैं, उसी से हिंदी साहित्य का आरंभ होता है। संभव है प्राकृताभास अपभ्रंश से अलग बोलचाल की भाषाओं में भी उस समय कविता लिखी जा रही हो, जिसका कोई प्रमाण प्राप्त नहीं है। शुक्ल जी ने अपभ्रंश के समानांतर विकसित देशी भाषाकाव्य के बारे में लिखा है, 'इतना अनुमान तो किया ही जा सकता है कि प्राकृत पढ़े हुए पंडित ही उस समय कविता नहीं करते थे। जन साधारण की बोली में गीत, दोहे आदि प्रचलित चले आते रहे होंगे, जिन्हे पंडित लोग गंवारू समझते रहे होंगे।' (हिंदी साहित्य का इतिहास, पृ. 33)

यहां एक सवाल विचारणीय है कि देशी भाषाओं का अस्तित्व कितना पुराना है। आचार्य शुक्ल ने देशी भाषाओं की प्राचीनता की खोज करते हुए लिखा है कि भरत के नाट्यशास्त्र में 'देश भाषा' का उल्लेख है। भरत के नाट्यशास्त्र में उल्लिखित देश भाषा को आचार्य शुक्ल अपभ्रंश कहते हैं। क्या यह 'देश भाषा' अपभ्रंश से भिन्न बोलचाल की जनभाषा है? रामविलास शर्मा ने 'नाट्यशास्त्र' में आए 'देश भाषा' के आधार पर लिखा है कि 'देशी भाषाएं उतनी ही पुरानी है, जितना भरत का नाट्यशास्त्र है। (आचार्य रामचंद्र शुक्ल और हिंदी आलोचना, पृ. 144) यहां देशी भाषाओं से रामविलास शर्मा का आशय हिंदी के पूर्व रूप से, आधुनिक भारतीय भाषाओं के पूर्व रूप, उस समय की बोलचाल की भाषा से है। यह ठीक है कि देशी भाषा का इतना पुराना साहित्य नहीं मिलता। लेकिन इससे यह सिद्ध नहीं होता कि उस समय हिंदी भाषा का अस्तित्व ही नहीं था। आचार्य शुक्ल ने ठीक ही लिखा है कि 'किसी भाषा का साहित्य में व्यवहार न होना इस बात का प्रमाण नहीं है कि उस भाषा का अस्तित्व ही नहीं था।' (हिंदी साहित्य का इतिहास, पृ. 388)

वास्तव में आचार्य शुक्ल अपने इतिहास में हिंदी साहित्य का आरंभ देश भाषा काव्य से ही मानते हैं, क्योंकि वे अपभ्रंश को पुरानी हिंदी कहने के बावजूद उसे हिंदी साहित्य की पृष्ठभूमि में ही रखते हैं। जिन्हें आचार्य शुक्ल आदिकाल की फुटकल रचनाएं और रचनाकार कहते हैं, उन्हीं से हिंदी साहित्य का वास्तविक प्रारंभ होता है। उन्होंने लिखा है कि 'वीरगाथाकाल के समाप्त होते होते हमें जनता की बहुत कुछ असल बोलचाल और उसके बीच कहेसुने जानेवाले पद्यों की भाषा के बहुत कुछ असली रूप का पता चलता है।' (वही, पृ. 55) लोक भाषा

की कविता के आरंभ का श्रेय खुसरो और विद्यापति को है। विद्यापति अपभ्रंश और देशी भाषा के संधिकाल के महत्वपूर्ण रचनाकार हैं। उनके साहित्य में अपभ्रंश की परंपरा के ह्रास और देशी भाषा काव्य की परंपरा के उत्थान के प्रमाण मिलते हैं।

आचार्य शुक्ल ने हिंदी साहित्य का इतिहास लिखते समय हिंदी भाषा के व्यापक जातीय स्वरूप को पहचान कर उसके अंतर्गत मैथिली, ब्रजभाषा, अवधी, खड़ी बोली और राजस्थानी के साहित्य को शामिल किया है। हिंदी के इस व्यापक जातीय रूप और विकास को न समझ पाने के कारण ही कुछ लोग खड़ीबोली के साहित्य को ही हिंदी साहित्य कहते हैं और इस तरह हिंदीजाति के इतिहास को छोटा कर देते हैं। स्वयं आचार्य शुक्ल हिंदी के व्यापक जातीय स्वरूप की पहचान के बावजूद उर्दू साहित्य को हिंदी साहित्य के इतिहास में शामिल नहीं करते, जबकि हिंदी और उर्दू के साहित्य में एक ही भाषा भाषी जाति के जीवन की वास्तविकताएं और आकांक्षाएं प्रकट हुई हैं। हिंदी साहित्य के इतिहास में उर्दू साहित्य को शामिल न करने के पीछे एक तो उस समय का हिंदी उर्दू विवाद है और दूसरे, हिंदीजाति के निर्माण और विकास की अधूरी समझ। हिंदी और उर्दू के संबंध के बारे में आचार्य शुक्ल के विचार काफी उलझे हुए, तद्‌युगीन भाषाविवाद से प्रभावित और अंतर्विरोधों से भरे हुए हैं। इस संदर्भ में शुक्ल जी के विचारों की सीमाओं पर विचार करते समय उस काल की ऐतिहासिक परिस्थितियों और विचारधारात्मक संघर्षों पर भी ध्यान देना चाहिए।

आचार्य शुक्ल भाषा के इतिहास के परिवर्तन और विकास को सामाजिक जीवन के परिवर्तन और विकास से जोड़कर देखते हैं। उन्होंने मार्च, 1911 की 'नागरी प्रचारिणी पत्रिका' में प्रकाशित अपने लेख 'हिंदी की पूर्व और वर्तमान स्थिति' में लिखा है, 'कोई भाषा जितने ही अधिक व्यापारों में मनुष्य का साथ देगी, उसके विकास और प्रचार की उतनी ही अधिक संभावना होगी।' अपने इतिहास में खड़ी बोली के विकास को सामाजिक जीवन के व्यवहार और व्यापार से जोड़ कर ही उन्होंने देखा है। कुछ लोगों की राय है कि खड़ी बोली का विकास मुगल साम्राज्य के स्थापित और स्थिर होने के कारण हुआ। कुछ दूसरे लोग समझते हैं कि खड़ी बोली का विकास अंग्रेजों की कृपा और कोशिश से हुआ। आचार्य शुक्ल ने इन दोनों मान्यताओं का खंडन किया है। उनका कहना है कि 'मुगल साम्राज्य के ध्वंस से खड़ी बोली के फैलने में सहायता पहुंची।' उनके अनुसार हिंदी का विकास व्यापार के विकास और एक क्षेत्र के लोगों का दूसरे क्षेत्र में आनेजाने से हुआ। उन्होंने हिंदी के विकास में अंग्रेजों के योगदान की भ्रांत धारणा का खंडन करते हुए लिखा है कि 'जिस समय अंग्रेजी राज्य भारत में प्रतिष्ठित हुआ, उस समय सारे उत्तरी भारत में खड़ी बोली व्यवहार की शिष्ट भाषा हो चुकी थी, अतः

यह कहना कि अंग्रेजों की प्रेरणा से ही हिंदी खड़ी बोली का प्रादुर्भाव हुआ, ठीक नहीं है।' आचार्य शुक्ल ने उर्दू हिंदी में अलगाव पैदा करने की साम्राज्यवादी साजिश की कड़ी आलोचना की है। इस साजिश का एक केंद्र फोर्ट विलियम कालेज भी था। हिंदी उर्दू में अलगाव पैदा करने की अंग्रेजों की कोशिश में सहायक सिद्ध होनेवाले इतिहासकार फ्रांसिसी गार्सां द तासी की भी शुक्लजी ने आलोचना की है।

आचार्य शुक्ल संस्कृति, साहित्य और भाषा के जातीय स्वरूप को पहचानते थे, उनकी जातीय विशेषताओं के विकास को महत्वपूर्ण मानते थे। उन्होंने हिंदी भाषा और साहित्य की जातीय विशेषताओं की रक्षा और विकास में सहायक बातों का समर्थन किया, बाधक तत्वों का विरोध किया। संस्कृति, साहित्य और भाषा के जातीय रूप की पहचान का अर्थ है इनको जनता के जीवन से जोड़ कर देखना समझना। आचार्य शुक्ल ने हिंदी साहित्य और हिंदी भाषा के जातीय स्वरूप को स्पष्ट करते हुए मार्च, 1911 की नागरी प्रचारिणी पत्रिकावाले लेख में लिखा :

> 800 वर्ष से जातीय जीवन में जितने उलट फेर होते हैं, उन सबका आभास हिंदी साहित्य में विद्यमान है और किसी जाति के साहित्य का यही लक्षण है। हिंदी आरंभ से ही उत्तरी भारत के एक बड़े भूखंड के लोगों की लिखने बोलने की भाषा रही है। उसी में जाति का पूर्व अनुभव संचित है और अब भी उसी तक जनसाधारण की पहुंच है।

भाषा के जातीय स्वरूप के विकास से जुड़ी एक समस्या दूसरी भाषाओं से उसके संबंध की है। हिंदी भाषा और साहित्य के इतिहास की यह काफी बड़ी समस्या रही है। अपने प्रारंभिक काल से ही हिंदी भाषा और साहित्य को संस्कृत, प्राकृत और अपभ्रंश से संघर्ष और सामंजस्य करते हुए आगे बढ़ना पड़ा। खड़ी बोली हिंदी के विकास काल में हिंदी उर्दू का भद्दा झगड़ा पैदा हुआ, जो स्वाधीनता आंदोलन के काल से ही सांप्रदायिक राजनीति के साथ साथ अब तक चल रहा है। मुगलकाल में उसका जैसा संघर्ष फारसी के साथ था वैसा ही संघर्ष उपनिवेशवादी दौर में और स्वाधीनता के बाद भी अंग्रेजी के साथ रहा है। दूसरी अनेक भाषाओं की तरह हिंदी के सामने आरंभ से ही एक समस्या यह रही है कि अपने जातीय रूप की रक्षा के साथ साथ अपनी अभिव्यक्ति क्षमता और शब्दभंडार के विकास के लिए दूसरी भाषाओं के शब्दों को कैसे और किस सीमा तक स्वीकार करे। आचार्य शुक्ल ने हिंदी भाषा के जातीय रूप की रक्षा और स्वाभाविक विकास को ध्यान में रख कर ही इस समस्या पर भी विचार किया है। उन्होंने 1907 की 'आनंद कादंबिनी' के अपने लेख 'अपनी भाषा पर विचार' में इस समस्या पर विस्तार से लिखा है। इस लेख में उन्होंने एक ओर संस्कृत के शब्द और समास बिछाए जाने

का विरोध किया है और दूसरी ओर अरबी, फारसी के अप्रचलित शब्दों की भरमार की भी आलोचना की है। ये दोनों ही आदतें हिंदी के स्वाभाविक विकास में बाधक हैं। जिस समय महावीरप्रसाद द्विवेदी 'थाहमापक' और 'कोताहबुद्धि' जैसे शब्दों की आलोचना कर रहे थे, उस समय आचार्य शुक्ल भी ऐसे शब्दों के निर्माण की निंदा कर रहे थे। आचार्य शुक्ल ने हिंदी गद्य की भाषा को अलंकार और नाद सौंदर्य के मोह के कारण अप्रचलित संस्कृत शब्दों से सजाने को गलत माना है और उसमें स्पष्टता, स्वच्छता और विचारशीलता के विकास का आग्रह किया है। हजार वर्ष पहले के समासों से ही बार बार भाषा को अलंकृत करने की प्रवृति की भी उन्होंने आलोचना की है। इस प्रवृति की आलोचना करते हुए शुक्ल जी ने उसी लेख में लिखा है, 'यह भाषा की स्तब्धता है, विचारों की शिथिलता है और जाति की मानसिक अवनति का चिह्न है।' भाषा और साहित्य के विकास के प्रसंग में आचार्य शुक्ल परंपरा के ऐसे भक्त न थे जो वर्तमान और भविष्य की बलिवेदी पर अतीत की पूजा करते।

भाषा और साहित्य के संबंध के बारे में साहित्य के इतिहासकार के दृष्टिकोण का उसके इतिहासलेखन में बुनियादी महत्व है। इस दृष्टिकोण के अनुसार ही भाषा और यथार्थ, भाषा और विचार तथा रूप और अंतर्वस्तुसंबंधी धारणाएं बनती हैं। इसी दृष्टिकोण का अंतर रूपवादी और वस्तुवादी इतिहास दृष्टियों का अंतर बन जाता है। रूपवादी लेखक साहित्य को केवल भाषिक संरचना मानता है, वह साहित्यिकता को भाषानिष्ठ और रूपकेंद्रित मानता है, आलोचना में वह इसी साहित्यिकता का विश्लेषण करता है और इतिहास में इसी साहित्यिकता के परिवर्तन एवं विकास की खोज करता है। वस्तुवादी साहित्य में व्यक्त समाज, यथार्थ, विचार, भाव और अंतर्वस्तु का विश्लेषण करता है, वह साहित्य की भाषा और रूप को समाज, यथार्थ, विचार, भाव और अंतर्वस्तु की सापेक्षता में देखता है और वह इतिहास में भाषा और रूप संबंधी परिवर्तन तथा विकास की समाज, यथार्थ, विचार भाव और अंतर्वस्तु संबंधी परिवर्तनों से जोड़कर व्याख्या करता है।

आचार्य शुक्ल साहित्य को जनता की चित्तवृत्ति का संचित प्रतिबिंब मानते हैं और जनता की चित्तवृत्ति में परिवर्तन को साहित्य के स्वरूप में परिवर्तन का कारण बताते हैं। ऐसी स्थिति में साहित्य का इतिहास जनता की चित्तवृत्ति में परिवर्तन और विकास के साथ साहित्य के परिवर्तन और विकास के संबंध की खोज बन जाता है। आचार्य शुक्ल यह भी मानते हैं कि जनता की चित्तवृत्ति में परिवर्तन सामाजिक परिवर्तन से प्रेरित और प्रभावित होता है, इसलिए साहित्य का इतिहास बुनियादी तौर पर साहित्य के विकास और सामाजिक विकास के आपसी संबंध की खोज हो जाता है।

साहित्य के स्वरूप और भाषा तथा साहित्य के संबंध के बारे में आचार्य शुक्ल

का वस्तुवादी दृष्टिकोण उनकी इतिहासदृष्टि का आधार है। उन्होंने भाषा में शब्द, भाव और रूप के परिवर्तन और विकास को जातीय जीवन से जोड़ कर देखा है। उनके अनुसार जीवन की अनुभूतियां, दशाएं, कल्पना और विचार ही साहित्य की मूल वस्तुएं हैं, जिनकी भाषा के माध्यम से अभिव्यक्ति होती है। 1904 की 'सरस्वती' के दो अंकों में आचार्य शुक्ल का 'साहित्य' शीर्षक लेख छपा है। यह लेख न्यूमैन की पुस्तक 'आइडिया आफ ए यूनिवर्सिटी' के लिट्रेचर नामक लेख पर आधारित है, लेकिन शुक्ल जी का लेख न्यूमैन के लेख का केवल छायानुवाद नहीं है, उसमें शुक्ल जी के मौलिक विचार व्यक्त हुए हैं। इस लेख में विचार और भाषा के अलगाव का विरोध करते हुए आचार्य शुक्ल ने लिखा है, 'विचार और वाणी एक दूसरे से पृथक नहीं किए जा सकते। गोस्वामी तुलसीदास जी कहते हैं, 'गिरा अर्थ जल बीचि सम, कहियत भिन्न न भिन्न'। ये एक ही वस्तु के दो विभाग हैं। विचार और कल्पना भाषा द्वारा प्रकट किए जाते हैं। यही साहित्य है। पदार्थ साहित्य नहीं, पदार्थों का शब्द रूपी संकेत भी साहित्य नहीं और केवल शब्द भी साहित्य नहीं, 'विचार' का नाम साहित्य है। ये विचार भाषा द्वारा प्रकट किए जाते हैं।' आचार्य शुक्ल भाषा के बिना विचार का होना असंभव मानते हैं। वे साहित्य को केवल भाषिक संरचना या शब्दक्रीड़ा मानने की धारणा का खंडन करते हैं। उन्होंने साहित्य की भाषा के तीन रूपों : जातीय रूप, अंतर्वस्तु के अनुरूप और रचनाकार की सृजनशीलता से निर्मित रूप, की ओर संकेत करके आलोचना और इतिहास में साहित्य की भाषा के अनुशीलन की एक नई दिशा की ओर 1904 ई. में संकेत किया था। उन्होंने 1907 की 'आनंद कादंबिनी' के लेख में भी साहित्य के भीतर भाव, विचार, कल्पना और अनुभव की केंद्रीय सत्ता को स्वीकार किया था। आचार्य शुक्ल का यह रूपवादविरोधी दृष्टिकोण उनके साहित्य के इतिहास में जगह जगह प्रकट हुआ है। कविता को शब्दों की कारीगरी, अलंकारों की सजावट और ऊहात्मक कल्पना की कलाबाजी समझनेवाले देव और बिहारी के काव्यत्व की सीमाओं को उजागर करके उनके असली रूप को सामने ला दिया है। देव की कलाबाजी के बारे में उन्होंने लिखा है कि 'कभी कभी वे कुछ बड़े और पेचीले मजमून का हौसला बांधते थे, पर अनुप्रास के आडंबर की रुचि बीच ही में उसका अंगभंग करके सारे पद्य को कीचड़ में फंसा छकड़ा बना देती थी।' रूपवादी आग्रह और रीतिवादी मोह से कविता जिस दुर्गति का शिकार होती है, उसके उदाहरण रीतिकाल में ही नहीं, आज भी मिल जाएंगे।

समाज, जनता और साहित्य का इतिहास

जिस तरह साहित्य का अस्तित्व समाजनिरपेक्ष और पूर्ण स्वतंत्र नहीं होता, वैसे ही साहित्य का इतिहास भी समाज के इतिहास से कटा हुआ नहीं होता। साहित्य का

अस्तित्व और उसके विकास की गति समाजसापेक्ष होती है। साहित्यसंबंधी परिवर्तन सामाजिक परिवर्तनों से प्रेरित और प्रभावित होते हैं। साहित्य का अस्तित्व और विकास समाजसापेक्ष होता है, लेकिन इसका यह अर्थ नहीं है कि साहित्य और समाज के बीच सरल, सीधा, समरूप, एकपक्षीय और कार्यकारण जैसा संबंध होता है। साहित्य समाज का केवल प्रतिबिंब ही नहीं होता, वह रचना भी है, इसलिए उसमें नया भी होता है। साहित्य के इतिहास के परिवर्तन सामाजिक परिवर्तनों से प्रभावित होते हैं तो कई बार वे सामाजिक परिवर्तनों को प्रभावित भी करते हैं। साहित्य का विकास सामाजिक विकास की सापेक्षता में होता है, लेकिन कई बार वह सामाजिक विकास की अवस्था की सीमाओं को छोड़ता हुआ आगे भी बढ़ जाता है। सामाजिक अंतर्वस्तु के विकास से साहित्य की अंतर्वस्तु भी परिवर्तित और विकसित होती है, लेकिन दोनों में बराबर एकता और समानता अनिवार्य नहीं होती। नई अंतर्वस्तु के अनुरूप रूप विकसित होता है, लेकिन पुराने रूप भी बने रहते हैं। कई बार नई अंतर्वस्तु के अनुरूप पुराने रूप में परिवर्तन होते हैं तो कभी कभी रूप भी अंतर्वस्तु को रूपांतरित करने का प्रयत्न करता है। तात्पर्य यह है कि साहित्य के समग्ररूप के परिवर्तन और विकास को समाज के इतिहास की सापेक्षता में ही समझा जा सकता है, लेकिन सावधानी और समझदारी के साथ। साहित्य के इतिहास में समाज और साहित्य के संबंध की पहचान का अर्थ दोनों की एकता, समानता, समरूपता, समानधर्मिता और समकालिकता देखना ही नहीं है, साहित्य के विकास की प्रक्रिया की सापेक्ष स्वतंत्रता, वस्तुनिष्ठता और निरंतरता को भी पहचानना है। एक ओर विधेयवादी साहित्य को समाज का केवल प्रतिबिंब मान कर साहित्य के इतिहास में समाज और साहित्य के बीच कार्यकारण संबंध देखते हैं तो दूसरी ओर रूपवादी साहित्य संसार की पूर्ण स्वतंत्रता और भाषानिष्ठ साहित्यिकता में विश्वास करते हुए साहित्य के इतिहास को साहित्यिक विधाओं, रूपों, शैलियों, रीतियों, भंगिमाओं, तकनीकों और भाषिक परिवर्तनों का लेखाजोखा बना देते हैं।

आचार्य शुक्ल रूपवाद का खंडन करते हैं लेकिन वे समाज और साहित्य का संबंध विधेयवादी ढंग से स्वीकार नहीं करते। वे न तो रूपवादियों की तरह साहित्य के इतिहास को साहित्यिक रूपों का इतिहास बनाते हैं, न विधेयवादियों की तरह साहित्य और समाज के बीच कार्यकारण संबंध देखते हैं और न सापेक्षतावादियों की तरह इतिहास की वस्तुपरकता को नकार कर केवल आत्मपरक रवैया अपनाते हैं। आचार्य शुक्ल की इतिहास दृष्टि द्वंद्वात्मक इतिहासदृष्टि के निकट है, जिसमें साहित्य और समाज के संबंध भी द्वंद्वात्मकता, जटिलता और विकासशीलता की पहचान है, साहित्य की समाजसापेक्षता के साथ साथ उसकी अपनी विशिष्टता का भी बोध है।

आचार्य शुक्ल ने अपने साहित्य के इतिहास के दृष्टिकोण को इस रूप में रखा है, 'जबकि प्रत्येक देश का साहित्य वहां की जनता की चित्तवृत्ति का संचित प्रतिबिंब होता है, तब यह निश्चित है कि जनता की चित्तवृत्ति के परिवर्तन के साथ साथ साहित्य के स्वरूप में भी परिवर्तन होता चलता है। आदि से अंत तक उन्हीं चित्त-वृत्तियों की परंपरा को परखते हुए साहित्यपरंपरा के साथ उसका सामंजस्य दिखाना साहित्य का इतिहास कहलाता है।' (वही, पृ. 4) यहां मूलवस्तु जनता की चित्तवृत्ति है और साहित्य उसका संचित प्रतिबिंब है। जनता की चित्तवृत्ति शाश्वत और गतिहीन नहीं होती और न उसकी परिवर्तन की प्रक्रिया स्वचालित और आत्मनिर्भर होती है। जनता की चित्तवृत्ति व्यापक राजनीतिक सामाजिक परिवेश से प्रभावित होती है और साहित्य के परिवर्तनों को प्रभावित करती है। इस प्रकार साहित्य के स्वरूप के परिवर्तन और विकास के मूल में जनता की चित्तवृत्ति है और जनता की चित्तवृत्ति के परिवर्तन और विकास के मूल में सामाजिक विकास। समाज, जनता की चित्तवृत्ति और साहित्य में परिवर्तन के बावजूद एक निरंतरता होती है, जिसे परंपरा कहते हैं। समाज, जनचेतना और साहित्य की परंपराओं के संबंध के बोध से ही इतिहासबोध का विकास होता है। साहित्य के इतिहास के बारे में आचार्य शुक्ल का यह दृष्टिकोण रूपवादी, विधेयवादी और सापेक्षतावादी इतिहासदृष्टियों से भिन्न है।

यह स्पष्ट है कि आचार्य शुक्ल की इतिहासदृष्टि के मूल में जनचेतना और साहित्य के विकासशील संबंध का बोध है। विचारणीय बात यह है कि आचार्य शुक्ल की 'जनता' किस प्रकार की है। उन्होंने इतिहास के 'कालविभाग' में साहित्य को जनता की चित्तवृत्ति का संचित प्रतिबिंब माना है और इस जनता की चित्तवृत्ति के परिवर्तन को ही साहित्य के स्वरूप के परिवर्तन का कारण भी माना है। लेकिन प्रथम संस्करण के 'वक्तव्य' में लिखा है कि 'शिक्षित जनता की जिन जिन प्रवृत्तियों के अनुसार हमारे साहित्य के स्वरूप में जो जो परिवर्तन होते आये हैं, जिन जिन प्रभावों की प्रेरणा से काव्यधारा में भिन्न भिन्न शाखाएं फूटती रही हैं, उन सबके सम्यक निरूपण तथा उनकी दृष्टि से किए हुए सुसंगत कालविभाग के बिना साहित्य के इतिहास का सच्चा अध्ययन कठिन है। 'जनता' और 'शिक्षित जनता' का यह भेद केवल वक्तव्य और कालविभाग में ही नहीं, बल्कि आचार्य शुक्ल के इतिहास में आदि से अंत तक साहित्य और समाज के संबंध के दृष्टिकोण में 'जनता' और 'शिक्षित जनता' का द्वंद्व और तनाव मौजूद है। यह द्वंद्व बार बार सामाजिकता और साहित्यिकता के द्वंद्व के रूप में उभर कर सामने आता है। इतिहास में कभी रचनाओं की सामाजिकता उनकी साहित्यिकता को निर्धारित करती है और कभी साहित्यिकता सामाजिकता को। साहित्यिकता के मूल में अनुभूतिवाद और अभि-व्यक्तिवाद का योग है और सामाजिकता के मूल में लोकसंग्रह का भाव। साहित्यि-

कता की कसौटी 'शिक्षित जनता' की चित्तवृत्ति है और सामाजिकता की कसौटी सामान्य जनता।

आचार्य शुक्ल के इतिहास में रचनाओं और रचनाकारों के मूल्यांकन में 'जनता' और 'शिक्षित जनता' के द्वंद्व का प्रभाव है। आचार्य शुक्ल के अनुसार सिद्धों ने 'निम्न श्रेणी की प्रायः अशिक्षित जनता को प्रभावित किया, लेकिन इनकी कविताएं शुद्ध साहित्य की कोटि में नहीं आ सकतीं।' भक्तिकाल के निर्गुण संतों के काव्य के बारे में उनकी राय है कि इसमें संस्कृत बुद्धि, संस्कृत हृदय और संस्कृत वाणी का वह विकास नहीं पाया जाता जो शिक्षित जनता को अपनी ओर आकर्षित करता, पर अशिक्षित और निम्न श्रेणी की जनता पर इस शाखा के संत महात्माओं का भारी उपकार है। (वही, पृ. 73) यहां शिष्ट शिक्षित समुदाय और व्यापक सामान्य जनता का भेद स्पष्ट हो जाता है। शुक्ल जी ने शिक्षित समुदाय की ओर से संत कवियों की आलोचना की है। संतों ने अपनी कविता से सामान्य जनता में आत्मगौरव का भाव जगाने और उसे ऊपर उठाने का जो काम किया, उसके लिए शुक्ल जी ने उनकी सराहना की है, लेकिन संतों की कविता में 'संस्कृत बुद्धि, संस्कृत हृदय और संस्कृत वाणी' का शिष्टजनोचित विकास न पाकर उसकी आलोचना की है। संतों की कविता में जनभावनाओं की अभिव्यक्ति है, वह सामान्य जनता की सांस्कृतिक आकांक्षा की अभिव्यक्ति की कविता है। संत कवियों ने सामान्य जनता की भाषा में सामान्य जनता के लिए कविता की, 'संस्कृत वाणी' के प्रेमी शिष्टजनों के लिए नहीं। प्रयोजन और प्रभाव की एकता ही संत काव्य की व्यापक लोकप्रियता का कारण है। आचार्य शुक्ल जब आगे चलकर यह कहते हैं कि 'संतों की वाणी में लोकधर्म की अवहेलना छिपी हुई थी' और वे 'यों ही ज्ञानी बने हुए मूर्ख जनता को लौकिक कर्तव्यों से विचलित करना चाहते थे' तो बहुत आश्चर्य होता है। वास्तव में गलत दृष्टिकोण लेकर चलने पर गलत निष्कर्ष पर पहुंचना स्वाभाविक है। शुक्ल जी ने संत काव्य को लोकविरोधी मान लिया तो उससे प्रभावित होनेवाली जनता को भी 'मूर्ख' समझ लिया। संत कवि उस समय की सामंती समाजव्यवस्था, उसके सांस्कृतिक मूल्यों और मर्यादाओं के विरुद्ध आवाज उठा रहे थे। यही नहीं, वे उस व्यवस्था में पीड़ित जनता में आत्मगौरव का भाव जगा कर उसे ऊपर उठा रहे थे, इसलिए उनको लोकविरोधी और जनता को 'मूर्ख' तथा 'अंधी भेड़' समझना गलत है।

आधुनिक काल में भारतेंदु हरिश्चंद्र के युगप्रवर्तक महत्व को पहचानते हुए आचार्य शुक्ल ने लिखा कि भारतेंदु ने जीवन और साहित्य के विच्छेद को दूर किया, लेकिन साथ में यह जोड़ा कि वे साहित्य को शिक्षित जनता के साहचर्य में ले आए। जीवन और साहित्य के बीच की दूरी मिटाने का अर्थ है साहित्य को व्यापक जनता के भावों, विचारों और जीवन उद्देश्यों के करीब लाना। ऐसी

स्थिति में साहित्य का साहचर्य सामान्य जनता से होगा, केवल शिक्षित जनता से नहीं।

वास्तव में आचार्य शुक्ल साहित्य की उत्पत्ति, उसके व्यापक स्वरूप, स्थायित्व और विकास का आधार सामान्य जनता को मानते हैं, लेकिन साहित्य की रचना और बोध के प्रसंग में प्रायः शिक्षित जनता की बात करते हैं। साहित्य के इतिहास में शिक्षित जनता और जनतासंबंधी दृष्टिकोण के मूल में मध्यवर्गीय चेतना है, लेकिन 'शिक्षित जनता' से शुक्ल जी का आशय न तो 'इत्र सूंघनेवालों और शहद चाटने वालों' से है और न जनता का खून चूसने वालों से। शिक्षित होना जन-विरोधी हो जाना नहीं है। आचार्य शुक्ल स्वयं शिक्षित जनता में गिने जाएंगे, अशिक्षित जनता में नहीं।

आचार्य शुक्ल की लोकवादी इतिहासदृष्टि साहित्य और राजनीति के संबंध में भी प्रकट हुई है। वे साहित्य की आलोचना और इतिहास में राजनीति की चर्चा से परहेज करनेवाले व्यक्ति न थे, साहित्यिक परिवर्तनों को प्रेरित और प्रभावित करने में राजनीति की महत्वपूर्ण भूमिका को स्वीकार करते थे। उन्होंने साहित्य ही नहीं, भाषा के विकास के संदर्भ में भी राजनीति के प्रभावों पर ध्यान दिया है। हिंदी साहित्य के इतिहास में उनका राजनीतिक दृष्टिकोण सामंतवादविरोधी और साम्राज्यवादविरोधी है। यही दृष्टिकोण साहित्य में भी है। उन्होंने वीरगाथा काल के दरबारी कवियों (अपने आश्रयदाता के पराक्रम का 'अत्युक्तिपूर्ण आलाप' करनेवाले कवियों) की तुलना में देश की स्वतंत्रता के लिए संघर्ष करनेवाले वीरों की प्रशंसा में लिखे गए काव्यों को अधिक महत्व दिया है। वीरगाथाकाल के चारण कवियों से उनकी शिकायत है कि वे 'जहां राजनीतिक कारणों से युद्ध होता था, वहां भी उन कारणों का उल्लेख न करके कोई रूपवती स्त्री कारण कल्पित करके रचना' करते थे। यहां यह स्पष्ट है कि आचार्य शुक्ल कविता में स्वाभाविक ढंग से राजनीति के आने की नहीं, बल्कि उससे बचने की कोशिश की आलोचना करते हैं। वे राजस्तुति से भरी और राजाश्रय के कारण सुरक्षित रचनाओं की तुलना में जनता के जीवन में जीवित जगनिक के 'आल्हा' की मुक्त कंठ से प्रशंसा करते हैं। वे जनभाषा में जनसंस्कृति से जुड़ी कविता लिखने वाले विद्यापति और खुसरो को विशेष महत्व देते हैं।

भक्तिकाल की कविता के सामाजिक सांस्कृतिक आधार को स्पष्ट करते हुए शुक्ल जी ने लिखा है कि 'वह जनता की प्रवृत्ति का प्रवाह था।' कुछ लोग आज भी यह समझते हैं कि भक्तिकाल के काव्य का अभूतपूर्व उत्थान मुगल शासन की शांति और सुव्यवस्था के कारण हुआ। आचार्य शुक्ल ने इस भ्रांत धारणा का खंडन करते हुए लिखा है कि 'सूर और तुलसी जैसे भक्तों कवीश्वरों के प्रादुर्भाव के कारणों में अकबर द्वारा संस्थापित शांतिसुख को गिनना भारी भूल है। उस शांति

सुख के परिणामस्वरूप जो साहित्य उत्पन्न हुआ, वह दूसरे ढंग का था।' भक्ति काव्य व्यापक जनसंस्कृति के उत्थान का काव्य है, उसका मुख्य स्वर सामंतवाद-विरोधी है। आचार्य शुक्ल और कई दूसरे कारणों के साथ साथ अपने सामंतवाद-विरोधी दृष्टिकोण के कारण भी भक्तिकालीन कविता को विशेष महत्व देते हैं। उनका सामंतवादविरोधी दृष्टिकोण रीतिकाल के मूल्यांकन में विशेष रूप से प्रकट हुआ है।

हिंदी साहित्य का आधुनिककाल राष्ट्रीय नवजागरण और राष्ट्रीय स्वाधीनता आंदोलन की उपज है। इस काल में साहित्य और राजनीति का संबंध अधिक महत्वपूर्ण और मुखर है। आधुनिककाल के इतिहासलेखन में उनका सामंतवाद-विरोधी और साम्राज्यवादविरोधी दृष्टिकोण बार बार प्रकट हुआ है। भारतेंदु, मैथिलीशरणगुप्त और प्रेमचंद के साहित्य के मूल्यांकन में शुक्लजी का साम्राज्य-वादविरोधी दृष्टिकोण दिखाई देता है। भारतेंदुकालीन साहित्य में देशभक्ति के साथ साथ राजभक्ति और ईश्वरभक्ति के भाव मौजूद थे। इनके कारणों पर विचार करते हुए शुक्लजी ने लिखा है कि 'अव्यवस्था और अशांति के उपरांत अंग्रेजों के शांतिमय और रक्षापूर्ण शासन के प्रति कृतज्ञता का भाव भारतेंदुकाल में बना हुआ था। देश की दुःखदशा का प्रधान कारण राजनीतिक समझते हुए भी उस दुःखदशा के उद्धार के लिए कवि लोग दयामय भगवान को ही पुकारते थे।' कुछ दिनों बाद देश में कांग्रेस की स्थापना हुई, लेकिन इससे साहित्य के राजनीतिक स्वर में विशेष शक्ति नहीं आई। कारण यह था कि 'राजनीति की लंबीचौड़ी चर्चा साल भर में एक बार धूमधाम के साथ थोड़े से शिक्षित बड़े आदमियों के बीच हो जाया करती थी जिसका कोई स्थायी और क्रियोत्पादक प्रभाव नहीं देखने में आता था।' आचार्य शुक्ल ने कांग्रेस के आरंभिक दिनों के वास्तविक रूप का सही विश्लेषण किया है। उन दिनों स्वाधीनता आंदोलन में जनता की सक्रिय हिस्सेदारी न होने के कारण आंदोलन का रूप विशेष प्रभावशाली नहीं था, इसलिए हिंदी साहित्य में केवल असंतोष का भाव व्यक्त हो रहा था, उसमें जनता की संघर्षशील चेतना से उत्पन्न शक्ति का अभाव था। बाद में जब राष्ट्रीय मुक्तिआंदोलन व्यापक हुआ, गांव गांव में राजनीतिक और आर्थिक परतंत्रता के विरोध की भावना जगी तो कविता का राजनीतिक स्वर बदला। स्वाधीनता आंदोलन में व्यापक जनता की सक्रिय साझेदारी से राजनीति में ही गुणात्मक परिवर्तन नहीं हुआ, कविता के राजनीतिक स्वर में भी संघर्ष की शक्ति आई। आधुनिक हिंदी कविता की राज-नीतिक चेतना की यह पहचान आचार्य शुक्ल की जनवादी दृष्टि के कारण ही संभव हुई।

भारत का राष्ट्रीय मुक्तिआंदोलन दुनियाभर की शोषित जनता के मुक्ति-आंदोलन से जुड़ा हुआ था। दुनियाभर की शोषित जनता की साम्राज्यवादविरोधी

एकता को आचार्य शुक्ल की साम्राज्यवादविरोधी और जनवादी दृष्टि ने पहचाना। उन्होंने लिखा 'सबसे बड़ी बात यह हुई कि ये आंदोलन संसार के और भागों में चलने वाले आंदोलनों के मेल में लाए गए, जिससे ये क्षोभ की एक सर्वभौम धारा की शाखाओं से प्रतीत हुए। वर्तमान सभ्यता और लोक की घोर आर्थिक विषमता से जो असंतोष का ऊंचा स्वर पश्चिम में उठा उसकी गूंज यहां भी पहुंची।' (वही, पृ. 616) उस समय साम्राज्यवाद के साथ साथ पूंजीवाद और सामंतवाद के विरुद्ध किसानों और मजदूरों के कई आंदोलन उठ खड़े हुए। आचार्य शुक्ल की सहानुभूति किसानों के साथ थी, इसलिए उन्होंने कहीं कहीं मजदूर आंदोलनों की आलोचना की है। लेकिन किसानों और मजदूरों के आंदोलनों का हिंदी कविता पर जो प्रभाव पड़ा, कुल मिलाकर उसका आचार्य शुक्ल ने स्वागत किया।

आचार्य शुक्ल हिंदी साहित्य के विकास के लिए 'वादों' की बहुलता को हानिकर समझते थे, इसलिए वे हर नए 'वाद' को संदेह की नजर से देखते थे। यही कारण है कि छायावाद ही नहीं प्रगतिवाद भी, जिसे वे कभी 'परिवर्तनवाद' और कभी 'लोकहितवाद' कहते थे, उनके संदेह का शिकार हुआ। वे परिवर्तन और क्रांति के विरोधी न थे, लेकिन 'क्रांति के नाम पर प्रलय की पूरी पदावली में परिवर्तन की प्रबल कामना' प्रकट करनेवाले नकली क्रांतिकारी कविता को संदेह की नजर से देखते थे। दिनकर जैसे कवियों की क्रांतिकामना की असलियत के बारे में उनका संदेह बाद में सच साबित हुआ।

आचार्य शुक्ल के इतिहास में साहित्य और समाज का विकासशील संबंध व्यक्त हुआ है, यह बात उनके समर्थक ही नहीं विरोधी भी स्वीकार करते हैं। लेकिन कुछ लोगों का विचार है कि उनके इतिहास में समाज रचनाओं की आलोचना में नहीं है, वह केवल भूमिका में या प्रत्येक काल के 'सामान्य परिचय' में ही है। क्या यह धारणा सही है? मुझे लगता है कि यह आरोप पूरी तरह सच नहीं है। आचार्य शुक्ल का 'लोक' समाज का ही दूसरा नाम है। और यह 'लोक' उनके इतिहास में आदि से अंत तक मौजूद है। वे 'लोकमंगल' की कसौटी पर कसकर ही रचनाओं और रचनाकारों का मूल्यांकन करते हैं और जो रचनाकार इस कसौटी पर खरा नहीं उतरता, उसे खारिज करने में तनिक भी दुविधा अनुभव नहीं करते। वे रचनाओं की महत्ता और सार्थकता का निर्णय उसकी सामाजिक सार्थकता के आधार पर ही करते हैं। रचनाओं के भीतर समाज की उपस्थिति और राजनीति के प्रभावों की खोज की प्रवृत्ति उनके इतिहास में आदिकाल और मध्यकाल से अधिक आधुनिककाल में दिखाई देती है। ऐसी स्थिति में यह कहना सही नहीं है कि उनके इतिहास में समाज केवल भूमिका में है, रचनाओं के विश्लेषण और मूल्यांकन में नहीं।

साहित्य के सामाजिक इतिहासलेखन की प्रवृत्ति आचार्य शुक्ल के हिंदी

साहित्य के इतिहास की एक विशेषता है। क्या इसका यह तात्पर्य है कि उनकी इतिहासदृष्टि एकांगी समाजशास्त्रीय दृष्टि है ? शिवदान सिंह चौहान की राय है कि आचार्य शुक्ल की इतिहासदृष्टि एकांगी समाजशास्त्रीय है। (साहित्य की समस्याएं, पृ. 19) शिवदान सिंह चौहान के इस आरोप का खंडन रामविलास शर्मा ने किया है (आचार्य रामचंद्र शुक्ल और हिंदी आलोचना, पृ. 82)। शिवदान सिंह चौहान ने आचार्य शुक्ल के दृष्टिकोण को एकांगी समाजशास्त्रीय कहा है और रामविलास शर्मा की आलोचनादृष्टि को 'कुत्सित समाजशास्त्रीय'। आलोचना और इतिहास में साहित्य और समाज की परस्पर संबद्धता को स्वीकार करके चलनेवाले दृष्टिकोण को एकांगी या कुत्सित समाजशास्त्रीय दृष्टिकोण घोषित करने की आदत बहुत पुरानी है। आदतन इस बात को दुहराने के बदले आचार्य शुक्ल के इतिहास की गहरी छानबीन अधिक उपयोगी है। आचार्य शुक्ल की इतिहासदृष्टि में साहित्यिकता सामाजिकता से अधिक प्रबल है, आलोचना इतिहास को अनुशासित करती है। शुक्लजी ने इतिहास के प्रथम संस्करण के वक्तव्य में लिखा है कि 'इतिहास की पुस्तक में किसी कवि की पूरी या अधूरी आलोचना नहीं आ सकती'। फिर भी उन्होंने रचनाओं और रचनाकारों का जो मूल्यांकन और विश्लेषण किया है, वह आज अपनी प्रामाणिकता के कारण व्यापक पाठक वर्ग के साहित्यविवेक का मार्गदर्शक बना हुआ है। आचार्य शुक्ल ने महत्वपूर्ण रचनाओं के कलात्मक सौंदर्य का विश्लेषणमूल्यांकन ही नहीं किया है, उन्होंने कई कवियों की नकली कलाबाजी की वास्तविकता का उद्घाटन करके असली और नकली कला में फर्क करनेवाला विवेक भी पाठकों को दिया है। निर्भ्रांत साहित्यविवेक ही आचार्य शुक्ल की इतिहासदृष्टि की मूल शक्ति है, इसलिए उसको एकांगी समाजशास्त्रीय समझना गलत है।

आचार्य शुक्ल के इतिहास में समाज और साहित्य के संबंध को देखकर कुछ लोग उनकी इतिहासदृष्टि को विधेयवादी भी कहते हैं। श्री नलिनविलोचन शर्मा के अनुसार आचार्य शुक्ल की इतिहासदृष्टि विधेयवादी है। उनका कहना है कि पश्चिम में साहित्येतिहास के क्षेत्र में प्रचलित विधेयवाद को आचार्य शुक्ल ने आश्चर्यजनक तथ्यवादिता के साथ अधिकृत और व्यवहृत किया (साहित्य का इतिहास दर्शन, पृ. 88)। शर्माजी का यह कहना है कि हिंदी साहित्य के इतिहास-लेखन में विधेयवाद की प्रणाली का व्यवहार करनेवाले आचार्य शुक्ल पहले व्यक्ति नहीं हैं, इसके प्रवर्तन के श्रेय के अधिकारी तो वस्तुतः ग्रियर्सन हैं। हिंदी के मार्क्सवादी आलोचकों के बीच आचार्य शुक्ल के इतिहास की व्यापक मान्यता का रहस्य बतलाते हुए नलिनविलोचन शर्मा ने लिखा है कि 'विधेयवाद अपने ढंग से मार्क्सवादियों को उतना ही ग्राह्य है, जितना शुक्लजी के समान विद्वानों को। दोनों ही साहित्य तथा पारिपार्श्विक परिस्थितियों में कार्यकारण संबंध मानते हैं, अंतर है

तो दृष्टिकोण मात्र का।

विधेयवादी इतिहासदृष्टि के अनुसार साहित्य और समाज में कार्यकारण संबंध होता है, साहित्य सामाजिक परिस्थितियों से निर्धारित होता है। विधेयवादी वैज्ञानिकता के नाम पर प्राकृतिक विज्ञानों की प्रणाली को साहित्य के इतिहासलेखन में लागू करते रहे हैं, वैज्ञानिकता के बहाने विचारधारात्मक संघर्ष में तटस्थता और पक्षधरताविरोधी रवैया अपनाते हैं। वे तथ्यपरकता से बंधे होने के कारण मूल्यों की उपेक्षा करते हैं, साहित्य के इतिहासलेखन को पुरातात्विक विवेचन बनाकर विकृत इतिहास प्रस्तुत करते हैं। सबसे अधिक विचारणीय बात यह है कि विधेयवादी साहित्य के सौंदर्यबोधीय और कलात्मक पक्षों की उपेक्षा करते हैं। तेन के अंग्रेजी साहित्य के इतिहास को विधेयवादी इतिहासलेखन का उदाहरण माना जाता है। तेन के इस इतिहास के विधेयवाद की तथाकथित वैज्ञानिकता, निर्धारणवाद, तथ्यवाद, विकृत इतिहासवाद, भोंड़े भौतिकवाद, और भाववादी मनोवैज्ञानिकता की पर्याप्त आलोचना पश्चिम में हो चुकी है। विधेयवाद और विधेयवादी इतिहासदृष्टि की आलोचना करनेवालों में मार्क्सवादी विचारक दूसरों से बहुत आगे हैं। विधेयवाद का ही एक दूसरा रूप आलोचना में एकांगी समाजशास्त्रीयता या कुत्सित समाजशास्त्रीयता के रूप में भी प्रकट होता है, जिसकी मार्क्सवादियों ने बार बार आलोचना की है। इसलिए यह कहना गलत है कि मार्क्सवादी विधेयवाद को स्वीकार करते हैं। संभव है, विधेयवादी मार्क्सवादी ऐसा करते हों, लेकिन तब वे मार्क्सवादी नहीं रह जाएंगे।

आचार्य शुक्ल की इतिहासदृष्टि विधेयवादी निर्धारणवाद, तथ्यवाद, झूठी वैज्ञानिकता, विचारधारात्मक संघर्ष में तटस्थता और पुरातात्विकता का शिकार नहीं है। उनका दृष्टिकोण ऐतिहासिक और वस्तुवादी है। आलोचनात्मक विवेक उनकी इतिहासदृष्टि की केंद्रीय विशेषता है, जिसमें रचनाओं के कलात्मक सौंदर्य के विश्लेषण और मूल्यांकन की प्रवृत्ति प्रबल है। उनकी इतिहासदृष्टि मूल्यपरक और पक्षधर है, वे सामंती और पूंजीवादी जीवनमूल्यों, कलामूल्यों आदि का विरोध करते हैं और जनवादी संस्कृति, परंपरा तथा कलामूल्यों का पक्ष लेते हैं। विधेयवाद का अविवेकी भौतिकवाद साहित्य के इतिहासलेखन में आत्यंतिक भाववाद से जा मिलता है जबकि आचार्य शुक्ल का विवेकी भाववाद ऐतिहासिक भौतिकवाद के निकट दिखाई देता है। ऐसी स्थिति में यह कहना गलत है कि आचार्य शुक्ल की इतिहासदृष्टि विधेयवादी है। अगर आचार्य शुक्ल की इतिहासदृष्टि विधेयवादी नहीं है तो यह कहने का कोई अर्थ नहीं रह जाता कि वे हिंदी साहित्य के इतिहासलेखन में विधेयवादी प्रणाली के प्रवर्तन का श्रेय ग्रियर्सन से जबर्दस्ती छीन लेने की कोशिश करते हैं। अगर अब भी किसी को आचार्य शुक्ल की इतिहासदृष्टि के विधेयवादी होने का भ्रम बना हुआ हो तो उसे तेन के अंग्रेजी साहित्य के इतिहास

से शुक्लजी के इतिहास की तुलना करके अपना भ्रम दूर कर लेना चाहिए। ऐसे तुलनात्मक अध्ययन के बाद शुक्लजी की इतिहासदृष्टि की भिन्नता और श्रेष्ठता समझ में आ जाएगी।

हिंदी के मार्क्सवादियों के बीच आचार्य शुक्ल के इतिहास की मान्यता का कारण उसका विधेयवाद नहीं है, जैसा कि नलिनविलोचन शर्मा समझते हैं, और मार्क्सवाद साहित्य और समाज के बीच विधेयवाद की तरह कार्यकारण संबंध भी नहीं मानता। मार्क्सवाद साहित्य और समाज के बीच द्वंद्वात्मक संबंध मानता है, वह समाज से साहित्य की सापेक्ष स्वायत्तता स्वीकार करता है, समाज के परिवर्तन और विकास में साहित्य की क्रांतिकारी पक्षधर भूमिका पर बल देता है और साहित्य के कलात्मक सौंदर्य तथा सौंदर्यबोधीय महत्व की सार्थकता को भी मानता है। मुख्य बात यह है कि मार्क्सवाद साहित्य के वर्गीय स्वरूप, प्रयोजन और विचारधारात्मक रूप को पहचानते हुए साहित्य के इतिहास को समाज के वर्गसंघर्ष के इतिहास से जोड़ कर देखता है। आचार्य शुक्ल अपने इतिहास और अपनी आलोचना, दोनों में सामंती संस्कृति, दरबारी साहित्य और पूंजीवादी कलामूल्यों एवं सिद्धांतों का विरोध करते हैं। वे हर प्रकार के रूढ़िवाद, रीतिवाद, रहस्यवाद, कलावाद और व्यक्तिवाद का खंडन करते हैं और साहित्य में जनवादी मूल्यों तथा प्रवृत्तियों का समर्थन करते हैं, इसलिए वे हिंदी के मार्क्सवादी आलोचकों के बीच स्वीकृत और समादृत हैं।

साहित्य के इतिहास में कालविभाजन

साहित्य के विकास और समाज से उसके संबंध के बारे में अपनी सुनिश्चित दृष्टि के आधार पर आचार्य शुक्ल ने पहली बार सुसंगत कालविभाजन किया। साहित्य के इतिहासलेखन में कालविभाजन जितना आवश्यक है, उतना ही कठिन भी। साहित्य के इतिहास में सुसंगत कालविभाजन आवश्यक है, क्योंकि इससे साहित्य के विकास की दिशा, विकास को प्रभावित करनेवाले तत्वों और विकास के दौरान घटित होनेवाले परिवर्तनों तथा मोड़ों के वास्तविक स्वरूप का बोध होता है। कालविभाजन के अभाव में साहित्य का इतिहास कविवृत्तसंग्रह, काव्यसंग्रह, कविकीर्तनसंग्रह और आलोचनात्मक लेखों का संग्रह बनकर रह जाता है। ऐसे संग्रह कभी कालक्रम के अनुसार होते हैं और कभी वर्णक्रम के अनुसार। कभी-कभी वे लेखक के मन के अनुसार भी होते हैं। कालविभाजन की सुसंगत दृष्टि के अभाव में साहित्य का इतिहास कभी रचनाप्रवृत्तियों की क्रियाप्रतिक्रिया का सिलसिला होता है और कभी परंपराओं, विधाओं और धाराओं का शाश्वत प्रवाह। रेनेवेलेक ने ठीक ही लिखा है कि कालविभाजन के बिना साहित्य का इतिहास घटनाओं की अंधव्यवस्था का समूह, मनमाना नामकरण और साहित्य का दिशा-

हीन प्रवाह हो जाता है। सुसंगत कालविभाजन की कठिनाई का एक प्रमाण तो आचार्य शुक्ल के बाद के अनेक इतिहासकारों के कालविभाजन के प्रयासों की असफलता में मिल जाता है। इसकी कठिनाई के कारण ही साहित्य के इतिहास-लेखन के स्वरूप पर विचार करनेवाले कुछ विद्वान कालविभाजन को अनावश्यक घोषित करते हैं।

आचार्य शुक्ल का कालविभाजन पिछले चारपांच दशकों से किसी प्रामाणिक विकल्प के अभाव में व्यापक पाठक वर्ग के इतिहासबोध और साहित्यविवेक का अंग बन चुका है, इसलिए उसके महत्व की ओर हमारा ध्यान ही नहीं जाता। अगर आचार्य शुक्ल के पहले के हिंदी साहित्य के इतिहासलेखकों के कालविभाजन की अव्यवस्था और असंगति को ध्यान में रखकर आचार्य शुक्ल के सुसंगत काल-विभाजन पर विचार किया जाए तो यह मानने में कोई आपत्ति नहीं होगी कि शुक्लजी ने पहली बार हिंदी साहित्य के इतिहास का 'एक पक्का और व्यवस्थित ढांचा' निर्मित किया। आचार्य शुक्ल ने अपने सुसंगत कालविभाजन के लिए पहले के प्रयत्नों की आलोचना ही नहीं की, उनसे काफी कुछ सीखा भी।

आचार्य शुक्ल ने हिंदी साहित्य का कालविभाजन दो आधारों पर किया है। पहला, कालक्रम के आधार पर और दूसरा, साहित्यिक प्रवृत्तियों की प्रधानता के आधार पर। कालक्रम के अनुसार हिंदी साहित्य के इतिहास को आदिकाल, पूर्व-मध्यकाल, उत्तरमध्यकाल और आधुनिककाल में बाँटा है और साहित्यिक प्रवृत्तियों की प्रधानता के अनुसार वीरगाथाकाल, भक्तिकाल, रीतिकाल और गद्यकाल में। साहित्यिक प्रवृत्तियों की प्रधानता के आधार पर किया गया कालविभाजन ही विशेष महत्वपूर्ण और लोकप्रिय है। साहित्यिक प्रवृत्तियों की प्रधानता के अनुसार ही इन कालों का नामकरण भी हुआ है। किसी साहित्यिक प्रवृत्ति की प्रधानता का निर्णय कई बातों के आधार पर हुआ है। पहली बात है, विशेष ढंग की एक रचनाओं की प्रचुरता। आचार्य शुक्ल इतिहास लिखते समय इस तथ्य से अपरि-चित न थे कि किसी कालविशेष में एक विशेष प्रकार की रचनाप्रवृत्ति की प्रधानता के साथ साथ दूसरी कई प्रकार की रचनाप्रवृत्तियां भी सक्रिय रहती हैं। साहित्य के इतिहास के किसी भी काल में संस्कृति और विचारधारओं की विविधता और अंतर्विरोधों के अस्तित्व के कारण अनेक रचनाप्रवृत्तियां साथ साथ चल सकती हैं।

आचार्य शुक्ल के अनुसार किसी युग की एक साहित्यिक प्रवृत्ति की प्रधानता को निश्चित करनेवाली दूसरी बात है, विशेष प्रकार की रचनाओं की प्रसिद्धि। रचनाओं की प्रसिद्धि की कसौटी शुक्लजी साहित्यशास्त्र या अभिजनों की अभि-रुचि को नहीं मानते। उन्होंने लिखा है कि 'प्रसिद्धि भी किसी काल की लोक-प्रवृत्ति की प्रतिध्वनि है।' उनके अनुसार रचनाओं की श्रेष्ठता की कसौटी लोक-रुचि है और उनके स्थायित्व का प्रमाण जनता में लोकप्रियता। यह आचार्य शुक्ल

की लोकवादी इतिहासदृष्टि का एक प्रमाण है।

साहित्य के कुछ इतिहासकार कालविभाजन के बदले विभिन्न रचनात्मक धाराओं के प्रवाह को महत्व देते हैं। हिंदी में भी ऐसे प्रयास हुए हैं। साहित्य के इतिहास में रचना की कोई प्रवृत्ति या परंपरा एक बार अस्तित्व में आने के बाद दूसरी प्रवृत्तियों और परंपराओं से सहअस्तित्व या संघर्ष की स्थिति कायम रखते हुए लंबे काल तक जीवित रहती है। ऐसी रचनात्मक प्रवृत्तियों की परंपराओं या धाराओं की निरंतरता को ध्यान में रखकर ही साहित्य का धारावाहिक इतिहास लिखने का प्रयास होता है। आचार्य शुक्ल ने साहित्य के इतिहास की इस विशेषता की ओर भी ध्यान दिया है। उन्होंने हिंदी साहित्य के इतिहास की इस विशेषता पर प्रकाश डालते हुए लिखा है, 'हिंदी साहित्य के इतिहास की एक विशेषता यह रही है कि एक विशिष्ट काल में किसी रूप की जो काव्यसरिता वेग से प्रवाहित हुई, वह यद्यपि आगे चलकर मंद गति से बहने लगी, पर 900 वर्षों के हिंदी साहित्य के इतिहास में हम उसे कभी सर्वथा सूखी हुई नहीं पाते' (हिंदी साहित्य का इतिहास, पृ० 60)। हिंदी साहित्य के इतिहास की इस विशेषता से पूरी तरह परिचित होने के बावजूद धारावाहिक इतिहासलेखन की असंगतियों को समझने के कारण ही आचार्य शुक्ल ने इसे विशेष महत्व नहीं दिया। उन्होंने विभिन्न कालों के साहित्य के विवेचन और मूल्यांकन के दौरान मुख्य प्रवृत्तियों के साथ साथ गौण प्रवृत्तियों पर भी ध्यान दिया है। प्रत्येक काल के अंत में फुटकल रचनाओं पर विचार करते हुए उन्होंने यह काम विशेष रूप से किया है। फिर भी उनका मुख्य ध्यान इतिहास की अव्यवस्था में व्यवस्था खोजने और व्यवस्था पैदा करने पर था, इसलिए उन्होंने कालविभाजन की अनिवार्यता महसूस की।

आचार्य शुक्ल के कालविभाजन की बार बार आलोचना हुई है। लेकिन कोई नया प्रामाणिक और स्वीकार्य विकल्प न दे सकने की मजबूरी में परवर्ती इतिहासकारों ने आचार्य शुक्ल के कालविभाजन को ही स्वीकार किया है। जब तक हिंदी साहित्य के इतिहासलेखन का कोई नया वैज्ञानिक दृष्टिकोण विकसित नहीं होता तब तक कालविभाजन का कोई नया- प्रामाणिक रूप विकसित नहीं हो सकता। ऐसी नई इतिहासदृष्टि और इतिहासलेखन की प्रणाली का विकास आचार्य शुक्ल के इतिहासलेखन की उपेक्षा करके नहीं हो सकता।

आचार्य शुक्ल के कालविभाजन की आलोचना करते हुए जिन लोगों ने वीरगाथाकाल को चारणकाल या रीतिकाल को शृंगारकाल नाम दिया है, उन्होंने आचार्य शुक्ल के इतिहास से ही संकेतसूत्र लेकर मौलिक बनने का प्रयास किया है। जो इतिहासकार हिंदी साहित्य के विकास को प्राणिशास्त्रीय सिद्धांतों की मदद से समझने का प्रयत्न करते हुए आदिकाल को बाल्यावस्था, मध्यकाल को किशोरावस्था और आधुनिककाल को युवावस्था कहते हैं, वे यह भूल जाते हैं कि इन

अवस्थाओं के बाद हिंदी साहित्य को वृद्धावस्था से गुजरते हुए मृत्यु का भी शिकार होना पड़ेगा। यही इस विचारप्रक्रिया और विकासप्रक्रिया की स्वाभाविक परिणति है। साहित्य और इतिहास संबंधी किसी सुनिश्चित वैज्ञानिक दृष्टि के न होने पर भी आचार्य शुक्ल को धकियाकर उनकी जगह लेने की कोशिश के ऐसे ही खतरनाक परिणाम हो सकते हैं। कुछ विद्वानों ने वीरगाथाकाल, भक्तिकाल और रीतिकाल की कालसीमाओं को घटानेबढ़ाने का प्रयास किया है। हिंदी साहित्य के इतिहाससंबंधी नई खोजों के बाद यह काम होना चाहिए, लेकिन इससे आचार्य शुक्ल के कालविभाजन का महत्व समाप्त नहीं हो जाता। राहुल जी ने नई खोजों के आधार पर सिद्धों के साहित्य से हिंदीसाहित्य का आरंभ मानते हुए 'हिंदी काव्यधारा' (1945) में आदि काल को सिद्धसामंत काल कहा है। राहुल जी रीतिकाल को 'दरबारी युग' कहते हैं। शुक्ल जी ने भी रीतिकाव्य को दरबारी-काव्य कहकर उसकी आलोजना की है। संभवतः सबसे पहले राहुल जी ने आधुनिक हिंदी साहित्य के आरंभिक काल को 'नवजागरण युग' कहा था, बाद में इस 'नवजागरण युग' के स्वरूप और साहित्य पर रामविलास शर्मा ने विस्तार से विचार किया है।

साहित्य के इतिहास का लोकतात्विक आधार

हिंदी साहित्य के इतिहास की एक विशेषता यह है कि उसका आरंभ लोकभाषा में लोकसंस्कृति और जनभावनाओं की अभिव्यक्ति से होता है। जनजीवन और जनसंस्कृति की उपज होने के कारण हिंदीसाहित्य का विकास संस्कृत काव्य, काव्यशास्त्र और आभिजात्य संस्कृति की परंपरा से काफी कुछ स्वतंत्र रूप में हुआ है। संस्कृत साहित्य की उदात्त परंपरा में जनसंस्कृति के तत्व हैं, लेकिन परवर्ती संस्कृत काव्य सामंती संस्कृति की गहरी छाया के कारण जनजीवन से दूर और निष्प्राण दिखाई देता है। हिंदीसाहित्य मुख्यतः सामंती समाजव्यवस्था और सामंती संस्कृति के विरुद्ध जनसंस्कृति के उत्थान से जुड़कर आगे बढ़ा, इसलिए उसमें सामंती समाजव्यवस्था और जीवनमूल्यों के प्रति असंतोष का भाव दिखाई देता है। इसका यह अर्थ नहीं है कि हिंदी साहित्य के विकास पर संस्कृत साहित्य का कोई प्रभाव नहीं है और हिंदी साहित्य सामंती संस्कृति तथा विचारधारा से पूरी तरह मुक्त है। महत्वपूर्ण बात यह है कि हिंदी साहित्य की आरंभिक अवस्था से ही सामंती संस्कृति के विरुद्ध जनसंस्कृति का जो संघर्ष उसमें व्यक्त हुआ है, उसका संस्कृत साहित्य में प्रायः अभाव है।

हिंदी साहित्य के आदिकाल और भक्तिकाल में जिन अनेक रचनाप्रवृत्तियों और काव्यरूपों का विकास हुआ, उनका मूल स्रोत संस्कृत काव्यपरंपरा में नहीं, जनसंस्कृति और जनसाहित्य में था। आदि काल के सिद्धों और भक्तिकाल के संत-

कवियों की रचनाओं में सामंती समाजव्यवस्था और विचारधारा के विरुद्ध उस समाजव्यवस्था के सबसे निचले स्तर पर जीनेवाली पीड़ित जनता का विद्रोह जैसी रचनात्मक प्रतिभा के विस्फोट के रूप में प्रकट हुआ वह भारतीय साहित्य के इतिहास में अभूतपूर्व है। संस्कृत काव्य और काव्यशास्त्र से हिंदी का जो रीतिकाल बुरी तरह प्रभावित है, वह हिंदी साहित्य के इतिहास की एक ट्रेजडी है। भारतेंदु-काल में राष्ट्रीय नवजागरण के साथ जनसंस्कृति से जुड़कर हिंदी साहित्य का नया उत्थान हुआ। इस प्रकार हम देखते हैं कि हिंदी साहित्य में संस्कृत, पालि, प्राकृत और अपभ्रंश की परंपराओं से बहुत कुछ स्वतंत्र और नया विकसित हुआ है और जो कुछ स्वतंत्र तथा नया है, यह लोकसंस्कृति की देन है; इसलिए हिंदी साहित्य का कोई इतिहासलेखक इसके लोकतात्विक आधार की उपेक्षा करके इसके साथ न्याय नहीं कर सकता।

हिंदी भाषा और साहित्य के जातीय स्वरूप का विकास हिंदी भाषा भाषी जनता के जीवन और संस्कृति के विकास का फल है। हिंदी भाषा और साहित्य का जातीय रूप संस्कृत, पालि, प्राकृत और अपभ्रंश से जितना संबद्ध है, उससे अधिक स्वतंत्र है। यह हिंदी साहित्य के इतिहास का दूसरा महत्वपूर्ण पक्ष है। प्राचीन भारतीय संस्कृति और साहित्य की विभिन्न परंपराओं का हिंदी भाषा और साहित्य के विकास में महत्वपूर्ण योगदान है, लेकिन हिंदी भाषा और साहित्य के विकास में हिंदी भाषाभाषी जनता के जीवन, उनकी संस्कृति और विचारधारा का अधिक योगदान है। हिंदी साहित्य के इतिहासलेखक के लिए प्राचीन भारतीय साहित्य से हिंदी साहित्य के संबंध की खोज से अधिक महत्वपूर्ण है उसके जातीय रूप की पहचान। यह काम लोकसंस्कृति और लोकसाहित्य से इसके संबंध के बोध के बिना नहीं हो सकता।

आचार्य शुक्ल की इतिहासदृष्टि की एक बड़ी विशेषता यह है कि उन्होंने हिंदी साहित्य के विकास में लोकसंस्कृति और लोकसाहित्य के योगदान का मूल्यांकन किया है और इसके जातीय रूप को उजागर किया है। साहित्य को जनता की चित्तवृत्ति का संचित प्रतिबिंब माननेवाले आचार्य के लिए यह स्वाभाविक ही है कि वे लोकसंस्कृति और लोकसाहित्य से हिंदी साहित्य के संबंध पर विचार करते। आचार्य शुक्ल ने इतिहास में जगह जगह हिंदी साहित्य पर संस्कृत, पालि, प्राकृत और अपभ्रंश साहित्य के प्रभावों का विवेचन और मूल्यांकन किया है। जो प्रभाव हिंदी साहित्य के विकास में सहायक लगे हैं, उनका स्वागत किया है और जो बाधक प्रतीत हुए हैं, उनका स्पष्ट विरोध किया है।

साहित्य के इतिहास को अगर जनता के भावों, विचारों, आकांक्षाओं और कल्पनाओं का इतिहास बनाना है तो उसके लिए केवल शिष्ट साहित्य पर ही ध्यान केंद्रित करना उचित नहीं है, जनजीवन में व्याप्त लोकसाहित्य का अनु-

शीलन भी जरूरी है। आचार्य शुक्ल ने ठीक ही लिखा है कि 'भारतीय हृदय का सामान्य स्वरूप पहचानने के लिए पुराने प्रचलित ग्रामगीतों की ओर भी ध्यान देने की आवश्यकता है, केवल पंडितों द्वारा प्रवर्तित काव्यपरंपरा का अनुशीलन ही अलम् नहीं है।' लोकगीतों में जनता की स्वाभाविक रचनात्मक प्रतिभा की अभिव्यक्ति होती है, उनमें जातीय जीवन का सहज रूप प्रकट होता है। आचार्य शुक्ल ने लिखा है कि जनभावना और भाषा के बदलते हुए रूप को ठीक ठीक पहचानने के लिए लोकगीतों का संग्रह आवश्यक है। इन गीतों के अध्ययन से हिंदी साहित्य के इतिहास के कई पक्षों और समस्याओं पर नया प्रकाश पड़ेगा। यह काम महत्वपूर्ण है, लेकिन इसमें सावधानी की जरूरत है। शुक्ल जी ने ठीक ही लिखा है कि इस काम में उन्हीं लोगों को हाथ लगाना चाहिए, जिन्हें भारतीय संस्कृति के मार्मिक रूप की परख हो और जिनमें पूरी ऐतिहासिक दृष्टि हो। इन बातों के अभाव में लोकसाहित्य और लोकसंस्कृति के संग्रह तथा अध्ययन के नाम पर व्यवसाय ही हो सकता है। आजकल कुछ समझदार लोग लोकसंस्कृति और लोकसाहित्य को अधिक बिकाऊ माल समझकर उनके व्यापार में लगे हुए हैं। इससे ऊपर से लोकसंस्कृति और लोकसाहित्य से प्रेम का नाटक चलता रहता है और भीतर से कमाऊ धंधा। पूंजीवादी व्यवस्था के चतुर कलाकार लोकसंस्कृति और लोकसाहित्य को या तो प्रदर्शन की वस्तु समझते हैं या बाजारू माल।

शिष्ट साहित्य के स्वरूप के परिवर्तन और विकास पर लोकसंस्कृति और लोकसाहित्य का गहरा प्रभाव पड़ता है, कई बार यह प्रभाव निर्णायक भूमिका अदा करता है। एक सीमित अर्थभूमि और संकुचित रचनाप्रणाली के भीतर क्रियाशील शिष्ट साहित्य नए विकास के लायक जीवनशक्ति प्राप्त करने के लिए लोकसंस्कृति और लोकसाहित्य की ओर जाता है। शिष्ट साहित्य के विकास के इस पक्ष की पहचान वही कर सकता है, जिसे शिष्ट साहित्य और लोकसाहित्य के इस विशिष्ट संबंध का बोध होगा। आचार्य शुक्ल ने शिष्ट साहित्य और लोकसाहित्य के इस संबंध को स्पष्ट करते हुए लिखा है कि 'जब जब शिष्टों का काव्य पंडितों द्वारा बंधकर निश्चेष्ट और संकुचित होगा, तब तब उसे सजीव और चेतन प्रसार देश की सामान्य जनता के बीच स्वच्छंद बहती हुई प्राकृतिक भावधारा से जीवन तत्व ग्रहण करने से ही प्राप्त होगा।'

लोकसंस्कृति और लोकसाहित्य के संपर्क से शिष्ट साहित्य की अंतर्वस्तु में ही शक्ति और नवीनता की वृद्धि नहीं होती, उसके रूप का भी कायाकल्प होता है। प्रायः सभी भाषाओं के साहित्य के इतिहास की यह एक जानीपहचानी विशेषता है। हिंदी साहित्य, विशेषतः कविता के विकास के महत्वपूर्ण मोड़ों की यह एक सामान्य विशेषता है। भक्तिकाल, भारतेंदुयुग और प्रगतिवाद के साहित्य में यह प्रवृत्ति विशेष रूप में देखी जा सकती है। आचार्य शुक्ल ने साहित्य के इतिहास की

इस प्रवृत्ति को स्पष्ट करते हुए लिखा है कि 'जब पंडितों की काव्यभाषा स्थिर हो कर उत्तरोत्तर आगे बढ़ती हुई लोकभाषा से दूर पड़ जाती है और जनता के हृदय पर प्रभाव डालने की उसकी शक्ति क्षीण होने लगती है, तब शिष्ट समुदाय लोकभाषा का सहारा लेकर अपनी काव्यपरंपरा में नया जीवन डालता है।' हिंदी कविता के विकास के इस नियम की खोज और पहचान आचार्य शुक्ल की इतिहास-दृष्टि की विशेष देन है। इस नियम के आधार पर ही सूरदास के गीतकाव्य के बारे में उन्होंने लिखा है कि 'वह किसी चली आती हुई गीतकाव्यपरंपरा का, चाहे वह मौखिक ही रही हो, पूर्ण विकास प्रतीत होता है।' यहां शुक्ल जी सूरदास के परिष्कृत गीतकाव्य को लोकसाहित्य से जोड़कर देखते हुए उदात्त काव्य के विकास में लोकसाहित्य के योगदान को रेखांकित करते हैं। आचार्य शुक्ल अपने इतिहास में लोकसंस्कृति और लोकसाहित्य से जुड़े साहित्य की सराहना करते हैं, उसको हिंदी साहित्य के जातीय रूप के अनुकूल मानते हैं और आंख मूंदकर प्राचीन शिष्ट साहित्य की निष्प्राण परंपरा के अनुकरण की आलोचना भी करते हैं।

आचार्य शुक्ल ने अपने इतिहास में आदिकाल और मध्यकाल के रचनाकारों के संबंध में लोकप्रचलित कथाओं, उक्तियों और जनश्रुतियों का उपयोग करते हुए किसी न किसी ऐतिहासिक सत्य का उद्घाटन किया है। भक्तिकाल के कवियों के प्रति भारतीय जनता के मन में असीम प्रेम है। इस प्रेम का व्यापार करनेवालों की साहित्यिक जालसाज़ी का जो रहस्योद्घाटन शुक्ल जी ने किया है, उससे उनकी लोकमंगलवादी दृष्टि का परिचय मिलता है।

रहस्यवाद के विरोध का ऐतिहासिक संदर्भ

आचार्य शुक्ल ने 'हिंदी साहित्य का इतिहास' में और अन्यत्र भी साहित्य में रहस्यवाद और आध्यात्मिकता के प्रचारप्रसार का डटकर विरोध किया है। उनके इस विरोध का ऐतिहासिक महत्व है। रहस्यवाद और आध्यात्मिकता का विरोध करते हुए उन्होंने साहित्य में अबुद्धिवाद और जीवन के यथार्थ से भागकर कल्पना लोक में विचरण की प्रवृत्ति का भी विरोध किया है। आचार्य शुक्ल के काल में छायावाद में रहस्यवाद था। यही नहीं उस समय मेघदूत, गीत गोविंद, विद्यापति पदावली और यहां तक कि बिहारी सतसई की आध्यात्मिक व्याख्याएं हो रही थीं। रचना और आलोचना में रहस्यवाद और आध्यात्मिकता के बढ़ते हुए प्रभाव को आचार्य शुक्ल ने हिंदी साहित्य के स्वाभाविक विकास के लिए बाधक माना और उसके खंडन को अपना ऐतिहासिक दायित्व समझा। रहस्यवाद से मुक्त यथार्थवादी रचनाशीलता और आध्यात्मिकता से मुक्त वस्तुवादी आलोचना के विकास में आचार्य शुक्ल के रहस्यवादविरोधी और आध्यात्मिकताविरोधी अभियान का बहुत महत्वपूर्ण योगदान है।

आचार्य शुक्ल के रहस्यवादविरोधी अभियान का मुख्य लक्ष्य छायावाद में पनपनेवाला रहस्यवाद था। आचार्य शुक्ल ने छायावादी रहस्यवाद को अभारतीय कहकर उसकी आलोचना की तो छायावादी कवियों ने प्राचीन भारतीय साहित्य से उदाहरण खोजकर अपने रहस्यवाद की भारतीयता सिद्ध कर दी। वास्तव में छाया-वादी कविता जिस नवजागरण की चेतना की उपज थी, उसी से भारतीयतावादी चिंतनप्रवृत्ति भी पैदा हुई थी। इस भारतीयतावादी चिंतनप्रवृत्ति में कभी कभी पुनरुत्थानवादी प्रवृत्ति भी उभरती दिखाई देती है। स्वभावतः आचार्य शुक्ल के इतिहास और आलोचनासंबंधी चिंतन में उस युग की विचारधारात्मक ऐतिहासिक सीमाओं के चिह्न मिल जाते हैं। भारतीयता बनाम अभारतीयता अथवा स्वदेशी बनाम विदेशी की भावना से संचालित चिंतन की प्रवृत्ति आचार्य शुक्ल के लेखन में भी है। उन्होंने छायावादी रहस्यवाद को ही अभारतीय नहीं कहा, निर्गुण संतों के रहस्यवाद को भी 'देशी वेश में एक विदेशी वस्तु' घोषित कर दिया। कविता में रहस्यवाद का खंडन करते समय अभारतीयता का तर्क उतना मजबूत नहीं बना, जितना काव्यदृष्टि संबंधी तर्क। आचार्य शुक्ल ने कहा कि रहस्यवाद और आध्यात्मिकता काव्यरचना का वास्तविक क्षेत्र नहीं है, काव्यरचना का वास्तविक क्षेत्र मानवजीवन और जगत है। उन्होंने केवल छायावाद के प्रसंग में ही रहस्यवाद की आलोचना नहीं की, मध्यकाल के संतों के रहस्यवाद का भी विरोध किया।

प्राचीन भारतीय काव्यपरंपरा में सामंती युग में अगर कहीं रहस्यवाद की प्रवृत्ति थी तो इसका यह अर्थ नहीं कि आधुनिक कविता में भी वह बनी रहे। क्या भारतीय कवि होने के लिए रहस्यवादी होना जरूरी है। आज भी कुछ कवि अपनी रहस्यवादिता को ही भारतीयता समझते हैं। यह परंपरा की गलत समझ है।

आचार्य शुक्ल हिंदी साहित्य को अपने समय के समाज और स्वाधीनता आंदोलन से जुड़कर विकसित होते देखना चाहते थे। रहस्यवाद हिंदी साहित्य के ऐसे विकास में बाधक था, इसलिए उसका विरोध जरूरी था। उस काल में जन-जागरण और जनता के मुक्तिसंघर्ष की अभिव्यक्ति करनेवाले साहित्य की आवश्यकता थी, जनता की कर्मशीलता और संघर्षशीलता को गति देनेवाली कविता की जरूरत थी; अकर्मण्यता और बुद्धिशैथिल्य पैदा करनेवाली कविता की नहीं; इसलिए आचार्य शुक्ल ने रहस्यवाद और आध्यात्मिकता का विरोध किया। राष्ट्रीय मुक्तिआंदोलन के उस काल में रहस्यवाद और आध्यात्मिकता के प्रचारप्रसार का अर्थ था अपनी सामाजिकराजनीतिक स्थिति से जनता को उदासीन करना और स्वाधीनता आंदोलन को कमजोर करना। इसी उद्देश्य से यूरोप में कुछ लोग भारतीय रहस्यवाद और आध्यात्मिकता का गुणगान करते थे। ऐसे लोगों को ध्यान में रखकर ही आचार्य शुक्ल ने लिखा कि 'यूरोपवालों को हमारी आध्यात्मिकता बहुत पसंद आती है। भारतीयों की आध्यात्मिकता और रहस्यवादिता की चर्चा

पश्चिम में खूब हुआ करती है। इस चर्चा के मूल में कई बातें हैं। एक तो ये शब्द हमारी अकर्मण्यता और बुद्धिशैथिल्य पर परदा डालते हैं। अतः चर्चा या तारीफ करनेवालों में से कुछ लोग ऐसे होते हैं, जो चाहते हैं कि यह परदा पड़ा रहे।' आचार्य शुक्ल का रहस्यवादविरोधी दृष्टिकोण उनके व्यापक सामंतवादविरोधी और साम्राज्यवादविरोधी दृष्टिकोण का ही अंग है। आज भी जो लोग साहित्य में और उसके बाहर रहस्यवाद तथा आध्यात्मिकता का प्रचारप्रसार करते हैं, वे जाने-अनजाने जनता की सामाजिकराजनीतिक चेतना को दिग्भ्रमित करके शोषक व्यवस्था को बनाए रखने में मदद करते हैं।

आचार्य शुक्ल ने रहस्यवाद का विरोध ही नहीं किया है, उन्होंने साहित्य में यथार्थवाद के विकास का समर्थन भी किया है। मध्यकाल के प्रसंग में शुक्लजी ने 'जीवन की स्वाभाविक सरणियों, अनुभूतियों और दशाओं' की अभिव्यक्ति करने-वाली रचनाओं को महत्वपूर्ण माना है। आधुनिककाल में भी विषयवस्तु और रूप की दृष्टि से यथार्थवादी रचनाओं का समुचित मूल्यांकन किया है। आधुनिककाल के नाटक, उपन्यास और कहानी में 'सामाजिक और पारिवारिक जीवन के विभिन्न उलझे हुए पक्षों का सूक्ष्मता से निरीक्षण और चित्रण' का आग्रह करते हुए यथार्थ-वादी रचनाशीलता के विकास का रास्ता दिखाया है। जिस समय कुछ लोग प्रेमचंद को 'घृणा का प्रचारक' और अंग्रेजी उपन्यासों की नकल करनेवाला कह रहे थे, उस समय आचार्य शुक्ल प्रेमचंद को उनके यथार्थवादी कथासाहित्य के लिए हिंदी का गौरव मान रहे थे। यह उनके यथार्थवाद समर्थक दृष्टिकोण का प्रमाण है। वास्तव में रहस्यवाद का विरोधी आलोचक स्वभावतः यथार्थवाद का समर्थक होगा और रहस्यवाद का समर्थक यथार्थवाद का विरोधी। छायावाद और प्रेमचंद संबंधी आचार्य शुक्ल और नंददुलारे वाजपेयी के दृष्टिकोणों की भिन्नता से यही साबित होता है।

परंपरा, परिवर्तन और विकास

साहित्य के इतिहास का एक महत्वपूर्ण पक्ष साहित्यिक परंपराओं के उदय, परि-वर्तन और विकास से जुड़ा होता है। साहित्य के विकास के साथ नई परंपराओं के जन्म और पुरानी परंपराओं के परिवर्तन का क्रम चलता रहता है। नई रचना-शीलता के माध्यम से पुरानी परंपरा टूटती ही नहीं, नई परंपराएं बनती भी हैं। परंपरा और प्रगति के आपसी संबंध की पहचान करना साहित्य के इतिहासकार का दायित्व है। इस संबंध की पहचान के बाद ही साहित्य का इतिहासकार सार्थक परंपराओं की रक्षा और विकास में सहायक हो सकता है।

साहित्य का इतिहास किसी एक परंपरा की निरंतरता का इतिहास नहीं होता। अनेक परंपराओं के आपसी संघर्ष और सामंजस्य के बीच से परंपराओं की

प्रगति की प्रक्रिया चलती है। ध्यान देने की बात यह भी है कि परंपरा के विकास में बराबर निरंतरता ही नहीं होती, कई बार अंतराल की स्थितियां भी आती हैं। यही नहीं, परंपराओं के विकास की प्रक्रिया में सामंजस्य के अतिरिक्त अंतर्विरोध भी होते हैं। साहित्य के इतिहास में परंपराओं के विकास पर विचार करते समय निरंतरता और अंतराल तथा सामंजस्य और संघर्ष के द्वंद्वात्मक संबंध की पहचान आवश्यक है। कई बार साहित्य की परंपराओं में परिवर्तन बाहरी प्रभावों से भी प्रेरित होते हैं, इसलिए परंपरा के विकास के संदर्भ में विभिन्न प्रकार के प्रभावों का अध्ययन भी आवश्यक हो जाता है। साहित्य की परंपराओं के परिवर्तन और विकास में सामाजिक परवर्तन और विकास की महत्वपूर्ण भूमिका होती है। अतः साहित्यिक परंपराओं की समाजसापेक्षता को भूलकर साहित्यसंसार के दायरे में ही साहित्यिक परंपराओं के उदय और विकास की खोज करना रूपवाद की ओर जाना है। इसी प्रसंग में एक बात यह भी विचारणीय है कि परंपरा की सार्थकता वर्तमान रचनाशीलता को गति और दिशा देने में है, उसके पैरों की बेड़ी बनने में नहीं। परंपरा का मूल्यांकन वर्तमान रचनाशीलता के संदर्भ में होना चाहिए, समकालीन रचनाशीलता के ऊपर परंपरा को प्रतिष्ठित करने के लिए नहीं। जो इतिहासकार परंपरा और अपने युग की रचनाशीलता के रचनात्मक द्वंद्व की उपेक्षा करके, वर्तमान रचनाशीलता के विकास के संदर्भ में परंपरा की सार्थकतानिरर्थकता का विवेक न करके, केवल परंपरा की महानता स्थापित करता है, वह परंपरावादी इतिहासदृष्टि का परिचय देता है।

आचार्य शुक्ल के सामने लगभग एक हजार वर्ष के हिंदी साहित्य के इतिहास की विभिन्न परंपराओं के उदय और अस्त, परिवर्तन और प्रगति, विकास और ह्रास, निरंतरता और अंतराल तथा संघर्ष और सामंजस्य का मूल्यांकन करने और अपने समय की रचनाशीलता के विकास के संदर्भ में प्रासंगिक परंपराओं को रेखांकित करने का महत्वपूर्ण दायित्व था। इस दायित्व का निर्वाह उन्होंने आश्चर्यजनक सफलता के साथ किया। हिंदी साहित्य के विकास को प्रभावित करनेवाली प्रत्येक प्रवृत्ति और परंपरा का मूल्यांकन आचार्य शुक्ल ने वस्तुवादी समाजोन्मुखी इतिहासदृष्टि से किया।

हिंदी साहित्य के इतिहास में विभिन्न परंपराओं का संघर्ष दिखाई देता है। इस संघर्ष की उपेक्षा करके केवल परंपराओं का सामंजस्य देखना साहित्यिक परंपराओं के सामाजिक आधार को न देखना है। आचार्य शुक्ल ने मध्यकाल में कविता की जनोन्मुखी परंपरा और सामंती परंपरा का संघर्ष देखा है और जनोन्मुखी परंपरा के महत्व का उद्घाटन किया है। मध्यकाल की कविता में संस्कृत साहित्य की उदात्त परंपरा और परवर्ती काल की लक्ष्यच्युत चमत्कारवादी परंपरा का भी संघर्ष दिखाई देता है। आचार्य शुक्ल ने संस्कृत साहित्य

की चमत्कारवादी परंपरा के अनुकरण की आलोचना की है। आधुनिककाल के साहित्य में रहस्यवादी और यथार्थवादी प्रवृत्तियों के संघर्ष की ओर भी आचार्य शुक्ल ने संकेत किया है। लेकिन इन सबके बावजूद कई बार वे सामंजस्य को संघर्ष से अधिक महत्व देते दिखाई देते हैं। वे 'विरुद्धों के संघर्ष' को देखते हैं, परंतु 'विरुद्धों के सामंजस्य' को ही स्वीकार करते हैं। यही कारण है कि संतों के काव्य में व्यक्त सामाजिक विद्रोह की परंपरा को वे स्वीकार नहीं कर पाते।

आचार्य शुक्ल की परंपरा की धारणा के निर्माण में भारतीय नवजागरण की चेतना की महत्वपूर्ण भूमिका है। इस नवजागरण की चेतना के कारण ही वे अपनी परंपरा की खोज और मूल्यांकन का काम करते हैं और इसी प्रक्रिया में उन्होंने हिंदी साहित्य का इतिहास भी लिखा है। अपनी परंपरा की खोज की प्रक्रिया में ही उन्होंने भारतीय काव्य, काव्यशास्त्र, दर्शन और इतिहास की वैचारिक यात्रा करते हुए परंपरा की व्यापक, जीवंत और विकासशील धारणा विकसित की। वे अपने समय के भारतीय समाज और हिंदी साहित्य के विकास की आवश्यकताओं को ध्यान में रखकर ही परंपरा के अन्वेषण और मूल्यांकन में प्रवृत्त हुए। आचार्य शुक्ल ने सार्थक परंपरा और रूढ़ि में फर्क करते हुए रूढ़िवाद का विरोध किया है, वह रूढ़िवाद चाहे देशी हो या विदेशी।

आचार्य शुक्ल उन लोगों में से न थे जो वेद, उपनिषद, गीता और भागवत पुराण में काव्य का चरमोत्कर्ष देखते हैं। छायावाद के काल में भारतीय कविता में रहस्यवाद की परंपरा सिद्ध करने के लिए वेदों और उपनिषदों से उदाहरण दिए जा रहे थे। ऐसे उदाहरण देनेवालों को उत्तर देते हुए आचार्य शुक्ल ने लिखा कि 'संहिताओं में तो अनेक बातों का संग्रह है। उपनिषदों में ब्रह्म और जगत, आत्मा और परमात्मा के संबंध में कई प्रकार के मत हैं। वे काव्य ग्रंथ नहीं हैं। विशुद्ध काव्य का निखरा हुआ रूप पीछे अलग हुआ। रामायण का आदिकाव्य कहलाना साफ यही सूचित करता है।' आचार्य शुक्ल ने ठीक ही कहा है कि जो काव्य नहीं है उसके आधार पर काव्य की परंपरा का स्वरूप नहीं बन सकता। आचार्य शुक्ल ने संस्कृत साहित्य की उस उदात्त परंपरा का महत्व स्वीकार किया है जिसमें समाज और जीवन की अभिव्यक्ति मिलती है। इस उदात्त परंपरा के प्रतिनिधि रचनाकार वाल्मीकि, व्यास, कालिदास और भवभूति हैं। हिंदी साहित्य के भक्तिकाल के काव्य का इसी उदात्त परंपरा से संबंध है। शुक्ल जी भारतीय साहित्य की हर परंपरा को केवल भारतीयता के नाम पर स्वीकार करने को तैयार न थे। उन्होंने परवर्ती संस्कृत साहित्य की चमत्कारवादी परंपरा की आलोचना की है। हर प्रकार के रीतिवाद के आलोचक आचार्य शुक्ल परवर्ती संस्कृतसाहित्य पर संस्कृत के रीति ग्रंथों के बुरे प्रभावों की भी आलोचना करने से नहीं चूके हैं। उन्होंने लिखा है कि 'नायकनायिका भेद चरित्रचित्रण में सहायक नहीं हुए, बाधक हुए। उनके

अनुसार जिन प्रबंध काव्यों वा नाटकों में पात्रों की योजना हुई, उनमें मानवप्रकृति के बहुत ही थोड़े अंश का चित्र हमें मिलता है; सो भी परंपराभुक्त और पिष्ट-पेषित। इसी से सामान्य चरित्रचित्रों की जो अनेकरूपता हम यूरोप के काव्यों और नाटकों में पाते हैं, वह यहां के नहीं।' (रस मीमांसा, पृ. 76) जो लोग यह समझते हैं कि शुक्लजी में भारतीयता का अतिरिक्त आग्रह है, उन्हें शुक्लजी का यह कथन देखना चाहिए। संस्कृत के रीतिग्रंथों का बुरा प्रभाव संस्कृत साहित्य पर ही नहीं पड़ा, हिंदी साहित्य पर भी पड़ा। रीतिकाल की कविता की दुर्गति का एक कारण रीतिग्रंथों का अंधानुकरण भी है। आचार्य शुक्ल की चिंता का मुख्य विषय हिंदी साहित्य का पिछला इतिहास और भावी विकास था। उन्होंने विषयवस्तु ही नहीं, काव्यरूप, छंद और भाषा के प्रसंग में भी संस्कृत की परंपरा के अत्यधिक अनु-करण से बचने की सलाह दी; क्योंकि इससे हिंदी साहित्य के स्वाभाविक विकास और जातीय रूप पर गलत प्रभाव पड़ेगा। आधुनिक काल में संस्कृत साहित्य से स्वतंत्र नए साहित्यरूपों के विकास का आग्रह उन्होंने किया।

आचार्य शुक्ल ने हिंदी साहित्य के जातीय स्वरूप और विशेषता को बहुत महत्व दिया है, संस्कृत साहित्य से उसके स्वतंत्र विकास को भी स्पष्ट किया है, लेकिन हिंदी साहित्य में विकसित सभी परंपराएं समान रूप से सार्थक नहीं हैं। रीतिकाल हिंदी साहित्य का ही अंग है, परंतु रीतिकालीन काव्यपरंपरा पर चलकर हिंदी साहित्य का विकास संभव न था, इसलिए आचार्य शुक्ल ने जमकर उसकी आलोचना की। शुक्लजी ने छायावाद की कड़ी आलोचना की तो कुछ लोगों को भ्रम हुआ कि वे परंपरावादी या रीतिवादी हैं। ऐसे भ्रमों का खंडन करते हुए शुक्लजी ने लिखा कि 'हम सारा काव्यक्षेत्र देव, मतिराम और बिहारी आदि के घेरे के भीतर देखनेवाले पुरानी लकीर के फकीर न कभी रहे हैं और न हैं, हम अपने हिंदी काव्य को विश्व की नित्य और अनंत विभूति में स्वच्छंदतापूर्वक, अपनी स्वाभाविक प्रेरणा के अनुसार, अपनी आंख खोलकर विचरण करते देखना चाहते हैं। पर वह दिन तभी आ सकता है, जब हमारी अंतर्दृष्टि को आच्छन्न करनेवाले परदे हटेंगे हमारे विचारों में बल आएगा।' (चिंतामणि, भाग 2, पृ. 156-57) आचार्य शुक्ल ने आलोचना और इतिहास के माध्यम से रचनाकारों और पाठकों की दृष्टि को आच्छन्न करनेवाले तरह तरह के परदे, देशीविदेशी गलत परंपराओं के प्रभावों के परदे हटाकर हिंदी साहित्य के स्वतंत्र विकास का मार्ग प्रशस्त किया।

हिंदी साहित्य के आरंभिक काल में कई नई रचनापरंपराओं का जन्म होता है, प्राचीन भारतीय साहित्य की कुछ परंपराओं का नए रूप में आविर्भाव भी होता है। एक ओर सामाजिक विद्रोह से युक्त सिद्धों की रचनापरंपरा का विकास हुआ तो दूसरी ओर राजस्तुतिपरक वीरगाथात्मक काव्यों की परंपरा चली। एक तीसरी परंपरा आल्हा जैसे वीर गीतकाव्य की थी, जो लोकजीवन का आश्रय लेकर

आगे बढ़ी। चौथी परंपरा खुसरो की कविताओं की है और पांचवीं विद्यापति के पदों की। आचार्य शुक्ल ने हिंदी साहित्य के परवर्ती विकास में विशेष रूप से मध्यकाल के काव्य में आदिकाल की इस परंपरा के विकास और ह्रास को स्पष्ट किया है। उन्होंने भक्तिकाल के निर्गुण संतकाव्य में सिद्धों की विद्रोहमूलक परंपरा का विकास देखा, लेकिन इस परंपरा की आलोचना ही थी। रीतिकाल में वीरगाथाकाल की राजस्तुतिपरक दरबारी काव्य का बीच के लंबे अंतराल के बाद पुनः आविर्भाव हुआ। शुक्लजी ने दोनों के संबंध को दिखाते हुए इस परंपरा को हिंदी साहित्य के विकास में बाधक माना और उसका विरोध किया। आचार्य शुक्ल परंपरा का मूल्यांकन करते समय अपने समय की सामाजिकराजनीतिक स्थितियों, आवश्यकताओं और उनके साथ साहित्य के संबंध को भी ध्यान में रखते हैं। स्वाधीनता आंदोलन से संबद्ध उनकी इतिहासदृष्टि स्वतंत्रता के लिए लड़नेवाले वीरों से संबंधित और जनता में लोकप्रिय 'आल्हा' तथा बीसलदेव रासो जैसे वीरगीतों की रचनापरंपरा को महत्वपूर्ण मानती है। आचार्य शुक्ल उन रचनापरंपराओं को अधिक मूल्यवान मानते हैं, जो जनसंस्कृति की उपज हों और जनता में लोकप्रिय हों। उन्होंने हिंदी साहित्य के इतिहास की शास्त्रीय परंपराओं से लौकिक परंपराओं को अधिक महत्व दिया है। विद्यापति के गीतों में जनसंस्कृति की अभिव्यक्ति और लोकगीतों का विकास हुआ। आचार्य शुक्ल ने सूरदास के गीतकाव्य में इस परंपरा का विकास बताया है और उसकी प्रशंसा की है : इस प्रकार आचार्य शुक्ल ने हिंदी के जातीय रूप और विशेषताओं की रक्षा का आग्रह करते हुए भी किसी प्रकार के रूढ़िवाद का समर्थन नहीं किया है।

आचार्य शुक्ल के जमाने में हिंदी साहित्य का दूसरी भारतीय भाषाओं के साहित्य से संपर्क बढ़ रहा था। इस संपर्क के बढ़ने के पीछे स्वाधीनता आंदोलन और उसमें हिंदी भाषा की स्थिति की महत्वपूर्ण भूमिका थी। इससे हिंदी साहित्य पर दूसरी भारतीय भाषाओं के साहित्य की परंपराओं और प्रवृत्तियों के प्रभाव पड़ रहे थे। ये प्रभाव अच्छे और बुरे दोनों तरह के थे। हिंदी साहित्य के विकास के संदर्भ में ऐसे प्रभावों पर विचार करना जरूरी था इसलिए आचार्य शुक्ल ने दूसरी भाषाओं की रचनापरंपराओं से हिंदी साहित्य की नई रचनाशीलता के संबंध का विवेचन और मूल्यांकन किया। आचार्य शुक्ल की मान्यता थी कि हिंदी में छायावाद बंगला साहित्य से आया है और उसकी आध्यात्मिकता और रहस्यवादिता पर रवींद्रनाथ टैगोर का प्रभाव है। आचार्य शुक्ल की यह मान्यता अंशतः सही है। हिंदी में छायावाद बंगला से नहीं आया था, लेकिन छायावादी कवियों के रहस्यवाद पर टैगोर का प्रभाव पड़ा था। उस समय रवींद्रनाथ टैगोर की 'गीतांजलि' की आध्यात्मिकता की धूम मची हुई थी। आचार्य शुक्ल हिंदी की यथार्थवादी रचना और वस्तुवादी आलोचना के विकास में रहस्यवाद तथा आध्या-

त्मिकता को बाधक समझते थे, इसलिए उन्होंने हिंदी में इन प्रवृत्तियों के प्रचार प्रसार पर हीं नहीं, इनके एक मूल स्रोत टैगोर पर भी आक्रमण किया। उस समय हिंदी में तो क्या पूरे हिंस्दुतान में रवींद्रनाथ टैगोर की आचार्य शुक्ल जैसी निर्भीक आलोचना करनेवाले बहुत कम मिलेंगे। लेकिन इसका यह अर्थ नहीं है कि आचार्य शुक्ल रवींद्रनाथ टैगोर के साहित्य की शक्ति और हिंदी साहित्य के विकास में उसके अच्छे प्रभावों को स्वीकार ही नहीं करते थे। उन्होंने हिंदी उपन्यास के विकास में रवींद्रनाथ टैगोर और बंगला के दूसरे लेखकों से बहुत कुछ सीखने की बात की है। स्वयं उन्होंने राखालदास बंद्योपाध्याय के ऐतिहासिक उपन्यास का अनुवाद करके हिंदी के उपन्यासकारों के सामने अच्छे ऐतिहासिक उपन्यास का उदाहरण रखा। उन्होंने उपन्यास, नाटक और कहानी के विकास के लिए दूसरी भारतीय भाषाओं की रचना परंपराओं के स्वस्थ प्रभाव ग्रहण करने का स्वागत किया है।

परंपरा और प्रभाव का एक और प्रसंग हिंदी साहित्य और पाश्चात्य साहित्य के संबंध का है। स्वयं आचार्य शुक्ल ने साहित्य, दर्शन, विज्ञान और इतिहास संबंधी अंग्रेजी की पुस्तकों तथा लेखों का अनुवाद करके यूरोप के आधुनिक चिंतन को हिंदी में लाने और हिंदी के लेखकों, पाठकों के सोच विचार के दायरे को व्यापक बनाने का काम किया। उन्होंने यूरोप की रचना और आलोचना की नई पुरानी परंपरा की महत्वपूर्ण उपलब्धियों का मूल्यांकन और उपयोग करते हुए आधुनिक हिंदी आलोचना के स्वतंत्र विकास के मार्ग का निर्माण किया। इन सब बातों के बावजूद उन्होंने हिंदी साहित्य के इतिहास में जब हिंदी साहित्य पर पश्चिमी प्रभाव की कड़ी आलोचना की तो कुछ लोगों ने उनको पश्चिम विरोधी पुनरुत्थानवादी समझ लिया। आचार्य शुक्ल द्वारा की गई पाश्चात्य परंपरा और प्रभाव की आलोचना के महत्व को समझने के लिए उसके संदर्भ, स्वरूप और उद्देश्य को समझना जरूरी है।

यह पहले भी कहा जा चुका है कि आचार्य शुक्ल के संपूर्ण चिंतन के दृष्टिकोण के निर्माण में भारतीय नवजागरण और स्वाधीनता आंदोलन की महत्वपूर्ण भूमिका है। इन दोनों के ऐतिहासिक संदर्भ और विचारधारात्मक अंतर्विरोधों के प्रभाव आचार्य शुक्ल के चिंतन में भी हैं। नवजागरण की चेतना से भारतीयता बनाम अभारतीयता वाली चिंतन प्रणाली का गहरा संबंध है। साम्राज्यवाद की गुलामी के विरुद्ध उत्पन्न नवजागरण में आत्महीनता के भाव से छुटकारा पाने और आत्म-गौरव का बोध जगाने के लिए एक ओर अपनी परंपरा की महानता और दूसरी ओर पराई परंपरा की हीनता साबित करने की कोशिश की प्रवृत्ति थी। अभारतीयता के तर्क से विदेशी परंपराओं और विचारों को खारिज करना इसकी एक खास विशेषता थी। इस चिंतन पद्धति में पुनरुत्थानवादी तत्व थे। आचार्य शुक्ल के चिंतन पर भी इस प्रवृत्ति का थोड़ा सा प्रभाव पड़ा था। उन्होंने छायावाद के रहस्यवाद

को ही नहीं, भक्तिकाल की कविता से रहस्यवाद को भी विदेशी कहकर ही खारिज किया था। यही नहीं उनके चिंतन में कहीं कहीं यह भावना भी है कि आजकल चिंतन के क्षेत्र में जो पश्चिम में विकसित हो रहा है, वह हमारे यहां बहुत पहले हो चुका है। 'विश्व प्रपंच' की लंबी भूमिका में विकासवाद का समर्थन करते हुए भी जगह जगह वेद, उपनिषद, पुराण और दर्शनों से उद्धरण जुटाकर यह दिखाने का प्रयत्न किया गया है कि प्राचीन भारतीय चिंतन में वे बातें मौजूद हैं, जो अब पश्चिम के वैज्ञानिक चिंतन में आ रही हैं। लेकिन शुक्ल जी आर्यसमाजियों की तरह यह मानने वाले नहीं थे कि विश्व के संपूर्ण नए पुराने ज्ञान के मूल स्रोत वेद ही हैं। भारतीय नवजागरण केवल साम्राज्यवादविरोधी ही नहीं था, वह सामंतवाद विरोधी भी था। आचार्य शुक्ल भारतीय नवजागरण के सामंतवादविरोधी पक्ष के सच्चे प्रतिनिधि थे। भारतीय साहित्य और हिंदी साहित्य की प्राचीन परंपराओं के मूल्यांकन में उनका सामंतवादविरोधी दृष्टिकोण बार बार प्रकट हुआ है। हिंदी साहित्य के इतिहास में परंपरा के प्रति उनका दृष्टिकोण केवल सामंतवादविरोधी ही नहीं है, जनवादी भी है। इसलिए आचार्य शुक्ल द्वारा पाश्चात्य साहित्य की नई पुरानी परंपराओं तथा प्रवृत्तियों की आलोचना वैसी ही नहीं है, जैसी उस जमाने के भारतीय रूढ़िवाद के कई दूसरे समर्थकों की है। पश्चिम की परंपराओं की आलोचना, दोनों तरह के लोग कर रहे थे, लेकिन उनके दृष्टिकोण में अंतर था।

साम्राज्यवाद के विरुद्ध अपनी स्वाधीनता के लिए संघर्ष करनेवाली भारतीय जनता सांस्कृतिक गुलामी से मुक्ति के लिए भी संघर्ष कर रही थी। सांस्कृतिक गुलामी का एक रूप साहित्य के क्षेत्र में भी प्रकट हो रहा था, आंख मूंद कर पश्चिमी प्रभाव ग्रहण करने की आदत बढ़ रही थी। यह आदत हिंदी साहित्य के जातीय रूप के स्वतंत्र विकास में बाधक सिद्ध हो रही थी। बहुत बाद में प्रयोगवाद नई कविता के काल में यह प्रवृत्ति अत्यन्त खतरनाक साबित हुई। आचार्य शुक्ल ने संस्कृति और साहित्य के क्षेत्र में दिमागी गुलामी पैदा करनेवाली पश्चिमी परंपराओं और प्रवृत्तियों का विरोध किया। यह एक प्रकार से साम्राज्यवाद के सांस्कृतिक प्रभुत्व के विरुद्ध अभियान था। उनका कहना था कि पाश्चात्य साहित्य की परंपराओं, प्रवृत्तियों और सिद्धांतों को जांच पड़ताल के बिना स्वीकार करना गलत है। उन्होंने लिखा कि 'आजकल पाश्चात्य वादवृक्षों के बहुत से पत्ते, कुछ हरे नोंचे हुए, कुछ सूखकर गिरे हुए यहां पारिजात पत्र की तरह प्रदर्शित किए जाने लगे हैं। इन पत्तों की परख के लिए अपनी आंख खुली रखने और उन पेड़ों की परीक्षा करने की आवश्यकता है, जिनके वे पत्ते हैं। (वही, पृ. 165) आचार्य शुक्ल का मुख्य विरोध आंख मूंदकर पाश्चात्य साहित्यिक परंपराओं, प्रवृत्तियों और सिद्धांतों को स्वीकार करने की आदत से था, उनका मुख्य आग्रह उन परंपराओं के आधार एवं

प्रयोजन का विवेकपूर्ण मूल्यांकन करके अपनाने या छोड़ने पर था। वे रचना और आलोचना में बिना समझे बूझे प्रत्येक नए पाश्चात्य विचार, फैशन, वाद और प्रवाद के अनुकरण के विरोधी थे।

आचार्य शुक्ल अपने जमाने के कई दूसरे साहित्यकारों से अधिक इस सचाई को जानते थे कि आधुनिक युग में यूरोप में ज्ञान विज्ञान का अभूतपूर्व विकास हुआ है और अपने स्वतंत्र सांस्कृतिक साहित्यिक विकास के संदर्भ में यूरोप के इस नए ज्ञान विज्ञान से बहुत कुछ सीखा जा सकता है। उनका कहना था कि अपने स्वतंत्र विकास के लिए अपना स्वतंत्र प्रयत्न भी होना चाहिए, केवल पश्चिम की नकल नहीं। आचार्य शुक्ल के अनुसार 'यह ठीक है कि विज्ञान की साधना द्वारा संसार के वर्तमान युग का बहुत सा रूप योरप का खड़ा किया हुआ है, पर इसका क्या यह मतलब है कि युग का सारा रूप विधान योरप ही करे और हम आराम से जीवन के सब क्षेत्रों में उसी के दिए हुए रूपों को लेकर रूपवान बनते चले ? क्या अपने स्वतंत्र रूप विकास की हमारी शक्ति सब दिन के लिए मारी गई है ? (हिंदी साहित्य का इतिहास, पृ. 510-11) यह ठीक है कि आचार्य शुक्ल अपने समाज, संस्कृति और साहित्य के स्वतंत्र विकास की चिंता के कारण ही पश्चिमी प्रभावों की आलोचना करते हैं, लेकिन कई बार यह चिंता इतनी हावी हो जाती है कि वे अच्छे बुरे का विवेक नहीं कर पाते और हर विदेशी वस्तु का विरोध करने लगते हैं। वे तोल्स्तोय के दयावाद के साथ साम्यवादी विचारधारा के भारत में आगमन पर नाराज होते हैं, क्योंकि ये दोनों ही विदेशी हैं। कभी कभी वे हिंदी साहित्य पर पाश्चात्य प्रभाव की खोज करते हुए अतिरंजना के शिकार हो जाते हैं। उन्होंने छायावाद पर रहस्यवाद, निराशावाद, अबुद्धिवाद, प्रत्ययवाद, प्रतीकवाद बिंबवाद, अभिव्यंजनावाद, संवेदनावाद, प्रभाववाद और कलावाद आदि अनेक पाश्चात्य वादों का प्रभाव खोज लिया था, जबकि कई छायावादी कवि इन वादों के प्रभाव खोजे जाने के पहले शायद ही इनसे परिचित हों।

आचार्य शुक्ल ने पश्चिम के पूंजीवाद, उसकी विचारधारा और उससे उत्पन्न साहित्य सिद्धांतों का जो विरोध किया है, वह आज भी प्रासंगिक है। वे पश्चिम के बुर्जुआ साहित्यचिंतन के मूल में 'व्यक्तिवाद' की सत्ता मानते हैं और इसी व्यक्तिवाद को अनेक साहित्यिक वादों का जनक कहते हैं। उन्होंने लिखा है कि 'बहुत सी वादव्याधियों का प्रवर्तक है व्यक्तिवाद जो बहुत पुराना रोग है। पुराने रोग जल्दी पीछा नहीं छोड़ते। एक न एक रूप में बहुत दिनों तक बने रहते हैं। यही दशा व्यक्तिवाद की है, जिसकी नींव भेदवाद पर है।' नए पुराने बुर्जुआ साहित्यचिंतन के व्यक्तिवादी स्वरूप की ओर संकेत करके आचार्य शुक्ल ने उसकी एक स्थायी विशेषता को स्पष्ट किया है और हिंदी साहित्य में इसके प्रचार प्रसार का उचित विरोध किया है। यह व्यक्तिवाद उन्नीसवीं शताब्दी के स्वच्छंदवादी

साहित्यचिंतन में ही नहीं था, स्वच्छंतावाद का विरोध करते हुए आगे आनेवाले आधुनिकतावाद में भी है। स्वच्छंदतावादी साहित्यचिंतन का विरोध करनेवाले टी. एस. एलियट का साहित्यचिंतन और उससे विकसित नई समीक्षा में भी व्यक्तिवाद रूप बदल कर मौजूद है। नई समीक्षा के विकास के आरंभिक दौर के उसके रूप को देखकर ही आचार्य शुक्ल की अचूक इतिहासदृष्टि ने उसमें निहित व्यक्तिवाद की पहचान कर ली। उन्होंने लिखा कि 'अब तक व्यक्ति के व्यक्तित्व के नाम पर भेद प्रदर्शन होता था; अब उसकी कृति के व्यक्तित्व के नाम पर होने के लक्षण दिखाई दे रहे हैं। अब तक किसी कविता में उसके कवि के व्यक्तित्व को प्रधान वस्तु कहने की चाल थी। पर अब कृति ही प्रधान वस्तु कही जाने लगी है और उसकी सत्ता कवि और श्रोता (या पाठक) दोनों से स्वतंत्र ठहराई जाने लगी है। इस पर विचार करने से यह स्पष्ट हो जाता है कि 'व्यक्तिवाद' बना हुआ है, केवल उसने अपनी जगह बदल दी है।' (रस सीमांसा, पृ. 271-72) स्वच्छंदतावादी साहित्यचिंतन में कवि के व्यक्तित्व की विलक्षणता को सब कुछ मान लेने में व्यक्तिवाद था तो नई समीक्षा में कृति के रचनाकार और पाठक निरपेक्ष व्यक्तित्व की धारणा में व्यक्तिवाद है। पिछले कुछ वर्षों में हिंदी में 'नई समीक्षा' के पक्षविपक्ष में बहुत कुछ लिखा गया है, लेकिन 'नई समीक्षा' के किसी विरोधी या समर्थक ने उसमें निहित 'व्यक्तिवाद' पर ध्यान दिया हो, इसका कोई प्रमाण नहीं मिलता। शुक्ल जी ने 'नई समीक्षा' के जनक टी. एस. एलियट के साहित्यचिंतन की आलोचना करते हुए 'नई समीक्षा' के विचारधारात्मक आधार और सैद्धांतिक परिणतियों को पहचान लिया था।

आचार्य शुक्ल ने पाश्चात्य प्रभावों का केवल विरोध ही नहीं किया है, हिंदी साहित्य के विकास में सहायक प्रभावों के रचनात्मक उपयोग की सलाह भी दी है। पाश्चात्य साहित्य चिंतन के सार्थक तत्वों के उचित उपयोग का प्रमाण स्वयं उनके इतिहास और आलोचनात्मक लेखन में देखा जा सकता है। यूरोप के आधुनिक साहित्य में कई साहित्यरूपों का विकास हिंदी से पहले हुआ। साहित्यरूपों के इस विकास का योरप के विभिन्न देशों के सामाजिक विकास, विशेषत: पूंजीवाद के विकास, से गहरा संबंध है। हिंदी में गद्य की विभिन्न विधाओं का उदय और विकास भारतेंदु युग से होता है। आचार्य शुक्ल के सामने हिंदी में गद्य की विभिन्न विधाओं का विकास योरप की तुलना में पिछड़ा हुआ था, इसलिए उन्होंने नाटक, उपन्यास, कहानी, निबंध और आलोचना की उन्नति तथा विकास के संदर्भ में योरप की उन्नत और विकसित गद्य साहित्य की परंपरा से बहुत कुछ सीखते हुए आगे बढ़ने का सुझाव हिंदी लेखकों को दिया। हिंदी के लेखकों से उनकी मांग केवल यह थी कि पाश्चात्य साहित्य की परंपरा से कुछ भी सीखते और ग्रहण करते समय हिंदी साहित्य के जातीयस्वरूप, अपने समकालीन समाज से उसके संबंध

और उसके स्वतंत्र विकास का ध्यान रख कर नए रचनात्मक प्रयत्न होने चाहिए, केवल पश्चिम का अनुकरण नहीं।

इतिहास और आलोचना

आचार्य शुक्ल के इतिहास लेखन की एक बड़ी विशेषता इतिहास और आलोचना की एकता है। उसमें सुनिश्चित आलोचना दृष्टि और निर्भ्रांत साहित्यविवेक का विश्वसनीय व्यवहार है। ऐतिहासिक चेतना और आलोचनात्मक अंतर्दृष्टि के बल पर ही उन्होंने लगभग एक हजार वर्ष की रचनाओं, रचना प्रवृत्तियों, परंपराओं और रचनाकारों का विश्वसनीय मूल्यांकन करते हुए व्यापक पाठक समुदाय के साहित्यविवेक का निर्माण किया। उन्होंने रचना और आलोचना की भारतीय तथा पाश्चात्य परंपराओं के गंभीर अनुशीलन, समकालीन रचनाशीलता के बोध, युग की सामाजिक राजनीतिक चेतना की पहचान और अपने स्वतंत्र चिंतन से एक व्यवस्थित मूल्यदृष्टि और सुसंगत इतिहासदृष्टि विकसित की। इस सुनिश्चित मूल्यदृष्टि और इतिहासदृष्टि के आधार पर ही वे विभिन्न प्रकार की रचनाओं के समुचित मूल्यांकन में सक्षम हो सके। जो लोग मूल्यहीन-दृष्टि को खुली दृष्टि और दृष्टिहीनता को उदार दृष्टिकोण समझते हैं, वे आचार्य शुक्ल की सुनिश्चित दृष्टि को संकीर्ण दृष्टि कहते हैं। शुक्ल जी ने अपनी वस्तुवादी आलोचनादृष्टि और व्यापक जनवादी इतिहासदृष्टि से मध्यकाल और आधुनिककाल के रचनाकारों का जो मूल्यांकन किया है, वह एक दो अपवादों को छोड़ कर आज भी सार्थक है। उन्होंने जायसी के कविव्यक्तित्व को नया जीवन दिया, सूर के काव्यत्व का विश्लेषण किया, तुलसी की महानता स्थापित की और केशव तथा बिहारी की कारीगरी असलियत खोलकर रख दी। उन्होंने भारतेंदु के युगप्रवर्तक व्यक्तित्व और प्रेमचंद की यथार्थवादी रचनाशीलता का उद्‌घाटन करके हिंदी साहित्य की प्रगतिशील और जनवादी परंपरा की पहचान विकसित की।

आचार्य शुक्ल का 'हिंदी साहित्य का इतिहास' मुख्यतः आलोचनात्मक और मूल्यांकनपरक इतिहास है। उसकी सफलता और शक्ति का रहस्य नए तथ्यों की खोज में नहीं है, एक सुनिश्चित आलोचनादृष्टि से रचनाओं और रचनाकारों के सुसंगत मूल्यांकन में है। आचार्य शुक्ल के बाद जो हिंदी साहित्य के इतिहास लिखे गए हैं, उनमें से किसी में केवल परंपराओं की निरंतरता की खोज है तो किसी में घटनाओं, तिथियों, विवरणों, नामों और तथ्यों का दृष्टिहीन अव्यवस्थित अंबार। इन इतिहासों में रचनाओं और रचनाकारों की विशिष्ट सृजनशीलता ही उपेक्षित रह गई है। सामूहिक प्रयास के फलस्वरूप जो इतिहास लिखे गए हैं, उनसे एक नागरी प्रचारिणी सभा से प्रकाशित 'हिंदी साहित्य का वृहत् इतिहास' में सब कुछ

समेटने और सबको शामिल कर लेने के मोह के कारण इतिहासलेखन इतिहास-प्रपंच बन गया है और दूसरे नगेन्द्र द्वारा संपादित इतिहास में इतिहास को अपनी अपनी ओर खींचनेवाले लेखकों ने इतिहासलेखन को दंवरी बना दिया है। किसी सुनिश्चित दृष्टिकोण और सुचिंतित प्रणाली के अभाव में इतिहासलेखन विसंगतियों और विडंबनाओं का पुंज ही बन सकता है। आचार्य शुक्ल के बाद लिखे गए अधिकांश इतिहासग्रंथ यही सिद्ध करते हैं। इससे यह भी सिद्ध होता है कि दृष्टिसंपन्न अच्छा आलोचक ही अच्छा इतिहासलेखक भी होता है।

अंत में आचार्य शुक्ल के इतिहास और आलोचनात्मक लेखन में सक्रिय बुनियादी दृष्टिकोण पर विचार करना जरूरी है, क्योंकि इसके बारे में जितने मुंह, उतनी बातें कही सुनी जाती हैं। आचार्य शुक्ल के इतिहास और आलोचना संबंधी दृष्टिकोण को विधेयवादी, एकांगी समाजशास्त्रीय, वस्तुवादी, विकासवादी, भौतिकवादी, रसवादी, परंपरावादी और ब्राह्मणवादी तक कहा गया है। दिल्ली विश्वविद्यालय की एक गोष्ठी में एक व्यक्ति ने शुक्ल जी के दृष्टिकोण को हेगेलवादी बताया तो दूसरे ने 'जनतांत्रिक क्रांतिकारी' कहा। कुछ लोग स्वाधीनता आंदोलन और शुक्ल जी के चिंतन के संबंध को ध्यान में रख कर उनके दृष्टिकोण को 'राष्ट्रीय क्रांतिकारी' भी कहते हैं।

आचार्य शुक्ल ने अपने दार्शनिक दृष्टिकोण के बारे में जो लिखा है, उस पर भी ध्यान देना जरूरी है। उन्होंने 'रहस्यवाद' नामक लेख में लिखा है कि 'यदि 'वाद' शब्द के बिना किसी पक्ष की पहचान न हो सकती हो तो हमें कहना पड़ेगा कि हमारा पक्ष है 'अभिव्यक्तिवाद' और 'सामंजस्यवाद'।' यह 'अभिव्यक्तिवाद' क्या है ? आचार्य शुक्ल के अनुसार 'अव्यक्त (ब्रह्म) की ही अभिव्यक्ति यह व्यक्तदृश्य जगत है, यही अभिव्यक्तिवाद' है। कविता से इस अभिव्यक्तिवाद को जोड़ते हुए आचार्य शुक्ल ने लिखा है 'कविता का संबंध ब्रह्म की व्यक्त सत्ता से है, चारों ओर फैले हुए गोचर जगत से है, अव्यक्त सत्ता से नहीं। जगत भी अभिव्यक्ति है, काव्य भी अभिव्यक्ति है। जगत अव्यक्त की अभिव्यक्ति है और काव्य इस अभिव्यक्ति की भी अभिव्यक्ति है।' शुक्ल जी ने इसी प्रसंग में यह भी लिखा है कि 'काव्य दृष्टि से यह दृश्य जगत ब्रह्म की नित्य और अनंत कल्पना है, जिसके साथ उसका नित्य हृदय भी लगा हुआ है।'

इस 'अभिव्यक्तिवाद' में भाववाद और भौतिकवाद का संयोग है। आचार्य शुक्ल जगत के स्वरूप को अव्यक्त का व्यक्त रूप समझते हुए उसे भाववादी दृष्टि से देखते हैं, लेकिन समाज, भाषा, साहित्य और इतिहाससंबंधी उनका दृष्टिकोण मुख्यतः वस्तुवादी और भौतिकवादी है। दर्शनिक दृष्टिकोण का भाववाद कभी कभी साहित्यचिंतन को भी प्रभावित करता है। कविता में सभ्यता के आवरणों को हटा कर भावों के मूल रूप और व्यापार को व्यक्त करने की आचार्य शुक्ल की

मांग के पीछे 'अभिव्यक्तिवाद' है और 'सामयिक आंदोलनों की लपेट से अलग हट कर जीवन के नित्य और प्रकृत स्वरूप के भीतर ही लोकमंगल की भावना की व्यंजना' का आग्रह भी अभिव्यक्तिवाद के अनुरूप ही है। काव्य को आनंद की साधनावस्था और आनंद की सिद्धावस्था में बांटने में भी 'अभिव्यक्तिवाद' मौजूद है। आचार्य शुक्ल का 'सामंजस्यवाद' भी भाववाद से पूरी तरह मुक्त नहीं है। आचार्य शुक्ल का 'विरुद्धों का सामंजस्य' 'विरुद्धों की एकता' नहीं है। आचार्य शुक्ल के यहां 'सामंजस्यवाद' का दूसरा नाम 'अभेदवाद' है। यद्यपि आचार्य शुक्ल के साहित्यचिंतन पर कहीं कहीं भाववाद का असर है, लेकिन यह उनके साहित्यचिंतन की प्रधान प्रवृत्ति नहीं है, उनके इतिहास में तो इसका प्रभाव और भी कम है। उनका भाववाद विवेकशील और वस्तुवादी है और साहित्य के इतिहास और आलोचना में कई लोगों के भोंड़े भौतिकवाद से बेहतर साबित होता है।

आचार्य शुक्ल कविता में समाज और जीवन की अभिव्यक्ति को महत्व देते हैं, वे कविता का विश्लेषण और मूल्यांकन करते समय कहीं भी ब्रह्म की अभिव्यक्ति नहीं खोजते, बल्कि रहस्यवाद और आध्यात्मिकता की उपस्थिति पर आपत्ति करते हैं। कविता के स्वरूप और प्रयोजन, विचार और भाव के स्वरूप, जीवनानुभूति और काव्यानुभूति के संबंध तथा साधारणीकरण आदि के बारे में शुक्ल जी की धारणाएं उनकी वस्तुवादी दृष्टि का प्रमाण देती हैं। वे भाषा और साहित्य के इतिहास को जनता के जीवन की वास्तविकताओं और आकांक्षाओं की सापेक्षता में देखते हैं। उनके इतिहास और आलोचना में हर तरह के रूढ़िवाद और रीतिवाद का विरोध है। भारतीय नवजागरण के प्रतिनिधि और हिंदी नवजागरण के अग्रणी साहित्यचिंतक के रूप में उनका मुख्य दृष्टिकोण सामंतवादविरोधी, साम्राज्यवादविरोधी ही नहीं, 'राष्ट्रीय क्रांतिकारी' भी है। राष्ट्रीय मुक्ति और जातीय विकास की भावना से भरपूर उनके साहित्यचिंतन और इतिहासलेखन का ज्ञान इन उद्देश्यों को पूरा करने में लगे हुए लोगों के विशेष महत्वपूर्ण है। आचार्य शुक्ल के चिंतन की सीमाएं उस काल के इतिहास की दी हुई सीमाएं हैं, लेकिन उनका अपना मौलिक योगदान उन सीमाओं से अधिक शक्तिशाली है और वही हमारे काम का है।

7

परंपराओं की निरंतरता का अनुशीलन

हजारीप्रसाद द्विवेदी की इतिहासदृष्टि

आचार्य रामचंद्र शुक्ल के बाद हिंदी साहित्य के सर्वाधिक महत्वपूर्ण इतिहासकार आचार्य हजारीप्रसाद द्विवेदी हैं। आचार्य शुक्ल के बाद हिंदी में कामचलाऊ इतिहासकार और आलोचक बन जाना सरल है, लेकिन सार्थक और नया इतिहासकार या आलोचक बनना कठिन है। आचार्य शुक्ल ने भारतीय और पाश्चात्य रचना तथा आलोचना की परंपराओं के गंभीर ज्ञान, स्वतंत्र चिंतन, गहरी कलात्मक संवेदनशीलता, सामाजिक चेतना और वस्तुनिष्ठ दृष्टि के आधार पर एक सुनिश्चित मूल्यव्यवस्था और मूल्यांकन की पद्धति का विकास किया। उन्होंने अपने निर्भ्रांत साहित्यविवेक और हिंदी साहित्य के विकास की गति की अचूक पहचान के कारण आधुनिक हिंदी आलोचना की प्रगतिशील परंपरा का सूत्रपात किया और हिंदी साहित्य के इतिहासलेखन का एक 'पक्का और व्यवस्थित ढांचा' निर्मित किया। आचार्य रामचंद्र शुक्ल द्वारा निर्मित आलोचना की परंपरा और साहित्य के इतिहास के व्यवस्थित ढांचे का विकास वही व्यक्ति कर सकता है जो अपने समय के समाज और साहित्य की प्रगति की आवश्यकताओं के अनुरूप नई सामाजिक चेतना, कलात्मक संवेदनशीलता, स्वतंत्र चिंतन और इतिहास के विकास की दिशा की पहचान वस्तुवादी दृष्टि के आधार पर कर सके और उससे मूल्यांकन की नई पद्धति का विकास कर सके। जो इतिहासकार अपनी नई मूल्यव्यवस्था और मूल्यांकन की पद्धति के कुशल व्यवहार द्वारा हिंदी साहित्य की परंपराओं का नया मूल्यांकन कर सकता है और हिंदी साहित्य के भावी विकास की सही दिशा का संकेत दे सकता है, वही सार्थक नए इतिहासलेखन का काम कर सकता है। परंपरा के बोध, स्वतंत्र चिंतन, गहरी सामाजिक संवेदनशीलता और निर्भ्रांत साहित्यविवेक के अभाव में उत्साही आलोचकों और इतिहासकारों के हाथों में पड़कर आचार्य शुक्ल की आलोचना की परंपरा और इतिहास के ढांचे के दुहराए जाने या बिगड़ने की ही संभावना अधिक है, विकास की कम। आचार्य

शुक्ल के बाद, आचार्य हजारीप्रसाद द्विवेदी को छोड़कर, हिंदी साहित्य के इतिहासलेखन के जो प्रयास हुए हैं वे इसके प्रमाण हैं। साहित्य के इतिहासलेखन में कुछ तिथियां और तथ्यों को घटाबढ़ा देना या कमोबेश 'कविकीर्त्तन' करना नया इतिहास लिखना नहीं है। इतिहासलेखन का नयापन विस्मृत परंपराओं की खोज करने, परंपराओं को पुनर्व्यवस्थित करने और उनका नया मूल्यांकन करने में प्रकट होता है। आचार्य हजारीप्रसाद द्विवेदी ने यह महत्वपूर्ण काम किया है। आचार्य हजारीप्रसाद द्विवेदी के इतिहासलेखन का प्रयास परंपरा के पुनर्मूल्यांकन और नए विकास की संभावनाओं की ओर संकेत करने के कारण ही आचार्य रामचंद्र शुक्ल के बाद हिंदी साहित्य के इतिहासलेखन की दिशा में एक सार्थक और नया प्रयास माना जाता है।

साहित्य के इतिहासलेखन के लिए कुछ आवश्यक मूल तत्व होते हैं। ये मूलतत्व हैं : साहित्य, संस्कृति, परंपरा, इतिहास, मनुष्य, भाषा और साहित्य का इतिहास। साहित्य के इतिहास के इन आधारभूत तत्वों के बारे में जब तक कोई इतिहासकार अपनी नयी धारणाएं विकसित नहीं करता तब तक वह सार्थक नए इतिहासलेखन का काम नहीं कर सकता। जो इतिहास लेखक इन बातों पर व्यवस्थित रूप से विचार नहीं करते हैं उनके इतिहासलेखन में भी इनके बारे में इतिहासकार की अपनी धारणाएं निहित या प्रकट होती हैं। इतिहासलेखन की विभिन्न प्रणालियों का बुनियादी अंतर इन मूल तत्वों के बारे में धारणाओं के अंतर की ही अभिव्यक्ति है। आचार्य द्विवेदी ने साहित्येतिहास से संबंधित इन मूल तत्वों पर गंभीरता से स्वतंत्र चिंतन किया है। इसलिए द्विवेदी जी की इतिहासदृष्टि को समझने के लिए इन आधारभूत तत्वों के बारे में उनकी धारणाओं को समझना जरूरी है।

साहित्य की धारणा

साहित्येतिहास की धारणा का साहित्य की धारणा से गहरा संबंध है। साहित्येतिहासलेखन की विभिन्न प्रणालियों में बुनियादी अंतर साहित्य संबंधी धारणाओं के कारण प्रकट होता है। इतिहासलेखन में इतिहासकार की साहित्य संबंधी धारणा का विकास और विस्तार होता है। क्या इस बात में किसी विवाद की संभावना है कि जो इतिहासकार साहित्य को 'जनता की चित्तवृत्ति का प्रतिबिंब' मानता है उसका इतिहासलेखन उस व्यक्ति से भिन्न होगा जो साहित्य को आत्माभिव्यक्ति मानता है ? जो साहित्यविचारक साहित्य को समाजनिरपेक्ष और पूर्ण स्वायत्त मानते हैं तथा साहित्यानुशीलन का उद्देश्य भाषानिष्ठ साहित्यिकता की खोज समझते हैं उनकी इतिहासदृष्टि ऐसे साहित्य विचारकों से पूर्णतया भिन्न होती है जो साहित्य की समाजसापेक्ष स्थिति को स्वीकार करते हैं और साहित्यानुशीलन

के दौरान साहित्य की सामाजिकता की खोज पर बल देते हैं। कहने का तात्पर्य यह है कि वस्तुवादी और भाववादी या मार्क्सवादी और रूपवादी लेखकों की इतिहासदृष्टि के निर्माण में साहित्यसंबंधी उनकी धारणाओं की निर्णायक भूमिका होती है।

आचार्य द्विवेदी साहित्य को केवल आत्माभिव्यक्ति या शब्द सृष्टि नहीं मानते। वे कहते हैं कि 'साहित्य की साधना निखिल विश्व के साथ एकत्व अनुभव करने की साधना है' (साहित्य सहचर, पृष्ठ 6)। निखिल विश्व के साथ एकत्व अनुभव करने का रूप क्या है ? द्विवेदी जी कहते हैं कि 'साहित्यिक कृतियां हमें सुखदुख की व्यक्तिगत संकीर्णता और दुनियावी झगड़ों से ऊपर ले जाती हैं, और संपूर्ण मनुष्यजाति के और भी आगे बढ़कर प्राणिमात्र के दुखशोक, रागविराग, आह्लादआमोद को समझने की सहानुभूतिमय दृष्टि देती हैं' (साहित्य सहचर, पृ. 2)। यहां हम देख सकते हैं कि आचार्य हजारीप्रसाद द्विवेदी की साहित्य की धारणा कलावादियों और व्यक्तिवादियों से कितनी अलग है। उनकी यह धारणा आचार्य रामचंद्र शुक्ल की साहित्य की धारणा के काफी करीब है। आचार्य रामचंद्र शुक्ल ने लिखा है : 'कविता मनुष्य के हृदय को व्यक्तिगत संबंध के संकुचित मण्डल से ऊपर उठाकर लोक सामान्य भावभूमि पर ले जाती है, जहां जगत के नाना रूपों और व्यापारों के साथ उसके प्रकृत सौंदर्य का रूप दिखाई पड़ता है' (चिंतामणि भाग 1, पृ० 46)। आचार्य शुक्ल काव्य में लोकमंगल की साधना को विशेष महत्व देते हैं तो आचार्य द्विवेदी के लिए भी साहित्य सामाजिक मंगल का विधायक है। द्विवेदीजी ने साहित्य की सामाजिक सत्ता और प्रयोजनीयता की ओर बार बार संकेत किया है।

साहित्य सौंदर्य की अभिव्यक्ति करता है और सौंदर्य की सृष्टि भी। साहित्य में व्यक्त और सर्जित सौंदर्य रचनाकार की आत्मा का सौंदर्य है, या बाहर के जगत से, समाज से भी उसका कोई संबंध है ? आचार्य हजारीप्रसाद द्विवेदी बाह्य जगत से आंख मूंदकर आंतरिक सौंदर्य की उपासना करने के बदले रचनाकारों को समाज और जीवन के साक्षात्कार की सलाह देते हैं। उन्होंने लिखा है : 'साहित्य के उपासक अपने पैर के नीचे की मिट्टी की उपेक्षा नहीं कर सकते। हम सारे बाह्य जगत को असुंदर छोड़कर सौंदर्य की सृष्टि नहीं कर सकते। बाह्य असुंदरता के 'ढूह' में खड़े होकर आंतरिक सौंदर्य की उपासना नहीं हो सकती। निरन्न निर्वसन जनता के बीच खड़े होकर आप परियों के सौंदर्यलोक की कल्पना नहीं कर सकते।' (अशोक के फूल, 184-85)। द्विवेदीजी की इस धारणा के अनुसार वही सौंदर्य का सच्चा साधक रचनाकार माना जायेगा जो अपने आसपास के सामाजिक यथार्थ को आंख खोलकर देखे, उसकी असलियत को पहचाने और 'सचेत परिवर्तनेच्छा' (ये शब्द द्विवेदी जी के हैं) से संचालित होकर अपनी रचना में सौंदर्य की सृष्टि

और अभिव्यक्ति करे।

साहित्य की सामाजिक सत्ता असंदिग्ध है लेकिन रचना में रचनाकार के आत्मगत प्रयास की भी महत्वपूर्ण भूमिका होती है। रचनाकार के आत्मगत प्रयास को ही रचना के संदर्भ में सब कुछ माननेवाले लोग रचना को रचनाकार की व्यक्तिगत प्रतिभा की ही देन कहते हैं। क्या यह प्रतिभा नितांत वैयक्तिक होती है ? द्विवेदीजी कहतेहैं —'यह सत्य है कि वह (साहित्य) व्यक्तिविशेष की प्रतिभा से ही रचित होता है, किंतु और भी अधिक सच यह है कि प्रतिभा सामाजिक प्रगति की ही उपज है।' (विचार-वितर्क, 278) द्विवेदी जी की स्पष्ट राय है कि 'प्रतिभा पूर्ण रूप से वैयक्तिक नहीं है। समाज की सामूहिक पहुंच को ही व्यक्ति-विशेष की प्रतिभा सूचित करती है।' (विचार-वितर्क, 273)

साहित्य का नया इतिहास साहित्य की विकासशील परंपरा का नया मूल्यांकन करता है। नए मूल्यांकन के लिए नए मूल्यों की आवश्यकता होती है। वे धन्य हैं जो बिना किसी नई मूल्यदृष्टि के ही पुराने रचनाकारों और रचनाओं के नए मूल्यांकन या पुनर्मूल्यांकन में जुटे रहते हैं। विचार की बात यह है कि नए मूल्यांकन के लिए आवश्यक नए मूल्य कहां से प्राप्त होते हैं। नए मूल्य समकालीन समाज और समकालीन रचनाशीलता से विकसित होते हैं। आचार्य द्विवेदी उन लोगों में से नहीं हैं जो साहित्य को साहित्येतर मूल्यों के स्पर्श से बनाए रखना चाहते हैं। साहित्यसंबंधी मूल्यों का मूलस्रोत समकालीन समाज ही होता है। द्विवेदीजी ने लिखा है, 'साहित्य की मान्यताएं जीवन की मान्यताओं से विच्छिन्न नहीं होतीं। नई परिस्थितियों में जब मनुष्य नए अनुभव प्राप्त करता है तो जागतिक व्यापारों और मानवीय आचारों तथा विश्वासों के मूल्य उसके मन में घट या बढ़ जाते हैं। सभी मानों के मूल में कुछ पुराने संस्कार और नए अनुभव होते हैं।' (विचार-वितर्क, 101)। संस्कार और अनुभव, परंपरा और विवेक का द्वंद्व सामाजिक मूल्यों के विकास के मूल में होता है और साहित्यिक मूल्यों के विकास के मूल में भी। सार्थक नया इतिहासकार वही होता है जो साहित्यक्षेत्र के मूल्यों के मूल स्रोत को सामाजिक जीवन के मूल्यों में परिलक्षित करता है। साहित्य का नया इतिहास केवल साहित्य के लिए ही नहीं लिखा जाता, वह समाज के लिए भी लिखा जाता है। समाज में परिवर्तन होता है, विकास होता है तो जीवनमूल्य भी बदलते हैं और नए विकसित होते हैं। जीवनमूल्यों के बदलाव और विकास का प्रभाव साहित्य के मूल्यों और मूल्यांकन पर पड़ता है। ऐसी स्थिति में कुछ रचनाकारों का मूल्य बढ़ जाता है, वे अधिक लोकप्रिय हो जाते हैं और कुछ का मूल्य घट जाता है। आजकल पश्चिम में रचनाओं के पाठकीय ग्रहण, आस्वादन और मूल्यांकन के परिवर्तन की प्रक्रिया का अध्ययन करके साहित्य के इतिहासलेखन का प्रयास हो रहा है। आचार्य द्विवेदी हिंदी में इसकी ओर सार्थक संकेत करनेवाले पहले व्यक्ति

हैं। द्विवेदी जी ने लिखा है कि समाजव्यवस्था और सामाजिक जीवन के मूल्यों के परिवर्तन से 'साहित्य की प्रकाश भंगिमा में ही अंतर नहीं आया है, उसके आस्वादन के तौरतरीकों में भी फर्क पड़ा है। साहित्य के जिज्ञासुओं को इन परिवर्तित और परिवर्तमान मूल्यों की ठीकठीक जानकारी नहीं हो तो वह बहुत सी बातों के समझने में गलती कर सकते हैं।' इस प्रकार सामाजिक परिवर्तन का साहित्यिक परिवर्तन से और सामाजिक मूल्यों के परिवर्तन का साहित्यिक मूल्यों के परिवर्तन से गहरा संबंध प्रकट होता है। साहित्य की दुनिया को व्यापक सामाजिक दुनिया से स्वतंत्र मानकर उसकी विकासप्रक्रिया और मूल्यांकन के प्रयत्न सार्थक इतिहासलेखन में सहायक नहीं हो सकते।

संस्कृति आर साहित्य

साहित्य के इतिहासलेखन के संदर्भ में दूसरी महत्वपूर्ण धारणा संस्कृति की है। जो इतिहासकार साहित्य की विशुद्धता और स्वायत्तता का विश्वासी होगा वह साहित्य की विकासप्रक्रिया को व्यापक सांस्कृतिक विकास के साथ रखकर देखना अनावश्यक समझेगा। लेकिन जो इतिहासकार साहित्य और समाज के अनिवार्य संबंध को स्वीकार करता है वह साहित्य की रचना को व्यापक सांस्कृतिक व्यवहार का अंग मानता है और साहित्य के विकास को समाज की व्यापक सांस्कृतिक विकास-प्रक्रिया के अंग के रूप में देखता है। इस संदर्भ में एक दूसरी महत्वपूर्ण बात यह है कि समाज के सांस्कृतिक विकास में अभिजन की सांस्कृतिक परंपरा और जनसंस्कृति की परंपरा के अंतर का ज्ञान भी साहित्य के इतिहासकार के लिए आवश्यक होता है। अभिजन की संस्कृति को समाज की प्रामाणिक संस्कृति माननेवाला आलोचक और इतिहासकार साहित्य के विकास में भी उसी की अभिव्यक्ति की खोज करेगा और इस प्रकार वह जनसंस्कृति के रचनात्मक रूपों की उपेक्षा करेगा। लेकिन जो इतिहासकार जनसंस्कृति को ही समाज की वास्तविक, जीवंत और विकासशील संस्कृति मानता है वह साहित्य के विकास में जनसंस्कृति की महत्व-पूर्ण भूमिका की खोज और मूल्यांकन का आवश्यक काम करता है।

आचार्य हजारीप्रसाद द्विवेदी के अनुसार साहित्य गतिशील सांस्कृतिक प्रवाह का अंग है। द्विवेदीजी यह मानते हैं कि सामाजिक विकास से सांस्कृतिक विकास जुड़ा हुआ है और सांस्कृतिक विकास से साहित्य का विकास। समाज, संस्कृति और साहित्य की विकासप्रक्रियाओं के आपसी संबंध के स्वरूप को समझे बिना साहित्य के इतिहासलेखन का महत्वपूर्ण दायित्व पूरा नहीं हो सकता। आचार्य द्विवेदी ने समाज, संस्कृति और साहित्य के विकास के आपसी संबंध के बारे में जिस धारणा का विकास किया है वह आधुनिक और वैज्ञानिक है।

आचार्य द्विवेदी संस्कृति को विशुद्ध और शाश्वत नहीं मानते। उनके अनुसार

सामाजिक परिवर्तन के साथ साथ संस्कृति भी बदलती है। मानवसमाज अपने परिवेश, पुराने संस्कारों, रूढ़ियों और तरह तरह के विरोधी तत्वों से संघर्ष करता हुआ जीवंत तत्वों को स्वीकार करके आगे बढ़ता है और नई संस्कृति का निर्माण भी करता है। द्विवेदीजी ने लिखा है : 'मनुष्य की जीवनीशक्ति बड़ी निर्मम है, वह सभ्यता और संस्कृति के वृथा मोहों को रौंदती चली आ रही है, संघर्षों से मनुष्य ने नई शक्ति पाई है। हमारे सामने समाज का आज जो रूप है वह न जाने कितने ग्रहण और त्याग का रूप है। देश और जाति की विशुद्ध संस्कृति केवल बात की बात है।' (अशोक के फूल, 13)। द्विवेदीजी मानवसमाज की, संघर्ष के माध्यम से विकसित होनेवाली इसी जीवनीशक्ति की विकासकथा को सामने लाना साहित्य के इतिहास का उद्देश्य मानते हैं। समाज और जाति की संस्कृति का इतिहास रूढ़ियों के त्याग और जीवंत तत्वों के ग्रहण के सहारे विकसित होता है। संस्कृति को इतने व्यापक अर्थों में ग्रहण करनेवाले आचार्य हजारीप्रसाद द्विवेदी जनसंस्कृति को ही समाज की वास्तविक और जीवंत संस्कृति मानते हैं। वे साहित्य के इतिहास में जनसंस्कृति के अध्ययन की आवश्यकता महसूस करते हैं। द्विवेदीजी ने 'मेरी जन्म-भूमि' शीर्षक निबंध में 'गांव की सांस्कृतिक पैमाइश' करते हुए जनजीवन में विभिन्न रूपों में व्यक्त अव्यक्त सांस्कृतिक तत्वों की खोज की है। उन्होंने लिखा है कि 'साहित्य के इतिहास में इन सांस्कृतिक चिह्नों (गांव में मिलनेवाले) की कोई चर्चा न आना क्षोभ का ही विषय है। हमारी भाषा में इनकी स्मृति है, हमारे जीवन में इनका पद-चिह्न है। हमारी चिंताधारा में इनका कोई स्थान होगा ही नहीं, यह कैसे मान लूं।' (अशोक के फूल, पृ. 40)। साहित्य के इतिहास को व्यापक सांस्कृतिक इतिहास के अंग के रूप में देखनेवाला यह व्यापक दृष्टिकोण हिंदी साहित्य के इतिहास दर्शनसंबंधी चिंतन के क्षेत्र में द्विवेदीजी की नई देन है। द्विवेदीजी की इस इतिहासदृष्टि का व्यावहारिक रूप 'हिंदी साहित्य की भूमिका' और 'कबीर' में दिखाई देता है।

परंपरा की धारणा

साहित्य के इतिहास में संस्कृति से जुडी हुई तीसरी महत्वपूर्ण धारणा परंपरा की है। इतिहासकार साहित्य और संस्कृति की अपनी धारणाओं के अनुसार परंपरा की खोज और उसके मूल्यांकन का काम करता है। जनसंस्कृति की उपेक्षा करनेवाली इतिहासदृष्टि परंपरा की खोज में भी अभिजन की सांस्कृतिक और साहित्यिक परंपराओं को महत्व देती है। इसके विपरीत साहित्य और संस्कृति की जनवादी दृष्टि जनजीवन से जुड़ी सांस्कृतिक और साहित्यिक परंपराओं के मूल्यांकन का प्रयत्न करती है। परंपरा की विशुद्धतावादी धारणा से भी साहित्य के इतिहासलेखन में अनेक प्रकार की गड़बड़ियां पैदा होती हैं। हिंदी साहित्य के

इतिहासलेखन के अनेक प्रयासों में यह स्थिति दिखाई देती है । इसके अतिरिक्त जो इतिहासकार वर्तमान और भविष्य की रचनाशीलता की बलिवेदी पर परंपरा को प्रतिष्ठित करने का प्रयास करते हैं वे साहित्य के विकास में बाधक सिद्ध होते हैं और इतिहासलेखन के दायित्व का ठीक से निर्वाह नहीं कर पाते। जीवंत परंपरा को रूढ़ि से अलगाने का विवेक भी इतिहास लेखक में होना जरूरी है अन्यथा वह परंपरा के नाम पर रूढ़ि का समर्थन करते हुए साहित्य के विकास को दिग्भ्रमित करने का अपराध कर सकता है।

सामान्यत: भारतीय संस्कृति और साहित्य तथा विशेष रूप से हिंदी साहित्य के संदर्भ में द्विवेदीजी परंपरा को अविभाज्य, अखंड, विशुद्ध और एक नहीं मानते । उनका मत है कि भारतीय संस्कृति और साहित्य में भारतीय समाज की तरह ही अनेक संस्कृतियों और साहित्यों की परंपराओं का मिलाजुला विकास हुआ है । भारतीय संस्कृति और साहित्य की परंपराओं पर विचार करते हुए वे बार बार गंगा नदी को याद करते हैं और संस्कृति, साहित्य और परंपरा के विकासशील स्वरूप को समझने समझाने के लिए चिंताधारा, प्राणधारा और जीवन प्रवाह जैसे पदों का प्रयोग करते हैं। द्विवेदीजी अतीत के ऐसे प्रेमी नहीं हैं कि उसकी कमजोरियों को पहचान न सकें । 'अशोक के फूल' निबंध में प्राचीन भारतीय संस्कृति और साहित्य में अशोक के वृक्ष और अशोक के फूल की गौरवगाथा की लंबी चौड़ी चर्चा के बाद द्विवेदी जी इस निष्कर्ष पर पहुंचते हैं कि 'अशोक का वृक्ष जितना भी मनोहर हो, जितना भी रहस्यमय हो, जितना भी अलंकारमय हो, परंतु है वह उस विशाल सामंत सभ्यता की परिष्कृत रुचि का ही प्रतीक जो साधारण प्रजा के परिश्रमों पर पली थी, उसके रक्त के ससार कणों को खाकर बड़ी हुई थी और लाखों करोड़ों की उपेक्षा से जो समृद्ध हुई थी ।' (अशोक के फूल, पृ. 13) । यहां द्विवेदीजी सामंती सभ्यता की परिष्कृत रुचि और सौंदर्यबोध के प्रतीक अशोक के फूल के मनोहर, रहस्यमय और अलंकृत रूप पर मोहित नहीं होते, वे सामंती सभ्यता के मानवविरोधी रूप को पहचान लेते हैं। यह उनकी सामान्य जनता से सहानुभूति रखनेवाली इतिहासदृष्टि का प्रमाण है।

द्विवेदीजी परंपरा को सनातन मानने के विरोधी हैं, हर बात और हर वस्तु के मूल को वेद में खोजने के भी विरोधी हैं। परंपरा के प्रति अंध श्रद्धा का एक रूप परंपरा को विशुद्ध और एक विशेष प्रकार की विचारधारा का ही पोषण मानने में प्रकट होता है और दूसरा, हर प्रकार के बाहरी प्रभाव को अछूत समझने में। द्विवेदीजी ने इन दोनों प्रकार की मनोवृत्तियों का खंडन करते हुए लिखा है कि 'आए दिन श्रद्धापरायण आलोचक यूरोपीय मतवादों को धकिया देने के लिए भारतीय आचार्य विशेष का मत उद्धृत करते हैं और आत्मगौरव के उल्लास में घोषित कर देते हैं कि 'हमारे यहां' यह बात इस रूप में मानी या कही गई है।

यह रास्ता गलत है। प्रत्येक बात में ऐसे बहुत से मत पाए जाते हैं जो परस्पर एक दूसरे के विरुद्ध पड़ते हैं।' (हिन्दी साहित्य की भूमिका, पृ. 105)। द्विवेदी जी हर प्रकार के बाहरी या विदेशी प्रभाव से परहेज करने की सलाह नहीं देते, लेकिन वे अंधानुकरण का समर्थन भी नहीं करते। वे परंपरा और रूढ़ि में अंतर करते हैं और रूढ़ि के वृथा मोह से मुक्त होने की सलाह देते हैं। द्विवेदीजी परंपरा को 'आधुनिक और वैज्ञानिक चित्त' से देखने की सिफारिश करते हैं, 'पुराने चित्त' से नहीं। अतीत के वृथा मोह से मुक्त द्विवेदीजी की भविष्योन्मुखी इतिहासदृष्टि परंपरागत और नए अनुभव के द्वंद्व से उत्पन्न इतिहासविवेक को साहित्य के इतिहासलेखन के लिए महत्वपूर्ण मानती है।

समाज का इतिहास आर साहित्य

साहित्य का इतिहास समाज के इतिहास से पूरी तरह स्वतंत्र और विच्छिन्न नहीं होता, इसलिए साहित्य के इतिहास के इतिहासकार को समाज के इतिहास के बोध और वैज्ञानिक धारणा की आवश्यकता होती है। समाज के इतिहास के बोध और वैज्ञानिक धारणा के अभाव में साहित्य और समाज के संबंध का ठीक-ठीक बोध कठिन होगा। समाज के इतिहास की कोई धारणा न होने पर साहित्य का इतिहासकार साहित्यशास्त्र को अंधे की लाठी की तरह पकड़कर अनुमान और अटकलबाजी के कदमों से साहित्य के इतिहास की यात्रा करने का प्रयास करता है। यह समझना बहुत मुश्किल नहीं है कि ऐसी यात्रा के कैसे परिणाम हो सकते हैं।

द्विवेदीजी ने समाज के इतिहास के बारे में विस्तार से नहीं लिखा है, लेकिन उनकी पुस्तकों और विभिन्न निबंधों में व्यक्त इतिहाससंबंधी विचारों में उनकी प्रगतिशील इतिहासदृष्टि प्रकट होती है। द्विवेदीजी जीवनजगत को देखने की ऐतिहासिक दृष्टि को आधुनिक युग की एक मुख्य विशेषता मानते हैं। वे इतिहास को अतीत की कथा या व्यतीत का विवरण नहीं मानते। वे इतिहास को एक जीवंत शक्ति मानते हैं जिसमें मानवसमाज की जिजीविषा प्रकट होती है। वे इतिहास को स्थिर, स्थायी और जड़ भी नहीं मानते, उसे मनुष्यजीवन का अखंड प्रवाह कहते हैं। द्विवेदीजी के अनुसार इतिहास मानवसमाज के संघर्ष और विकास की कथा है। इसलिए वह केवल राजाओं और महाराजाओं की जीवनगाथा नहीं है। इतिहास जनता के संघर्ष और विकास का सूचक है। द्विवेदीजी ने लिखा है कि 'इतिहास जीवंत मनुष्य के विकास की जीवनकथा होता है, जो कालप्रवाह से नित्य उद्घाटित होते रहने वाली नवनव घटनाओं और परिस्थितियों के भीतर से मनुष्य की विजययात्रा का चित्र उपस्थित करता है, और जो काल के पर्दे पर होनेवाले नए नए दृश्यों को हमारे सामने सहज भाव से उद्घाटित करता रहता है।' (हिंदी साहित्य का आदिकाल, पृ. 78)। साहित्य और समाज की

विकासप्रक्रिया की एक बुनियादी विशेषता यह है कि वह संघर्ष और परिवर्तन के माध्यम से आगे बढ़ती है। साहित्य और संस्कृति में मानवसमाज के संघर्ष की ही अभिव्यक्ति होती है। साहित्य का इतिहास संघर्षों से संचालित साहित्य में हुए परिवर्तनों और विकास को उपस्थित करता है। इतिहास की नायकोन्मुखी धारणा का खंडन करनेवाली यह जनोन्मुखी इतिहासदृष्टि है। द्विवेदीजी की इतिहास-संबंधी भविष्योन्मुखी दृष्टि समाज के इतिहास की उनकी जनोन्मुखी दृष्टि से जुड़ी हुई है।

मानवतावादी दृष्टि

किसी भी व्यक्ति को आश्चर्य हो सकता है कि साहित्य के इतिहासलेखन में मनुष्य के बारे में इतिहासकार की धारणा की चर्चा की क्या जरूरत है? यह बात हम सब जानते हैं कि साहित्य, संस्कृति, परंपराएं और इतिहास के निर्माण और विकास का कारण तथा लक्ष्य मनुष्य ही है। लेकिन इतिहास लिखते समय जब कुछ लोग मनुष्य को भुला देते हैं तो अमानवीय इतिहासलेखन होने लगता है। संरचनावादी इतिहास-लेखन या 'नामहीन कला का इतिहासदर्शन' में यही स्थिति दिखाई पड़ती है। ऐसे इतिहासलेखन में इतिहास का निर्माता मनुष्य इतिहास से गायब हो जाता है, वह अपने ही बनाए हुए इतिहास का शिकार हो जाता है। जिस तरह पूंजीवादी समाज-व्यवस्था में आर्थिकसामाजिक नियम मनुष्य से अधिक महत्वपूर्ण हो जाते हैं तथा मनुष्य की सृजनशीलता इन नियमों का शिकार हो जाती है, वैसे ही पूंजीवादी विचारधारा के इतिहासलेखकों के लिए इतिहास में मनुष्य की महत्ता और सार्थकता की प्रतिष्ठा अनावश्यक हो जाती है। ऐसी स्थिति में इतिहासलेखन में मनुष्य की महत्ता और सार्थकता को स्वीकार करनेवाला विचारक पूंजीवाद की मानवविरोधी विचारधारा का विरोधी माना जाएगा।

आचार्य हजारीप्रसाद द्विवेदी समाज और साहित्य के इतिहास का मुख्य विषय मनुष्य को ही मानते हैं। उन्होंने लिखा है कि 'वास्तव में हमारे अध्ययन की सामग्री प्रत्यक्ष मनुष्य है। आपने इतिहास में इसी मनुष्य की धारावाहिक जययात्रा की कहानी पढ़ी है, साहित्य में इसी के आवेगोंउद्वेगों और उल्लासों का स्पंदन देखा है, राजनीति में इसकी लुकाछिपी के खेल का दर्शन किया है, अर्थशास्त्र में इसकी रीढ़ की शक्ति का अध्ययन किया है।' (अशोक के फूल, पृ. 180)।

द्विवेदीजी का विचार है कि मनुष्य ही साहित्य और उसके अध्ययन का वास्तविक लक्ष्य है। वे मनुष्य से अधिक न तो परंपरा को महत्व देते हैं और न इतिहास को। साहित्य का इतिहास इस बात का साक्षी है कि विरोधी विचारों, परिस्थितियों और शक्तियों से संघर्ष करता हुआ मनुष्य आगे बढ़ता है और इस विकास के दौरान उसकी मनुष्यता का जो विकास होता है वह साहित्य में प्रकट

होता है। द्विवेदीजी ने लिखा है—'साहित्यिक का कर्त्तव्य है कि वह किसी प्रथा को चिरंतन न समझे, किसी रूढ़ि को दुर्विजेय न माने, और आज की बननेवाली रूढ़ियों को भी त्रिकाल सत्य न माने। इतिहासविधाता का स्पष्ट इंगित इसी ओर है कि मनुष्य में जो मनुष्यता है, जो उसे पशुता से अलग कर देती है, वही आराध्य है। क्या साहित्य और क्या राजनीति, सबका एकमात्र लक्ष्य इसी मनुष्यता की सर्वांगीण उन्नति है।' द्विवेदी का इतिहास विधाता और कोई नहीं, जनता ही है। उसके सामाजिक संघर्ष और विकास के बीच से ही मनुष्यता का विकास होता है, साहित्य और उसके इतिहास का निर्माण होता है। मनुष्यता के इस विकास की उपेक्षा करके साहित्य का इतिहास नहीं लिखा जा सकता। द्विवेदी जी मनुष्य की जीवनीशक्ति में, उसकी विजययात्रा में अपनी अटूट आस्था प्रकट करते हैं और इतिहास, संस्कृति, आदि में इसी की अभिव्यक्ति देखने की कोशिश करते हैं। यही कारण है कि द्विवेदी जी साहित्य के इतिहास को मानवता की प्रगति के अनुसंधान और मनुष्य की पहचान विकसित करने का साधन मानते हैं।

भाषा और इतिहास

साहित्य और भाषा का जितना अविभाज्य संबंध है उतना ही साहित्य के इतिहास और भाषा के इतिहास का भी। भाषा के इतिहास को समाज के विकास के साथ जोड़कर देखा जाए तो भाषा के इतिहास के साथ साथ समाज और संस्कृति का इतिहास भी सामने आएगा। लेकिन यह तभी संभव होगा जब भाषा के उदय और विकास को सामाजिक विकास की प्रक्रिया के अंतर्गत रखकर समझा जाए, न कि वैज्ञानिकता के नाम पर भाषा के सामाजिक ऐतिहासिक स्वरूप को छोड़कर केवल उसके समकालिक रूप पर विचार किया जाए। साहित्य की भाषा में भाषा की सामाजिकता के साथ साथ साहित्यकार की निजी सृजनशीलता भी प्रकट होती है। साहित्य के इतिहासकार को साहित्य की भाषा के इन दोनों पक्षों पर विचार करना जरूरी है। साहित्य के इतिहास और भाषा के इतिहास के महत्वपूर्ण संबंध की समस्या का सामना हिंदी साहित्य के प्रत्येक इतिहासकार को करना पड़ता है। हिंदी साहित्य के इतिहास की एक समस्या यह है कि उसका आरंभ कब से माना जाए? हिंदी भाषा के इतिहास से हिंदी साहित्य के इतिहास के संबंध से जुड़ी हुई दूसरी समस्या एक और भी है जिसकी ओर रामविलास शर्मा ने संकेत किया है। उनका कहना है कि हिंदी की अनेक बोलियों में समृद्ध साहित्य रचा गया है। क्या हिंदी की समस्त बोलियों और उपभाषाओं—अवधी, ब्रजभाषा, मैथिली, राजस्थानी आदि—के साहित्य को हिंदी साहित्य के इतिहास में शामिल किया जा सकता है या नहीं? एक तीसरी समस्या यह है कि दकनी हिंदी, फारसी लिपि में लिखी हुई हिंदी, अरबी फारसी मिश्रित हिंदी यानि उर्दू के साहित्य को हिंदी साहित्य के

इतिहास में शामिल किया जाए या नहीं। (आचार्य रामचन्द्र शुक्ल और हिंदी आलोचना, 84-85)। हिंदी साहित्य के इतिहास से संबद्ध इन समस्याओं का समुचित हल तभी निकल पाएगा जब हिंदी भाषा और उसकी बोलियों के विकास का इतिहास हिंदीभाषी प्रदेशों की जनता के सामाजिक और सांस्कृतिक इतिहास के साथ जोड़कर देखा और समझा जाए। इस प्रकार भाषा और उसके इतिहास के बारे में साहित्य के इतिहासकार की दृष्टि और सजगता की उपेक्षा नहीं की जा सकती। आचार्य हजारीप्रसाद द्विवेदी ने अपने इतिहासलेखन और अनेक निबंधों में भाषा के स्वरूप, साहित्य से उसके संबंध, उसकी सामाजिकता और उसकी विकासशीलता पर विचार किया है। अपने इतिहासलेखन के दौरान द्विवेदी जी ने हिंदी भाषा के विकास तथा उसके जातीय स्वरूप का उद्‌घाटन भी किया है।

आचार्य द्विवेदी भाषा को सामाजिक संबंधों का प्रतीक मानते हैं। द्विवेदी जी ने इस सूत्र की व्याख्या करते हुए लिखा है कि 'शब्द हमारी सामाजिक भावनाओं का प्रतिनिधित्व करते हैं। प्रत्येक शब्द किसी अर्थ का प्रतिनिधि होता है। और इन विशेष अर्थों के लिए चुनना हमारी उस अंतर्वैयक्तिक सामान्य सत्ता के प्रति निष्ठा का सबूत है जिसके बिना व्यक्ति या समाज का विकास संभव ही न होता। शब्द हमारे अंतर्वैयक्तिक संबंधों के प्रतीक हैं। इन संबंधों को अधिक स्पष्ट भाषा में सामाजिक कह सकते हैं।' (विचार और वितर्क, पृ. 272-73) भाषा को मनुष्य के सामाजिक संबंधों का प्रतीक माननेवाला विचारक साहित्य का इतिहास लिखते समय साहित्य की सामाजिकता की उपेक्षा नहीं कर सकता। वह विभिन्न कालों के साहित्य में उन कालों के मनुष्य के सामाजिक संबंधों की अभिव्यक्ति की भी खोज करेगा।

साहित्य की लंबी विकासशील परंपरा में कुछ ऐसे पारिभाषिक शब्द विकसित होते हैं जिनमें अपने समय की सामाजिक चेतना, भावना और विचारधारा की अभिव्यक्ति होती है। ऐसे शब्दों के इतिहास उनसे जुड़ी सामाजिकसांस्कृतिक चेतना, संवेदना और विचारों का इतिहास प्रकट होता है। द्विवेदीजी ने 'कबीर' में मध्यकाल के संतसाहित्य में प्रचलित कुछ शब्दों में निहित सामाजिक, सांस्कृतिक चेतना और विचारधारा का अध्ययन करके मध्यकाल के साहित्य की कुछ जटिल गुत्थियों को सुलझाने का प्रयत्न ही नहीं किया है, मध्यकाल के सांस्कृतिक इतिहास के अनेक पक्षों पर भी प्रकाश डाला है।

साहित्य की भाषा अपने लंबे इतिहास के दौरान बार बार लोकभाषा से नए जीवंत तत्वों को ग्रहण करके आगे बढ़ती है। किसी युग के साहित्य का इतिहास केवल परिनिष्ठित साहित्यिक भाषा के इतिहास से पूरा नहीं होता, उस काल की संपूर्ण सामाजिक चेतना, भावना और विचारधारा को समझने के लिए लोकभाषाओं के साहित्य पर भी ध्यान देना जरूरी है। हिंदी साहित्य के इतिहास में नए परिवर्तन

लोकभाषाओं के संपर्क से प्रेरित और प्रभावित हुए हैं। यही कारण है कि द्विवेदी जी हिंदी साहित्य के इतिहासलेखन के प्रसंग में बारबार लोक भाषाओं के अध्ययन पर जोर देते हैं। उन्होंने लिखा है, हिंदी का साहित्य संपूर्णतः लोकभाषा का साहित्य है। हिंदी साहित्य का इतिहास केवल संयोग या सौभाग्यवश प्राप्त हुई पुस्तकों के आधार पर नहीं लिखा जा सकता।' (अशोक के फूल, पृ. 88)। यह बात आधुनिक काल से अधिक मध्यकाल के संत भक्तिसाहित्य के बारे में सच है। अगर हिंदी साहित्य के इतिहास को हिंदीभाषी जनता की जातीय भावधारा और चिंताधारा के स्वाभाविक विकास के रूप में समझना है तो लोकभाषाओं के साहित्य पर भी ध्यान देना जरूरी है।

साहित्य का इतिहास एक सुव्यवस्थित इतिहासदृष्टि के आधार पर लिखा जाता है और बिना किसी व्यवस्थित इतिहासदृष्टि के भी। फर्क केवल यह होता है कि सुव्यवस्थित इतिहासदृष्टि के आधार पर लिखा गया साहित्य का इतिहास पाठकों और रचनाकारों को दिशा दे सकता है जबकि दृष्टिहीन इतिहास भानुमती का पिटारा बनकर सबको दिग्भ्रमित करता है। कुछ लोग सोचते हैं कि साहित्य के इतिहासलेखन की समस्याओं पर विचार करने की क्या जरूरत है, जरूरत है इतिहासलेखन में लग जाने की। हिंदी साहित्य के इतिहासों के इतिहास पर ध्यान दें तो यह स्पष्ट हो जाएगा कि आचार्य रामचंद्र शुक्ल और आचार्य हजारीप्रसाद द्विवेदी के इतिहास अगर महत्वपूर्ण और सार्थक बन सके तो उसका एक कारण यह है कि इन दोनों इतिहासकारों ने इतिहासलेखन की विभिन्न समस्याओं पर गंभीरता से विचार किया और सुनिश्चित इतिहासदृष्टि के आधार पर इतिहास लिखा। आचार्य शुक्ल और आचार्य द्विवेदी के इतिहासों के पहले और बाद में लिखे गए अनेक इतिहासग्रंथ किसी सुनिश्चित इतिहासदृष्टि के अभाव में 'इतिवृत्तसंग्रह' या 'कविकीर्त्तन' बनकर रह गए।

आचार्य द्विवेदी के साहित्येतिहाससंबंधी दृष्टिकोण का निर्माण भारतीय साहित्य के प्रगतिशील आंदोलन के काल में हुआ था। उनके साहित्यविवेक पर प्रगतिशील आंदोलन का प्रभाव कई रूपों में पड़ा है। इस प्रभाव के कारण ही आचार्य द्विवेदी साहित्य के विचारधारात्मक पक्ष को अधिक महत्व देते हैं जबकि छायावाद के युग में विकसित आचार्य शुक्ल का साहित्यविवेक अनुभूति को विशेष महत्वपूर्ण मानता है। द्विवेदीजी साहित्य को 'अपने युग की संपूर्ण चेतना और विचार संघर्ष की सुंदर कलात्मक अभिव्यक्ति' ही नहीं मानते, वे हिंदी साहित्य के इतिहास को भारतीय चिंता का स्वाभाविक विकास भी कहते हैं। द्विवेदीजी ने साहित्य के इतिहास के बारे में लिखा है कि, 'जब हम किसी साहित्य के इतिहास को पढ़ने बैठले हैं तो वस्तुतः उस जाति की संपूर्ण चिताराशि, अनुभूति, परंपरा और संवेदनशीलता का परिचय पाना चाहते हैं।" (साहित्य सहचर, पृ. 123)

आचार्य द्विवेदी हिंदी साहित्य को लोकचिंता का मूर्त्त प्रतीक कहते हैं। मध्यकालीन हिंदी साहित्य के इतिहासलेखन के प्रसंग में वे 'मतों, आचार्यों, संप्रदायों और दार्शनिक चिंताओं के मानदंड से लोकचिंता को मापना नहीं चाहते बल्कि लोक-चिंता की अपेक्षा में उन्हें देखने की सिफारिश' करते हैं। (हिंदी साहित्य की भूमिका, पृ. 6)।

साहित्यबोध और साहित्य का इतिहास

साहित्य का इतिहास साहित्यबोध का भी इतिहास होता है। इतिहासकार विभिन्न कालों की रचनाओं और रचनाकारों का विवरण ही नहीं देता, वह विभिन्न कालों के साहित्यबोध के विकास को भी देखता है। इस प्रसंग में महत्वपूर्ण सवाल यह है कि किसी काल के साहित्यबोध या साहित्यसंवेदना को समझने के साधन क्या हैं? आचार्य द्विवेदी ने इस प्रश्न का उत्तर देते हुए लिखा है कि कालविशेष में रचित साहित्यिक कृतियों के अतिरिक्त यह आवश्यक है कि 'हम उन कवियों, ग्रंथकारों और कृतियों की जानकारी प्राप्त करें जो उस कालविशेष में आदर्श, अनुकरणीय और व्याख्येय समझे गए थे।' इसके अतिरिक्त लोकप्रिय किंवदंतियों का विश्लेषण करना भी आवश्यक हो सकता है क्योंकि उनमें लोकप्रिय साहित्यिक मान और उत्तम रचना की कसौटी विद्यमान रहती है। इन सबके अतिरिक्त उस काल के साहित्य के पीछे सक्रिय धार्मिक, राजनीतिक और आर्थिक शक्तियों की समझ भी जरूरी है। (मध्यकालीन बोध का स्वरूप, पृ. 11)। द्विवेदी जी किसी काल के साहित्यबोध या साहित्यसंवेदना को समझने के लिए साहित्य के क्षेत्र तक सीमित नहीं रहते, उस काल के साहित्य के यथार्थ स्वरूप को समझने के लिए साहित्य की दुनिया के बाहर बृहत्तर सामाजिकराजनीतिक परिवेश को भी समझना जरूरी मानते हैं। द्विवेदी जी साहित्य के इतिहास को केवल पुस्तकों और लेखकों का लेखा-जोखा नहीं मानते, वे इससे आगे बढ़कर साहित्य के इतिहास को विभिन्न विरोधी परिस्थितियों और विचारों से संघर्ष करते हुए मानवसमाज की विकासकथा मानते हैं। साहित्य के इतिहास के सहारे मानवसमाज की विकासकथा को समझते हुए ही हम वर्तमान में अपने को ही समझते हैं। यह साहित्य के इतिहास की समकालीन प्रासंगिकता का एक रूप है। स्वभावतः साहित्येतिहास के इस स्वरूप के लिए परंपरा से स्वीकृत शिष्ट साहित्य का अध्ययन पर्याप्त नहीं है, इसके लिए जनसंस्कृति की विभिन्न अभिव्यक्तियों पर भी ध्यान देना जरूरी है। यही कारण है कि द्विवेदी जी ने हिंदी साहित्य के इतिहासलेखन के लिए लोकभाषा, लोकसंस्कृति, लोक साहित्य और लोकप्रचलित साहित्यरूपों के अध्ययन पर बल दिया है।

मध्ययुगीनता और आधुनिकता

आचार्य द्विवेदी ने साहित्य के इतिहासलेखन; विशेषतः हिन्दी साहित्य के इतिहासलेखन से संबद्ध दो दूसरी महत्वपूर्ण अवधारणाओं पर विचार किया है। ये दो अवधारणाएं हैं; मध्ययुगीनता और आधुनिकता। ये दोनों अवधारणाएं हिंदी साहित्य के इतिहासलेखकों, इतिहासलेखन की समस्याओं पर विचार करनेवालों और आलोचकों को अनेक तरह की मुश्किलों में डालती हैं। इन अवधारणाओं के बारे में अनिश्चय के कारण ही कुछ लोग भक्तिकाव्य और रीतिकाव्य को नई कविता तक घसीट लाते हैं तो कुछ दूसरे लोग आधुनिकता को ठेलकर ग्यारहवीं-बारहवीं शताब्दी तक ले जाते हैं। आचार्य द्विवेदी ने इन अवधारणाओं पर जो विचार किया है उससे इन अवधारणाओं से जुड़ी हुई कुछ मुश्किलें आसान हो सकती हैं। द्विवेदी जी मध्यकालीनता को 'पतनोन्मुख और जबदी हुई मनोवृत्ति' मानते हैं। मध्यकालीनता की यह विशेषता मूलतः योरप के इतिहास के मध्ययुग की विशेषता मानी जा सकती है। वैसे अब योरप में भी मध्यकाल के बारे में ऐसी धारणा का विरोध हो रहा है। महत्वपूर्ण प्रश्न यह है कि क्या योरप के इतिहास में जिस कालखंड को मध्ययुग कहते हैं, भारतीय इतिहास के उसी कालखंड को मध्ययुग कहा जा सकता है। द्विवेदी जी भारतीय समाज और साहित्य के इतिहास के मध्यकाल को योरपीय मध्यकाल के समान नहीं मानते, इसे वे पतोन्मुख और जबदी हुई मनोवृत्ति का काल नहीं कहते। भारतीय साहित्य के इतिहास के इस काल में ही अखिल भारतीय व्यापक जनसंस्कृति के जागरण की अभिव्यक्ति करनेवाला भक्तिसाहित्य आता है। द्विवेदी जी भक्तिसाहित्य को लोकसाहित्य और भक्ति आंदोलन को विराट जनआंदोलन कहते हैं। द्विवेदी जी यह भी मानते हैं कि भक्ति आंदोलन न तो पतनोन्मुख और जबदी हुई मनोवृत्ति की उपज है और न 'अपने पौरुष से हताश और उदास जाति' की चिंता और भावना की अभिव्यक्ति है। आचार्य द्विवेदी ने भक्तिकाव्य को 'अपने पौरुष से हताश और उदास जाति' की भावना की अभिव्यक्ति मानने की आचार्य शुक्ल की धारणा का स्पष्ट शब्दों में प्रतिवाद किया है। भारतीय साहित्य के इतिहास और विशेषतः हिंदी साहित्य के इतिहास के मध्यकाल को पतोन्मुख और जबदी हुई मनोवृत्ति का काल न मानने के कारण ही द्विवेदी जी ने अपने दूसरे इतिहासग्रंथ 'हिंदी साहित्य' में मध्ययुग नाम का उपयोग नहीं किया है।

द्विवेदी जी ने मध्ययुगीनता की एक दूसरी विशेषता की ओर संकेत किया है। यह दूसरी विशेषता है कुंठित मनोवृत्ति। इस कुंठित मनोवृत्ति का विश्लेषण करते हुए द्विवेदी जी ने लिखा है कि जब साहित्यकार प्रतीक और रूढ़ि का विवेक खो देता है तो वह कुंठाग्रस्त हो जाता है। इसका दूसरा लक्षण यह है कि जहां शब्द प्रधान हो जाए, अर्थ सिमटता जाए वहां अर्थ से क्रमशः कटता हुआ शब्द स्तब्ध

और प्रयोग विरहित शैथिल्य को जन्म देता है। (मध्यकालीन बोध का स्वरूप, पृ. 22) मध्ययुगीनता की ये दोनों विशेषताएं रीतिकाल के साहित्य में मौजूद हैं।

आचार्य द्विवेदी ने आधुनिकता की अवधारणा पर विचार किया है और आधुनिक रचनाशीलता की विशेषताओं को भी स्पष्ट किया है। आधुनिकता समाज के आधुनिकीकरण से उत्पन्न चिंतन और भावना से जुड़ी हुई होती है। यह समाज के विकास की विशेष अवस्था से निर्मित मानव-चेतना की एक विशेषता है। साहित्य और कला में आधुनिक मानस की सृजनशीलता ही आधुनिकता के रूप में प्रकट होती है। साहित्य में आधुनिकता का अर्थ आधुनिक जीवन की समस्याओं और वास्तविकता की अभिव्यक्ति से है। आधुनिकता कला और साहित्य की रचना का एक दृष्टिकोण है और आधुनिक रचनाशीलता की एक विशेषता भी। द्विवेदी जी परिवेश के प्रति सजगता, वस्तुनिष्ठ दृष्टि, बौद्धिकता, यथार्थवाद और सामूहिक मुक्ति की भावना को आधुनिकता की विशेषताएं मानते हैं। उनके अनुसार जीवन के प्रत्येक क्षेत्र में ऐतिहासिक दृष्टि की प्रतिष्ठा आधुनिकता की एक मुख्य विशेषता है। द्विवेदी जी ने लिखा है कि ऐतिहासिक दृष्टि को अस्वीकार करके नए साहित्य को ठीक ठीक नही समझा जा सकता। इसके तत्काल बाद उन्होंने यह भी लिखा है कि 'यह बिल्कुल गलत बात है कि इस काल में 'बिहारी सतसई' लिखकर कोई उतना ही सफल हो जाएगा जितना बिहारी हुए।' (विचार और वितर्क—98)। द्विवेदी जी के इस कथन से यह बात साफ हो जाती है कि ऐतिहासिक दृष्टि के अभाव में आधुनिक साहित्य ही नहीं, प्राचीन साहित्य को भी ठीक ठीक समझना मुश्किल है।

द्विवेदी जी के अनुसार आधुनिकता और आधुनिक रचनाकार की एक विशेषता 'सचेत परिवर्तनेच्छा' भी है। उन्होंने इसकी व्याख्या करते हुए लिखा है, 'आधुनिक युग में यह विश्वास किया जाने लगा है कि साहित्यकार जब लिखता है तब उसके द्वारा कुछ बदलना चाहता है। वह केवल बंधीबंधाई परिपाटियों से चालित होकर लिखने से यह उद्देश्य पूरा नहीं कर सकता। उसका उद्देश्य, 'जैसा है', उसकी व्याख्या करना नहीं होता और न यह होता है कि जो कुछ पुराने जमाने से कहा जाता आया है उसे दुहराये।' (मध्यकालीन बोध का स्वरूप—18-19)। यह सचेत परिवर्तनेच्छा आधुनिक युग के सच्चे रचनाकार की एक महत्वपूर्ण विशेषता है। द्विवेदी जी ने 'साहित्य का नया रास्ता' निबंध में मार्क्स के एक 'छोटे से किंतु सारगर्भित वाक्य का भावार्थ' इस प्रकार प्रकट किया है—'अब तक तत्व-ज्ञानियों ने विश्व की नानाभाव से व्याख्या मात्र की है, लेकिन असली प्रश्न व्याख्या करने का नहीं, बल्कि परिवर्तन करने का है।' द्विवेदी जी ने मार्क्स के इस सारगर्भित कथन का मतलब समझाते हुए लिखा है, 'इसका मतलब यह हुआ कि मार्क्स का प्रचारित तत्वज्ञान कोई शास्त्रीय मतवाद नहीं है बल्कि दुनिया को

बदलकर मनुष्य के सुख सौविध्य के अनुकूल निर्माण करने का विज्ञान है। वह केवल बहस की चीज नहीं है।' (साहित्यसहचर, 151-52) द्विवेदी जी यह मानते हैं कि मार्क्सवाद दुनिया को बदलने और नए रूप में निर्मित करने का विज्ञान है। वे यह भी मानते हैं कि आधुनिक रचनाकार की मुख्य विशेषता सचेत परिवर्तनेच्छा है। इससे यह निष्कर्ष निकलता है कि सच्चा आधुनिक रचनाकार वही होगा जो दुनिया को बदलने और नए रूप में निर्मित करने के संकल्प से संचालित होकर साहित्य रचना करे। निश्चय ही ऐसा रचनाकार मार्क्सवाद को स्वीकार करेगा। द्विवेदी जी ने आधुनिक रचनाशीलता की इस विशेषता पर बल देकर प्रगतिशील आंदोलन से अपने आत्मीय संबंध का प्रमाण दिया है। इस सबके बावजूद अगर कुछ लोग द्विवेदी जी के संदर्भ में मार्क्सवाद और प्रगतिशील आंदोलन का नाम लेने पर वैसे ही भड़क उठते हैं जैसे बैल लाल कपड़े को देखकर भड़कता है, तो उनकी बुद्धि को क्या कहा जाए।

आचार्य हजारीप्रसाद द्विवेदी जिस समय 'हिंदी साहित्य की भूमिका' लेकर आए वह इस देश में व्यापक राजनीतिक, सामाजिक, सांस्कृतिक आंदोलनों का काल है। यह भारत के राष्ट्रीय नवजागरण के विकास का काल है और इस नवजागरण की मुख्य विशेषताएं हैं परंपरा का नया मूल्यांकन, रूढ़िवाद का विरोध, स्वतंत्र चिंतन और सृजन का प्रबल भाव। आचार्य शुक्ल और आचार्य द्विवेदी के इतिहास-लेखन के प्रयास इसी नवजागरण की चेतना की उपज हैं। द्विवेदी जी भारत के राष्ट्रीय नवजागरण के दो मुख्य केंद्रों; हिंदी भाषी प्रदेश और बंगाल, के सांस्कृतिक-साहित्यिक परिवेश और चेतना से गहरे स्तर पर जुड़े हुए थे। उनके साहित्यचिंतन और साहित्यसृजन में इन दोनों के प्रभाव मौजूद हैं। यह राष्ट्रीय मुक्तिआंदोलन के विकास का भी काल है जिसकी मुख्य विशेषताएं हैं, सामंतवादविरोध और साम्राज्यवादविरोध। द्विवेदी जी के साहित्यचिंतन, इतिहासदर्शन और उपन्यासों तथा निबंधों में सामंतवादविरोध तथा साम्राज्यवादविरोध की अभिव्यक्ति हुई है। यह राजनीतिकसामाजिक परिवर्तनों की प्रबल आकांक्षा से आंदोलित जनचेतना के विकास का भी काल है। द्विवेदी जी के साहित्यचिंतन और साहित्यसृजन में जनता की भावनाओं की प्रतिध्वनि सुनाई पड़ती है। हिंदी साहित्य में यह प्रगतिशील आंदोलन का काल है। प्रगतिशील आंदोलन केवल हिंदी कविता या हिंदी साहित्य का ही आंदोलन नहीं है, यह एक अखिल भारतीय स्तर का व्यापक सांस्कृतिक आंदोलन है जिसमें राष्ट्रीय नवजागरण, राष्ट्रीय मुक्तिआंदोलन, व्यापक जनचेतना के नए उभार और भारतीय समाज, संस्कृति तथा साहित्य की भावी प्रगति की दिशा का बोध व्यक्त हुआ है। आचार्य द्विवेदी के साहित्यचिंतन, इतिहासदर्शन और साहित्यसृजन पर इस प्रगतिशील आंदोलन का भी गहरा असर है। आचार्य द्विवेदी के साहित्यविवेक, इतिहासदृष्टि और रचनादृष्टि के

निर्माण में राष्ट्रीय नवजागरण, राष्ट्रीय मुक्तिआंदोलन तथा प्रगतिशील आंदोलन के योगदान का मूल्यांकन स्वतंत्र अध्ययन का विषय है।

आचार्य हजारीप्रसाद द्विवेदी ने आचार्य रामचंद्रशुक्ल और उनके हिंदी साहित्य के इतिहास के बारे में लिखा है, 'हिंदी साहित्य का इतिहास उनकी व्यापक दृष्टि का ज्वलंत निदर्शन है। कितने इतस्ततो निक्षिप्त सूत्रों की उलझनें उसमें सुलझाई गई हैं, कितने बेबुनियाद मूल्यांकन को अस्वीकार करके नया और माननेयोग्य मूल्य निर्धारण का काम किया है वह उसके पूर्ववर्ती ग्रंथों की तुलना करने से ही स्पष्ट हो जाता है।' द्विवेदी जी ने और आगे लिखा है, 'अनेक इतिहासलेखकों ने उनके ऐतिहासिक कालविभाजन और साहित्यिक मूल्यांकन को बिना किसी प्रकार के मतविरोध दिखाए स्वीकार कर लिया है।' आचार्य द्विवेदी के पहले कथन से यह स्पष्ट है कि शुक्ल जी ने हिंदी साहित्य के इतिहास की अनेक जटिल उलझनों को सुलझाकर उसका एक व्यवस्थित और पक्का ढांचा निर्मित किया और अपनी सुनिश्चित मूल्यांकनदृष्टि के आधार पर अनेक पुराने बेबुनियाद मूल्यांकनों को अस्वीकार करके लगभग एक हजार वर्षों के रचनाकारों, रचनाओं और रचना-प्रवृत्तियों का व्यापक रूप से मान्य मूल्यांकन प्रस्तुत किया। हिंदी साहित्य में ये दोनों काम पहली बार आचार्य शुक्ल के हिंदी साहित्य के इतिहास के माध्यम से पूरे हुए, इसलिए उसका युगांतकारी महत्व है। द्विवेदी जी के दूसरे कथन से यह जाहिर होता है कि आचार्य शुक्ल के ऐतिहासिक कालविभाजन और साहित्यिक मूल्यांकन को व्यापक स्वीकृति मिली और बाद के एक दो अपवादों को छोड़कर अधिकांश इतिहासलेखकों ने इन्हें स्वीकार किया। ऐसा नहीं है कि आचार्य शुक्ल के काल विभाजन और मूल्यांकन के बारे में मतभेद प्रकट नहीं किए गए हैं, लेकिन नए इतिहासलेखन के लिए आवश्यक सुनिश्चित नई इतिहास-दृष्टि और उसके प्रामाणिक व्यावहारिक रूप के अभाव में अधिकांश मतभेद झूठी मौलिकता के प्रदर्शन और आचार्य शुक्ल को धकियाकर उनकी जगह लेने की कोशिश के अलावा और कुछ नहीं दिखाई देते। एक सुनिश्चित नई इतिहास-दृष्टि, मूल्यांकन के नए दृष्टिकोण और समकालीन समाज तथा साहित्य के विकास की जरूरतों के बोध के बिना हिंदी साहित्य का नया इतिहासलेखन न पहले संभव हुआ था और न अब है। आचार्य हजारीप्रसाद द्विवेदी एक सुनिश्चित इतिहासदृष्टि और साहित्य के मूल्यांकन के नए दृष्टिकोण के प्रमाण के रूप में 'हिंदी साहित्य की भूमिका' लेकर तब आए जब आचार्य शुक्ल के इतिहास का उनके जीवन में दूसरा संस्करण प्रकाशित हुआ। द्विवेदी जी ने 'हिंदी साहित्य की भूमिका' के अतिरिक्त 'सूर साहित्य', 'कबीर', 'हिंदी साहित्य का आदिकाल', 'हिंदी साहित्य', 'मध्यकालीन बोध का स्वरूप' आदि ग्रंथों और समय समय पर लिखे गए विभिन्न निबंधों में अपनी सुनिश्चित इतिहासदृष्टि और साहित्य के

मूल्यांकन के नए दृष्टिकोण का प्रमाण दिया है। निश्चय ही 'हिंदी साहित्य की भूमिका' (1940) में द्विवेदी जी का एक तेजस्वी मौलिक विचारक और इतिहासकार रूप दिखाई देता है।

द्विवेदी जी ने शुक्ल जी के इतिहास की दो मुख्य विशेषताओं को महत्वपूर्ण माना है। ये दोनों विशेषताएं हैं, ऐतिहासिक कालविभाजन और साहित्यिक मूल्यांकन। स्वभावतः साहित्य के इतिहास के ये दोनों बुनियादी पक्ष हैं। विचारणीय बात यह है कि इन दोनों मुद्दों पर आचार्य द्विवेदी के चिंतन में नया क्या है ?

कालविभाजन और नामकरण

आचार्य शुक्ल ने हिंदी साहित्य के आरंभिक काल को काल की दृष्टि से आदिकाल और साहित्यिक प्रवृत्ति की दृष्टि से वीरगाथाकाल कहा है। इसका समय उन्होंने दसवीं शताब्दी से चौदहवीं शताब्दी तक माना है। द्विवेदीजी आदिकाल नाम को स्वीकार करते हैं और उसकी कालसीमा को भी। लेकिन वे वीरगाथाकाल नाम से असहमत हैं। शुक्लजी ने अपने कालविभाजन के दो कारण दिए हैं, विशेष ढंग की रचनाओं की प्रचुरता और ग्रंथों की प्रसिद्धि। लोकभावना की चिंता करनेवाले शुक्ल जी ने यह भी लिखा है कि प्रसिद्धि भी किसी काल की लोकप्रवृत्ति की प्रतिध्वनि है। इन्हीं दो कारणों को ध्यान में रखकर शुक्लजी ने आदिकाल को वीरगाथाकाल माना है। आचार्य द्विवेदी ने शुक्लजी के कालविभाजन के सैद्धांतिक आधार से अपना मतभेद प्रकट करते हुए लिखा है, 'वस्तुतः किसी कालप्रवृत्ति का निर्णय प्राप्त ग्रंथों की संख्या द्वारा नहीं निर्णीत हो सकता, बल्कि उस काल की मुख्य प्रेरणादायक वस्तु के आधार पर ही हो सकता है। प्रभावउत्पादक और प्रेरणासंचारक तत्व ही साहित्यिक काल के नामकरण का उपयुक्त निर्णायक हो सकता है।' (हिंदी साहित्य का आदिकाल—24)। आचार्य शुक्ल ने साहित्य को जनता की चित्तवृत्ति का संचित प्रतिबिंब कहा है। शुक्ल जी ने यह भी लिखा है कि जनता की चित्तवृत्ति में परिवर्तन के साथ साहित्य के स्वरूप में परिवर्तन होता है और जनता की चित्तवृत्तियों की परंपरा को परखते हुए साहित्य की परंपरा के साथ उसका सामंजस्य दिखाना ही साहित्य का इतिहास कहलाता है। शुक्ल जी ने यह भी लिखा है कि साहित्य का विवेचन करने में 'यह बात ध्यान में रखनी होगी कि लोगों में रुचि विशेष का संचार और पोषण किधर से हुआ।' शुक्ल जी के अनुसार मूल वस्तु है जनता की चित्तवृत्ति और साहित्य उसको प्रतिबिंबित करनेवाली रचना है। जनता की चित्तवृत्ति के परिवर्तन और परंपरा के साथ साहित्य के स्वरूप के परिवर्तन और परंपरा का संबंध दिखाना साहित्य के इतिहास के लिए आवश्यक है। परंपरा और परिवर्तन के बीच से ही साहित्य का विकास होता है। इसका मतलब यह भी है कि साहित्य के परिवर्तन और विकास का आधार सामाजिक परिवर्तन और विकास को

ही माना जा सकता है। ऐसी स्थिति में साहित्य के इतिहास के कालविभाजन का आधार समाज के स्वरूप तथा साहित्य को प्रेरित और प्रभावित करनेवाली जनता की चित्तवृत्ति को मानना चाहिए और साहित्यिक काल का नामकरण भी इन्हीं दोनों बातों के आधार पर होना चाहिए। द्विवेदी जी प्रभावोत्पादक और प्रेरणा संचारक तत्व को जब साहित्य के काल के नामकरण का कारण मानते हैं तो वे प्रकारांतर से समाज के स्वरूप और लोकभावना को ही महत्व देते हैं। साहित्यिक काल के नामकरण का यह आधार शुक्ल जी के साहित्य के इतिहासदर्शन के अनुकूल है, प्रतिकूल नहीं। ग्रंथों की प्रचुरता और ग्रंथों की प्रसिद्धि को कालप्रवृत्ति का निर्णायक मानने से लेखकपाठक का संबंध प्रकट होता है, समाज के स्वरूप और साहित्य के स्वरूप का व्यापक संबंध नहीं। द्विवेदी जी ने वीरगाथाकाल नाम से अपना मतभेद प्रकट करते हुए राहुल जी के सुझाए नाम सिद्धसामंतकाल को उस काल की साहित्यिक प्रवृत्ति को बहुत दूर तक स्पष्ट करनेवाला माना है।

आदिकाल के नामकरण से जुड़ी हुई समस्या उस काल की रचनाओं के स्वरूप पर विचार करने की है। द्विवेदी जी ने 'हिंदी साहित्य की भूमिका' में लिखा है कि इस काल में दो प्रकार की रचनाएं मिलती हैं, राजस्तुतिपरक, ऐहिकतामूलक शृंगारी काव्य और नाथोंसिद्धों की शास्त्र निरपेक्ष उग्र विचारधारा, झाड़फटकार, अक्खड़पना, सहज शून्य की साधना, योगपद्धति से भरी तथा भक्तिमूलक रचनाएं। आचार्य शुक्ल ने भी इन दो प्रकार की रचनाओं की चर्चा की है। उन्होंने पहले प्रकार की रचनाओं के आधार पर ही इस काल का नाम वीरगाथाकाल दिया था और दूसरे प्रकार की रचनाओं को साहित्यिक कोटि में शामिल करने से इनकार कर दिया था। आचार्य द्विवेदी भी दूसरे प्रकार की रचनाओं को विशुद्ध काव्य की कोटि में नहीं गिनते लेकिन उसकी विचारधारा के कारण और संतसाहित्य की परंपरा के एक स्रोत के रूप में उसका अध्ययन आवश्यक मानते हैं। द्विवेदी जी इन दो प्रकार की रचनाओं को दो जातियों; पश्चिमी प्रदेशों के आर्य और पूर्वी प्रदेशों के आर्य, की रचनाएं मानते हैं। आदिकाल की दो प्रकार की रचनाओं को दो जातियों की रचनाएं मानने की धारणा गलत है। इसकी आलोचना नामवर सिंह और रामविलास शर्मा आदि ने की है। अपनी इस धारणा की कमजोरी को पहचानने के कारण ही द्विवेदी जी ने अपने परवर्ती इतिहासग्रंथों में इसको छोड़ दिया है। यहां यह बात ध्यान देने लायक है कि आचार्य द्विवेदी उन लोगों से कितने अलग हैं जो नए पुराने रचनाकारों और रचनाओं के बारे में एक बार किसी गलत धारणा के शिकार हो जाने के बाद उस धारणा की व्यापक लोकनिंदा के बाद भी अपनी राय बदलने को तैयार नहीं होते और बारबार हठपूर्वक गलत धारणा को सही सिद्ध करने की कोशिश करते रहते हैं।

वस्तुतः आदिकाल की ये दो प्रकार की रचनाएं एक ही समाज के दो वर्गों;

सामंतवर्ग और सामान्य जनता, से जुड़ी हुई रचनाएं हैं। विचार, भावना और विषय ही नहीं, भाषा के स्तर पर भी पहले प्रकार की रचनाओं का संबंध सामंत-वर्ग से है और दूसरे प्रकार की रचनाओं का सामान्य जनता से। इन रचनाओं की रक्षा का काम भी एक ओर राजाश्रय में हुआ और दूसरी ओर धार्मिक संस्थाओं और जनता के प्रेम तथा प्रोत्साहन से।

शुक्ल जी ने आदिकाल और आधुनिक काल के बीच के काल को मध्य काल कहा है। शुक्ल जी से पहले मिश्रबंधुओं ने भी 'माध्यमिक काल' को 'पूर्व' और 'उत्तर' में बांटकर देखने का काम किया था। शुक्ल जी के बाद भक्तिकाल और रीतिकाल का मिलाजुला कालपरक नाम मध्यकाल लगभग सर्वमान्य हो गया है। द्विवेदी जी ने भी 'हिंदी साहित्य की भूमिका' में मध्ययुग नाम का उपयोग किया है। द्विवेदी जी ने बाद में मध्ययुगीनता पर विस्तार से विचार करते हुए उसे पतनोन्मुख और जबदी हुई मनोवृत्ति का सूचक माना है और हिंदी साहित्य के भक्तिकाल से मध्ययुगीनता की इस विशेषता का अंतर्विरोध देखकर ही 'हिंदी साहित्य' (1952) में से मध्यकाल नाम को हटा दिया है। रामविलास शर्मा ने इस पुस्तक में मध्यकाल नाम के न होने पर बहुत पहले एतराज किया था। यह एतराज रामविलास शर्मा ने तब किया था जब वे सोलहवीं शताब्दी से भारत में आधुनिक युग का प्रारंभ मानते थे। अब वे ग्यारहवीं बारहवीं शताब्दी से हिंदी साहित्य में आधुनिक युग का प्रारंभ मानने लगे हैं, इसलिए अब हिंदी साहित्य के इतिहास से मध्यकाल के गायब होने पर शायद उन्हें कोई एतराज न होगा।

आचार्य द्विवेदी का शुक्ल जी से दूसरा मुख्य मतभेद भक्तिकाल के प्रसंग में प्रकट हुआ है। भक्तिकाल ही द्विवेदी जी के इतिहास और आलोचना का मुख्य विषय है। मतभेद का मुख्य मुद्दा भक्ति आंदोलन के उदय के कारण से जुड़ा हुआ है। आचार्य शुक्ल ने भक्ति आंदोलन और भक्तिकाल को 'अपने पौरुष से हताश और उदास जाति' की चिंता और भावना की अभिव्यक्ति माना था। द्विवेदी जी ने 'हिंदी साहित्य की भूमिका' में उसका खण्डन किया है। यह ध्यान देने की बात है कि 'हिंदी साहित्य की भूमिका' के लिखने की तैयारी 1940 के पहले विश्वभारती के अहिंदी भाषी साहित्यिकों को हिंदी साहित्य का परिचय कराने के लिए हुई थी। उस समय द्विवेदी जी की यह चिंता बहुत उचित और स्वाभाविक थी कि भक्ति-काव्य से अनजान आदमी (वह अहिंदीभाषी हो सकता था और हिंदीवाला भी) कहीं हिंदी साहित्य के इतिहास के गौरव भक्तिकाव्य को 'एक हतदर्प पराजित जाति की संपत्ति और एक निरंतर पतनशील जाति की चिंताओं का मूर्त प्रतीक' न समझ ले। बंगाल में बैठे द्विवेदी जी को यह भी चिंता रही होगी कि ऐसा समझकर अहिंदीभाषी हिंदी साहित्य और भाषा की उपेक्षा न करने लगें।

द्विवेदी जी ने भक्तिसाहित्य को भारतीय जनता की चिंता का स्वाभाविक

विकास, भारतीय साहित्य की परंपरा का विकसित रूप और अपने समय के समाज और व्यापक जनसमुदाय की भावनाओं की अभिव्यक्ति सिद्ध किया है। द्विवेदी जी ने भक्तिसाहित्य को मध्यकाल के संपूर्ण भारतीय साहित्य से जोड़कर देखने का भी आग्रह किया है। उन्होंने भक्तिकाल के साहित्य पर इस्लाम के प्रभाव को स्वीकार किया है लेकिन उसे इस्लाम की प्रतिक्रिया में लिखा गया साहित्य मानने की धारणा का खण्डन किया है।

द्विवेदीजी भक्तिआंदोलन को व्यापक जनआंदोलन और भक्तिसाहित्य को लोकसाहित्य कहते हैं। द्विवेदीजी इसे जनआंदोलन की अभिव्यक्ति करनेवाला जन-काव्य भी मानते हैं। उन्होंने लिखा है; 'प्रथमत: तो यह जनआंदोलन की अभि-व्यक्ति का साहित्य है, इसलिए इसमें उन रूढ़ियों और परंपराओं की चर्चा नहीं मिलती जो शास्त्रीयता से पुष्ट साहित्य में साधारणत: मिल जाया करती है। दूसरे, जिस प्राचीन साहित्य के साथ इनकी तुलना की जाती है उसके बनने से लेकर इस साहित्य के बनने के काल के बीच जो प्राय: आधी सहस्रावधि का व्यवधान पड़ता है, उस व्यवधानयुग के विचारों के विकास के अध्ययन की चेष्टा नहीं की जाती। यदि इस व्यवधानकालिक साहित्य के उस अंश को देखें जिसका संबंध पण्डित जनों से नहीं बल्कि जनसाधारण से था, तो कोई संदेह नहीं रह जाएगा कि यह साहित्य इस व्यवधानकालिक जनसाहित्य का ही क्रम विकास है।' (हिंदी साहित्य की भूमिका, 48) भक्तिसाहित्य को जनसाहित्य मानने का यह दृष्टिकोण साहित्य के इतिहासलेखन का नया दृष्टिकोण था जो राष्ट्रीय भक्तिआंदोलन और प्रगतिशील आंदोलन के प्रभाव से निर्मित हुआ था। 1940 के पहले भक्तिआंदो-लन को विराट जनआंदोलन और भक्तिसाहित्य को जनसाहित्य समझनेवाले बहुत कम लोग थे। बाद में जो लोग भक्तिआंदोलन को जनसंस्कृति का नवजागरण और भक्तिसाहित्य को उसकी अभिव्यक्ति समझते हैं उनकी समझ के बननेबनाने में कुछ योगदान आचार्य हजारीप्रसाद द्विवेदी की 'हिंदी साहित्य की भूमिका' का भी है। इस बात को स्वीकार करने में किसी को अपनी मौलिकता के खो जाने का खतरा नहीं देखना चाहिए। द्विवेदी जी भक्तिसाहित्य को लोकभाषा का काव्य और सामंती चेतना का विरोधी काव्य मानते हैं। द्विवेदी जी ने तो 'हिंदी साहित्य' में भक्तिसाहित्य से ही 'वास्तविक हिंदी साहित्य का आरंभ' माना है। भक्तिआंदो-लन और भक्तिकाव्य की महानता को स्वीकार करने के बावजूद भक्तिसाहित्य से ही वास्तविक हिंदी साहित्य का आरंभ मानना ठीक नहीं है, क्योंकि इससे विद्या-पति और खुसरो जैसे लोकभावना तथा लोकभाषा के कवियों के साथ अन्याय होगा।

नया मूल्यांकन

साहित्य के इतिहास में कालविभाजन और नामकरण से अधिक महत्वपूर्ण साहित्यिक मूल्यांकन है। किसी इतिहास और इतिहासकार की वास्तविक शक्ति रचनाओं, रचनाकारों और रचना प्रवृत्तियों के मूल्यांकन में ही प्रकट होती है। यही आचार्य शुक्ल के इतिहास का सर्वाधिक शक्तिशाली पक्ष है। साहित्य के इतिहासकार के साहित्यविवेक और इतिहासदृष्टि के निर्माण में परंपरा के बोध से अधिक निर्णायक भूमिका उसके समय के समाज और साहित्य की रचनाशीलता के बोध की होती है। अपने समय के समाज और साहित्य की चेतना और विकास की दिशा को गहराई से समझनेवाला इतिहासकार ही अतीत की रचनाओं, रचनाकारों और प्रवृत्तियों के सही मूल्यांकन और समकालीन प्रासंगिकता की खोज का काम करता है। इतिहासकार वर्तमान की आंख से अतीत और भविष्य को देखता है। आचार्य शुक्ल के साहित्यविवेक के निर्माण में छायावादकाल की रचनाशीलता है तो द्विवेदीजी के साहित्यविवेक के निर्माण में प्रगतिशील आंदोलन का प्रभाव। यही कारण है कि आचार्य शुक्ल के साहित्यिक मूल्यांकन के दृष्टिकोण के केंद्र में साहित्यिकता है तो द्विवेदीजी के मूल्यांकनसंबंधी दृष्टिकोण के केंद्र में साहित्य की सामाजिकता। इसका यह तात्पर्य नहीं है कि शुक्लजी के यहां सामाजिकता नहीं है और द्विवेदीजी के यहां साहित्यिकता का अभाव है। न तो आचार्य शुक्ल की साहित्यिकता रूपवादी किस्म की है और न द्विवेदीजी की सामाजिकता समाजशास्त्रीय ढंग की।

द्विवेदीजी साहित्य के इतिहास में अतीत, वर्तमान और भविष्य के विकासशील संबंध को पहचानते हैं, साहित्यिक मूल्यांकन में इस विकासशील संबंध को नहीं भूलते। वे परंपरा को, अतीत को महत्व देते हैं लेकिन परंपरा के नाम पर रूढ़िवाद का समर्थन नहीं करते। द्विवेदीजी अतीत के ऐश्वर्य पर मुग्ध होनेवाले भोले इतिहासवादी नहीं हैं। यह ठीक है कि वे वर्तमान की आंख से ही अतीत और भविष्य को देखते हैं, लेकिन नवीनता के नशे में झूमनेवाले ऐसे अंधे आधुनिकतावादी नहीं हैं जिसका कोई 'कल' (न बीता हुआ और न आने वाला) नहीं होता, केवल वर्तमान होता है, और वर्तमान का भी केवल क्षण होता है। द्विवेदीजी ऐसे उतावले क्रांतिकारी भी नहीं हैं जो अतीत और वर्तमान को भूलकर केवल भविष्य के सपनों में खोया रहता है। द्विवेदीजी इतिहास में परिवर्तन, क्रांति, प्रवाह, धारा, प्रगति और विकास आदि की बात करते समय अतीत वर्तमान और भविष्य के विकासशील संबंध को याद रखते हैं। साहित्य के इतिहास के विभिन्न कालों की रचनाओं, रचनाकारों और प्रवृत्तियों के मूल्यांकन में उनका यह दृष्टिकोण दिखाई देता है।

द्विवेदीजी की इतिहासदृष्टि की नवीनता विशेष रूप से साहित्यिक मूल्यांकन में ही प्रकट हुई है। आचार्य शुक्ल ने सिद्धों और नाथों की रचनाओं को साहित्यिक रचनाएं मानने से इनकार किया था। उनका विचार था कि वे रचनाएं शुद्ध साहित्य की कोटि में नहीं आ सकतीं। सिद्धों और नाथों की रचनाओं के मूल्यांकन में द्विवेदीजी का दृष्टिकोण दूसरी तरह का है। द्विवेदीजी सिद्धों और नाथों की शास्त्रनिरपेक्ष बाह्याडंबर, जातिपांति और रूढ़ियों का खंडन करनेवाली उग्र विचारधारा से भरपूर रचनाओं को महत्वपूर्ण मानते हैं। यहां साहित्यिकता से अधिक महत्वपूर्ण सामाजिकता है। सिद्धों और नाथों की रचनाओं में व्यक्त विचारधारा में सबकुछ प्रतिक्रियावादी ही नहीं था। अगर जातिपांति, सामाजिक रूढ़ियों और बाह्याडंबर का खंडन करनेवाली संतों की विचारधारा प्रतिक्रियावादी नहीं है, जो वह नहीं है, तो सिद्धों और नाथों की रचनाओं की वे ही बातें प्रतिक्रियावादी कैसे हैं? धर्म और साहित्य के संबंध के बारे में द्विवेदीजी की मान्यता यह है कि 'जिस साहित्य में केवल धार्मिक उपदेश हों, उससे वह साहित्य निश्चित रूप से भिन्न है जिसमें धर्मभावना प्रेरकशक्ति के रूप में काम कर रही हो।' (हिंदी साहित्य का आदिकाल, पृ. 11)। इसी दृष्टि से द्विवेदीजी ने जैन धर्मभावना से प्रेरित होकर लिखी गई रचनाओं को भी आदिकाल के साहित्य में शामिल किया है।

सिद्धों, नाथों और जैनों की रचनाओं को महत्व देने का एक और कारण है। हिंदी साहित्य के इस काल का बहुत कम साहित्य उपलब्ध है, इसीलिए जो उपलब्ध है या हो रहा है, उस सबकी शुद्ध साहित्य के आग्रह के कारण उपेक्षा करना ठीक नहीं है। द्विवेदीजी ने लिखा है, 'इस अंधकारयुग को प्रकाशित करने योग्य जो भी चिनगारी मिल जाए उसे सावधानी से जिलाए रखना कर्तव्य है, क्योंकि वह बहुत बड़े आलोक की संभावना लेकर आई होती है, उसके पेट में केवल उस युग के रसिक हृदय की धड़कन का ही नहीं, केवल सुशिक्षित चित्त के संयत और सुनिश्चित वाक्पाठव का ही नहीं, बल्कि उस युग के संपूर्ण मनुष्य को उद्भासित करने की क्षमता छिपी होती है।' (हिन्दी साहित्य का आदिकाल, पृ. 27)। आदिकाल के सिद्धों, नाथों और जैनों की रचनाओं का मूल्यांकन करते समय द्विवेदीजी का ध्यान केवल 'रसिक हृदय की धड़कन' और 'सुशिक्षित चित्त के वाक्पाठव' पर नहीं है, उनका ध्यान उस युग के संपूर्ण मनुष्य को उद्भासित करने की क्षमता पर है। सिद्धों और नाथों के साहित्य को शुद्ध साहित्य के आग्रह के कारण हिंदी साहित्य के इतिहास से निकालने का अर्थ है हिंदी साहित्य के इतिहास को छोटा करना और अपने समाज और साहित्य के इतिहास को छोटा करना बहुत बुद्धिमानी का काम नहीं है।

सिद्धों और नाथों की रचनाओं का संतसाहित्य से भी संबंध है। संतसाहित्य की परंपरा के स्रोत के रूप में द्विवेदीजी ने सिद्धों के साहित्य को महत्व दिया है।

प्राय: इस प्रकार की रचनाओं में व्यक्त विचारधारा से सहानुभूति न होने के कारण ही आचार्य शुक्ल ऐसी रचनाओं को काव्य या साहित्य की कोई धारा नहीं मानते। द्विवेदीजी ने विस्तार से यह साबित किया है कि विषयवस्तु, विचारधारा, भावधारा, और यहां तक कि शिल्प के स्तर पर भी संतसाहित्य की परंपरा का मूल स्रोत नाथों और सिद्धों के साहित्य में मौजूद है। इस प्रकार द्विवेदीजी ने सिद्धों और नाथों की रचनाओं का नया मूल्यांकन किया और भक्तिकाल के संतसाहित्य को देखने की नई दृष्टि भी दी।

आदिकाल में सामंती संस्कृति से संबद्ध साहित्य भी काफी लिखा गया था। ऐसी रचनाओं के नायक प्राय: ऐतिहासिक या लोकप्रिय चरित्र हुआ करते थे और उनकी शौर्यपरक प्रेमगाथाओं का चित्रण इन रचनाओं में होता था। द्विवेदीजी ने ऐसी रचनाओं के नए मूल्यांकन का काम किया। उन्होंने भारतीय साहित्य में सातवीं शताब्दी से ऐतिहासिक काव्यों के विकास पर विस्तार से विचार किया। इन ऐतिहासिक काव्यों के स्वरूप का विवेचन करते हुए द्विवेदीजी ने लिखा है, 'भारतीय कवियों ने ऐतिहासिक नाम भर लिया, शैली उनकी वही पुरानी रही जिसमें काव्य-निर्माण की ओर अधिक ध्यान था, विवरणसंग्रह की ओर कम, कल्पनाविलास का अधिक मान था, तथ्यनिरूपण का कम, संभावनाओं की ओर अधिक रुचि थी, घटनाओं की ओर कम, उल्लसित आनंद की ओर अधिक झुकाव था, विलसित तथ्यावली की ओर कम।' (हिंदी साहित्य का आदिकाल, पृ. 76)। द्विवेदीजी इन ऐतिहासिक काव्यों को संस्कृत की कथा और आख्यायिका की परंपरा से जोड़कर देखते हैं और इस काल के लोकप्रचलित काव्य रूपों के रचनात्मक उपयोग पर भी विचार करते हैं। मध्यकालीन चरित काव्यों की संरचना को समझने के लिए आवश्यक कथानक रूढ़ियों के स्वरूप और मध्यकाल के साहित्य में उनकी व्यापकता का विवेचन करनेवाले द्विवेदीजी पहले व्यक्ति हैं।

द्विवेदी जी ने मध्यकाल के साहित्य के अध्ययन के लिए शिष्ट और लोक-साहित्य में प्रचलित छंदों के अध्ययन को महत्वपूर्ण माना है। उन्होंने लिखा है कि 'नया छंद जाति के नए मनोभाव की सूचना देता है, इसलिए साहित्य के इतिहास में विभिन्न युगों में छंदों का परिवर्तन केवल शिल्प संबंधी परिवर्तन नहीं है, वह जातीय चेतना, भाषा और अभिव्यक्ति के परिवर्तन का भी सूचक है। छंद का परिवर्तन साहित्य के विकास को प्रेरित करनेवाला परिवर्तन है।' द्विवेदी जी ने आदिकाल के दो ऐतिहासिक चरित काव्यों, पृथ्वीराज रासो और कीर्तिलता, का साहित्यिक मूल्यांकन किया है। आचार्य शुक्ल ने 'पृथ्वीराज रासो' को 'न तो भाषा के इतिहास के और न साहित्य के इतिहास के जिज्ञासुओं के काम' का माना और 'कीर्तिलता' को केवल भाषा की दृष्टि से विचारणीय समझा। आचार्य द्विवेदी के 'हिंदी साहित्य का आदिकाल' के पहले और काफी बाद तक भी रासो

की प्रामाणिकता अप्रामाणिकता पर ही बहस होती रही, उसके साहित्यिक महत्व की ओर लोगों का ध्यान पहली बार द्विवेदी जी ने ही खींचा।

आचार्य द्विवेदी के इतिहास और आलोचना का मुख्य विषय भक्ति आंदोलन और उसका साहित्य ही है। 'हिंदी साहित्य की भूमिका' का अधिक भाग भक्ति-काल से ही संबद्ध है। 'सूर साहित्य' और 'कबीर' में भक्तिकाल के दो महान कवियों की कविता का नया मूल्यांकन है। इनके अतिरिक्त द्विवेदी जी ने अपने अनेक निबंधों में भक्ति आंदोलन और भक्ति साहित्य से संबंधित उनके नए और महत्वपूर्ण विचार बिखरे पड़े हैं, जिन पर कम ध्यान गया है।

आचार्य शुक्ल ने कबीर का महत्व इसलिए स्वीकार किया था कि 'मनुष्यत्व की सामान्य भावना को आगे करके निम्न श्रेणी की जनता में उन्होंने आत्मगौरव का भाव जगाया।' लेकिन संतमत के कबीर और दूसरे कवियों के बारे में शुक्ल जी की बुनियादी धारणा यह थी कि 'संस्कृतबुद्धि, संस्कृतहृदय और संस्कृतवाणी का वह विकास इस शाखा में नहीं पाया जाता जो शिक्षित समाज को अपनी ओर आकर्षित करता।' शुक्ल जी का यह भी विचार था कि इन कवियों ने अशिक्षित जनता को भरमाने और उस पर धाक जमाने का ही काम अधिक किया। आचार्य शुक्ल ने जायसी ग्रंथावली की भूमिका में संतमत के कवियों को लोकविरोधी तक कह डाला है। भक्तिकाल के संत कवि आचार्य शुक्ल की सहानुभूति न पा सके। इन कवियों की रचनाओं के मूल्यांकन की जरूरत बनी हुई थी। द्विवेदी जी ने संतसाहित्य के उचित मूल्यांकन का महत्वपूर्ण काम किया। उन्होंने कबीर का मूल्यांकन करके संपूर्ण संतसाहित्य को नए दृष्टिकोण से देखने का मार्ग प्रशस्त किया। कबीर के इस नए मूल्यांकन के पहले या तो कबीर के रहस्यवाद की चर्चा होती थी या उनकी सधुक्कड़ी भाषा की। द्विवेदी जी ने कबीर के क्रांतिकारी व्यक्तित्व, प्रगतिशील विचारधारा, जनोन्मुख सामाजिक चेतना, मानवतावादी प्रेमभावना, लोकधर्मी भक्तिभावना, मर्मस्पर्शी कवित्वशक्ति और व्यंग्यपूर्ण शक्तिशाली काव्यभाषा का विवेचन करके हिंदी पाठकों के सामने कबीर का नया रूप उपस्थित किया। वास्तव में कबीर की शुद्ध साहित्य के प्रेमियों ने भले ही उपेक्षा की हो, भारतीय जनता के हृदय में वे सूर और तुलसी के साथ बराबर प्रतिष्ठित रहे हैं। आचार्य द्विवेदी ने कबीर का नया मूल्यांकन करके भारतीय जनता की भावनाओं को ही वाणी दी। द्विवेदी जी ने कबीर का जो नया मूल्यांकन किया उसके मूल में प्रगतिशील आंदोलन से विकसित साहित्य के मूल्यांकन की नई दृष्टि का प्रभाव था।

आचार्य द्विवेदी ने कृष्णभक्ति काव्य और सूर की कविता पर भी नए ढंग से विचार किया है। शुक्ल जी ने कृष्णभक्तिकाव्य में उपलब्ध माधुर्य-भाव और प्रेमतत्व पर सूफियों का प्रभाव माना, शृंगार की अधिकता की आलोचना की और

सूर की कविता में लोकसंग्रह के भाव का अभाव देखा। इन सब प्रश्नों पर बाद के इतिहासकारों और आलोचकों के लिए विचार करना जरूरी था। द्विवेदी जी ने इन प्रश्नों पर विचार किया है। उन्होंने प्रेम को संपूर्ण भक्तिकाव्य के मूल में निहित माना है। द्विवेदी जी ने मध्ययुग के संतों और भक्तों के जिन सामान्य विश्वासों का उल्लेख किया है, उनमें प्रेम भी एक है। इससे यह सिद्ध होता है कि प्रेमतत्व सूफियों के प्रभाव से कृष्णभक्तिकाव्य में नहीं आया था। वह संपूर्ण भक्ति-काव्य में व्याप्त है, क्योंकि भक्ति प्रेम का ही एक उदात्त रूप है। कृष्णभक्तिकाव्य के माधुर्य भाव की परंपरा को एक ओर द्विवेदी जी ने भागवत पुराण, भक्तिसूत्रों और प्राचीन काव्य से जोड़कर देखा है और दूसरी ओर लोकसाहित्य से। उन्होंने कृष्णभक्तिकाव्य के माधुर्य भाव को इन परंपराओं में प्राप्त माधुर्य भाव का विकसित रूप कहा है। द्विवेदी जी ने शास्त्र, काव्य और लोकजीवन की परंपराओं में व्याप्त राधाकृष्ण के स्वरूप की खोज का काम भी किया है। उन्होंने लिखा है, 'वैष्णवधर्म शास्त्रीय धर्म की अपेक्षा लोकधर्म अधिक है। हिंदी साहित्य के लोक-गीतों में इसका प्रवेश वल्लभाचार्य से बहुत पहले हो गया था। इन्हीं गीतों का विकसित और सुसंस्कृत रूप 'सूरसागर' के अंतर्गत विद्यमान है।' (सूरसाहित्य, पृ. 91)। द्विवेदी जी ने जयदेव और विद्यापति की राधा से सूर की राधा की तुलना करके राधाकृष्ण से संबद्ध माधुर्यभाव और प्रेम को पुरानी परंपरा से ही नहीं जोड़ा है, उन्होंने चंडीदास की राधा की सूर की राधा से तुलना करते हुए अखिल भारतीय शक्तिसाहित्य में माधुर्य भाव की सत्ता का उद्घाटन किया है।

भक्ति आन्दोलन जनसंस्कृति के अखिल भारतीय नवजागरण का आंदोलन था लेकिन भक्ति और उससे संबद्ध साहित्य तथा कला का विकास देश के विभिन्न क्षेत्रों के स्थानीय, सामाजिक, सांस्कृतिक जीवन, साहित्य की परंपरा और रंगरूप के अनुसार हुआ, यही कारण है कि अखिल भारतीय स्तर पर भक्तिकाव्य में अनेक समानताओं के साथसाथ कई तरह की भिन्नताएं भी मिलती हैं। भक्तिकाल के इस व्यापक सांस्कृतिक आंदोलन के अखिल भारतीय स्वरूप और स्थानीय विशेष-ताओं पर विचार करते हुए द्विवेदी जी ने लिखा है, 'दक्षिण से भक्ति की जो धारा उत्तर में आई वह सर्वत्र एक ही समान नहीं बनी रही। बंगाल में उसने एक स्वरूप धारण किया, गुजरात में दूसरा और युक्तप्रांत में तीसरा। इसका कारण यह है कि मूल धारा जिस प्रदेश में पहुंची वहां की सामाजिक परिस्थिति के अनु-सार विशेष रूप में परिवर्तित हो गई। कबीर और सूरदास का साधना प्रदेश करीबकरीब एक ही था। इन दोनों संतों में जो बातें एकही सी हैं उनमें उस युग के समाज का चित्र स्पष्ट हो सकता है।' (सूरसाहित्य, पृ. 64)। द्विवेदी जी के इस कथन के बाद अलग से यह बताने की जरूरत नहीं है कि वे साहित्य के इति-हास में साहित्य और समाज की परस्पर संबद्धता पर ध्यान देते हैं। द्विवेदी जी

ने उस युग के समाज के बारे में लिखा है, 'ऊंचे वर्ग के लोग अपनी झूठी शान में मत्त रहते थे। इनका प्रधान कर्त्तव्य था, जो उस युग में धनी आदमी की शोभा समझा जाता था, विलासिता। कवि लोग इस विलासिता की प्रशंसा करते थे, भाट लोग उनका यही यश गाते थे और समाज की निचली श्रेणी के आदमी अपने रक्त तथा मांस को गलाकर इनकी विलासिता की आग को सदा प्रज्वलित रखने के लिए ईंधन एकत्रित कर देते थे।' यह है उस समाज के सामंती जीवन का असली रूप और उस समाजव्यवस्था में शोषित जनता की स्थिति का मार्मिक चित्र। भक्तिकाल के कबीर, सूर, तुलसी, जायसी आदि कवि उस युग की सामान्य जनता के जीवन और भावना के कवि थे। द्विवेदी जी ने सूरदास की कविता में मिलनेवाले उस युग के समाज और जीवन के चित्रों की चर्चा करके यह सिद्ध किया है कि सूरदास अपने समय और समाज से बेखबर कवि नहीं थे।

आचार्य शुक्ल ने रीतिकाल को हिंदी साहित्य के इतिहास में, 'एक विचित्र संयोग' कहा है। भक्तिकाल के नवजागरण और जनोन्मुख कविता के अभूतपूर्व विकास के बाद दरबारी सामंती संस्कृति से जुड़ी हुई, रूढ़िबद्ध, जनजीवन से कटी हुई, नायिकाभेद और अलंकारशास्त्र से बंधी हुई, शब्दकौशल के सहारे टिकी हुई कविता की प्रवृत्ति का आना और लगभग दो सौ वर्षों तक प्रभावशाली बना रहना एक विचित्र संयोग ही नहीं, ऐतिहासिक ट्रेजडी भी है। आचार्य शुक्ल रीतिकाल की कविता और काव्यशास्त्र का वास्तविक स्वरूप दिखा चुके थे। द्विवेदी जी ने रीतिकाल की कविता के मूल्यांकन में आचार्य शुक्ल की परंपरा का ही विकास किया।

द्विवेदी जी ने रीतिकाल की कविता पर प्राकृत और अपभ्रंश की सतसई परंपरा, स्तोत्रसाहित्य और कामशास्त्र के प्रभाव की ओर संकेत किया है। इससे अधिक महत्वपूर्ण यह है कि द्विवेदी जी ने रीतिकालीन कविता पर उत्तरकालीन संस्कृत साहित्य के प्रभाव की चर्चा की है। रीतिकालीन कविता पर उत्तरकालीन संस्कृत साहित्य के गहरे प्रभाव को देखकर यह कहा जा सकता है कि रीतिकाल का काव्य एक प्रकार से नवशास्त्रीयतावाद के पुनरुत्थान का काव्य है। इस तरह की दुर्घटना दुनियाभर के साहित्य के इतिहास में कई बार हुई है। भक्तिकाल के कवियों ने प्राचीन संस्कृत साहित्य, विशेषतः रामायण और महाभारत, की परंपरा के जीवंत तत्वों का रचनात्मक उपयोग किया जबकि रीतिकाल के कवि उत्तरकालीन संस्कृत काव्य और काव्यशास्त्र की पतनशील परंपरा की रूढ़ि को आदर्श मानकर चले। द्विवेदी जी ने रीतिकालीन कविता के जीवन से विच्छिन्न स्वरूप पर संस्कृत के उत्तरकालीन साहित्य के प्रभाव के बारे में लिखा है कि 'कविगण नायक और नायिकाओं तथा अलंकार व संचारी आदि भावों के पूर्वनिर्मित वर्गीकरण का आश्रय लेकर एक बंधेसधे सुर में एक बंधीसधी बोली की कवायद करने लगे। संस्कृत के उत्तरकालीन साहित्य का प्रभाव ही उसे चालित कर रहा था।'

(हिंदी साहित्य की भूमिका, पृ. 106)।

रीतिकालीन कविता के रूढ़िबद्ध और सामंती संस्कृति से संबद्ध रूप की व्याख्या केवल संस्कृत के उत्तरकालीन काव्य और शास्त्र के अनुकरण या प्राकृत अपभ्रंश और कामशास्त्र की परंपरा के प्रभाव दिखाने से ही संभव नहीं हो सकती। उस साहित्य का अपने समाज से क्या संबंध था, यह भी दिखाना जरूरी है। द्विवेदी जी ने रीतिकालीन समाज के वर्गीय ढांचे के बारे में लिखा है, 'इस समय आर्थिक दृष्टि से समाज में स्पष्ट रूप से दो श्रेणियां हो गईं, एक तो उत्पादक वर्ग, जिसमें प्रधान रूप से किसान और किसान से संबंध रखनेवाली जातियां बढ़ई, लुहार, कहार, जुलाहा आदि थी, और दूसरा दल भोक्ता (राजा, रईस, नवाब आदि) या भोक्तृत्व का मददगार था। मुगलशासन के अंतिम दिनों में भारतीय समाज के यही दो आर्थिक वर्ग थे; राजा, सामंत, मनसबदार आदि भोक्ता वर्ग और कृषकों और श्रमिकों का उत्पादक वर्ग।' (हिंदी साहित्य, पृ. 181)। द्विवेदी जी ने ठीक ही लिखा है कि यह सामंती व्यवस्था का पतनशील रूप था और रीतिकाल इसी बाहरी ढांचे की अभिव्यक्ति है। द्विवेदी जी ने रीतिकाल की कविता के वर्गीय आधार को स्पष्ट करते हुए लिखा है कि 'इन दो वर्गों के मध्य में कवियों, चित्रकारों, संगीतज्ञों आदि कलावंतों का वर्ग था जो उत्पादकवर्ग से उत्पन्न होता था किंतु भोक्तावर्ग की स्तुति और मनोविनोद करके जीविका निर्वाह करता था। जिस प्रकार के मालिकों का मनोरंजन इन कवियों और कलावंतों को करना पड़ता था उस वर्ग को संतुष्ट करने के लिए जिस प्रकार के जीवन से परिचय होना आवश्यक है वह इन कवियों को प्रत्यक्ष रूप से ज्ञात नहीं था, इसलिए उन्हें पुस्तकीय विद्या की आवश्यकता थी। इन दो मूलों से यह ज्ञान प्राप्त हो सकता था; रति-रहस्य आदि कामशास्त्रीय ग्रंथों से और दशरूपक, रसमंजरी आदि नायिकाभेद का वर्णन करने वाले ग्रंथों से। फिर उक्तिवैचित्र्य आदि के लिए अलंकारशास्त्र के अन्य ग्रंथों की भी इन्हें आवश्यकता थी।' (हिंदी साहित्य, पृ. 181-82)। द्विवेदी जी ने रीतिकालीन कविता के वर्गीय आधार, सामंती जीवन व संस्कृति से उसके संबंध और उसमें प्राप्त स्त्री-पुरुषसंबंधों के किताबी रूप का विश्लेषण करके उसके असली स्वरूप का उद्घाटन किया है। उन्होंने संस्कृतकाव्य और काव्यशास्त्र की पतनशील परंपरा में जकड़े होने के रहस्य को भी खोलकर रख दिया है। क्या यहां फिर दोहराने की जरूरत है कि द्विवेदी जी की यह इतिहासदृष्टि प्रगतिशील आंदोलन की देन है?

किसी काल का रचनाकार अपनी रचनात्मक आवश्यकताओं के अनुसार ही परंपरा की खोज और उससे जुड़ने का प्रयास करता है। रीतिकालीन कवियों की कविता करने की जरूरतों की पूर्ति संस्कृत काव्य की उदात्त परंपरा या भक्तिकाल के जनोन्मुख कवियों की परंपरा से संभव नहीं थी, इसलिए वे संस्कृत के उत्तर-

कालीन काव्य, काव्यशास्त्र और कामशास्त्र की ओर मुड़े। आज भी अगर कोई 'कवि केशव की कविताई' की प्रशंसा करते नहीं थकता और उससे जुड़ने की कोशिश करता है तो मानना चाहिए कि वह अपनी रचना की जरूरतों के अनुरूप ही अपनी परंपरा की खोज कर रहा है।

द्विवेदी जी ने रीतिकाल की दरबारी संस्कृति से जुड़ी रूढ़िबद्ध कविता और उसके उपजीव्य संस्कृत के उत्तरकालीन काव्य से उसी काल के लोकजीवन की अभिव्यक्ति करनेवाले लोकगीतों को हजार गुना बेहतर माना है। द्विवेदी जी ने लोकगीतों के बारे में लिखा है, 'इन गीतों में हम प्रेम और वियोग में तड़पते हुए सच्चे दृश्यों का वर्णन पाते हैं। भाई से विच्छिन्न बहन की करुण कथा, सौत के, ननद के और सास के अकारण निक्षिप्त वाक्य वाणों से विद्ध बहू की मर्म कहानी, साहूकार, जमींदार और महाजन के सताए गरीबों की करुण पुकार, आन पर कुर्बान हो जानेवाले विस्मृत वीरों की वीरगाथा, अपह्रार्यमाणा सती का वीरत्वपूर्ण आत्मघात, नई जवानी के प्रेम के घातप्रतिघात, प्रियतम के विरहमिलन और मातृप्रेम के अकृत्रिम भाव इन गीतों में भरे पड़े हैं।' (हिंदी साहित्य की भूमिका, पृ.106)। रीतिकालीन कविता का एक ही विषय था जिसके चारों ओर कविता चक्कर काट रही थी। वह विषय था नारी का कामिनी रूप। द्विवेदी जी ने यह लिखा है कि रीतिकालीन कविता में नारी के सामाजिक अस्तित्व की अभिव्यक्ति का अभाव है। यही कारण है कि रीतिकाल की मुग्धाएं, खंडिताएं और धीराएं अलंकारों से लदी हुई होकर भी निष्प्राण हैं जबकि अपने सामाजिक अस्तित्व को लेकर उपस्थित होनेवाली लोकगीतों की नारी जीवंत और सहज सौंदर्य से भरपूर है।

रीतिकालीन काव्य का मूल्यांकन करते समय द्विवेदी जी का दृष्टिकोण मुख्य रूप से सामंतवादविरोधी और जनसंस्कृति से सहानुभूति रखनेवाला है। इसी दृष्टि से उन्होंने रीतिकालीन साहित्य और समाज के संबंध, साहित्य के वर्गीय आधार और परंपरा से उसके संबंध का विवेचन किया है। रीतिकालीन कविता से उस काल के लोकगीतों को अधिक जीवंत और व्यापक मानवीय अनुभवों से संपन्न बताकर द्विवेदी जी ने साहित्य के इतिहासलेखन में लोकगीतों के महत्व की ओर संकेत किया है। इस नए दृष्टिकोण से रीतिकाल का सही मूल्यांकन करना अब भी बाकी है।

साहित्य का इतिहास लिखते समय आचार्य शुक्ल की दृष्टि का केंद्र वर्तमान था, लेकिन द्विवेदी जी की नजर परंपरा पर अधिक रही है। संभवतः यही कारण है कि आचार्य शुक्ल ने अपने हिंदी साहित्य के इतिहास के आधे भाग में हिंदी साहित्य के आविर्भाव काल से लेकर रीतिकाल तक पर विचार किया है और आधे भाग में आधुनिक काल पर। द्विवेदी जी ने 'हिंदी साहित्य की भूमिका' के उपसंहार में आधुनिक काल की बहुत संक्षिप्त चर्चा की है। 'हिंदी साहित्य की भूमिका' में

आधुनिक काल की संक्षिप्त चर्चा में न तो भारतेंदु हरिश्चंद्र का उल्लेख है और न स्वाधीनता आंदोलन पर विचार हुआ है। इन दोनों बातों का न होना आश्चर्यजनक ही नहीं आपत्तिजनक भी है। द्विवेदी जी ने इस कमी को 'हिंदी साहित्य' में पूरा किया है।

द्विवेदी जी ने आधुनिक युग के हिंदी साहित्य में ऐतिहासिक दृष्टि की प्रतिष्ठा का स्वागत किया है। उन्होंने 1940 में छायावाद के विरोधियों की आलोचना करते समय 'परिपाटीविहित रसज्ञता और रूढ़िसमर्थित काव्यकला को चुनौती देने की प्रवृत्ति' को साहित्यिक क्रांति कहा था। 'हिंदी साहित्य की भूमिका' का रचनाकाल प्रगतिशील आंदोलन का उत्थानकाल था। द्विवेदी जी ने प्रगतिशील आंदोलन को सहानुभूति के साथ देखा है। प्रगतिशील आंदोलन के संदर्भ में उन्होंने लिखा है कि 'ईश्वर का स्थान आज मानवता ने ले लिया है, पूजनभजन के स्थान पर आज पीड़ित मानवता की सहायता और हमदर्दी प्रतिष्ठित हो चुकी है।' पीड़ित मानवता से जिसकी सहानुभूति होगी, पीड़ित मानवता की चिंता करनेवाले साहित्य से भी उसकी सहानुभूति होगी। द्विवेदी जी ने छायावाद की वैयक्तिकताप्रधान जीवनदृष्टि से प्रगतिवाद की वस्तुनिष्ठ जीवनदृष्टि के अंतर को पहचाना और उसकी प्रशंसा की, सच्चे जीवनानुभवों के आधार पर लिखी गई प्रगतिशील कविताओं की सराहना की है, लेकिन 'हवा में उड़ते हुए विचारों को छंद के फ्रेम में बांधनेवालों' को संदेह की दृष्टि से देखा है। हवा में उड़ते हुए विचारों को साहित्यरूपों में बांधनेवाले प्रगतिशीलों का आज भी अभाव नहीं है। उस दौर की प्रगतिशील कविता के बारे में उन्होंने लिखा था कि 'अधिकांश में हिंदी कविता हिंदी जाननेवाले पाठकों के बहुत नजदीक नहीं आ सकी है।' हिंदी के प्रगतिशील साहित्य के सामने आज भी यह स्थिति है। उन्होंने हिंदी साहित्य में समाजवादी विचारधारा और यथार्थवाद के प्रसार का स्वागत किया है।

लगभग 1930 के बाद प्रगतिशील आंदोलन के विकास के साथ हिंदी साहित्य में समाजवादी विचारधारा का प्रभाव बढ़ा और साम्राज्यवाद का विरोध भी तीव्र हुआ। आचार्य हजारीप्रसाद द्विवेदी जी के इतिहासलेखन में प्रगतिशील आंदोलन और समाजवादी विचारधारा से सहानुभूति व्यक्त हुई है और साम्राज्यवाद के तीव्र विरोध का भाव भी प्रकट हुआ है। उन्होंने पश्चिम के साम्राज्यवादी देशों की दुनिया में शोषण और गुलामी की व्यवस्था बनाए रखने की भावना से निर्मित आर्थिक, राजनीतिक और सांस्कृतिक चालों की सही पहचान करते हुए लिखा है, 'यूरोपीय राष्ट्रों के संगठित दलों में जो एकता है वह उस एकता से मिलतीजुलती है जो ठगों में पाई जाती है। दुनिया के शोषण के लिए ही इनके विशेषज्ञों ने नाना प्रकार की राजनीतिक और आर्थिक नैतिकता की 'बोलियां' बना रखी हैं। इतिहास को देखने की इनकी अपनी विशेष दृष्टि है, नृतत्वविद्या को समझने के अपने तरीके

हैं। और सबकुछ एक विशेष प्रकार की स्थिति बनाए रखने के उद्देश्य से लिखा गया है। साहित्य भी इस दृष्टि से एकदम मुक्त नहीं है।' (हिंदी साहित्य की भूमिका, पृ. 116)। द्विवेदी जी की इस साम्राज्यवाद विरोधी इतिहासदृष्टि के मूल में एक ओर राष्ट्रीय मुक्तिआंदोलन की चेतना है और दूसरी ओर प्रगतिशील आंदोलन का प्रभाव। साहित्य में भी साम्राज्यवादी दृष्टि हो सकती है, यह द्विवेदी जी ने 1940 में लिखा था। लेकिन कुछ लोग आज भी इस सचाई को या तो पूरी तरह समझ नहीं पाए हैं या फिर जानबूझकर उसे तर्कजाल से ढकने का प्रयास करते हैं।

अब तक हमने द्विवेदी जी के साहित्य के इतिहासदर्शन संबंधी चिंतन और इतिहासलेखन के प्रयास की समीक्षा की है। अब उनकी इतिहासदृष्टि की सामान्य विशेषताओं पर विचार कर लेना उचित होगा।

इतिहासदृष्टि की नवीनता

आचार्य द्विवेदी की इतिहासदृष्टि की एक प्रमुख विशेषता है परंपरा की खोज और उसके रचनात्मक प्रभाव का मूल्यांकन। द्विवेदी जी की इतिहासदृष्टि की इस विशेषता की ओर नामवर सिंह और नलिन विलोचन शर्मा ने संकेत किया है। द्विवेदी जी की इतिहासदृष्टि की इस विशेषता के मूल में भारतीय नवजागरण की चेतना काम करती दिखाई देती है। दुनियाभर के नवजागरणकालीन चिंतन की यह एक विशेषता है। इसमें वर्तमान और भविष्य की दिशा निश्चित करने के लिए परंपराओं की खोज और मूल्यांकन का प्रयत्न दिखाई देता है। हिंदी साहित्य में भारतीय नवजागरण के प्रभाव में विकसित अधिकांश साहित्यचिंतन इसका साक्षी है।

द्विवेदी जी की इतिहासदृष्टि में परंपरा की खोज और मूल्यांकन की प्रधानता का दूसरा महत्वपूर्ण कारण राष्ट्रीय मुक्तिआंदोलन की भावना से जुड़ा हुआ है। राष्ट्रीय मुक्तिआंदोलन का संघर्ष केवल राजनीतिक संघर्ष ही नहीं था, वह साम्राज्यवादी सांस्कृतिक प्रभुत्व से मुक्ति का भी संघर्ष था और है। साम्राज्यवादी सांस्कृतिक विचारधारा के प्रभुत्व से मुक्ति के लिए एक ओर भारतीय संस्कृति, साहित्य और कला की परंपरा की साम्राज्यवादी विचारकों द्वारा की गई भ्रामक व्याख्या का खण्डन आवश्यक था और दूसरी ओर भारतीय संस्कृति, कला और साहित्य की परंपराओं के संघर्षशील जनोन्मुख तथा विकासशील स्वरूप को सामने लाना भी आवश्यक था। इस तरह परंपराओं की खोज और मूल्यांकन का उद्देश्य उनकी शक्ति और संभावनाओं को उजागर करना था। इसका एक और उद्देश्य अपनी परंपरा के प्रति हीन भावना से मुक्ति और आत्मगौरव का भाव जगाना भी था। हिंदी साहित्य का यह काल भारतीय नवजागरण की भावना से प्रेरित चिंतन

का काल है, और पश्चिम की संस्कृति और साहित्य के गहरे प्रभाव के आतंक का काल भी है। पश्चिमी संस्कृति और साहित्य की समृद्धि के आतंक और अनुकरण तथा अपनी संस्कृति और साहित्य की परंपरा के प्रति उदासीनता के भाव पर चोट करते हुए द्विवेदी जी ने 'हिंदी साहित्य की भूमिका' में लिखा है, 'ज्ञान के क्षेत्र में वही पाने का अधिकारी होता है जो देने का सामर्थ्य रखता है। हर क्षेत्र में दूसरों का अनुकरण लज्जाजनक है। वही चल सकता है जो अपने पैरों पर खड़ा हो सकता है, वह नहीं जो केवल चलनेवालों के चलने की नकल करना चाहता है। हमारा अतीत जो अब तक अभिभूत करनेवाला साबित हुआ था अब प्रेरणादायक सिद्ध हुआ है। दुनिया में हम नौसिखुए नहीं हैं। हमने ज्ञान की प्रत्येक शाखा पर स्वतंत्र दृष्टि से विचार किया है। हमारे इतिहास में संघर्षों और संघातों की विशाल शृंखला है।' (हिंदी साहित्य की भूमिका, पृ. 170) यही वह बुनियादी दृष्टिकोण है जिससे द्विवेदी जी संस्कृति, साहित्य और कला की परंपराओं की खोज और मूल्यांकन का काम करते हैं। इसी दृष्टि से उन्होंने हिंदी साहित्य के इतिहास के निर्माण में क्रियाशील विभिन्न परंपराओं का विश्लेषण और मूल्यांकन किया है।

परंपरा की खोज और मूल्यांकन का तीसरा कारण यह है कि द्विवेदी जी हिंदी साहित्य की परंपराओं को भारतीय साहित्य की परंपराओं से जोड़कर देखना चाहते हैं और हिंदी साहित्य की समृद्ध विकासशील परंपरा को भारतीयों और विदेशियों के सामने रखना चाहते हैं। उनके इतिहासलेखन के उद्देश्य का अंतरराष्ट्रीय संदर्भ 'भूमिका' के अंतिम वाक्यों से प्रकट होता है। इस प्रकार द्विवेदी जी हिंदी साहित्य की परंपरा के वास्तविक रूप को सामने लाने के उद्देश्य से ही परंपरा की खोज और मूल्यांकन को अधिक महत्व देते जान पड़ते हैं।

'हिंदी साहित्य की भूमिका' का मुख्य उद्देश्य भक्तिकालीन साहित्य को भारतीय चिंता का स्वाभाविक विकास सिद्ध करना है और इस उद्देश्य के लिए द्विवेदी जी ने पूर्ववर्ती, कला, दर्शन और धर्मसाधना की परंपराओं का अध्ययन किया है। इसके साथ ही द्विवेदी जी ने समाज और संस्कृति के विकासशील आपसी संबंध का विवेचन भी किया है। भारतीय संस्कृति और साहित्य की विभिन्न परंपराओं की वैचारिक यात्रा करने के बाद ही वे इस निष्कर्ष पर पहुंचे हैं कि भक्तिकाव्य भारतीय चिंता का स्वाभाविक विकास है। कुछ लोग यह कह सकते हैं कि उनके इतिहासलेखन में परंपरा की खोज करने का प्रयत्न अधिक है और विकसित वस्तु के विश्लेषण की प्रवृत्ति कम। यह भी कहा जा सकता है कि परंपरा के प्रभाव की चर्चा अधिक है और रचनाकारों के मौलिक निर्माण का मूल्यांकन कम है। ये दोनों ही बातें भक्तिकाल के संबंध में द्विवेदी जी के आलोचनात्मक प्रयत्न के बारे में सच नहीं हैं। उन्होंने परंपरा के प्रभाव की बात करते हुए भी सामाजिक सांस्कृतिक परिवेश से रचनाकारों के संबंध को बराबर महत्व दिया है।

परंपरा से स्वतंत्र नई रचनाशीलता में जो नया विकसित हुआ है उसको द्विवेदी जी रेखांकित करने का प्रयत्न करते हैं। उन्होंने लिखा है कि संस्कृत साहित्य में समाज का चित्रण है लेकिन उसमें सामाजिक विद्रोह की भावना का अभाव है। संस्कृत साहित्य से भक्तिकालीन हिंदी साहित्य की एक भिन्नता यह है कि इसमें सामाजिक विद्रोह का भाव मौजूद है। लोकभाषा में लोकचिंता की अभिव्यक्ति करनेवाले भक्तिसाहित्य में सामाजिक विद्रोह के भाव का होना स्वाभाविक है। परंपरा का बराबर अच्छा ही प्रभाव नहीं पड़ता। परंपरा को गलत ढंग से समझने और स्वीकार करनेवाले रचनाकारों पर उसका बुरा प्रभाव भी पड़ता है। रीतिकालीन साहित्य परंपरा के गलत उपयोग और प्रभाव का प्रभाण है।

साहित्य की परंपराएं कोरी साहित्यिक नहीं होतीं, उनका सामाजिक और सांस्कृतिक परंपराओं से गहरा संबंध होता है। द्विवेदी जी साहित्य को सांस्कृतिक प्रवाह का एक रूप मानते हैं इसलिए परंपरा की उनकी व्यापक धारणा एकांत साहित्यिक परंपरा की धारणा नहीं है, वह सांस्कृतिक परंपरा का ही एक रूप है। यही कारण है कि वे साहित्य के इतिहास को सांस्कृतिक इतिहास के अंग के रूप में स्वीकार करते हैं। यह उनकी साहित्येतिहास दृष्टि की दूसरी प्रमुख विशेषता है। द्विवेदी जी ने लिखा है कि 'साहित्य का इतिहास तभी पूर्ण कहा जायेगा जब हमें उसके पढ़ने के बाद चिंताधारा की समग्रता और उसकी जीवंत गति का प्रत्यक्ष दर्शन हो।' (विचार और वितर्क, पृ. 281)। किसी समाज या जाति की चिंताधारा की समग्रता और जीवंतता का बोध केवल शिष्ट साहित्य के इतिहास से ही नहीं हो सकता क्योंकि समाज या जाति की चिंताधारा की समग्रता विभिन्न सांस्क्रनिक रूपों में होती है। इसलिए चिंताधारा की समग्रता के बोध के लिए साहित्य के इतिहास को संस्कृति के इतिहास के अंग के रूप में विकसित करना जरूरी है। इसके साथ ही यह भी ध्यान देने की बात है कि किसी समाज या जाति की चिंताधारा की समग्रता और जीवंतता अभिजात संस्कृति और अभिजात साहित्य में ही प्रकट नहीं होती, उसकी सच्ची अभिव्यक्ति जनसंस्कृति और जनसाहित्य में होती है। इसलिए साहित्य के इतिहास को सांस्कृतिक इतिहास के अंग के रूप में विकसित करने के लिए उसमें जनसंस्कृति और जनसाहित्य का समावेश करना भी जरूरी है। द्विवेदी जी बारबार हिंदी साहित्य को लोकभाषा में हिंदी भाषी जनता की चिंताधारा, अनुभूति और संवेदनशीलता की अभिव्यक्ति कहते हैं और हिंदी साहित्य के इतिहास को अधिकाधिक पूर्ण बनाने के लिए लोकगीतों, लोककथाओं और लोकप्रचलित काव्यरूपों के अध्ययन पर जोर देते हैं। उन्होंने यह भी लिखा है कि नवीन छंद, गीतपद्धति और नवीन नाट्यरूप बराबर ही लोकचित्त से छनकर अभिजात साहित्य में पहुंचते रहे हैं। साहित्य के इतिहास को सांस्कृतिक इतिहास के अंग के रूप में देखने की दृष्टि का प्रमाण 'हिंदी साहित्य की भूमिका' में

मिलता है।

आचार्य हजारीप्रसाद द्विवेदी साहित्य के इतिहास को मानव की जययात्रा की विकासकथा कहते हैं और इतिहास का लक्ष्य इस जययात्रा के विकास को शक्ति प्रदान करना मानते हैं। मनुष्य की यह जययात्रा सरल, सीधी और आसान नहीं होती, वह संघर्षों के बीच से आगे बढ़ती है। इसी की अभिव्यक्ति साहित्य में भी होती है। स्वभावत: साहित्य के इतिहास में संघर्षों के बीच से विकसित होनेवाली विकासकथा का अध्ययन होना चाहिए। प्रश्न यह है कि मनुष्य की इस जययात्रा का लक्ष्य क्या है ? द्विवेदी जी का उत्तर है कि मनुष्य की मुक्ति ही इसका लक्ष्य है। साहित्य और साहित्य के इतिहास में मनुष्य की जययात्रा को सर्वाधिक महत्व देने के कारण ही द्विवेदो जी को मानवतावादी विचारक कहा जाता है। विचार की बात यह है कि द्विवेदी जी की मानवमुक्ति का क्या अर्थ है ? इसे ऐतिहासिक संदर्भ में प्रस्तुत करते हुए द्विवेदी जी कहते हैं कि 'अगला कदम सामूहिक मुक्ति का है, सब प्रकार के शोषणों से मुक्ति का। अगली मानवीय संस्कृति मनुष्य की समता और सामूहिक मुक्ति की भूमिका पर खड़ी होगी। इतिहास के अनुभव इसी की सिद्धि के साधन बनकर कल्याणकर और जीवनप्रद हो सकते हैं।' (विचार और वितर्क, पृ. 116)। द्विवदी जी के इस कथन से यह जाहिर होता है कि उनका मानवतावाद शोषित पीड़ित मनुष्य की उपेक्षा करके बंदरों को पूआ खिलानेवाला जीवदयावाद नहीं है। सब प्रकार के शोषणों से मनुष्य की मुक्ति में सहायक बनना अगर इतिहास के अनुभव और ज्ञान का उद्देश्य है तो साहित्य का इतिहास इसका अपवाद नहीं है। द्विवेदी जी की यह विशिष्ट मानवतावादी दृष्टि उनकी इतिहास-दृष्टि की तीसरी प्रमुख विशेषता है।

द्विवेदी जी की इतिहासदृष्टि की चौथी प्रमुख विशेषता है हिंदी साहित्य के इतिहास को भारतीय साहित्य के इतिहास के अंग के रूप में देखना। पिछले कुछ समय से भारतीय साहित्य की परिकल्पना और भारतीय साहित्य के इतिहास की अवधारणा पर विचार हो रहा है। द्विवेदी जी ने बहुत पहले हिंदी साहित्य की भूमिका में लिखा था, 'ऐसा प्रयत्न किया गया है कि हिंदी साहित्य को संपूर्ण भारतीय साहित्य से विच्छिन्न करके न देखा जाए।' द्विवेदी जी ने बाद के अपने अनेक निबंधों में भारतीय साहित्य की परिकल्पना और भारतीय साहित्य के इतिहास की संभावना पर विचार किया है। अब तक द्विवेदी जी की इतिहासदृष्टि की जिन विशेषताओं की चर्चा की गई है उनका स्वाभाविक विकास यही है कि हिंदी साहित्य के इतिहास को भारतीय साहित्य के इतिहास के अंग के रूप में देखा जाए।

इस देश के साहित्य के इतिहास में दो अखिल भारतीय आंदोलन हुए हैं। पहला है भक्तिआंदोलन और दूसरा, प्रगतिशील आंदोलन। ये दोनों केवल

साहित्यिक आंदोलन नहीं हैं। कुछ लोग स्वछंदतावाद और आधुनिकतावाद को भी अखिल भारतीय साहित्यिक आंदोलन कह सकते हैं। भक्तिआंदोलन और प्रगतिशील आंदोलन को ठीक से समझे बिना न तो भारतीय साहित्य की अवधारणा का विकास हो सकता है और न भारतीय साहित्य के इतिहास का। भारतीय साहित्य के इतिहासलेखन का उचित रूप यह नहीं है कि विभिन्न भारतीय भाषाओं के साहित्य की सामान्य विशेषताओं को इकट्ठा कर दिया जाए या धर्म के आधार पर भारतीय संस्कृति की धारणा बनाकर उसकी व्यापकता की भारतीय साहित्य में खोज की जाए। भारतीय संस्कृति और साहित्य के इतिहासलेखन के इस तरह के प्रयास अपनी असफलता की गवाही खुद दे रहे हैं। भारतीय साहित्य का इतिहास और उसके अंग के रूप में हिंदी साहित्य या किसी भी दूसरी भाषा के साहित्य के इतिहास का लेखन विभिन्न क्षेत्रों के समाज, संस्कृति, भाषा और साहित्य के विकास की अवस्थाओं तथा वास्तविकताओं के आधार पर ही हो सकता है।

द्विवेदी जी के अध्ययन, इतिहासलेखन और आलोचना के केंद्र में भक्ति आंदोलन और उसका साहित्य रहा है, और प्रगतिशील आंदोलन से उनकी गहरी सहानुभूति रही है, इसलिए वे भारतीय साहित्य के इतिहास की संभावना पर विचार करने में सक्षम हुए और हिंदी साहित्य के इतिहास को भारतीय साहित्य के इतिहास के अंग के रूप में देखने की नई दृष्टि विकसित कर सके। यह आचार्य द्विवेदी की इतिहासदृष्टि की व्यापकता और विकासशीलता का प्रमाण है।

8

जातीय साहित्य की प्रगति की पहचान

रामविलास शर्मा की इतिहासदृष्टि

रामविलास शर्मा ने रामचंद्र शुक्ल और हजारीप्रसाद द्विवेदी की तरह हिंदी साहित्य का इतिहास नहीं लिखा है, लेकिन उन्होंने भारतेंदु हरिश्चंद्र, महावीरप्रसाद द्विवेदी, रामचंद्र शुक्ल, प्रेमचंद और निराला के साहित्य और युग के विकासशील रूप का जो परस्पर संबद्ध विश्लेषण तथा मूल्यांकन किया है, उससे भारतेंदु युग से छायावाद तक के हिंदी साहित्य का इतिहास सामने आता है। इस इतिहास में हिंदी नवजागरण तथा स्वाधीनता आंदोलन से हिंदी साहित्य के विकास का संबंध प्रकट होता है और इस काल के समाज तथा साहित्य में सक्रिय विचारधारात्मक संघर्षों का स्वरूप भी स्पष्ट होता है। इस इतिहासलेखन में रामविलास शर्मा हिंदी साहित्य की जातीय, राष्ट्रीय, यथार्थवादी, वस्तुवादी और क्रांतिकारी प्रवृत्तियों के प्रबल पक्षधर दिखाई देते हैं, वे विजातीय, जनविरोधी, प्रतिक्रियावादी, रीतिवादी, व्यक्तिवादी और भाववादी प्रवृत्तियों का जमकर विरोध करते हैं। इसके अतिरिक्त उन्होंने भक्तिकाल के साहित्य के ऐतिहासिक स्वरूप पर नए ढंग से विचार किया है। भक्तिकाव्य को जातीय उत्थान के व्यापक सांस्कृतिक आंदोलन की अभिव्यक्ति मानते हुए उन्होंने उसके सामंतवाद-विरोधी और मानवतावादी स्वरूप का विवेचन किया है। इस प्रक्रिया में एक ओर भक्ति साहित्य को पुराणपंथियों के हाथों का हथियार बनने से उन्होंने बचाया है और दूसरी ओर प्रगतिशील आंदोलन के प्रारंभिक दौर के कुछ प्रगतिवादी आलोचकों की अंधी आलोचना से भी उसकी रक्षा की है। रामविलास शर्मा ने प्रगतिशील आंदोलन और उसके साहित्य की विभिन्न समस्याओं पर जो कुछ लिखा है उससे प्रगतिशील आंदोलन के इतिहास और हिंदी साहित्य के इतिहास में उसके स्थान को समझने में मदद मिलती है। स्वतंत्रता के बाद के हिंदी साहित्य के विकास और विचारधारात्मक संघर्षों का अपने ढंग से विश्लेषण करके विचारों की टक्कर के लिए उन्होंने नई जमीन तैयार की है।

किसी भाषा के साहित्य का इतिहास उस भाषा के इतिहास और उस भाषा का व्यवहार करनेवाले समाज के इतिहास का अभिन्न अंग होता है। समाज, भाषा और साहित्य के इतिहास की प्रक्रियाओं के आपसी संबंध के बोध के बिना इनमें से किसी एक का इतिहास पूरा ज्ञान नहीं हो सकता। भाषा और समाज के इतिहास के ज्ञान के अभाव में साहित्य के इतिहास के विभिन्न परिवर्तनों और विकास की दिशा के कारणों की पहचान मुश्किल ही है। रामविलास शर्मा शुद्ध साहित्य के विशुद्ध आलोचक और इतिहासकार नहीं हैं, उन्होंने हिंदी भाषा और हिंदी भाषा-भाषी समाज के इतिहास के बारे में भी महत्वपूर्ण स्वतंत्र चिंतन किया है। हिंदी भाषी समाज तथा हिंदी भाषा के जातीय स्वरूप के विकास से जुड़ी हुई जटिल समस्याओं पर नए ढंग से चिंतन करते हुए हिंदी साहित्य के जातीय रूप के आधार को स्पष्ट किया है। इस विचारप्रक्रिया में उन्होंने हिंदी जाति, हिंदी भाषा और हिंदी साहित्य के इतिहास से संबद्ध पुराने प्रश्नों पर पुनर्विचार करते हुए कुछ नए प्रश्न प्रस्तुत किए हैं। ये प्रश्न नए ही नहीं हैं, सही प्रश्न भी हैं। उन्हीं के शब्दों में कहा जा सकता है कि 'सही प्रश्न प्रस्तुत करना स्वयं में एक उपलब्धि है। ऐसे प्रश्न प्रस्तुत करने का अर्थ है पुराने इतिहासलेखन की आलोचना करना। इस आलोचना का अर्थ है नए इतिहासलेखन की जमीन तैयार करना।' (महावीरप्रसाद द्विवेदी और हिंदी नवजागरण, पृ. 161) रामविलास शर्मा ने जिन नए प्रश्नों को उठाकर हिंदी साहित्य के इतिहासलेखन की नई जमीन तैयार की है उन प्रश्नों पर कुछ विस्तार से यहां विचार करना जरूरी है।

ऐसे प्रश्नों में सबसे अधिक महत्वपूर्ण हिंदी भाषा और साहित्य के जातीय रूप का प्रश्न है। इस प्रश्न के विभिन्न पक्षों पर रामविलास शर्मा लगभग 30 वर्षों से विचार करते आ रहे हैं। यह कहना अनुचित न होगा कि हिंदी भाषा और साहित्य के जातीय स्वरूप की पहचान, खोज और रक्षा ही उनके लेखन का मुख्य उद्देश्य है। यह भी कहा जा सकता है कि हिंदी साहित्य के जातीय रूप और विशेषताओं के विकास की समस्या ही उनकी इतिहासचिंता का मुख्य विषय है। वे हिंदी भाषा और साहित्य के जातीय रूप की पहचान करनेवाले पहले व्यक्ति नहीं हैं। उनसे पहले भारतेंदु हरिश्चंद्र, महावीरप्रसाद द्विवेदी और रामचंद्र शुक्ल ने हिंदी भाषा और साहित्य के जातीय रूप को पहचाना था, लेकिन इस तथ्य को हिंदी साहित्य के इतिहासलेखन से एक व्यापक सत्य के रूप में प्रतिष्ठित करनेवाले रामविलास शर्मा पहले व्यक्ति हैं। उन्होंने भारतेंदु हरिश्चंद्र, महावीरप्रसाद द्विवेदी और रामचंद्र शुक्ल के संकेतों तथा सूत्रों को विकसित करते हुए हिंदी जाति और हिंदी भाषा के गठन, निर्माण और विकास का प्रामाणिक विवेचन किया है। इस प्रकार उन्होंने हिंदी साहित्य के इतिहासलेखन की नई जमीन तैयार की है।

हिंदी भाषा और साहित्य के जातीय स्वरूप से जुड़े हुए तीन मुख्य प्रश्न हैं:

(1) हिंदी जाति के निर्माण का प्रश्न, (2) जातीय भाषा के रूप में हिंदी के विकास का प्रश्न और (3) हिंदी साहित्य के जातीय रूप का प्रश्न। हिंदी साहित्य के जातीय रूप के विकास का संबंध हिंदी भाषा के जातीय रूप के विकास और हिंदी भाषी समाज का जाति के रूप में गठन से है। उन्होंने इन तीनों प्रश्नों पर विस्तार से विचार करते हुए हिंदी साहित्य के इतिहासलेखन की नई दिशा की ओर संकेत किया है।

हिंदी जाति का विकास

हिंदी जाति के गठन और हिंदी भाषा के जातीय रूप के विकास के बारे में राम-विलास शर्मा के चिंतन पर जातीय निर्माण और जातीय भाषासंबंधी लेनिन और स्तालिन के विचारों का प्रभाव है, लेनिन से अधिक स्तालिन के विचारों का असर है। जातीय निर्माण की प्रक्रिया के बारे में लेनिन ने लिखा है कि जातियों का विकास पूंजीवाद के विकास के साथ होता है। स्तालिन का मत है कि जाति का विकास एक निश्चित ऐतिहासिक काल में होता है, यह काल पूंजीवाद के उदय का काल है। सामंतवाद के ह्रास और पूंजीवाद के विकास के साथ जातियों का विकास होता है। स्तालिन के अनुसार जहां सामंतवाद का पूरी तरह विघटन न हुआ हो और पूंजीवाद का विकास बहुत कमजोर हो, वहां भी जातीय निर्माण की प्रक्रिया सक्रिय हो सकती है। रामविलास शर्मा लेनिन और स्तालिन की मान्यताओं को स्वीकार करते हैं। 1960 के पहले के लेखों में वे भारत में पूंजीवाद का उदय और हिंदी जाति की निर्माणप्रक्रिया का आरंभ 15वीं, 16वीं तथा 17वीं शताब्दी से मानते थे और भक्तिआंदोलन को हिंदी जाति के जातीय उत्थान की अभिव्यक्ति कहते थे। बाद में, उन्होंने जातीय निर्माण की प्रक्रिया में बारे में एक नया सवाल उठाया कि सामंती युग में जाति का गठन होता है या नहीं, और अगर होता है तो उसका आधार क्या है। (भाषा और समाज, पृ. 240)। रामविलास शर्मा की मान्यता है कि सामंती समाज के लघु जातियों का निर्माण होता है, महाजाति का नहीं। (भाषा और समाज, पृ. 252)। जातीय निर्माण में सामंतवाद की भूमिका स्पष्ट करते हुए उन्होंने लिखा है: 'किसी महाजाति के गठन और उसकी भाषा के विकास में सामंती राजसत्ता का भी योग हो सकता है। विभिन्न प्रदेशों को एक राजनीतिक प्रभुत्व में लाने से व्यापार के विकास में सुविधा होती है। जाति के गठन में व्यापारियों द्वारा पूंजीवादी संबंधों के प्रसार की नियामक भूमिका होती है। इस भूमिका को पूरा करने में एक सुव्यवस्थित सामंती राज्य व्यापारी वर्ग की सहायता कर सकता है।'(वही, पृ. 252)। अपनी इस मान्यता के आधार पर उन्होंने लिखा कि हिंदी भाषी जाति के निर्माण में मुगल राजसत्ता की महत्व-पूर्ण भूमिका है। यह ध्यान देने की बात है कि जातीय निर्माण और जातीय भाषा

के विकास के बारे में रामविलास शर्मा की यह नई मान्यता लेनिन और स्तालिन की मान्यताओं से कुछ भिन्न है। लेनिन और स्तालिन की मान्यता है कि जातियों का निर्माण और जातीय भाषाओं का विकास पूंजीवाद के उदय के साथ होता है, लेकिन रामविलास शर्मा के अनुसार महाजाति के गठन और उसकी भाषा के विकास में सामंती राजसत्ता का भी योगदान होता है।

सामंती युग में जातियों के गठन और जातीय भाषाओं के विकास की अपनी मान्यता को सिद्ध करने के लिए उन्होंने समाज की विकासप्रक्रिया की नई व्याख्या की है। उनके अनुसार यह धारणा गलत है कि उत्पादनपद्धति के परिवर्तन से सामाजिक विकास एक मंजिल से दूसरी मंजिल की ओर बढ़ता है। रामविलास शर्मा मार्क्सवाद की इस स्थिर और स्थापित मान्यता का खंडन करते हुए कहते हैं कि समाज के विकास में विनिमय और वितरण की नियामक भूमिका होती है और जातियों के निर्माण में व्यापार और बाजार की नियामक भूमिका होती है। यहां सवाल उठता है कि उत्पादनपद्धति तथा उत्पादित वस्तु से वितरण तथा विनिमय और बाजार तथा व्यापार का विकास होता है या व्यापार तथा बाजार के कारण उत्पादनपद्धति का विकास? रामविलास शर्मा की धारणा है कि 'जिस बाजार के आधार पर जाति का निर्माण संभव होता है वह बाजार सौदागरी पूंजी द्वारा पहले कायम होता है, उसमें वस्तुओं की बढ़ती हुई खपत को पूरा करने के लिए उत्पादन की पद्धति में तबदील बाद को होती है। इसलिए हर देश के आर्थिक इतिहास में हम देखते हैं कि सौदागरी पूंजी (मर्कैंटाइल कैपिटल) का अभ्युदय पहले होता है और पूंजीवादी उत्पादनपद्धति का उदय बाद में। इस सौदागरी पूंजी का अभ्युदय किसी भी उत्पादनपद्धति में हो सकता है।' (वही, पृ. 260) विचार करने की बात है कि बाजार और सौदागरी पूंजी के निर्माण का आधार क्या है? निश्चय ही सामंती युग के छोटे पैमाने के उत्पादन से ही सौदागरी पूंजी और बाजार का निर्माण होता है और बाद में वस्तुओं की बढ़ती हुई खपत को पूरा करने के लिए नई उत्पादन-पद्धति यानी मशीनों द्वारा बड़े पैमाने की उत्पादनपद्धति का विकास होता है, जिससे नए उत्पादनसंबंधों, और नए विचारधारात्मक रूपों का विकास होता है। इस प्रकार सामाजिक विकास का बुनियादी कारण उत्पादनपद्धति में परिवर्तन ही है, बाजार और व्यापार तो सहायक कारण हैं।

समाज के विकास की विभिन्न मंजिलों में घनिष्ठ संबंध होता है। पूंजीवाद सामंतवाद के गर्भ से ही पैदा होता है। लेकिन विकास की प्रत्येक अवस्था में निर्णायक भूमिका उत्पादनपद्धति की ही होती है। बहुत पहले रामविलास शर्मा ने ठीक ही लिखा था कि जब तक पुरानी चाल के घरेलू उद्योगों के बल पर ही सौदागरी पूंजी बढ़े, तब तक सामंती ढांचा पूरी तरह टूटता नहीं है। मशीनों के जरिए बड़े उद्योगधंधे चालू होने पर ही वह ढांचा टूटता है। (प्रगतिशील साहित्य की समस्याएं,

पृ. 194)। उनके इस कथन से साबित होता है कि सामाजिक विकास में उत्पादन-पद्धति की ही निर्णायक भूमिका है। लेनिन ने रूस में पूंजीवाद का विकास दिखलाते समय कृषि तथा छोटेबड़े उद्योगधंधों की उत्पादनपद्धति से जुड़े हुए घरेलू तथा विदेशी व्यापारसंबंधी परिवर्तनों का विश्लेषण किया है, केवल सौदागरी पूंजी, व्यापार और बाजार के विकास के आधार पर ही पूंजीवाद का विकास सिद्ध नहीं किया है।

सौदागरी पूंजीवाद और औद्योगिक पूंजीवाद, पूंजीवाद के विकास की दो अवस्थाएं हैं। पहली अवस्था सामंती व्यवस्था के गर्भ में पूरी होती है, दूसरी अवस्था सामंती व्यवस्था की कब्र पर खड़ी होती है। पहली अवस्था में लघु जातियों का गठन होता है, दूसरी अवस्था में महाजाति या राष्ट्र का विकास होता है। इन दोनों अवस्थाओं में जातीय भाषा के निर्माण और विकास की प्रक्रिया चलती है।

भारत में जातीय निर्माण और जातीय भाषाओं के विकास की प्रक्रिया के आरंभ के बारे में रामविलास शर्मा की मान्यता एक बार फिर 1974 में बदली है। उन्होंने अब यह मान्यता छोड़ दी है कि भारत में पूंजीवाद का विकास, जातियों का गठन और जातीय भाषाओं का विकास 15वीं, 16वीं और 17वीं सदी से आरंभ होता है। उनकी नई मान्यता यह है कि भारत में पूंजीवाद की आरंभिक अवस्था का प्रारंभ 12वीं शताब्दी से होता है, यहीं से जातीय निर्माण और जातीय भाषाओं का विकास भी शुरू होता है, यहीं से भारतीय समाज और भारतीय साहित्य के इतिहास का आधुनिक काल भी शुरू होता है। रामविलास शर्मा ने 1974 के अपने एक लेख में लिखा है : 'मोटे रूप से 12वीं सदी को नई जातियों के निर्माण का आरंभिक काल मान सकते हैं। इस समय आधुनिक भाषाओं में जातीय साहित्य की रचना आरंभ होती है। समाज और साहित्य का आधुनिक काल 12वीं सदी से आरंभ होता है। सामाजिक स्तर पर इसका लक्षण है सामंती व्यवस्था का विघटन, व्यापारी पूंजीवाद का विकास, नए सामाजिक संबंधों का प्रसार, साहित्यिक स्तर पर इसका लक्षण है सामंतविरोधी प्रवृत्तियों का उद्भव और प्रसार, नए मानवतावाद की प्रतिष्ठा।' (भारतीय साहित्य, जुलाई-अक्टूबर 1974, में 'भारतीय साहित्य का इतिहास' नामक लेख, पृ. 113) यह मान्यता चौंकानेवाली है, लेकिन एकदम निराधार नहीं है। भारत में 12वीं सदी से जातियों के निर्माण, जातीय भाषाओं के विकास और जातीय साहित्य की रचना का आरंभ माननेवाले रामविलास शर्मा ही एकमात्र व्यक्ति नहीं हैं। डी. डी. कोसंबी ने अपनी पुस्तक 'ऐन इंट्रोडक्शन टू दि स्टडी आफ इंडियन हिस्ट्री' (1956) में लिखा है कि लगभग 12वीं सदी से व्यापार और बाजार के विकास के साथ जातियों, जातीय भाषाओं और जातीय साहित्य का विकास आरंभ होता है। (डी. डी. कोसंबी, ऐन इंट्रोडक्शन टू दि स्टडी आफ इंडियन हिस्ट्री, पृ. 369)

श्री कोसंबी के अनुसार भारतीय समाज के इतिहास में सामंतवाद के दो रूप हैं; ऊपरी सामंतवाद और नीचे का सामंतवाद। इन दोनों में व्यापार का अस्तित्व होता है, लेकिन सामंतवाद के विघटन और जातीय निर्माण की प्रक्रिया का प्रारंभ दूसरी अवस्था से होता है। भारतीय इतिहास में यह प्रक्रिया 12वीं सदी से आरंभ होती है।

डी. डी. कोसंबी और रामविलास शर्मा के अनुसार 12वीं सदी से भारत में जातीय निर्माण, जातीय भाषाओं का विकास और जातीय साहित्य की रचना आरंभ होती है। सवाल यह है कि इस आधार पर क्या बारहवीं सदी से ही भारतीय समाज और साहित्य के इतिहास के आधुनिक काल का आरंभ माना जा सकता है? बारहवीं सदी से आधुनिक काल का आरंभ मानने पर भारतीय समाज और साहित्य के इतिहास के जितने सवाल हल होंगे, उससे अधिक जटिल सवाल उठ खड़े होंगे। इस मान्यता के अनुसार मुगल काल के लगभग चार सौ वर्ष पहले से अंग्रेजों के आने तक का काल भारत में सामंतवाद के विघटन का काल माना जाएगा। यही नहीं, हिंदी साहित्य के इतिहास में केवल आधुनिक काल ही रह जाएगा।

कालविभाजन

रामविलास शर्मा ने इस नई मान्यता के आधार पर भारतीय समाज और साहित्य के अब तक प्रचलित कालविभाजन की आलोचना करते हुए लिखा है: 'समाज और साहित्य का कालविभाजन एक ही आधार पर किया जाता है। जो लोग पंद्रहवीं या सोलहवीं सदी के साहित्य को मध्यकालीन कहते हैं वे उस समय के भारतीय समाज को भी मध्यकालीन कहते हैं। समाज और साहित्य का आधुनिक काल बारहवीं सदी से आरंभ होता है।' (भारतीय साहित्य, पूर्वोद्धृत, पृ. 148) अब तक भारतीय समाज और साहित्य का जो कालविभाजन होता आया है उसका सैद्धांतिक ढांचा यूरोप के साहित्य और समाज के विभाजन से लिया गया है। समाज के इतिहास में प्रायः सामंतवाद के पहले के काल को प्राचीनयुग, सामंत काल को मध्ययुग और पूँजीवादी काल को आधुनिक युग कहा जाता है। इसी आधार पर साहित्य के इतिहास का कालविभाजन भी होता है। भारतीय समाज और साहित्य के कालविभाजन में यूरोपीय सैद्धांतिक ढांचे को अपनाते समय प्रायः इस बात की ओर विशेष ध्यान नहीं दिया गया कि भारतीय समाज और यूरोपीय समाज की विकासप्रक्रिया के स्वरूप तथा कालक्रम में क्या अंतर है और इस अंतर से कालविभाजन में क्या अंतर होगा। यूरोपीय समाज और संस्कृति के इतिहास में जिसे मध्ययुग या अंधकार युग कहा जाता है वह यूरोपीय समाज का सामंती युग है। इसी आधार पर भारतीय समाज और साहित्य के इतिहास का कालविभाजन करते हुए पंद्रहवीं तथा सोलहवीं सदी के काल को मध्ययुग मान लिया जाता है।

मध्ययुग प्राचीनकाल और आधुनिक के बीच एक कालखंड मात्र नहीं है, वह सामंती व्यवस्था और उसके आधार पर विकसित समस्त विचारधारात्मक रूपों के विशेष स्वरूप का भी द्योतक है। मध्ययुगीनता सामंती समाज और उससे निर्मित चेतना की एक विशेषता भी है।

रामविलास शर्मा की मान्यता है कि भारतीय समाज के इतिहास में वैदिक-काल से पहले का काल गणसमाजों का काल है, वैदिककाल से ग्यारहवीं सदी तक सामंती समाज का काल है और बारहवीं सदी से सामंतवाद के विघटन तथा व्यापारी पूंजीवादी के उदय के साथ आधुनिक काल आरंभ होता है।

यह मान्यता चौंकानेवाली है, लेकिन इसे तत्काल खारिज करके छुट्टी पा लेने के बदले इसके औचित्य और उपयोगिता पर विचार करने की जरूरत है। हिंदी साहित्य के प्रचलित कालविभाजन के प्रति प्रायः असंतोष का भाव व्यक्त किया जाता है। विशेष रूप से भक्तिकाल और उसके काव्य को मध्ययुगीन कहने में इतिहासकार असमंजस अनुभव करते हैं। आचार्य हजारीप्रसाद द्विवेदी ने मध्य-युगीनता और भक्तिकाव्य के बीच विरोध समझकर ही 'हिंदी साहित्य : उद्‌भव और विकास' में मध्ययुग नाम नहीं रखा है। रामविलास शर्मा की नई मान्यता से भी हिंदी साहित्य के कालविभाजन की समस्या का समाधान नहीं होता है बल्कि इससे समस्या की गंभीरता का बोध होता है, लेकिन समस्या की गंभीरता के बोध के बाद ही उसके समाधान की संभावना पैदा होगी।

साहित्य के इतिहासलेखन में कालविभाजन की समस्या एक जटिल, लेकिन जरूरी समस्या है। इसकी जटिलता के कारण ही साहित्य के इतिहासलेखन पर विचार करनेवाले कुछ लोग इसकी चर्चा से बचते हैं और कुछ दूसरे लोग इसे अना-वश्यक बताते हुए छोड़ देने की सलाह देते हैं। हाल के वर्षों में पश्चिम में साहित्य के इतिहास के नए सिद्धांतों और नई दिशाओं पर जो बहसें हुई हैं उनमें भी काल-विभाजन की समस्या पर कम ही चर्चा हुई है। इन बहसों से कुछ सिद्धांत जरूर बने हैं, लेकिन उनके प्रामाणिक व्यवहार के प्रमाण के रूप में कोई महत्वपूर्ण इति-हास नहीं लिखा गया है। आश्चर्य की बात तो यह है कि समाजवादी देशों से प्रकाशित साहित्य के इतिहासग्रंथों में भी कालविभाजन की पुरानी पद्धति ही दिखाई देती है, कालों का नामकरण भी राजाओं और लेखकों के नामों के आधार पर ही होता दिखाई देता है। यह बात अंग्रेजी में रूस और चीन से निकलनेवाले साहित्य के इतिहासों के आधार पर कही जा रही है। संभव है रूसी और चीनी भाषाओं में छपे इतिहासों में दूसरी स्थिति हो।

साहित्य के इतिहासलेखन में कालविभाजन संबंधी एक मुख्य समस्या यह है कि कालविभाजन कालपरक (प्राचीनयुग, मध्ययुग, आधुनिकयुग) हो, समाज के विकास की मंजिलों (आदिम साम्यवादीयुग, सामंतीयुग, पूंजीवादयुग) के अनुसार

हो अथवा साहित्यिक प्रवृत्तियों की प्रधानता के आधार पर हो, जैसे वीरगाथाकाल, भक्तिकाल, रीतिकाल आदि। कालविभाजन में एक बड़ी कठिनाई इन तीनों के बीच संगति बैठाने में होती है। खासतौर से साहित्यिक प्रवृत्तियों के साथ सामाजिक विकास की मंजिलों की संगति बैठाने में अधिक कठिनाई होती है। इससे ऐसा सुसंगत कालविभाजन मुश्किल हो जाता है जिसमें सामाजिक इतिहास के युगों के साथ साहित्यिक इतिहास के युगों का पक्का तालमेल दिखाई देता हो। इसका एक कारण यह है कि सामाजिक विकास की मंजिलों का काल जितना लंबा होता है, साहित्यिक परिवर्तन और विकास की मंजिलों का काल प्रायः उतना लंबा नहीं होता। सामाजिक विकास के एक ही युग में एक से अधिक साहित्यिक प्रवृत्तियों का उदय, विकास और ह्रास संभव होता है। दूसरी बात यह है कि साहित्यिक परिवर्तन और विकास की गति सामाजिक परिवर्तन और विकास की गति से तेज या धीमी हो सकती है। साहित्यिक विकास कई बार सामाजिक विकास का अग्रगामी होता है और कई बार अनुसरण करता है। सामाजिक विकास की कुछ दशाओं में साहित्यिक विकास की प्रक्रिया बहुत धीमी होती है, कुछ दूसरी दशाओं में बहुत तेज हो जाती है। व्यापक सामाजिकराजनीतिक आंदोलनों के काल में साहित्यिक परिवर्तन की प्रक्रिया भी तेज हो जाती है। साहित्य में रूप संबंधी परिवर्तन अपेक्षाकृत धीमी गति से होते हैं। हिंदी साहित्य के इतिहास में भक्तिकाल चार सौ वर्षों का है, रीतिकाल दो सौ वर्षों का और स्वाधीनता आंदोलन के सौ वर्ष के भीतर चार युगों का आनाजाना संभव होता है। स्वतंत्रता के बाद तो साहित्यिक आंदोलन का जीवनकाल काफी छोटा हो गया है, उनका जीवनवृत्त निराकार होता गया है। इस बीच तो वर्षजीवी, माहजीवी और सप्ताहजीवी आंदोलन और साहित्यिक फैशन पैदा होते तथा मरते दिखाई देते हैं।

समाज और साहित्य के कालविभाजन में एकता तथा संगति का आग्रह उचित है, लेकिन इससे पैदा होनेवाली कठिनाइयों पर भी ध्यान देना जरूरी है। ऐसी ही कठिनाइयों को ध्यान में रखकर नामवर सिंह ने बहुत पहले एक लेख (1952) में लिखा था : 'साहित्य के इतिहास का कालविभाजन आर्थिक उत्पादनसंबंधों के परिवर्तन के अनुसार होना चाहिए। अनुसार का मतलब दो त्रिभुजों की अनुरूपता नहीं, बल्कि उसे पथनिर्देशक रेखा के रूप में इस्तेमाल करना है। उत्पादनसंबंध बदलते ही साहित्यिक प्रवृत्तियाँ नहीं बदल जातीं। जहां तक हिंदी साहित्य के इतिहास के विभिन्न कालों के नामकरण का सवाल है, कोई जरूरी नहीं कि उन्हें उत्पादनसंबंधों के सामंती और पूंजीवादी कालों के नाम के अनुसार ढाला जाए। नाम तो साहित्य की अपनी प्रवृत्ति के अनुसार ही होना चाहिए, केवल उन प्रवृत्तियों के पीछे उक्त सामाजिक ढांचे और कालविभाजन का आधार अवश्य हो।' (नामवर सिंह; इतिहास और आलोचना, पृ. 148) नामवरसिंह का मंतव्य है कि कालविभाजन

का आधार सामाजिक विकास की मंजिलें हों, लेकिन कालों का नामकरण साहित्यिक प्रवृत्तियों की प्रधानता के अनुसार होना चाहिए। इससे समाज और साहित्य के विकास का संबंध प्रकट होगा और साहित्य की विकासप्रक्रिया की सापेक्षिक स्वतंत्रता की उपेक्षा भी नहीं होगी। रामचंद्र शुक्ल के इतिहास में साहित्यिक प्रवृत्तियों की प्रधानता के आधार पर किया गया कालविभाजन और नामकरण ही विशेष महत्वपूर्ण है। रामविलास शर्मा ने आचार्य शुक्ल के कालविभाजन का समर्थन करते हुए 'हिंदी साहित्य के व्यवस्थित अध्ययन के लिए साहित्यिक धारा की विशेषताओं' पर ध्यान देने को अधिक महत्वपूर्ण माना है, कालपरक विभाजन को नहीं।

बारहवीं सदी से हिंदी साहित्य के आधुनिक काल का आरंभ मानने पर हिंदी साहित्य के इतिहास को आदिकाल और मध्यकाल को निकाल देना होगा। यह कोई विशेष चिंता की बात नहीं है। सवाल यह है कि हिंदी साहित्य के लगभग नौ सौ वर्षों के इतिहास के विभिन्न परिवर्तनों, मोड़ों और विकास की अवस्थाओं का अध्ययन कैसे होगा? नौ सौ वर्षों के इतिहास को केवल आधुनिक काल का अखण्ड प्रवाह बना देना तो हिंदी साहित्य के इतिहास के कालविभाजन की समस्या का कोई समाधान नहीं हुआ। संभव है ऐसी स्थिति में हिंदी साहित्य के इतिहास को मिथकीय चरणों में बांटकर उसका अध्ययन किया जाय। स्वभावतः इनमें से कुछ चरण बहुत लंबे होंगे और कुछ बहुत छोटे। आरंभ के तीन चरण; वीरगाथाकाल, भक्तिकाल और रीतिकाल, बामन के तीन डग होंगे और बाद में इतिहासकार जल्दी जल्दी डग भरता हुआ बाकी इतिहास की यात्रा करेगा।

बारहवीं सदी से हिंदी साहित्य के आधुनिक काल का आरंभ मानने की धारणा के लिए सबसे बड़ी चुनौती रीतिकाल है। रीतिकाल के साहित्य का आधार और स्वरूप निस्संदेह सामंती है, उसे सामंतवादविरोधी आधुनिक काल के अंतर्गत कैसे शामिल किया जा सकता है? जैसे रीतिकाव्य का सामंती स्वरूप एक निर्विवाद सचाई है वैसे ही उसके लगभग दो सौ वर्षों का अस्तित्व भी हिंदी साहित्य के इतिहास का अकाट्य सत्य है। भक्तिकाल के बाद रीतिकाल का आगमन हिंदी साहित्य के इतिहास की एक ट्रेजेडी है, लेकिन यह एक ऐतिहासिक सचाई है। हिंदी साहित्य के इतिहासलेखन में इसकी उपेक्षा नहीं हो सकती। रामविलास शर्मा ने हिंदी जाति, हिंदी भाषा और हिंदी साहित्य के विकास की जो व्याख्या की है उससे रीतिकाल के अस्तित्व की पूरी व्याख्या नहीं होती है। रीतिकाल बारहवीं सदी से आधुनिक काल का आरंभ मानने की धारणा के सामने प्रश्नचिन्ह बना हुआ है।

रामविलास शर्मा के विचारों के आधार पर ही हिंदी साहित्य के आधुनिक काल के आरंभ की समस्या पर एक दूसरे ढंग से विचार किया जा सकता है। वे

मानते हैं कि सौदागरी पूंजीवाद, जाति, जातीय भाषा और जातीय साहित्य के विकास की आरंभिक अवस्था सामंती व्यवस्था के गर्भ में पूरी होती है और मशीनों द्वारा बड़े पैमाने का उत्पादन शुरू होने पर ही औद्योगिक पूंजीवाद का विकास होता है। क्या इससे यह निष्कर्ष नहीं निकलता कि औद्योगिक पूंजीवाद के विकास के साथ ही नए उत्पादनसंबंध, समाजव्यवस्था, नई वर्गव्यवस्था और नई अधि-रचना के विभिन्न तंत्रों तथा तत्वों का विकास होता है? क्या इससे यह भी निष्कर्ष नहीं निकलता कि औद्योगिक पूंजीवाद के साथ ही संस्कृति, कला और साहित्य के इतिहास का आधुनिक काल आरंभ होता है? हिंदी साहित्य के इतिहास में इस तरह का आधुनिक काल उन्नीसवीं सदी से शुरू होता है। हिंदी साहित्य के इतिहास में आधुनिक काल के आरंभ और जातीय भाषा के रूप में खड़ी बोली के विकास में भारतीय नवजागरण, हिंदी नवजागरण तथा स्वाधीनता आंदोलन की निर्णायक भूमिका है। 'महावीरप्रसाद द्विवेदी और हिंदी नवजागरण' में रामविलास शर्मा ने लिखा है कि हिंदी में आधुनिक साहित्य का जन्म उन्नीसवीं शताब्दी में हुआ। समाचार पत्र, मासिक पत्रिकाएं, उपन्यास, नाटक, जीवनचरित और समालोचना, इन सबका विकास इसी समय हुआ। (महावीरप्रसाद द्विवेदी और हिंदी नवजागरण, पृ. 321)

बारहवीं सदी से जातीय निर्माण की प्रक्रिया के आरंभ के आधार पर भारतीय समाज और साहित्य के इतिहास में आधुनिक काल का प्रारंभ मानने का यह अर्थ नहीं है कि 12वीं सदी से 18वीं सदी तक के हिंदी साहित्य में आधुनिकता को खोजा और साबित किया जाए। सौदागरी पूंजीवाद पूंजीवाद की आरंभिक अवस्था है, जो सामंतवाद के गर्भ में ही पूरी होती है। इससे सामंतवाद के विघटन की प्रक्रिया शुरू होती है, लेकिन आवश्यक नहीं है कि सामंतवाद के विघटन और पूंजीवाद के विकास की प्रक्रिया हमेशा पूरी ही हो। कई बार यह विकास सफल होता है और कई बार अवरुद्ध होकर निष्फल भी हो जाता है। विकास के अवरोधक तत्व बाहरी और भीतरी दोनों ही हो सकते हैं। भारत में 12वीं सदी से आरंभ होने-वाले पूंजीवाद का विकास सफल नहीं हुआ, बाद में अवरुद्ध होकर निष्फल हो गया। समाज का सामंती आधार और उससे निर्मित सांस्कृतिक ढांचा एक बार कमजोर होने के बावजूद कायम रहा। यही कारण है कि भक्तिकाल के बाद रीति-काल आया। भक्तिआंदोलन सामंती समाज में विकसित सौदागरीपूंजीवाद और जातीय निर्माण के फलस्वरूप उत्पन्न सामाजिक संबंधों की सांस्कृतिक अभिव्यक्ति है, रीतिकाल का साहित्य सामंतविरोधी सामाजिक संबंध और सांस्कृतिक चेतना के अवरुद्ध होने का परिणाम तथा प्रमाण है। आर्नाल्ड हाउजेर ने अपनी प्रसिद्ध पुस्तक 'सोशल हिस्ट्री आफ आर्ट' में यूरोपीय समाज के मध्ययुग में सौदागरी-पूंजीवाद का अस्तित्व और कला के इतिहास पर उसके प्रभाव का विवेचन किया

है, लेकिन उन्होंने यूरोपीय कला के इतिहास के आधुनिक काल का आरंभ आधुनिक पूंजीवाद और बुर्जुआ समाज के विकास से ही माना है। रामविलास शर्मा की नई मान्यता की उपयोगिता यही है कि इससे हिंदी साहित्य के इतिहास के कालविभाजन पर नए ढंग से सोचने की जरूरत महसूस होती है। यह उपयोगिता उपेक्षणीय नहीं है।

जातीय भाषा और जातीय साहित्य

रामविलास शर्मा ने हिंदी जाति के विकास के इतिहास के साथसाथ हिंदी भाषा के अंधकार में डूबे इतिहास पर भी प्रकाश डाला है। सच बात तो यह है कि उन्होंने हिंदी भाषा के जातीय रूप के विकास के इतिहास के प्रसंग में ही हिंदी जाति के गठन और इतिहास पर भी महत्वपूर्ण चिंतन किया है। उन्होंने जातीय निर्माण से जातीय भाषा का संबंध स्पष्ट करते हुए लिखा है कि 'जातीयता का प्रमुख चिन्ह है भाषा। जाति के निर्माण से भाषा के गठन और विकास का घनिष्ठ संबंध है।' (भाषा और समाज, पृ. 281) इस स्थिति में हिंदी जाति के निर्माण-काल से ही हिंदी भाषा के जातीय रूप के विकास का आरंभ मानना उचित होगा। रामविलास शर्मा की नवीन मान्यता के अनुसार यह काल 12वीं सदी से आरंभ होता है। यद्यपि जातीय भाषा के रूप में हिंदी का विकास 12वीं सदी से शुरू होता है, लेकिन जनपदीय भाषा के रूप में इसका अस्तित्व वहुत प्राचीन काल से होना चाहिए।

हिंदी भाषा के अस्तित्व की प्राचीनता पर भी रामविलास शर्मा ने विचार किया है। बहुत पहले के अपने एक निबंध 'हिंदी उर्दू विवाद और हमारी जातीय भाषा के विकास की समस्या' में उन्होंने स्तालिन का यह कथन उद्धृत किया है: 'हम यह मान लें कि आधुनिक भाषा के मूल तत्व अति प्राचीन काल ही में, दासता के युग से पहले मौजूद थे। यह बहुत कुछ सादी भाषा थी, जिसका शब्द-भंडार बहुत ही न्यून था, लेकिन जिसकी अपनी व्याकरण व्यवस्था थी। यह सच है कि यह व्यवस्था आदिम थी, फिर भी वह थी व्याकरण व्यवस्था ही।' स्तालिन के इस कथन को हिंदी भाषा के इतिहास पर हूबहू लागू करते हुए रामविलास शर्मा ने लिखा है: 'हिंदी भाषा के मूल तत्व आदिम साम्यवादी व्यवस्था में मौजूद थे, यानी ऋग्वेद की रचना से भी पहले हमारी हिंदी भाषा के मूल तत्व मौजूद थे। उस समय भी उसकी व्याकरणव्यवस्था का वजूद था, भले ही वह एक आदिम रूप में रही हो।' (प्रगतिशील साहित्य की समस्याएं, पृ. 188) इसके तत्काल बाद उन्होंने हिंदी भाषा के अस्तित्व की प्राचीनता को हिंदी भाषी जनता के वर्तमान से जोड़ते हुए लिखा कि स्तालिन की शिक्षा हमारी भाषा के इतिहास को गौरवशाली बनाती है, लेकिन जलदबाजी में यह नहीं देखा कि इससे हिंदी

भाषा का इतिहास प्रामाणिक बनता है या नहीं। उन्होंने अपनी इस मान्यता को प्रामाणिक और संदेह से परे नहीं मान लिया, इसलिए उन्होंने 1974 ई. के अपने निबंध में लिखा कि देशी भाषाएं, अर्थात् संस्कृतप्राकृत से भिन्न जनपदीय भाषाएं कम से कम उतनी पुरानी हैं जितना भरत का नाट्यशास्त्र। (भारतीय साहित्य, पूर्वोद्धृत, पृ. 114) भरत के नाट्यशास्त्र का रचनाकाल विवादास्पद है, उसे ईसवी पूर्व 200 से 200 ई. के बीच की रचना माना जाता है। भरत के नाट्यशास्त्र में 'देशभाषा' की उल्लेख है। नाट्यशास्त्र में 'देशभाषा' का प्रयोग उस समय की जनपदीय भाषाओं के लिए हुआ है या अपभ्रंश के लिए, यह भी विवाद से मुक्त नहीं है। आचार्य रामचंद्र शुक्ल ने अपने इतिहास में नाट्यशास्त्र में प्रयुक्त 'देशभाषा' को अपभ्रंश माना है और रामसिंह तोमर 'देशभाषा' को जनपदीय बोलियों के लिए प्रयुक्त मानते हैं। रामविलास शर्मा ने रामसिंह तोमर की राय के आधार पर ही यह निष्कर्ष निकाला है कि जनपदीय भाषाएं उतनी ही पुरानी हैं जितना भरत का नाट्यशास्त्र। अगर यह स्वीकार कर लिया जाए कि भरत के नाट्यशास्त्र में 'देशभाषा' का प्रयोग जनपदीय भाषाओं के लिए ही है तो हिंदी भाषा का अस्तित्व ईसवी सन् के आरंभ के आसपास ठहरता है। हिंदी भाषा का विकास जनपदीय भाषाओं से ही हुआ है। जातीय निर्माण की प्रक्रिया में जैसे विभिन्न जनपदों की एकता से जाति का विकास होता है वैसे ही जनपदीय भाषाओं में से ही कोई एक भाषा निकटवर्ती दूसरी जनपदीय भाषाओं के तत्वों को समाहित करती हुई जातीय भाषा के रूप में विकसित होती है। रामविलास शर्मा ने ठीक ही लिखा है कि 'पूंजीवाद के नए आर्थिक संबंधों से किसी नई भाषा का जन्म नहीं होता, इन संबंधों से किसी जनपदीय बोली का अंतर्जातीय व्यवहार संभव होता है। हमारे यहां यह प्रक्रिया पूरी हुई खड़ी बोली के माध्यम से।' (भारतेंदु हरिश्चंद्र, पृ. 127) जिस तरह जातीय भाषा में विभिन्न जनपदीय बोलियों के तत्व घुलमिलकर जातीय भाषा का निर्माण करते हैं वैसे ही जातीय साहित्य के विकास में विभिन्न जनपदीय सांस्कृतिक तत्वों का योग होता है। इन दोनों प्रक्रियाओं को न समझ पाने के कारण ही कुछ लोग हिंदी साहित्य के इतिहास को केवल खड़ी बोली के साहित्य का इतिहास समझते हैं।

जातीय निर्माण और जातीय भाषा के विकास की प्रक्रिया सरल सीधी रेखा सी नहीं होती। जब यह प्रक्रिया बाहरी आक्रमणों का शिकार होती है तब वह और टेढ़ी हो जाती है। अगर इस प्रक्रिया की गति को अवरुद्ध करनेवाली शक्तियां अधिक मजबूत होती हैं तो वह जटिल ही नहीं विकृत भी हो जाती है। भारत में जातीय निर्माण और जातीय भाषाओं के विकास की प्रक्रियाओं को ऐसी स्थितियों से गुजरना पड़ा है, इसलिए उनके जटिल, अपूर्ण और कुछ विकृत रूप समाज, भाषा तथा साहित्य के इतिहासकारों को परेशानी में डाल देते हैं।

रामविलास शर्मा ने ऐसी परेशानियों का वैचारिक दृढ़ता से मुकाबला करते हुए हिंदी जाति और हिंदी भाषा के इतिहासलेखन के प्रयास से हिंदी साहित्य के इतिहास के पुनर्लेखन की जमीन तैयार करने का काम किया है।

साहित्य का जातीय स्वरूप जातीय निर्माण और जातीय भाषा के विकास से अभिन्न रूप से जुड़ा हुआ है। रामविलास शर्मा आधुनिक भारतीय भाषाओं के साहित्य को जातीय साहित्य के रूप में देखनेसमझने का आग्रह करते हैं। उन्होंने साहित्य के जातीय स्वरूप को स्पष्ट करते हुए लिखा है : 'जो लोग कला की एकांत साधना पर जोर देते हैं या उसके शाश्वत मूल्यों पर ही ध्यान केंद्रित करते हैं, उनकी समझ में यह बात जरा मुश्किल से आती है कि साहित्य का जातीय स्वरूप भी होता है। जैसे किसी भाषा के बोलनेवालों के बिना उस भाषा के अस्तित्व की कल्पना नहीं की जा सकती, वैसे ही उस भाषा के माध्यम से साहित्य रचने, उसे पढ़ने और सुननेवालों के बिना उस साहित्य की कल्पना नहीं की जा सकती। बंगला, मराठी, तमिल आदि भाषाएं बोलनेवाले समुदाय आधुनिक जातियां हैं। इन भाषाओं में रचा हुआ साहित्य उनका जातीय साहित्य है। (महावीरप्रसाद द्विवेदी और हिंदी नवजागरण, पृ. 270) रामविलास शर्मा ने साहित्य की सत्ता को अमरलता की तरह देशकालनिरपेक्ष, शाश्वत और रहस्यमय समझने की धारणा का खंडन करते हुए उसके वास्तविक जातीय स्वरूप को पहचानने का आग्रह किया है। इस आग्रह के अनुसार हिंदी साहित्य हिंदी जाति का जातीय साहित्य है और इसके इतिहास को इसी रूप में देखना उचित है। यही हिंदी साहित्य के इतिहासलेखन की नई दिशा है।

रामविलास शर्मा की मान्यता के अनुसार साहित्य के जातीय रूप और विशेषताओं को पहचानने का अर्थ है साहित्य का उसके आधारभूत समाज से विशिष्ट संबंध पहचानना। इतिहास में साहित्य के जातीय स्वरूप के विकास पर ध्यान देने का अर्थ है उसको जातीय जीवन के विकास से जोड़कर देखना। इस प्रक्रिया में ही जाति के सामाजिक जीवन के इतिहास से साहित्य के इतिहास का विकासशील द्वंद्वात्मक संबंध प्रकट होगा। इससे हिंदी साहित्य के अब तक के इतिहास में विकासशील जातीय जीवन तथा उसकी सांस्कृतिक परंपराओं से जुड़े हुए, उन्हें विकसित करनेवाले साहित्य का स्वरूप स्पष्ट होगा और जातीय जीवन तथा उसकी सांस्कृतिक परंपराओं से कटे हुए, उन्हें पीछे खींचनेवाले साहित्य का भी रूप स्पष्ट होगा। ऐसे इतिहास में इन दोनों धाराओं का संघर्ष भी प्रकट होगा। विशेष रूप से स्वतंत्रता के बाद के हिंदी साहित्य में इन दोनों धाराओं के टकराव का विश्लेषण हिंदी भाषी जनता और हिंदी साहित्य के विकास के संदर्भ में एक ऐतिहासिक आवश्यकता है। इन दोनों धाराओं का टकराव जनवादी और जनविरोधी प्रवृत्तियों का टकराव है। ध्यान से देखने पर यह पहचानना बहुत मुश्किल नहीं है कि

स्वतंत्रता के बाद हिंदी में रचा गया वही साहित्य सार्थक है जो हिंदी भाषी जनता के जीवन, संघर्ष, संस्कृति और परंपरा से जुड़ा हुआ है। इस काल का जो साहित्य कला की सार्वभौमिकता और विश्व नागरिकतावादी आधुनिकता के नाम पर कभी अतीत की अंधेरी स्मृतियों में भटकता है और कभी पश्चिम की पतनशील संवेदनाओं को उधार लिए हुए शिल्प में प्रस्तुत करता है, वह निष्प्राण है।

रामविलास शर्मा ने हिंदी साहित्य के जातीय रूप और विशेषताओं को ध्यान में रखकर हिंदी साहित्य के इतिहासलेखन का नया सैद्धांतिक आधार ही तैयार नहीं किया है, उन्होंने इसके व्यावहारिक रूप को विकसित करने का भी प्रयास किया है। उन्होंने भक्ति आंदोलन और उसके काव्य पर इसी दृष्टि से विचार किया है। उन्होंने भारतेंदुयुग से छायावाद तक के साहित्य का जो विश्लेषण और मूल्यांकन किया है उसमें हिंदी साहित्य की जातीय विशेषताओं की पहचान और उसके जातीय रूप के विकास की समस्याओं पर ही विशेष ध्यान है। प्रगतिशील साहित्य की समस्याओं पर विचार करते समय भी उनका यही दृष्टिकोण है।

साहित्य के जातीय स्वरूप की पहचान केवल हिंदी साहित्य के इतिहासलेखन के लिए ही महत्वपूर्ण नहीं है, भारतीय साहित्य के इतिहासलेखन के संदर्भ में भी यह विशेष उपयोगी है। सभी आधुनिक भारतीय भाषाओं का साहित्य जातीय साहित्य है। जैसे भारत की विभिन्न जातियों की एकता से भारत का राष्ट्रीय स्वरूप बना है, वैसे ही विभिन्न जातियों के जातीय साहित्य की सामान्य विशेषताओं के मेल से भारतीय साहित्य का स्वरूप निर्मित हुआ है। सभी जातियों के जातीय साहित्य की निजी विशेषताएं हैं तो सभी जातियों के साहित्य में व्याप्त कुछ सामान्य राष्ट्रीय विशेषताएं भी हैं। रामविलास शर्मा ने आधुनिक भारतीय भाषाओं के साहित्य के संबंध पर विचार करते हुए लिखा है: 'जैसे अनेक जातियों से मिलकर भारत राष्ट्र बना है वैसे ही विभिन्न भाषाओं के जातीय साहित्य से मिलकर भारतीय साहित्य बना है। जैसे जातीय साहित्य की अनेक सामान्य राष्ट्रीय विशेषताएं हैं वैसे ही उसकी अपनी अनेक जातीय विशेषताएं हैं। भारतीय साहित्य का अभिन्न अंग हिंदीभाषी जनता का आधुनिक साहित्य है।' भारत में जातीय निर्माण की आरंभिक अवस्था से ही विभिन्न जातियों के जातीय साहित्य में कुछ सामान्य राष्ट्रीय विशेषताओं का विकास दिखाई देता है। भक्तिआंदोलन और उसके काव्य का अखिल भारतीय प्रसार इसका अकाट्य प्रमाण है। भारतीय नवजागरण और स्वाधीनता आंदोलन के काल में विभिन्न भाषाओं के जातीय साहित्य की सामान्य राष्ट्रीय विशेषताओं का और अधिक विकास हुआ। भारतीय साहित्य का इतिहासलेखन विभिन्न भाषाओं के जातीय साहित्य की विशेषताओं और उनमें निहित सामान्य राष्ट्रीय विशेषताओं की पहचान के आधार पर ही हो सकता है। धर्म को भारतीय संस्कृति और राष्ट्रीय एकता का आधार बनाकर

सामंती दृष्टिकोण से भारतीय साहित्य का इतिहास नहीं लिखा जा सकता है।

आधुनिक भारतीय भाषाओं के साहित्य का भावी बिकास विभिन्न जातियों की भाषाओं के अलग अलग विकास और राष्ट्रीय स्तर पर उनके सामूहिक विकास से जुड़ा हुआ है। जातीय और राष्ट्रीय साहित्य के विकास का जातीय और राष्ट्रीय मुक्तिसंघर्ष के विकास से घनिष्ठ संबंध है। हमारे जातीय और राष्ट्रीय मुक्ति-संघर्ष के विकास में समाज, संस्कृति, भाषा तथा साहित्य के इतिहासलेखन से उत्पन्न कुछ गलत धारणाएं भी बाधक हैं। साहित्य के जातीय स्वरूप के आधार पर भारतीय साहित्य का इतिहासलेखन अनेक गलत धाराओं को दूर करके हमारे जातीय और राष्ट्रीय मुक्तिसंघर्ष के विकास में सहायक हो सकता है।

साहित्य के इतिहासलेखन को जातीय और राष्ट्रीय मुक्तिसंघर्ष का सहायक बनाने के लिए जाति, जातीय संस्कृति तथा जातीय साहित्य की धारणाओं की विशेष छानबीन जरूरी है।

समाज के इतिहास और साहित्य के इतिहास के विशिष्ट संबंध पर विचार करते समय इस बात पर ध्यान देना आवश्यक है कि अगर समाज का इतिहास वर्गसंघर्ष का इतिहास होता है तो साहित्य का इतिहास वर्गसंघर्ष और उसके प्रभावों से मुक्त नहीं हो सकता। जातियों के निर्माण, जातीय भाषा के विकास और जातीय साहित्य की रचना के प्रसंग में यह याद रखना चाहिए कि जातीय निर्माण में सक्रिय विभिन्न वर्गों की स्थिति तथा उनके संघर्ष की अभिव्यक्ति जातीय संस्कृति में होती है। लेनिन ने लिखा है कि प्रत्येक जाति के भीतर दो जातियों का अस्तित्व होता है, प्रत्येक जातीय संस्कृति में दो जातीय संस्कृतियां होती हैं। जातीय निर्माण की प्रक्रिया में संघर्षरत शोषक और शोषित वर्गों से निर्मित जातीय संस्कृति में दोनों वर्गों के प्रभाव तथा तत्व मौजूद होते हैं। लेनिन ने जातीय संस्कृति के वर्गीय आधार और वर्गीय स्वरूप को स्पष्ट करते हुए लिखा है कि प्रत्येक जातीय संस्कृति में जनवादी और समाजवादी संस्कृति के तत्व मौजूद होते है, भले ही वे अल्प विकसित रूप में हों, क्योंकि प्रत्येक जाति में श्रमजीवी और शोषित जनता होती है, जिसके जीवन की परिस्थितियों से जनवाद और समाजवाद की विचारधारा पैदा होती है। लेकिन प्रत्येक जाति में बुर्जुआ संस्कृति भी होती है, और अधिकांश जातियों में प्रतिक्रियावादी तथा पुरोहिती संस्कृति भी होती है, जो केवल 'तत्व' के रूप में ही नहीं बल्कि प्रभुत्वशाली संस्कृति के रूप में होती है। यही कारण है कि सामान्य 'जातीय संस्कृति' जमींदारों, पुरोहितों और बुर्जुआ वर्ग की संस्कृति है। लेनिन ने यह भी लिखा है कि एक मार्क्सवादी के लिए जातीय संस्कृति पर विचार करते समय इस बुनियादी, और प्राथमिक सचाई को भूल जाना गलत है। जातीय संस्कृति की व्याख्या वर्गविहीन जातीय संस्कृति के रूप में करना अंततः बुर्जुआ वर्ग के हित में उसकी व्याख्या करना है।

रामविलास शर्मा ने हिंदी जाति की संस्कृति और उसके जातीय साहित्य की जो व्याख्या की है, उसमें कहींकहीं वर्गीय आधार और विचारधारात्मक प्रभावों की ओर संकेत है, लेकिन कई बार उनकी उपेक्षा भी हुई है। वे भक्तिआंदोलन को जातीय उत्थान का सांस्कृतिक प्रतिबिंब कहते हैं, उसके काव्य के कुछ पक्षों के वर्गीय आधार को भी स्पष्ट करते हैं, लेकिन उसके भीतर के विचारधारात्मक अंतर्विरोधों की उपेक्षा करते हैं। कई बार परंपरा की रक्षा की भावना के कारण अंतर्विरोधों को तर्कजाल से ढकने की भी कोशिश करते हैं। हिंदी नवजागरण और उसके साहित्य के विश्लेषण में भी प्रायः यही पद्धति अपनाई गई है। यहां भी हिंदी नवजागरण और उसके साहित्य की प्रगतिशीलता सिद्ध करने की चिंता के कारण वर्गीय आधार और विचारधारात्मक अंतर्विरोध पर विशेष ध्यान नहीं दिया गया है।

समाज और साहित्य का संबंध

आधार और अधिरचना : साहित्य के इतिहासलेखन में समाज से संस्कृति तथा साहित्य के विशिष्ट संबंध की समझ का केंद्रीय महत्व है। समाज से संस्कृति तथा साहित्य का विशिष्ट संबंध 'आधार और अधिरचना' (बेस ऐंड सुपर स्ट्रक्चर) की मार्क्सवादी धारणा में व्यक्त होता है। कुछ लोग 'आधार और अधिरचना' को 'बुनियाद और ऊपरी इमारत' कहना पसंद करते हैं। 'अधिरचना' को 'ऊपरी इमारत' कहने से अनेक भ्रांतियां पैदा होती हैं। इससे आधार और अधिरचना की धारणा का सरलीकरण होता है, अधिरचना के कई रूपों की आधार से दूरी का बोध नहीं होता और आधार से अधिरचना का द्वंद्वात्मक संबंध भी स्पष्ट नहीं होता है। आधार और अधिरचना की धारणा की व्याख्या तथा उपयोगिता को लेकर काफी बहस हुई है। पश्चिम में मार्क्सवाद के अनेक पंडितों ने इस धारणा को नियतिवादी (डिटर्मिनिस्टिक) कहकर और समाज से संस्कृति के संबंध की व्याख्या में अनुपयोगी घोषित करके इसका खंडन किया है। रामविलास शर्मा ने भी इस धारणा का खंडन किया है। उन्होंने लिखा है : "यह धारणा भ्रांत सिद्ध होती है कि समस्त संस्कृति अर्थतंत्र के आधार पर बनी हुई ऊपरी इमारत है जो आधार के बदलने पर मूलतः बदल जाती है।' (भाषा और समाज, पृ. 407) उनके अनुसार 'ऊपरी इमारत के कुछ तत्व तेजी से बदलते हैं जैसे लोगों का राजनीतिक दृष्टिकोण, कुछ बहुत धीरे या क्रमशः बदलते हैं जैसे मनुष्य का सौंदर्यबोध।' (वही, 407)

रामविलास शर्मा ने आधार और अधिरचना की जिस धारणा को भ्रांत बताया है उसे मार्क्स ने इस रूप में प्रस्तुत किया है : 'सामाजिक क्रांति के काल में आर्थिक आधार बदलने के साथ पूरी विशाल अधिरचना भी कमोवेश तेजी से रूपांतरित हो जाती है। ऐसे रूपांतरण पर विचार करते हुए एक भेद हमेशा ध्यान में

रखना चाहिए कि एक ओर उत्पादन की आर्थिक परिस्थितियों का भौतिक रूपांतरण है जो प्राकृतिक विज्ञानों की अचूकता के साथ निर्धारित किया जा सकता है, और दूसरी ओर वे कानूनी, राजनीतिक, धार्मिक, सौंदर्यबोधात्मक या दार्शनिक : संक्षेप में, विचारधारात्मक रूप हैं, जिनके दायरे में मनुष्य अपने संघर्ष के प्रति सचेत होते हैं और निर्णायक स्थिति तक संघर्ष करते हैं। ध्यान से देखने पर यह जाहिर होगा कि आधार और अधिरचना की धारणा को रामविलास शर्मा ने जिस रूप में पेश किया है वह मार्क्स के मूल रूप से कुछ भिन्न है। मार्क्स यह नहीं कहते हैं कि आर्थिक आधार के बदलने पर ऊपरी इमारत मूलतः बदल जाती है, वे कहते हैं कि आर्थिक आधार के बदलने पर अधिरचना कमावेश तेजी से रूपांतरित हो जाती है। यहां फर्क केवल 'बदलने' और 'रूपांतरित' होने में ही नहीं है, मूलतः बदलने और रूपांतरित होने में भी है। अधिरचना के मूलतः बदलने का अर्थ है कि नई में पुरानी अधिरचना का कोई चिन्ह न हो, जबकि रूपांतरण करने से यह व्यंजित होता है कि इस प्रक्रिया में अधिरचना के कुछ तत्व बदल जाते हैं और कुछ परिवर्तित रूप में मौजूद रहते हैं। आधार और अधिरचना की धारणा के बारे में रामविलास शर्मा की दो मुख्य आपत्तियां हैं। उनकी एक आपत्ति संस्कृति को अधिरचना मानने पर है, क्योंकि इससे भाषा अधिरचना का अंग मान ली जाती है जो संस्कृति का प्रमुख चिन्ह है और आधार, अधिरचना तथा वर्गों से परे होती है। यह आपत्ति मूलतः स्तालिन की है।

स्तालिन ने स्पष्ट कहा है और रामविलास शर्मा ने विस्तार से सिद्ध किया है कि सामाजिक विकास से भाषा के विकास का घनिष्ठ संबंध है। सामाजिक क्रांति से भाषा के रूप में असाधारण परिवर्तन होते हैं। पूंजीवाद के विकास और जातीय निर्माण के कारण जातीय भाषा का जो विकास होता है वह किसी भाषा के इतिहास का साधारण परिवर्तन नहीं है। यह ठीक है कि जातीय भाषा का विकास किसी नई भाषा का जन्म नहीं है, लेकिन इस प्रक्रिया में किसी जनपदीय बोली का पुनर्जन्म जैसा रूपांतरण जरूर होता है। भाषा के इस रूपांतरण में उत्थानशील वर्गों की निर्णायक भूमिका होती है। यह सच है कि एक भाषा का अस्तित्व एक से अधिक समाजव्यवस्थाओं में होता है और यह भी सही है कि एक ही भाषा का प्रयोग शोषक और शोषित वर्ग अपनेअपने प्रयोजन के अनुसार करते हैं, लेकिन इससे यह सिद्ध नहीं हो जाता कि भाषा पूरी तरह सामाजिक विकास से मुक्त और वर्गों से परे होती है। इस आधार पर भाषा को सामाजिक बुनियाद तथा वर्गों से परे मानने का अर्थ है उसके केवल मूल पारिभाषिक रूप यानी व्याकरणिक ढांचा तथा मूल शब्दभंडार को ही महत्व देना और उसके व्यावहारिक रूप अर्थात विचारधारात्मक अभिव्यक्ति के साधनरूप की उपेक्षा करना। भाषा और चेतना के संबंध पर विचार करने से भी उसका विचारधारात्मक स्वरूप जाहिर होता है।

भाषा के विचारधारात्मक स्वरूप को ध्यान में रखकर ही वालासिनोव ने लिखा है कि भाषा वर्गसंघर्ष की रणभूमि है। साहित्य में भाषा का विचारधारात्मक स्वरूप अधिक मुखर होता है, इसलिए साहित्य का इतिहासकार भाषा के विचारधारात्मक रूप की उपेक्षा नहीं कर सकता।

आधार और अधिरचना की धारणा के बारे में रामविलास शर्मा की दूसरी आपत्ति अधिरचना के विभिन्न तत्वों के परिवर्तन की प्रक्रिया को लेकर है। वे कहते हैं कि अधिरचना के कुछ तत्व तेजी से बदलते हैं जैसे राजनीतिक दृष्टिकोण, कुछ तत्व बहुत धीरे या कम बदलते हैं जैसे सौंदर्यबोध। मार्क्स ने भी यह नहीं कहा है कि अधिरचना के सभी तत्व समान गति से बदलते हैं। उन्होंने स्पष्ट लिखा है कि समस्त अधिरचना कमोवेश तेजी से रूपांतरित होती है, कुछ तत्व कम तेजी से बदलते हैं, कुछ अधिक तेजी से। अधिरचना के विभिन्न तत्वों के परिवर्तन के बारे में मार्क्स और रामविलास शर्मा के विचारों में मुख्य अंतर यह है कि मार्क्स सभी विचारधारात्मक रूपों को परिवर्तनशील मानते हैं, लेकिन रामविलास शर्मा सौंदर्यबोध को बहुत धीरे बदलने वाला, कम बदलने वाला या 'बहुत कुछ अपरिवर्तनशील' मानते हैं।

ऐसा नहीं है कि रामविलास शर्मा आधार और अधिरचना की धारणा का सदा से खंडन ही करते रहे हैं। 1955 के पहले के लेखों में कई जगह उन्होंने इस धारणा को स्वीकार करते हुए हिंदी साहित्य के इतिहास की व्याख्या में इसका उपयोग किया है। 1955 के पहले के एक लेख में उन्होंने लिखा है : 'मार्क्सवाद सिखाता है कि संस्कृति किसी समाज की आर्थिक व्यवस्था का मानसिक प्रतिबिंब है। आर्थिक व्यवस्था अगर नींव है तो संस्कृति उसके ऊपर की इमारत है।' (प्रगतिशील साहित्य की समस्याएं, पृ. 166) इसके बाद उन्होंने भक्तिआंदोलन के व्याख्याकारों से पूछा कि 'भक्तिआंदोलन का आधार क्या था।' उन्होंने स्वयं इस प्रश्न का उत्तर देते हुए लिखा कि भक्तिआंदोलन जातीय आंदोलन का सांस्कृतिक प्रतिबिंब था। इस प्रकार यह स्पष्ट है कि 1955 के पहले रामविलास शर्मा आधार और अधिरचना की धारणा की प्रतिबिंबवादी व्याख्या करते थे और उसे उपयोगी भी मानते थे। 1960 के बाद के लेखों में उन्होंने इस धारणा का खंडन किया है।

आधार और अधिरचना की धारणा की गलत व्याख्या और उसका खंडन मार्क्स-एंगेल्स के समय से होता आ रहा है। ऐसे प्रयत्नों के जवाब में 1890 के एक पत्र में एंगेल्स ने लिखा था : 'इतिहास की भौतिकवादी धारणा के अनुसार इतिहास का चरम निर्णायक तत्व वास्तविक जीवन का उत्पादन और पुनरुत्थान है। इससे अधिक न मार्क्स ने और न मैंने कभी दावा किया। इसलिए अब अगर कोई इसे गलत ढंग से पेश करते हुए कहे कि आर्थिक तत्व ही एकमात्र निर्णायक तत्व है तो वह हमारी प्रस्थापना को एक निरर्थक, अमूर्त और अनर्गल कथन बना देता है।'

आधार और अधिरचना की धारणा में निहित द्वंद्वात्मकता की व्याख्या करते हुए ऐंगेल्स ने 1894 के एक पत्र में लिखा : 'राजनीति, न्याय, दर्शन, धर्म, साहित्य, कला आदि का विकास आर्थिक विकास पर आधारित है। लेकिन ये सब एक दूसरे को तथा आर्थिक आधार को भी प्रभावित करते हैं। किसी को यह नहीं मान लेना चाहिए कि आर्थिक परिस्थिति ही एकमात्र सक्रिय कारण है और बाकी सभी चीजें केवल निष्क्रिय परिणाम हैं। इसके ठीक विपरीत आर्थिक अनिवार्यता के आधार पर पारस्परिक प्रभाव की प्रक्रिया चलती है, लेकिन आर्थिक अनिवार्यता ही अंततः प्रभावी होती है।'

अगर ऐंगेल्स की इन बातों को ध्यान में रखा जाए तो आधार और अधिरचना की धारणा सामाजिक विकास से साहित्य के विकास के विशिष्ट संबंध की व्याख्या में सहायक हो सकती है। आधार और अधिरचना की धारणा के अनुसार समाज और साहित्य के विकास के बीच विशिष्ट संबंध की एक विशेषता है द्वंद्वात्मकता, दूसरी विशेषता है साहित्य की समाजसापेक्ष स्वायत्तता और तीसरी विशेषता है असमान विकास की स्थिति। मार्क्स-ऐंगेल्स ने अपनी रचनाओं में इन विशेषताओं की ओर संकेत किया है। रामविलास शर्मा ने भी अपनी रचनाओं में इन विशेषताओं का उल्लेख किया है। इस तरह हम देखते हैं कि आधार और अधिरचना की धारणा संस्कृति तथा साहित्य के इतिहासलेखन में उपयोगी है। आवश्यकता इस बात की है कि इसकी एकपक्षीय, प्रतिबिंबवादी, कार्यकारणवादी और नियतिवादी व्याख्या करने के बदले इसमें निहित द्वंद्वात्मकता तथा आवयविक एकता को ध्यान में रखा जाए। स्वयं मार्क्स ने आधार और अधिरचना के बीच के संबंध की तत्ववादी, एकपक्षीय और सरलीकृत व्याख्याओं का खंडन करते हुए उसके द्वंद्वात्मक और परस्पर प्रभावी रूप को महत्व दिया। इसमें आर्थिक आधार से कला तथा संस्कृति के बहुआयामी संबंध, मनुष्य की चेतना की क्रांतिकारी शक्ति, विचारधारा की सक्रिय भूमिका और आर्थिक आधार की सीमाओं को पार करके कालजयी बनने की कला की क्षमता की भी स्वीकृति है। आधार और अधिरचना की ऐसी धारणा साहित्य के इतिहासलेखन में सहायक है।

विचारधारा और साहित्य : समाज से साहित्य का विशिष्ट संबंध साहित्य के विचारधारात्मक रूप की पहचान में भी प्रकट होता है। यह धारणा आधार और अधिरचना की धारणा से जुड़ी हुई है। रामविलास शर्मा ने जैसे आधार और अधिरचना को भ्रांत सिद्ध करने की कोशिश की है वैसे संस्कृति, कला तथा साहित्य को विचारधारात्मक रूप मानने की धारणा का भी खंडन किया है। उन्होंने लिखा है : 'संस्कृति केवल विचारधारा नहीं है। उसमें मनुष्य की भावधारा, संवेदनाएं आदि भी शामिल हैं।' (भाषा और समाज, पृ. 407) उन्होंने कला और साहित्य को

विचारधारात्मक रूप न मानने का आग्रह करते हुए दूसरी जगह लिखा है : 'कला का संबंध विचारों के साथसाथ मनुष्य के इंद्रितबोध और उसके भावों से भी है। विचारों की व्यंजना भाषा के बिना नहीं हो सकती। तब वे ललित कलाएं, जिनमें भाषा का प्रयोग नहीं होता, विचारधारा के रूपों में कैसे गिनी जा सकती हैं। साहित्य भी शुद्ध विचारधारा का रूप नहीं है, उसका भावों और इंद्रियबोध से घनिष्ठ संबंध है। इससे स्पष्ट है कि ललित कलाओं को विचारधारा के रूपों में गिनना सही नहीं है।' (आस्था और सौंदर्य, पृ. 30)

रामविलास शर्मा ने कला और साहित्य को विचारधारात्मक रूपों के अंतर्गत मानने की धारणा का जिस तरह खंडन किया है उससे कई सवाल पैदा होते हैं। एक सवाल तो यही है कि क्या कला और साहित्य संबंधी मार्क्सवादी चिंतन में विचारधारा का अर्थ केवल विचारों की धारा है? 'विचारधारा' शब्द से ऐसा भ्रम होता है, इसलिए कुछ लोग 'विचार प्रणाली' कहते हैं। चाहे विचारधारा कहिए या विचारप्रणाली, महत्व की बात यह है कि क्या उसका संबंध केवल विचारों से ही है? मार्क्स ने 'राजनीतिक अर्थशास्त्र की आलोचना को योगदान' (ए कंट्रीब्यूशन टु दि क्रीटीक आफ पोलिटिक इकानमी) में जहां सौंदर्यबोधी रूपों को विचारधारात्मक रूपों में शामिल किया है वहां अधिरचना के विभिन्न तत्वों को ही विचारधारात्मक रूप कहा है। विचारधारात्मक रूप अधिरचना के अविभाज्य अंग हैं। अधिरचना या विचारधारा केवल विचारों तक ही सीमित नहीं होती। मार्क्स ने 'लुई वोनापार्ट की 18वीं ब्रूमेर' में लिखा है कि अधिरचना का निर्माण विभिन्न प्रकार के भावों, भ्रमों, चिंतन की आदतों और जीवन की धारणाओं से होता है। इन सबके मूल में जीवन के वर्गआधार तथा भौतिक परिस्थितियों का अस्तित्व होता है। मार्क्स के इस कथन से सिद्ध होता है कि विचारधारा में केवल विचार ही नहीं होते, उसमें भाव भी होते हैं।

मार्क्स-एंगेल्स की रचनाओं में भौतिक आधार, उससे निर्मित मनुष्य की चेतना और विचारधारात्मक रूपों के पारस्परिक संबंध पर बारबार बल दिया गया है। वहां विचारधारा का अर्थ एक विशेष आर्थिक आधार और सामाजिक अस्तित्व से निर्मित चेतना है, यह चेतना मिथ्या चेतना हो सकती है और वर्ग-चेतना भी। इस चेतना की क्रियाशीलता से उपजी वे सभी वस्तुएं विचारधारात्मक रूपों के अंतर्गत आती हैं जिनमें मनुष्य के अनुभव, भाव, विचार और मूल्यचेतना की अभिव्यक्ति होती है। इस प्रक्रिया में जीवन के यथार्थ का प्रतिबिंबन भी होता है और पुनःसृजन भी। किसी ने ठीक ही लिखा है कि मार्क्स ने विचारधारा के मिथ्यात्व, उसकी सामाजिक भूमिका और उसकी प्रतिबिंबवादी प्रकृति को स्पष्ट करके उसे सांस्कृतिक सर्जनाओं के विश्लेषण के लिए उपयोगी बनाया है। कला और साहित्य के सामाजिक आधार को तो गैरमार्क्सवादी भी स्वीकार करते हैं.

मार्क्सवादी विचारक कला और साहित्य के विचारधारात्मक स्वरूप को पहचान कर समाज के विकास में कला और साहित्य की क्रांतिकारी अथवा प्रतिक्रियावादी भूमिका को रेखांकित करते हैं।

कला को विचारधारात्मक रूपों के अंतर्गत न मानने का रामविलास शर्मा का दूसरा तर्क यह है कि जिन कलाओं में भाषा का प्रयोग नहीं होता उनको विचार-धारात्मक रूपों में शामिल करना सही नहीं है। विचार करने की बात है कि साहित्य के अतिरिक्त दूसरी ललित कलाओं में विचारों की अभिव्यक्ति होती है या नहीं ? मानवीय श्रम की विशेषताओं पर विचार करते हुए मार्क्स ने लिखा है कि प्रत्येक मानवीय श्रम की प्रक्रिया के परिणामस्वरूप जो वस्तु निर्मित होती है उसकी मूल धारणा श्रमिक अपने मन में पहले बनाता है, इसलिए विचार के रूप में उस वस्तु का अस्तित्व पहले से होता है। वह निर्माणप्रक्रिया के दौरान अपने रचनात्मक प्रयोजन के प्रति सदा सचेत रहता है और निर्मित वस्तु में अपने प्रयो-जन को साकार करता है। अपने रचनात्मक प्रयोजन के प्रति उसकी सजगता से ही उसके क्रियाव्यापार की पद्धति और रीति का निर्माण होता है। मार्क्स का यह कथन सभी ललित कलाओं की रचनाप्रक्रिया पर लागू होता है, बशर्ते कि कला-रचना को मानवीय श्रम का एक विशिष्ट रूप माना जाए। अगर विचार के अस्तित्व के लिए भाषा का होना अनिवार्य है तो कलाकार के मन में कृति की धारणा के निर्माण में भाषा की भूमिका अवश्य होगी। अगर कृति के निर्माण के पहले से कृति की धारणा कलाकार के मन में होती है तो जाहिर है कि सभी ललित कलाओं में रचना के आरंभ से ही विचार और भाषा का एकसाथ अस्तित्व होता है। प्रत्येक कला का माध्यम उसकी भाषा है, जिससे कलाकार अपने इंद्रियबोध, भावों और विचारों की अभिव्यक्ति करता है। साहित्य के अतिरिक्त दूसरी ललित कलाओं में भाषा के प्रत्यक्ष प्रयोग के अभाव को अगर विचारों का अभाव मान लिया जाएगा तो कई सवाल उठ खड़े होंगे। एक सवाल तो यही होगा कि क्या स्थापत्य, मूर्ति, चित्र आदि कलाओं के महान रचनाकार विचारशून्य कृतियां रचते हैं ? दूसरा सवाल यह भी होगा कि क्या दुनियाभर की महान कलाकृतियां विचारविहीन रचनाएं हैं ?

कला और साहित्य को विचारधारात्मक रूपों के अंतर्गत न मानने के पक्ष में रामविलास शर्मा का तीसरा तर्क यह है कि कला और साहित्य के कुछ तत्व अपेक्षाकृत स्थायी होते हैं, वर्गों से परे और बहुत कुछ अपरिवर्तनशील होते हैं। ये तत्व हैं सौंदर्यबोध, भाव और इंद्रियबोध। ये तत्व विचार की तरह परिवर्तनशील नहीं हैं, इसलिए कला और साहित्य को विचारधारात्मक रूपों में गिनना सही नहीं है। उन्होंने लिखा है : 'सामाजिक विकास से संबद्ध कला के अनेक तत्व जहां आर्थिक जीवन पर निर्भर होते हैं, उनका एक स्पष्ट वर्गआधार होता है, वहां अनेक

तत्व अपेक्षाकृत स्थायी होते हैं, वर्गों से परे और बहुत कुछ अपरिवर्तनशील होते हैं। इन अपेक्षाकृत स्थायी तत्वों का संबंध मनुष्य के भावों और उसके इंद्रियबोध से अधिक होता है।' (आस्था और सौंदर्य, पृ. 34) रामविलास शर्मा सौंदर्यबोध को कला का सर्वाधिक स्थायी तत्व मानते हैं और भाव तथा इंद्रियबोध को सौंदर्यबोध के स्थायित्व का कारण बताते हैं। उनकी मान्यता है कि 'मनुष्य का सौंदर्यबोध उसके सामाजिक विकास का परिणाम नहीं है, उससे भी पहले वह उसके प्राग्मानवीय विकास का परिणाम है।' इस प्रसंग में सबसे पहले यहां विचारणीय है कि मनुष्य का सौंदर्यबोध परिवर्तनशील है या अपरिवर्तनशील ? मार्क्स-एंगेल्स ने मनुष्य के सामाजिक जीवन के विकास में मानवीय श्रम की महत्वपूर्ण भूमिका को स्पष्ट करते हुए यह बताया है कि मनुष्य की चेतना की सामाजिकता, सृजनशीलता और सौंदर्यबोध की क्षमता का विकास सामाजिक विकास का परिणाम है। कला और साहित्य का विकास भी इसी का परिणाम है। सामाजिक परिवर्तन के साथ मनुष्य का सौंदर्यबोध बदलता है, सुंदरता की कसौटी बदलती है। मनुष्य के सौंदर्यबोध का उसकी विश्वदृष्टि से घनिष्ठ संबंध होता है। क्या कालिदास, बिहारी और निराला के सौंदर्यबोध में कोई अंतर नहीं है ? अगर है तो क्या इसका कारण सामाजिक विकास और चेतना पर उसका प्रभाव नहीं है ? स्वयं रामविलास शर्मा ने आस्था और सौंदर्य के संबंध पर विचार किया है। अगर कलाकार के सौंदर्य-बोध का उसके दृष्टिकोण से कोई संबंध नहीं है तो आस्था और सौंदर्य के संबंध पर विचार करने की क्या जरूरत है। क्या दो युगों के प्रतिनिधि रचनाकारों के सौंदर्यबोध में दो युगों का अंतर नहीं होता ? इस अंतर के मूल में सामाजिक विकास और उसके परिणामस्वरूप निर्मित विश्वदृष्टि की भी भूमिका होती है।

मनुष्य के सौंदर्यबोध का संबंध उसके भावों से होता है। लेकिन क्या भाव अपरिवर्तनशील और विचार के प्रभाव से सर्वथा स्वतंत्र होते हैं ? रामविलास शर्मा ने कई बार आचार्य शुक्ल के इस कथन को उद्धृत किया है कि 'ज्ञानक्षेत्र के भीतर ही भावक्षेत्र का प्रसार होता है।' उन्होंने स्वयं भी लिखा है कि मनुष्य के ज्ञान से उसकी भावानुभूति का गहरा संबंध है। ऐसी स्थिति में मनुष्य का भाव उसके विचार से कैसे सर्वथा स्वतंत्र हो सकता है ? अब यह देखना जरूरी है कि मनुष्य के भावजगत का उसके सामाजिक जीवन से क्या संबंध है ? और यह कि 'भावजगत' का आधार व्यक्तिगत और सामाजिक दोनों ही कोटि की अनुभूतियां हैं। इन दोनों ही कोटि की अनुभूतियों का आधार मनुष्य का सामाजिक जीवन है।' (लोक-जीवन और साहित्य, पृ. 13) इससे यही सिद्ध होता है कि आधारभूत सामाजिक जीवन के बदलने पर भाव अपरिवर्तनशील नहीं हो सकते। जब भाव परिवर्तन-शील हैं तो सौंदर्यबोध भी परिवर्तनशील सिद्ध होता है। अब रह गया इंद्रियबोध

की अपरिवर्तनशीलता का सवाल। मार्क्स ने लिखा है कि मनुष्य की इंद्रियों और इंद्रियों की मानवीयता का विकास सामाजिक जीवन के विकास का परिणाम है। मनुष्य की आस्था और उसकी विश्वदृष्टि से उसका इंद्रियबोध प्रभावित होता है। मजदूरों के किसी जलूस के लाल झंडे को देखकर और शोषक वर्ग के खिलाफ जोरदार नारों को सुनकर जिस तरह के भाव तथा इंद्रियबोध मजदूरों के होंगे, वैसे ही शोषकवर्ग के लोगों के नहीं होंगे। आचार्य शुक्ल ने जब 'इत्र सूंघनेवालों और शहद चाटनेवालों' पर व्यंग्य प्रहार किया है तो एक खास तरह के लोगों के इंद्रियबोध, भाव, विचार और उनकी सामाजिक स्थिति की ओर संकेत किया है। यह ठीक है कि मनुष्य का इंद्रियबोध मनुष्य के विचार से अधिक स्थायी होता है, लेकिन वह भी दृष्टिकोण से सर्वथा स्वतंत्र और शाश्वत नहीं होता। इंद्रियबोध के अपेक्षाकृत स्थायी होने से यह सिद्ध नहीं होता कि सौंदर्यबोध अपरिवर्तनशील होता है, क्योंकि सौंदर्यबोध केवल इंद्रियबोध नहीं होता। ऐसा लगता है कि रामविलास शर्मा विचारधारा को केवल विचारों की धारा समझते हैं और सौंदर्यबोध को इंद्रियबोध, और इसी समझ के आधार पर वे कला को विचारधारात्मक रूपों में गिनना गलत मानते हैं।

रामविलास शर्मा 1955 के पहले कला और साहित्य को विचारधारात्मक रूपों में शामिल करने को वैसे ही ठीक मानते थे जैसे संस्कृति को ऊपरी इमारत समझने को। 'लोकजीवन और साहित्य' में उनका एक लेख है 'सौंदर्य की उपयोगिता'। इस लेख में उन्होंने साहित्य और विचारधारा का संबंध बताते हुए लिखा है : 'किसी समय का साहित्य उस समय के संसार और समाज के प्रति प्रचलित धारणाओं से अछूता नहीं रहता। साहित्यकार समाज और संसार के प्रति कोई न कोई दृष्टिकोण अपनाए बिना तो रचनाकार रह ही नहीं सकता। समाजविज्ञान के विकास ने उसके सामने समस्या यह खड़ी कर दी है कि वह वैज्ञानिक दृष्टिकोण अपनाए या अवैज्ञानिक।' इसी लेख में रामविलास शर्मा ने कला और साहित्य में इंद्रियबोध, भाव तथा विचार की एकता पर जोर देते हुए लिखा है कि 'रूप, भावना और विचार की एकता से कला की सृष्टि संभव है।' भावनाओं और आदिम वृत्तियों की चिरंतनता का खंडन करते हुए उन्होंने लिखा है : 'भाववादी विचारक मनुष्य की भावनाओं को चिरंतन मानकर चलते हैं। भाववादी विचारधारा के प्रतिकूल मनुष्य के विचार और उसकी भावनाएं परिवर्तनशील हैं। जिन्हें हम मनुष्य की आदिम वृत्तियां—इंस्टिंक्ट—कहते हैं, वे भी विकासमान हैं, उनका भी इतिहास है।' (वही, पृ. 12) सौंदर्यबोध को केवल इंद्रियबोध मानने का खंडन करते हुए उन्होंने लिखा है कि 'सौंदर्य इंद्रियबोध तक सीमित नहीं है, वह भावों और विचारों में भी निहित है।' इस लेख में उन्होंने सौंदर्य की वस्तुगत सत्ता, उसके नैतिक पक्ष, उसकी सामाजिक उपयोगिता, उसके वर्गआधार और उसकी परिवर्तन-

शीलता का विवेचन किया है।

यह स्पष्ट है कि 1955 के बाद साहित्य के विचारधारात्मक स्वरूप के बारे में रामविलास शर्मा के विचारों में परिवर्तन हुआ है। प्रत्येक परिवर्तन विकास नहीं होता। 1955 के बाद सैद्धांतिक स्तर पर साहित्य को विचारधारात्मक रूप मानने का उन्होंने खंडन किया है, लेकिन रचनाकारों, रचनाओं, रचना-प्रवृत्तियों, साहित्यिक आंदोलन आदि के विश्लेषण तथा मूल्यांकन में उन्होंने बराबर साहित्य के विचारधारात्मक स्वरूप को ध्यान में रखा है। नई कविता को अस्तित्व-वादी कविता कहना या उसमें अस्तित्ववाद और मार्क्सवाद की टक्कर देखना साहित्य के विचारधारात्मक रूप को स्वीकार करना है। इससे यह सिद्ध होता है कि साहित्य की आलोचना और साहित्य के इतिहासलेखन में साहित्य को विचार-धारात्मक रूपों के अंतर्गत मानने की धारणा आवश्यक और सहायक है।

साहित्य के इतिहासलेखन में साहित्य के विचारधारात्मक स्वरूप को स्वीकार करने का अर्थ है समाज से साहित्य के विशिष्ट संबंध को पहचानना, साहित्य के विकास को सामाजिक विकास से जोड़कर देखना, रचनाओं के यथार्थबोध, विचार, भाव तथा कला की ऐतिहासिकता को समझना और समाज के विकास में साहित्य की भूमिका को समझना। इन बातों के साथ-साथ कलाकार की चेतना की सृजन-शीलता, साहित्य की विकासप्रक्रिया की सापेक्ष स्वायत्तता, कृतियों के कालजयीपन और परंपरा के विकास में उनके योगदान का मूल्यांकन करना भी जरूरी है। असल में, साहित्य की आलोचना या इतिहास में साहित्य को विचारधारात्मक रूप मानने से गड़बड़ी तब होती है जब विचारधारा को केवल विचारों की धारा और साहित्य को आर्थिक आधार का केवल प्रतिबिंब समझ लिया जाता है।

हिंदी नवजागरण और उसका साहित्य

आधुनिक हिंदी साहित्य का आरंभ और विकास 19वीं शताब्दी के नवजागरण के साथ हुआ है। आधुनिक हिंदी साहित्य के उदय और विकास को समझने के लिए नवजागरण की अवधारणा, भारतीय नवजागरण का स्वरूप, हिंदी नव-जागरण की विशेषताएं और भारतीय नवजागरण से हिंदी नवजागरण का संबंध समझना बहुत आवश्यक है। कुछ लोग नवजागरण या पुनर्जागरण को यूरोप के समाज, संस्कृति और साहित्य की अवधारणा मानकर उसे भारतीय समाज, संस्कृति और साहित्य के इतिहास के लिए अनुपयोगी समझते हैं। ऐसे देशभक्त बाहरी ज्ञान को देशभक्ति का विरोधी समझकर शुद्ध भारतीयता की उपासना में डूबे रहते हैं। कुछ दूसरे लोग नवजागरण और पुनर्जागरण में शाब्दिक भेद करते हुए भक्तिआंदोलन को नवजागरण और 19वीं सदी से आरंभ होनेवाले जागरण को पुनर्जागरण कहते हैं, क्योंकि बीच का काल सुसुप्ति का है। रामविलास शर्मा

ने भक्तिआंदोलन और उसके साहित्य को जातीय विकास की व्यापक अभिव्यक्ति करनेवाला सांस्कृतिक आंदोलन कहकर उसके वास्तविक स्वरूप को स्पष्ट कर दिया है। भक्तिआंदोलन और 19वीं शताब्दी से आरंभ होनेवाले नवजागरण का मुख्य अंतर यह है कि पहला जातीय निर्माण को व्यक्त करनेवाला सांस्कृतिक आंदोलन है, जिसका मुख्य स्वर सामंतवादविरोधी तथा मानवतावादी है, दूसरा राष्ट्रीय स्वाधीनता का सामाजिक, राजनीतिक और सांस्कृतिक आंदोलन है, जिसका मुख्य स्वर साम्राज्यवादविरोधी तथा सामंतवादविरोधी है।

रामविलास शर्मा ने 19वीं सदी से आरंभ होनेवाले हिंदी नवजागरण और उसकी अभिव्यक्ति करनेवाले साहित्य का विस्तृत विवेचन करके आधुनिक हिंदी साहित्य के इतिहासलेखन का मार्ग प्रशस्त किया है। इस प्रक्रिया में उन्होंने अनेक प्रचलित भ्रमों को दूर किया है और कई नए पक्षों का उद्घाटन भी किया है। उनके हिंदी नवजागरण संबंधी लेखन के फलस्वरूप हिंदी नवजागरण को स्वतंत्र विचारणीय विषय के रूप में मान्यता मिली है, अन्यथा कुछ समय पहले या तो भारतीय नवजागरण की बात होती थी या बंगाल के नवजागरण की। पहले हिंदी नवजागरण के विचारकों और साहित्यकारों पर बंगाल के नवजागरण के प्रभाव की ही चर्चा अधिक होती थी। ऐसा लगता था कि हिन्दी के साहित्यकार केवल प्रभाव ग्रहण करने के लिए ही बैठे हुए थे, उनका अपना कुछ था ही नहीं। रामविलास शर्मा हिंदी नवजागरण और उसके साहित्य की विशेषताओं का सशक्त, स्वतंत्र और प्रामाणिक विवेचन करनेवाले पहले व्यक्ति हैं। उन्होंने हिंदी नवजागरण के स्वरूप और उसकी विशेषताओं का विश्लेषण करके हिंदीवालों की आत्महीनता की भावना को दूर किया है और हिंदी भाषी जानता को हीन समझनेवालों के स्फीत अहं की फुफकार को भी कम किया है। लेकिन एक उपेक्षित विषय को स्थापित करने के प्रयास में जहांतहां उत्साह का जो अतिरेक है उससे कुछ नए भ्रमों के पैदा होने की भी संभावना है।

रामविलास शर्मा 1857 ई. के प्रथम स्वाधीनता संग्राम से हिंदी नवजागरण का आरंभ मानते हैं। उनके अनुसार भारतेंदुयुग हिंदी नवजागरण का दूसरा चरण है, द्विवेदीयुग तीसरा और छायावाद चौथा चरण है। उन्होंने लिखा है: 'जो नवजागरण 1857 के स्वाधीनता संग्राम से आरंभ हुआ, वह भारतेंदुयुग में और व्यापक बना, उसकी साम्राज्यवादविरोधी, सामंतवादविरोधी प्रवृत्तियां द्विवेदी युग में और पुष्ट हुईं। फिर निराला के साहित्य में कलात्मक स्तर पर तथा उनकी विचारधारा में ये प्रवृत्तियां क्रांतिकारी रूप में व्यक्त हुईं।' (महावीरप्रसाद द्विवेदी और हिंदी नवजागरण, पृ. 19) उन्होंने इन चारों चरणों का विस्तृत विवेचन करते हुए हिंदी नवजागरण और उसके साहित्य की प्रमुख विशेषताओं को स्पष्ट किया है। उनके अनुसार हिंदी नवजागरण और उसके साहित्य की

प्रमुख विशेषताएं ये हैं: सामंतवादविरोधी और साम्राज्यवादविरोधी चेतना, इतिहास और परंपरा का नया मूल्यांकन, रूढ़िवाद का विरोध, अभिव्यक्ति की स्वतंत्रता के लिए संघर्ष, खड़ी बोली हिंदी का जातीय भाषा के रूप में विकास, आधुनिक बुद्धिवादी दृष्टिकोण का विकास, वैज्ञानिक चेतना का प्रसार, साहित्य में रीतिवाद का विरोध, वस्तुवादी चिंतन का विकास, स्वच्छंदतावादी और यथार्थवादी रचनाप्रवृत्तियों का विकास आदि। रामविलास शर्मा ने हिंदी नवजागरण और उसके साहित्य की विशेषताओं का जो विश्लेषण किया है उसमें भारतीय नवजागरण से हिंदी जागरण की भिन्नता पर जितना ध्यान है उतना एकता पर नहीं है।

हिंदी जाति का नवजागरण राष्ट्रीय नवजागरण का अंग है। यदि उसकी कुछ अपनी विशेषताएं हैं तो उसमें अनेक सामान्य राष्ट्रीय विशेषताएं भी हैं। भारत की एक जाति का नवजागरण दूसरी जाति के नवजागरण को प्रभावित करता दिखाई देता है। हिंदी नवजागरण के निर्माता दूसरी भारतीय भाषाओं के साहित्य के संपर्क में थे। ध्यान देने की बात है कि भारतेंदु हरिश्चंद्र, महावीरप्रसाद द्विवेदी और आचार्य रामचंद्र शुक्ल ने बंगला और मराठी के नए साहित्य का हिंदी में अनुवाद किया था। यह ठीक है 1857 के प्रथम स्वाधीनता संग्राम का केंद्र हिंदी प्रदेश था, लेकिन देश की बाकी जनता उसके विरुद्ध या उससे उदासीन नहीं थी। स्वाधीनता आंदोलन के बाद के इतिहास से भी साबित होता है कि संपूर्ण देश की जनता ने साम्राज्यवादविरोधी संघर्ष में आगे बढ़कर भाग लिया, केवल हिंदी भाषी जनता ने ही नहीं। हिंदी नवजागरण के स्वरूप और भारतीय नवजागरण से उसके संबंध पर विचार करते समय पृथकता के साथ व्याप्ति, अलगाव के साथ एकता और जातीय विशेषताओं के साथ सामान्य राष्ट्रीय विशेषताओं पर भी ध्यान देना चाहिए।

रामविलास शर्मा हिंदी नवजागरण की विचारधारा का विवेचन करते समय कहते हैं कि इसमें जो कमजोरियां हैं वे बाहर से आई हुई हैं। उन्होंने लिखा है: 'हिंदी नवजागरण मूलतः बुद्धिवादी और रहस्यवादविरोधी है। हिंदी के नए रहस्यवाद का स्रोत बंगाल है। औद्योगीकरण और आधुनिक विज्ञान का विरोध करने वाली विचारधारा का स्रोत गुजरात है।' (वही, पृ. 179) यह विचित्र विचारप्रणाली है कि हिंदी नवजागरण और उसके साहित्य की सारी अच्छाइयां अपनी हैं और सारी बुराइयां बाहर से आई हुई हैं। यही है मीठामीठा गप और कड़वा-कड़वा थू। बहुत पहले आचार्य रामचंद्र शुक्ल ने हिंदी के नए रहस्यवाद को अभारतीय कहकर उसका विरोध किया था। रामविलास शर्मा ने आचार्य शुक्ल द्वारा अभारतीयता के तर्क के सहारे छायावादी रहस्यवाद के विरोध की कमजोरी बताते हुए बहुत पहले लिखा था कि 'शुक्लजी के सामने रहस्यवाद का वर्गआधार स्पष्ट न था, इसलिए उसका विरोध करने के लिए उन्हें अभारतीयता के कमजोर तर्क

का सहारा लेना पड़ा।' रामविलास शर्मा के सामने हिंदी नवजागरण के साहित्य में रहस्यवाद का वर्गआधार स्पष्ट होना चाहिए था और शायद था भी, फिर भी उन्होंने हिंदी नवजागरण का समर्थन करने के लिए रहस्यवाद को बाहर से आया हुआ ही घोषित किया। अभारतीयता के तर्क से यह कम कमजोर तर्क नहीं है। किसी विचारधारा के वर्गआधार को न देखकर उसको अभारतीय कहने या बाहरी कहने में बहुत फर्क नहीं है। आचार्य शुक्ल भी छायावादी रहस्यवाद को बंगाल से आया हुआ कहते थे। कोई भी व्यक्ति किसी देशी या विदेशी विचारधारा को तभी स्वीकार करता है जब वह उस विचारधारा को अपने अनुकूल पाता है। हिंदी नवजागरण के कुछ साहित्यकारों ने रहस्यवाद और गांधीवाद को अपनी विचारधारा तथा रचनात्मक प्रयोजन के अनुकूल पाकर ही स्वीकार किया था, इसलिए रहस्यवाद और गांधीवाद को स्वीकार करने का कारण उनकी अपनी विचारधारा के वर्गआधार में होना चाहिए और उसे वहीं खोजना भी चाहिए। हिंदी नवजागरण के साहित्य में रहस्यवाद और गांधीवाद के होने का दोष बंगाल और गुजरात के मत्थे मढ़कर हिंदी नवजागरण को निर्दोष साबित करना उचित नहीं लगता। इस प्रसंग में यह भी ध्यान देने की बात है कि बंगाल और गुजरात के नवजागरण की विचारधारा में केवल रहस्यवाद और विज्ञानविरोध ही नहीं है, बंगाल और गुजरात के नवजागरण के प्रतिनिधि केवल रवींद्रनाथ टैगोर और गांधी नहीं हैं और केवल रवींद्रनाथ टैगोर तथा गांधी रहस्यवादी कवि और विज्ञानविरोधी विचारक ही नहीं हैं। रवींद्रनाथ टैगोर और गांधी के व्यक्तित्व के अनेक दूसरे महत्वपूर्ण पक्ष भी हैं, जिनकी भारतीय नवजागरण में सकारात्मक भूमिका है।

रामविलास शर्मा हिंदी नवजागरण का विश्लेषण करते समय छायावाद तक पहुंचकर ठहर जाते हैं। हिंदी नवजागरण से प्रगतिवादी आंदोलन तथा उसके साहित्य के संबंध के बारे में वे विशेष कुछ नहीं कहते हैं। क्या प्रगतिवाद का हिंदी नवजागरण मे कोई संबंध न था ? रामविलास शर्मा की राय है कि हिंदी नवजागरण पूरी तरह क्रांतिकारी था। स्वतंत्रता के बाद हिंदी भाषी क्षेत्र की राजनीतिक चेतना का पिछड़ापन और हिंदी साहित्य में यथार्थवादविरोधी प्रवृत्तियों का प्रसार साबित करता है कि हिंदी नवजागरण वैसा क्रांतिकारी न था जैसा उसे सिद्ध किया जाता है। रामविलास शर्मा ने स्वतंत्रता के बाद के हिंदी भाषी समाज और हिंदी साहित्य के विकास पर हिंदी नवजागरण के प्रभावों का कोई विशेष विवेचन नहीं किया है। उन्होंने हिंदी नवजागरण के प्रगतिशील पक्षों को प्रमाण सहित प्रस्तुत करने का महत्वपूर्ण काम किया है, लेकिन वे उसकी विचारधारात्मक कमजोरियों पर विशेष ध्यान नहीं देते हैं। इतिहास का अध्ययन और मूल्यांकन करते समय केवल उसकी शक्ति पर ध्यान देना और सीमाओं की उपेक्षा करना उचित नहीं है, क्योंकि मनुष्य अपने इतिहास की शक्ति से ही लाभ नहीं उठाता, वह इतिहास की

कमजोरियों से भी बहुत कुछ सीखता है। कमजोरियों की उपेक्षा करने पर उनको दोहराने या उनका शिकार होने का खतरा बरकरार रहता है। हिंदी नवजागरण और उसके साहित्य पर विचार करते समय रामविलास शर्मा के चिंतन और लेखन से सीखते हुए आगे बढ़ने की जरूरत है।

परंपरा का मूल्यांकन

रामविलास शर्मा की आलोचना और इतिहासदृष्टि की एक बड़ी विशेषता हिंदी साहित्य की प्रगतिशील परंपरा की खोज, पहचान, रक्षा और व्याख्या है। इसके लिए उन्होंने लगातार लंबा कठिन वैचारिक संघर्ष किया है। उन्होंने हिंदी साहित्य की जातीय परंपरा की खोज करते हुए भक्तिकालीन काव्य के सामंतवादविरोधी और मानवतावादी पक्ष की पहचान विकसित की है और रीतिकाल की दरबारी काव्य-परंपरा तथा उसके आधुनिक पुजारियों के असली रूप को उघारकर रख दिया है। उन्होंने भारतेंदुकालीन साहित्य की राष्ट्रीय और जनवादी प्रवृत्तियों की खोज तथा व्याख्या की है। महावीरप्रसाद द्विवेदी और उनके युग के लेखकों के वैज्ञानिक तथा प्रगतिशील चिंतन की खोज का वही महत्व है जो इतिहास के किसी विस्मृत अध्याय को प्रकाश में लाने का होता है। उन्होंने आचार्य रामचंद्र शुक्ल की वस्तुवादी आलोचनादृष्टि और उसकी रीतिवादविरोधी भूमिका की व्याख्या करके हिंदी की प्रगतिशील आलोचना के विकास की दिशा निर्धारित की है। उनके लेखन से प्रेमचंद की यथार्थवादी कला और निराला की क्रांतिकारी रचनाशीलता की जो व्याख्या हुई है उससे हिंदी की यथार्थवादी और क्रांतिकारी रचनाशीलता को नई शक्ति मिली है। प्रगतिशील साहित्य की समस्याओं पर विचार करते समय भी उनका मुख्य ध्यान हिंदी साहित्य की जातीय विशेषताओं की रक्षा पर ही रहा है। स्वतंत्रता के बाद के साहित्य का मूल्यांकन करते समय परंपरा की रक्षा का भाव इतना प्रबल है कि वे एकदो अपवादों को छोड़कर प्राय: वर्तमान साहित्य के प्रति आक्रामक रवैया अपनाते दिखाई देते हैं।

रामविलास शर्मा ने हिंदी साहित्य की प्रगतिशील परंपरा की जो व्याख्या की है उसमें सर्वत्र अंतर्विरोधों की उपेक्षा ही नहीं है। उनका मुख्य ध्यान प्रगतिशील और प्रगतिविरोधी प्रवृत्तियों के अंतर्विरोध पर रहा है, लेकिन प्रगतिशील परंपरा के भीतरी अंतर्विरोधों पर भी उनकी नजर रही है। उन्होंने भक्तिसाहित्य के सामंतवादविरोधी स्वरूप को महत्व देते हुए भी उसमें प्रकट मायावाद तथा निष्क्रियतावाद की ओर संकेत किया है। वे भारतेंदुयुग के साहित्य में देशभक्ति के साथ राजभक्ति और स्वच्छंद प्रवृत्ति के साथ रीतिकालीन प्रभावों की मौजूदगी स्पष्ट करते हैं। आचार्य शुक्ल की आलोचना तथा इतिहासदृष्टि में मौजूद वस्तुवाद और भाववाद के द्वंद्व की ओर उन्होंने कई बार संकेत किया है। वे छायावाद के

प्रबल समर्थक माने जाते हैं, लेकिन उन्होंने छायावादी रहस्यवाद की आलोचना की है। इस प्रकार यह स्पष्ट है कि रामविलास शर्मा हिंदी की प्रगतिशील परंपरा के अंतर्विरोधों को देखते हैं, लेकिन वे उनकी ओर सिर्फ इशारा करके रह जाते हैं, विस्तृत विश्लेषण नहीं करते।

रामविलास शर्मा ने हिंदी साहित्य की प्रगतिशील परंपरा की व्याख्या के साथ ही उसकी रक्षा के लिए भी संघर्ष किया है। उन्होंने ऐसे पुरातन पंथी रूढ़िवादियों से परंपरा की रक्षा की है जो प्रगतिशील परंपरा पर आक्रमण करते हैं, परंपरा के नाम पर रूढ़िवाद की वकालत करते हैं और समाज, संस्कृति तथा साहित्य में यथास्थिति बनाए रखने के लिए वर्तमान के विरुद्ध अतीत का दुरुपयोग करते हैं। रामविलास शर्मा ने पुराणपंथी रूढ़िवादियों के हाथों से भक्तिसाहित्य को छीना है, रीतिवादियों से भारतेंदुयुग को बचाया है और द्विवेदीयुग के रूढ़िवादविरोधी रूप को उजागर करके रूढ़िवादियों पर एक और आक्रमण किया है। उन्होंने आचार्य रामचंद्र शुक्ल की रीतिवादविरोधी और कलावादविरोधी वस्तुवादी आलोचनादृष्टि का महत्व स्थापित करके सामंती कलामूल्यों के बचेखुचे प्रभाव को छिन्न-भिन्न कर दिया है। उन्होंने प्रेमचंद की यथार्थवादी कला के विरोधियों को मुंहतोड़ उत्तर दिया है और निराला की क्रांतिकारी कला का गला घोटने की कोशिश करने वालों से भी संघर्ष किया है।

रामविलास शर्मा ने हिंदी साहित्य की प्रगतिशील परंपरा की रक्षा रूढ़िवादियों से ही नहीं की है, कुछ ऐसे प्रगतिवादियों से भी की है जो अतीत के बोझ से मुक्ति के नाम पर परंपरा के ऐतिहासिक बोध से भी मुक्त होते दिखाई देते हैं। प्रगतिशील आंदोलन के आरंभिक दौर में भारतीय साहित्य और हिंदी साहित्य की परंपरा की अंधी आलोचना की प्रवृत्ति प्रबल थी। ऐसी आलोचना की प्रेरणा भारतीय साहित्य की परंपरा के बारे में प्रगतिशील आंदोलन की उन दिनों की समझ से मिल रही थी। उन दिनों प्रगतिशील आंदोलन भारतीय संस्कृति और साहित्य की परंपरा की रक्षा करने और उसका उत्तराधिकारी होने का दावा करता था, लेकिन भारतीय साहित्य की परंपरा के बारे में उसकी समझ यह थी : 'वह जीवन की यथार्थताओं से भागता है और वास्तविकता से मुंह मोड़ कर भक्ति और उपासना की शरण में जा छिपा है। नतीजा यह हुआ कि वह निस्तेज और निष्प्राण हो गया है, रूप में भी और अर्थ में भी, और हमारे साहित्य ने विचार और बुद्धि का एक प्रकार से बहिष्कार कर दिया है।' (हंसराज रहबर, प्रगतिवाद : पुनर्मूल्यांकन, पृ. 255) यही मान्यता प्रगतिशील लेखक संघ के 1938 के कलकत्ता अधिवेशन के घोषणापत्र में भी दोहराई गई है। इस दृष्टिकोण से हिंदी साहित्य की परंपरा का मूल्यांकन करनेवाले लेखकों को भक्तिकाल से छायावाद तक के साहित्य में कहीं कुछ प्रगतिशील दिखाई नहीं देता था। इस संकीर्ण दृष्टि का मुख्य शिकार

भक्तिकाल बना। रामविलास शर्मा ने इस परंपराभंजक दृष्टिकोण से भक्तिकाल की रक्षा की। उन्होंने कुछ प्रगतिशीलों द्वारा भक्तिकालीन साहित्य की विकृत व्याख्या का खंडन करते हुए भक्तिसाहित्य के मानवतावादी रूप को उजागर किया है।

एक लंबे अंतराल के बाद 1973 में 'आचार्य रामचंद्र शुक्ल और हिंदी आलोचना' के तृतीय संस्करण की भूमिका में रामविलास शर्मा ने एक बार फिर हिंदी साहित्य की प्रगतिशील परंपरा के साथ समाजवादी लेखकों के व्यवहार की बात उठाई है। उनके अनुसार समाजवादी लेखकों का एक दल संकीर्णताविरोध के नाम पर विचारधारात्मक संघर्ष में तटस्थ रहता है और वस्तुवाद के विरुद्ध भाववाद का समर्थन करता है। दूसरा दल संशोधनवाद से संघर्ष के नाम पर हिंदी साहित्य की समस्त प्रगतिशील परंपरा का तिरस्कार करता है, वह मार्क्सवाद के मौलिक मानवतावादी रूप को पहचानने में असमर्थ है। एक तीसरा दल ऐसे लेखकों का है जो जड़ता के विरोध के नाम पर यूरोप या अमेरिका की पतनशील प्रवृत्तियों का अनुकरण करता है। रामविलास शर्मा ने इन तीन दलों के झंडों का नाम नहीं दिया है, इसलिए इनकी ठीक पहचान नहीं बन पाती। उनके अनुसार इन तीन दलों के दलदल से बाहर कुछ थोड़े से लेखक हैं जो हिंदी की प्रगतिशील परंपरा के महत्त्व को पहचानते हैं। इन तीन दलों और एक गुट की चर्चा से लगता है कि हिंदी में बहुमत गलत समाजवादियों का है, सही समाजवादी अल्पमत में हैं। ऐसी स्थिति में परंपरा की रक्षा कैसे हो सकती है। संकीर्णता, जड़ता और संशोधनवाद के नाम पर विचारधारात्मक संघर्ष में तटस्थता, पश्चिम की पतनशील प्रवृत्तियों का अनुकरण और समस्त प्रगतिशील परंपरा का तिरस्कार गलत है, इन बातों की आलोचना करना सही है। लेकिन क्या देश की राजनीति और हिंदी की मार्क्सवादी आलोचना में बड़े पैमाने पर फैले संशोधनवाद, संकीर्णतावाद और जड़ता के विरुद्ध संघर्ष नहीं होना चाहिए? संशोधनवाद के विरुद्ध संघर्ष राजनीति और साहित्य में वर्गसहयोग की नीति के विरुद्ध संघर्ष है, मार्क्सवाद के क्रांतिकारी रूप को धूमिल करनेवाली उसकी मानवतावादी व्याख्या के विरुद्ध संघर्ष है और परंपराविवेक में बदले परंपरापूजा के प्रचार के विरुद्ध संघर्ष है। इतिहास और परंपरा के क्रांतिकारी पक्षों का महत्व स्थापित करने के लिए संघर्ष, संशोधनवाद के विरुद्ध व्यापक संघर्ष का अंग है। इतिहास और परंपरा के क्रांतिकारी पक्षों की उपेक्षा करना संशोधनवाद का लक्षण है। वर्तमान के संकीर्णतावाद और जड़ता के खिलाफ संघर्ष में भी परंपरा के क्रांतिकारी पक्षों की समझ से मदद मिलती है, लेकिन अतीत के सांचे में वर्तमान और भविष्य को ढालने की कोशिश से जड़ता के फैलने का खतरा होता है।

रामविलास शर्मा ने हिंदी साहित्य की प्रगतिशील परंपरा की रक्षा परंपराद्रोही आधुनिकतावादियों से भी की है। प्रयोगवाद और नई कविता के निषेध-

वादी दौर में परंपरा का निषेध आधुनिकतावाद का मुख्य लक्षण बन गया था। हिंदी साहित्य की प्रगतिशील परंपरा का विरोध आधुनिकतावादियों का मुख्य धर्म हो गया था। इन आधुनिकतावादियों ने हिंदी साहित्य की प्रगतिशील परंपरा के विरोध और प्रगतिविरोधी प्रवृत्तियों की प्रतिष्ठा का व्यापक अभियान चलाया। इस काल में रामविलास शर्मा ने आधुनिकतावादियों के आक्रमण से प्रगतिशील परंपरा की रक्षा की। आधुनिकतावादी जितना जोर से हिंदी साहित्य की प्रगतिशील परंपरा पर आक्रमण करते थे उससे अधिक शक्ति के साथ रामविलास शर्मा प्रगतिशील परंपरा की रक्षा का प्रयत्न करते थे। 'आस्था और सौंदर्य' के निबंध उनके ऐसे प्रयत्न के प्रमाण हैं। नई कविता के आधुनिकतावादी परंपरा की भ्रामक व्याख्या के लिए छायावाद तक जाते थे तो रामविलास शर्मा वाल्मीकि, कालिदास, भवभूति, भक्तिकाल, भारतेंदुयुग, द्विवेदीयुग और छायावाद की विवेकयात्रा करते हुए भारतीय साहित्य की परंपरा की प्रगतिशीलता सिद्ध करते थे। परंपरा की रक्षा के लिए उनकी इतिहासयात्रा जितनी व्यापक होती थी, प्रभाव भी उतना ही दूरगामी होता था। अगर निशाना सधा हुआ हो तो तीर जितना पीछे खींचा जाता है उतना ही आगे दूर तक वह मार करता है। इस काल में रामविलास शर्मा ने परंपरा की रक्षा ही नहीं की, उन्होंने परंपरा की रक्षा के लिए दृष्टि भी दी।

परंपरा की खोज, व्याख्या और रक्षा का उद्देश्य उसको वर्तमान से जोड़ना है। स्वाधीनता आंदोलन के दौरान हिंदी साहित्य की प्रगतिशील परंपरा की खोज और व्याख्या का उद्देश्य स्वाधीनता आंदोलन और उससे जुड़े हुए साहित्य के विकास को गति देना था। रामविलास शर्मा ने लिखा है कि 'जनता की जातीय संस्कृति की रक्षा और विकास के लिए संघर्ष उसकी स्वाधीनता और जनवादी अधिकारों के लिए संघर्ष का अभिन्न अंग है।' यह बात स्वाधीनता आंदोलन के काल में सच थी और आज भी सच है। परंपराबोध को वर्तमान से जोड़ते हुए उन्होंने लिखा है : 'जो जाति प्रगतिशील होती है, अपना विकास करना चाहती है, अज्ञान और अपमान का जीवन न बिताकर संगठित रूप में आगे बढ़ना चाहती है, वही अपनी परंपरा के सही मूल्यांकन की ओर ध्यान देती है। यदि हमारे सामने समस्याओं का अस्तित्व है और हम उस अस्तित्व के प्रति सचेत हैं, तो यह कैसे हो सकता है कि जिन लोगों ने हमसे पहले इन समस्याओं के निराकरण और समाधान में सारा जीवन खपा दिया, उन्हें हम भूल जाएं ? वास्तविकता यह है कि वर्तमान काल में जितना ही आर्थिक और सांस्कृतिक संकट गहरा होता जाता है, उतना ही साहित्य के रूढ़िविरोधी, रीतिवादविरोधी, वैज्ञानिक विचारधारा के समर्थक, मानव संस्कृति को उदात्त रूप देनेवाले कार्यों के प्रति उपेक्षा का व्यवहार करने में ही सुख है, सुविधा है।' (महावीरप्रसाद द्विवेदी और हिंदी

नवजागरण, पृ. 380) यह 'एक प्रकार का अवसरवाद है। उसका स्रोत है समकालीन साहित्य संबंधी क्रांतिकारी कार्यों की उपेक्षा। हिंदी साहित्य की प्रगतिशील परंपरा की खोज और व्याख्या का एक उद्देश्य इस अवसरवाद को तोड़ना भी है। इसका दूसरा उद्देश्य वर्तमान के क्रांतिकारी कार्यों से जुड़ना है। यह परंपराबोध का साहित्यिक ही नहीं, राजनीतिक उपयोग भी है। परंपरा की रक्षा का उद्देश्य आज के साहित्य में भारतेंदुयुग, द्विवेदीयुग या छायावाद को लौटा लाना नहीं है। यह न संभव है और न आवश्यक। परंपरा को याद करने का मतलब उसका अनुकरण करना भी नहीं है। परंपराबोध का उद्देश्य अतीत, वर्तमान और भविष्य के अविभाज्य गतिशील संबंध को समझना है।

साहित्य के विकास में बाहरी और भीतरी अंतर्विरोधों की महत्वपूर्ण भूमिका होती है। परंपराबोध से वर्तमान के अंतर्विरोधों को समझने में मदद मिलती है और अंतर्विरोधों को हल करके आगे बढ़ने में भी परंपरा का बोध सहायक होता है। इतिहास के अंतर्विरोध विचारधारात्मक संघर्षों में व्यक्त होते हैं। रामविलास शर्मा ने हिंदी साहित्य की प्रगतिशील परंपरा की खोज, व्याख्या और रक्षा का जो प्रयत्न किया है उसका हिंदी साहित्य के विचारधारात्मक संघर्ष से गहरा संबंध है। इसका एक उद्देश्य विचारधारात्मक संघर्ष को तेज करना है।

कभीकभी रामविलास शर्मा परंपरा को वर्तमान रचनाशीलता की कसौटी बना देते हैं। ऐसी स्थिति में परंपरा वर्तमान का प्रतिमान बनकर नई रचनाशीलता के विकास को प्रभावित करती है। जैसे कुछ लोग कला के लिए कला की साधना करते हैं वैसे कुछ लोग परंपरा के लिए परंपरा की आराधना करते हैं। कलावाद की तरह परंपरावाद भी एक गलत प्रवृत्ति है। रामविलास शर्मा ने इन दोनों ही का खंडन किया है। उन्होंने लिखा है कि 'इतिहास का ज्ञान अपने देश का इतिहास बनानेवालों के काम आता है।' स्वभावत: साहित्य के इतिहास का ज्ञान साहित्य का इतिहास बनानेवाले वर्तमानकाल के रचनाकारों के काम आता है। साहित्य के इतिहासलेखन और परंपरा के मूल्यांकन का उद्देश्य वर्तमान के रचनाकर्म की प्रगति में सहायक होना है। परंपरा और इतिहाससंबंधी जो चिंतन यह काम नहीं करता वह अपने दायित्व का ठीक से निर्वाह नहीं करता है। इस दायित्व के निर्वाह के लिए वर्तमान रचनाकर्म को ठीक से समझना आवश्यक है। उन्होंने लिखा है: 'आज के सामाजिक परिवेश, वर्तमान भारत की राजनीतिक और सांस्कृतिक समस्याओं को हम जितना ही पहचानेंगे, उतना ही द्विवेदीयुग को (पहले के किसी भी युग को) समझने में सहायता मिलेगी। जितना ही उस युग की विवध प्रवृत्तियों को समझेंगे, उतना ही सही ऐतिहासिक परिप्रेक्ष्य में अपने युग को भी देख सकेंगे।' (वही, पृ. 385) यही अतीत और वर्तमान के संबंध का द्वंद्वात्मक रूप है। वर्तमान की समझ ही परंपरा की समझ का आधार और उद्देश्य है।

इतिहासदृष्टि और वर्तमान

अब यह देखना जरूरी है कि वर्तमान के साथ रामविलास शर्मा की इतिहासदृष्टि का क्या संबंध है, अपने समय की रचनाशीलता के साथ उनके आलोचनात्मक व्यवहार का क्या रिश्ता रहा है। उनके चिंतन और लेखन का आरंभ प्रगतिशील आंदोलन के आरंभ के साथ होता है। आरंभ से ही उनके लेखन में परंपरा की रक्षा और वर्तमान पर आक्रमण की प्रवृत्ति दिखाई देती है। प्रगतिशील साहित्य की समस्याओं से संबंधित लेखन में आक्रामक रवैया ही प्रधान है। इस आक्रमण के शिकार प्रगतिविरोधी ही नहीं, प्रगतिशील लेखक भी हुए हैं। इस काल की उनकी ध्वंसात्मक आलोचना में 'उग्रता और व्यक्तिवादिता है, इसे उन्होंने स्वयं स्वीकार किया है। प्रगतिशील आंदोलन एक व्यापक सांस्कृतिक आंदोलन था, नई रचनाशीलता का विकास उसका एक महत्वपूर्ण पक्ष था। उस दौर की रचनाशीलता में अनेक कमजोरियां थीं, लेकिन उसमें बहुत कुछ नया और सार्थक भी था। उसमें केवल 'कला की अवहेलना' और 'चीत्कारफूत्कार की भरमार' ही नहीं थी, यथार्थवादी दृष्टिकोण और कलात्मक सौंदर्य से भरपूर रचनाएं भी थीं। रामविलास शर्मा उस काल में प्रगतिशील आंदोलन के दौरान विकसित साहित्य में प्राय: संकीर्णतावाद और कला की अवहेलना देखते रहे और उनकी आलोचना करते रहे। प्रगतिशील आंदोलन के अंतिम दौर का उनका एक लेख है 'हिंदी साहित्य के पिछले 25 वर्ष।' उनके अनुसार इस लेख का उद्देश्य 'नई साहित्यरचना के लिए कुछ निष्कर्ष सामने रखना' है, लेकिन इसमें हिंदी साहित्य की परंपरा का गौरवगान ही अधिक है, उस समय की रचनाशीलता का विश्लेषण बहुत कम है। लेख में छायावाद और प्रेमचंद के बाद हिंदी साहित्य को विकसित करनेवाले केवल बलभद्र दीक्षित 'पढ़ीस' और वृंदावन लाल वर्मा की विशेष चर्चा है, बाकी यशपाल, राहुल, हजारीप्रसाद द्विवेदी, दिनकर आदि का नामोल्लेख भर है। प्रगतिशील आंदोलन के अंतिम दौर में रामविलास शर्मा उसका नेतृत्व कर रहे थे। इस काल में प्रगतिशील साहित्य की शक्ति और सीमा दोनों को देखने के बदले वे केवल उसकी कमओरियों को ही देखकर उन पर आक्रमण कर रहे थे।

स्वाधीनता के बाद नई कविता और नई कहानी में व्यक्तिवादी कलावादी प्रवृत्तियों का प्रभाव बढ़ा और प्रगतिशील आंदोलन का प्रभाव घटा। 1955 के बाद यथार्थवादविरोधी प्रवृत्तियों का प्रभुत्व कायम हुआ और प्रगतिशील आंदो- बिखर गया। 'आस्था और सौंदर्य' के निबंध इसी काल के हैं। इन निबंधों में एक ओर भारतीय साहित्य की प्रगतिशील परंपरा की व्याख्या तथा रक्षा का प्रयत्न है और दूसरी ओर नई कविता की यथार्थवादविरोधी प्रवृत्तियों की आलोचना है।

इन निबंधों में हिंदी उपन्यास में प्रेमचंद की यथार्थवादी परंपरा के नए विकास को भी रेखांकित किया गया है। लगता है कि रामविलास शर्मा कहानी को विशेष विचारणीय विधा नहीं मानते, क्योंकि उन्होंने कहानी या हिंदी कहानी के बारे में विशेष रूप से कुछ नहीं लिखा है, यत्रतत्र प्रसंगवश ही कहानी की चर्चा की है।

'आस्था और सौंदर्य' में एक निबंध है 'आधुनिक हिंदी कविता : विकास की दिशा'। इस निबंध में प्रगतिशील आंदोलन की कविता के रचनात्मक पक्षों का मूल्यांकन करते हुए रामविलास शर्मा ने लिखा है : 'प्रगतिशील कविता ने छायावादी काव्य की अस्पष्टता, भाषा की दुरूहता, निराशावादी भावनाओं और पलायनवादी प्रवृत्ति को दूर किया, जीवन में आस्था, दलित और शोषित जनता की मुक्ति की उत्कंठा, सामाजिक दायित्व की भावना व्यक्त की।' (आस्था और सौंदर्य, 249) ये बातें प्रगतिशील कविता में पहले से ही थीं। लेकिन उन्होंने इनका मूल्यांकन तब किया जब प्रगतिशील आंदोलन इतिहास बन गया और प्रगतिशील कविता परंपरा का अंग हो गई। जिस समय 'आस्था और सौंदर्य' के निबंध लिखे गए, उस समय नई कविता के दायरे में मुक्तिबोध, शमशेर और नई कविता के बाहर नागार्जुन, केदारनाथ अग्रवाल आदि रचना कर रहे थे। रामविलास शर्मा ने इन सबको छोड़कर इस काल की कविता की उपलब्धि के रूप में बच्चन और शिवमंगल सिंह 'सुमन' की कविताओं को उल्लेखनीय समझा।

'आस्था और सौंदर्य के बाद 'नई कविता और अस्तित्ववाद' का प्रकाशन हुआ। दोनों के बीच लंबा अंतराल है। इस बीच रामविलास शर्मा हिंदी भाषा और साहित्य के इतिहास की महत्वपूर्ण समस्याओं पर विचार करने में लगे रहे। 1969 में, नामवर सिंह की पुस्तक 'कविता के नए प्रतिमान' की स्थापनाओं से उत्तेजित होकर रामविलास शर्मा स्वतंत्रता के बाद की हिंदी कविता के मूल्यांकन की ओर मुड़े। 1969 में 'धर्मयुग' में लेख लिखकर उन्होंने मुक्तिबोध को अस्तित्व- और रहस्यवादी साबित किया। उनकी मुक्तिबोध संबंधी मान्यताओं का खंडन नामवर सिंह ने 'कविता के नए प्रतिमान' के दूसरे संस्करण में किया। नामवर सिंह के इस खंडन का उत्तर देने के लिए उन्होंने 1977 में नई कविता और मुक्तिबोध का पुनर्मूल्यांकन किया।

नई कविता का आंदोलन 1969 तक समाप्त हो चुका था, नई कविता इतिहास की वस्तु बन गई थी। 1969 के आतेआते अकविता का अराजकतावादी कोलाहल भी बंद हो रहा था और नक्सलवाड़ी के क्रांतिकारी किसान संघर्ष से हिंदी कविता में नई जनवादी चेतना विकसित हो रही थी। इसी बीच मुक्तिबोध अपने संघर्षशील जीवन के अंत (1964) के बाद हिंदी के नए जनवादी रचनाकारों में बेहद लोकप्रिय हो रहे थे। इसी समय रामविलास शर्मा ने स्वतंत्रता के बाद की हिंदी कबिता और मुक्तिबोध के मूल्यांकन का प्रयास किया। नई कविता के आंदोलन

के काल में वे नई कविता को केवल अनास्था और अयथार्थ की कविता मानते रहे, लेकिन नई कविता और मुक्तिबोध की मृत्यु के बाद उन्होंने स्वीकार किया कि नई कविता में 'अनेक प्रकार की काव्यप्रवृत्तियां शामिल हैं, उसमें अस्तित्ववाद से मुख्य टक्कर मार्क्सवाद की है, शमशेर और मुक्तिबोध मार्क्सवाद से प्रभावित कवि हैं। जब मुक्तिबोध हिंदी साहित्य की क्रांतिकारी विरासत के अंग बन गए तब उन्होंने लिखा कि 'मुक्तिबोध के सकारात्मक पक्षों को आत्मसात् करने से कविता के नए विकास में सहायता मिलेगी।' (नई कविता और अस्तित्ववाद, पृ. 46)

सामाजिकराजनीतिक परिवर्तन की जनआकांक्षा 1967 के आसपास दो रूपों में व्यक्त हुई: 1967 के आम चुनाव के परिणामों में और नक्सलवाड़ी के किसान संघर्ष में। तेलंगाना के क्रांतिकारी किसान आंदोलन के बाद स्वतंत्र भारत में जनता का यह दूसरा क्रांतिकारी संघर्ष था। जनता की चेतना के नए विकास का संपूर्ण भारतीय साहित्य पर गहरा प्रभाव पड़ा। इस नए जनजागरण ने हिंदी की नई कविता के व्यक्तिवादी अवशेषों और अकविता की अस्तित्ववादी तथा अराजकतावादी प्रवृत्तियों की जो आलोचना की, वह बड़े से बड़े आलोचक की आलोचना से अधिक प्रभावशाली सिद्ध हुई। यह समाज के इतिहास द्वारा साहित्य के इतिहास की निर्णायक आलोचना थी। इसके बाद नई कविता अजायबघर की वस्तु बन गई और अकविता का नंगा नाच बंद हो गया। हिंदी कविता में एक मोड़ आया, कविता की अंतर्वस्तु और रूप में परिवर्तन हुआ, नई जनचेतना से नई काव्यचेतना विकसित हुई। 1977 में प्रकाशित होने वाली पुस्तक 'नई कविता और अस्तित्ववाद' में 1967 से 77 तक की हिंदी कविता में नई जनवादी चेतना के विकास की चर्चा का अभाव आश्चर्यजनक लगता है। हिंदी कविता के इस नए परिवर्तन की पहचान के बदले हिंदी कविता के भविष्य के प्रति संदेह का भाव इस तरह प्रकट हुआ है: 'साठोत्तरी पीढ़ी का यह हाल है? सत्तरोत्तरी पीढ़ी का क्या हाल होगा?' वर्तमान की अधूरी समझ से भविष्य के प्रति ऐसा संदेह का भाव जगता है और जगना स्वाभाविक भी है।

वर्तमान की गलत प्रवृत्तियों पर आक्रमण करना गलत नहीं है और आंख मूंद कर वर्तमान की हर चीज का समर्थन करना भी सही नहीं है। वर्तमान को समझने का अर्थ है वर्तमान में सक्रिय सही और गलत प्रवृत्तियों में फर्क करना। इस विवेक के आधार पर गलत प्रवृत्तियों की आलोचना करना जितना आवश्यक है उतना ही आवश्यक है वर्तमान के सकारात्मक पक्षों को पहचान कर उनका समर्थन करना। वर्तमान के सकारात्मक तत्वों की पहचान से ही भावी संभावनाओं की पहचान संभव होती है, तभी वर्तमान से भविष्य का संबंध स्पष्ट होता है।

वर्तमान के प्रति रामविलास शर्मा के आक्रामक दृष्टिकोण की एक विशेषता यह भी है कि उसमें विचारधारा की दृष्टि से दोस्त और दुश्मन में कोई भेद नहीं

रहता। वह यशपाल और जैनेंद्र को एक साथ कटघरे में खड़ा कर देते हैं। वे राहुल जी और पुरुषोत्तमदास टंडन की एक सी आलोचना करते हैं। उनको शिवदानसिंह चौहान और धर्मवीर भारती एक ही रथ के दो पहिए लगते हैं। उनको नामवरसिंह और विजयदेव नारायण साही चिंतन की एक ही भूमि पर खड़े दिखाई देते हैं। यशपाल, राहुल, शिवदानसिंह चौहान और नामवरसिंह के चिंतन तथा लेखन में कमजोरियां हैं। कमजोरियां किसमें नहीं हैं ? कमजोरियों की आलोचना करना सही है, लेकिन आलोचना करते समय प्रगतिशील रचना तथा आलोचना के विकास में इन लोगों के योगदान को भूलकर इन्हें प्रगतिविरोधियों की पंक्ति में डाल देना अनुचित है। परंपरा की रक्षा के लिए सदा सजग रामविलास शर्मा अपनी अंतर्भेदी दृष्टि से हिंदी साहित्य की प्रगतिशील परंपरा के निर्माताओं की उन विशेषताओं को भी पहचान लेते हैं जिन्हें दूसरे देख नहीं पाते, लेकिन वे अपने समय के प्रगतिशील लेखकों के सकारात्मक पक्षों की उपेक्षा कर देते हैं।

रामविलास शर्मा के अब तक के संपूर्ण लेखन पर विचार करने से यह जाहिर होता है कि 1955 के आसपास उनके चिंतन में एक महत्वपूर्ण मोड़ आता है। 1955 के करीब वे अपनी अनेक पुरानी मान्यताएं छोड़ देते हैं, कुछ मान्यताओं में संशोधन करते हैं और कुछ नई मान्यताएं रखते हैं। इन सब बातों के साथ ही वे अपनी अनेक पुरानी मान्यताओं की दृढ़ता से रक्षा करते हुए उन्हें परवर्ती चिंतन में विकसित भी करते हैं। वे 1955 के पहले के लेखन में संस्कृति को आर्थिक आधार पर निर्मित अधिरचना मानते हैं, लेकिन बाद के लेखन में इसका खंडन करते हैं। 1955 के पहले वे कला और साहित्य को विचारधारात्मक रूपों में शामिल करते हैं, 1955 के बाद कला को विचारधारात्मक रूप मानने की धारणा का खंडन करते हैं। 1955 के पहले वे मानते हैं कि जातीय निर्माण और जातीय भाषा का विकास पूंजीवाद के विकास के साथ ही होता है, 1955 के बाद उन्होंने जातीय निर्माण और जातीय भाषा के विकास में सामंतवाद की महत्वपूर्ण भूमिका स्वीकार की है। इसके साथ ही उन्होंने सामाजिक विकास में उत्पादनपद्धति के बदले व्यापार और बाजार की भूमिका को निर्णायक माना है। 1955 के पहले 15वीं, 16वीं और 17वीं सदी से भारत में जातीय निर्माण और जातीय भाषा के विकास का आरंभ मानते हैं, लेकिन 1974 में उन्होंने 12वीं सदी से भारत में जातीय निर्माण और जातीय भाषाओं के विकास का आरंभ माना है। 1966 के एक लेख (आलोचना, अप्रैल-जून, 1965) में रामविलास शर्मा ने 'सर्वहारा के अधिनायकत्व' की धारणा का खंडन किया है। यूरोप के 'यूरोकम्युनिज्म के सिद्धांतकार अब 'सर्वहारा के अधिनायकत्व' का खंडन कर रहे हैं, उन्होंने यह काम 1965 में किया था। 1967 के एक लेख में उन्होंने भारत की कम्युनिस्ट पार्टियों, उनके आंदोलनों और नेताओं की तीखी आलोचना की है। उनके लेखन में यह भी एक नई बात है।

स्वाधीनता आंदोलन में गांधी की भूमिका और स्वाधीनता के बाद नेहरू की भूमिका के बारे में भी 1955 के बाद रामविलास शर्मा के विचार बदले हैं। 1955 के पहले के अपने अनेक लेखों में उन्होंने जनआंदोलनों को बारबार स्थगित करने और साम्राज्यवाद से समझौते करने के लिए कांग्रेस तथा गांधी की आलोचना की है। 1967 में उन्होंने लिखा कि 'गांधीजी के नेतृत्व में कांग्रेस ने अंग्रेजी राज्य के विरुद्ध जनआंदोलन छेड़ा था, उसी का फल भारत का जनतंत्र है।' 1955 के पहले वह नेहरूशासन के दमनकारी रूप और साम्राज्यवाद से समझौता करने की नीति की आलोचना करते हुए नेहरू के जनतंत्र को 'नेहरूशाही' कहते हैं। बाद में उनको नेहरू भारतीय जनतंत्र के रक्षक और समाजवादी विकल्प के विकास का अवसर देनेवाले प्रतीत होने लगे हैं। उन्होंने 1969 में नेहरू की आलोचना करनेवालों की आलोचना करते हुए लिखा : 'नेहरू ने लगभग बीस साल तक भारत में जनतांत्रिक व्यवस्था बहाल रखकर समाजवादियों को यह अवसर दिया कि वह जनता को संगठित करके कांग्रेस के विकल्प के रूप में प्रस्तुत हों।'

रामविलास शर्मा एक दशक से कुछ अधिक समय तक प्रगतिशील आंदोलन में सक्रिय रहने और अंतिम दौर में उसका नेतृत्व करने के बाद 1953 में उससे अलग हो गए। अलग होने के कारण राजनीतिक थे। 1951 में भारतीय कम्युनिस्ट पार्टी की नीति तथा संगठन में परिवर्तन का प्रगतिशील लेखक संघ पर गहरा असर पड़ा। विसर्जनवादी नीति के कारण प्रगतिशील आंदोलन बिखर गया। रामविलास शर्मा पर संकीर्णतावाद का आरोप लगाया गया। सच बात तो यह है कि प्रगतिशील लेखक संघ को भंग करके उसकी जगह पार्टी लेखकों का संगठन बनाने के लिए परिपत्र जारी करनेवालों का दृष्टिकोण संकीर्णतावादी था। रामविलास शर्मा जिस सुधारवाद और विसर्जनवाद के विरुद्ध संघर्ष कर रहे थे, उस संघर्ष को संकीर्णतावाद कहा गया।

जिस समय रामविलास शर्मा प्रगतिशील आंदोलन से अलग हुए, उन दिनों प्रयोगवाद नई कविता का प्रभाव बढ़ रहा था। राजनीति और विचारधारा से साहित्य के संबंध पर नई कवितावादियों की ओर से जोरदार हमले हुए। इस शीतयुद्ध के दौर में साहित्य से राजनीति और विचारधारा को निष्कासित करने के अभियान का उद्देश्य समाजवादी राजनीति और विचारधारा का विरोध करना था। 'विचारधारा के अंत' की विचारधारा का असर भारत में फैल रहा था, 'विचारधारा के अंत' के नारे की गूंज हिंदी साहित्य में भी सुनाई दे रही थी। राजनीतिक स्तर पर कांग्रेस की सत्ता मजबूत हो रही थी और कम्युनिस्ट आंदोलन कमजोर पड़ रहा था। रामविलास शर्मा राजनीतिक और सांस्कृतिक आंदोलनों से अलग रहकर एक स्वतंत्र मार्क्सवादी विचारक के रूप में चिंतन और लेखन करने लगे। इस काल में उन्होंने नई कविता की परंपराविरोधी, यथार्थवादविरोधी

प्रवृत्तियों का जोरदार खंडन किया और हिंदी साहित्य की प्रगतिशील परंपरा तथा यथार्थवादी रचनाशीलता के महत्व को स्थापित किया। इन सबके साथ ही वे 'हिंदी काव्य की यथार्थवादी धारा के विकास के लिए' साहित्य को विचारधारात्मक रूपों में शामिल करने की धारणा को 'प्रयोगवाद से अधिक घातक' समझकर उसका खंडन कर बैठे। साहित्य को विचारधारात्मक रूप मानने की धारणा को 'प्रयोगवाद से अधिक घातक' घोषित करना रामविलास शर्मा के पाठकों को आश्चर्यजनक लगेगा। क्या इसे साहित्य और विचारधारा की एकता के तीव्र विरोध के युग का प्रभाव कहा जा सकता है? उस युग में कविता के लिए राजनीति और विचारधारा से अधिक महत्वपूर्ण अनुभूति, संस्कार, सौंदर्यबोध, चित्रमयता, संगीतमयता आदि को माना जाता था। उन्होंने भी कविता के लिए इन्हीं सबको महत्वपूर्ण माना है। कई बार ऐसा होता है कि एक युग की प्रभुत्वशाली प्रवृत्ति विरोधियों को भी परोक्षरूप से प्रभावित करती है।

पिछले एक दशक से रामविलास शर्मा समकालीन राजनीति और साहित्य की गतिविधियों से लगभग तटस्थ रहकर समाज, भाषा और साहित्य के इतिहास की महत्वपूर्ण समस्याओं पर चिंतन करते रहे हैं। यद्यपि उनकी इतिहासचिंता के मूल में वर्तमान की चिंता है, लेकिन इस बीच वे वर्तमान राजनीतिक, सामाजिक और सांस्कृतिक संघर्षों से अलग रहकर एकांत ज्ञानसाधना में लगे रहे हैं। एकांत ज्ञानसाधना और राजनीतिक, सामाजिक तथा सांस्कृतिक संघर्षों के बीच की ज्ञानसाधना में अंतर होता है, इस अंतर का प्रभाव चिंतन पर भी पड़ता है। संघर्ष का अनुशासन चिंतन को अनुशासित करता है। संगठन और संघर्ष के अनुशासन से मुक्त विचारक अपने विचारों से राजनीति, समाज और संस्कृति के विकास को प्रभावित करता है। रामविलास शर्मा के परवर्ती लेखन में एक स्वतंत्र मार्क्सवादी विचारक की स्वतंत्र आलोचना की विशेषताएं हैं।

उन्होंने मार्क्सवाद की अनेक स्थापित सैद्धांतिक मान्यताओं का खंडन किया है, इसलिए कुछ लोग उन्हें संशोधनवादी कहते हैं। वे अपनी कुछ मान्यताओं पर पिछले 30-35 वर्षों से दृढ़ता से डटे हुए हैं, इसलिए कुछ लोग उन्हें जड़तावादी समझते हैं। उन पर संकीर्णतावाद का आरोप बहुत पुराना है। निश्चय ही ये तीनों परस्पर विरोधी प्रवृत्तियां एक जगह नहीं हो सकतीं। रामविलास शर्मा हिंदी के एक महत्वपूर्ण, इसलिए विवादास्पद, मार्क्सवादी विचारक हैं। उन्होंने स्वतंत्र रूप से सोचने और साहस के साथ अपनी बात कहने का प्रयास किया है। इसी प्रक्रिया में उन्होंने मार्क्सवाद की कुछ मान्यताओं का खंडन भी किया है। मार्क्सवाद की सैद्धांतिक मान्यताओं का खंडन करने या दोहराने से अधिक महत्वपूर्ण है चिंतन और लेखन में उनका व्यावहारिक प्रयोग करना। उन्होंने यह काम किया है। हिंदी जाति, हिंदी भाषा और हिंदी साहित्य के इतिहास संबंधी उनके चिंतन में मार्क्स-

वाद के व्यावहारिक प्रयोग का सार्थक प्रयास दिखाई देता है। जो लोग 'कहीं दाग न लग जाए' के भय से मार्क्सवाद की प्रचलित मान्यताओं को केवल दोहराकर मार्क्सवादी बने रहने की कोशिश करते हैं, वे मार्क्सवाद का विकास नहीं कर सकते। सिद्धांत की शक्ति और सीमा की बोध व्यवहार में ही होता है। जो लोग गलत होने या गलत समझे जाने का खतरा उठाकर भी नए ढंग से सोचने का प्रयत्न करते हैं, वही मार्क्सवाद के विकास में सहायक होते हैं। रामविलास शर्मा के चिंतन से कुछ नए सार्थक सवाल पैदा हुए हैं। ऐसे सवालों से हिंदी के मार्क्सवादी चिंतन की जड़ता टूटती है, नए चिंतन के लिए प्रेरणा मिलती है।

रामविलास शर्मा के लेखन की एक बड़ी उपलब्धि व्यापक पाठक समुदाय के मन में हिंदी की प्रगतिशील परंपरा के रचनाकारों और रचनाओं का स्थायी चित्र अंकित करने में है। हिंदी साहित्य की क्रांतिकारी विरासतसंबंधी साहित्यविवेक के निर्माण में उनका योगदान हिंदी के दूसरे मार्क्सवादी आलोचकों से बहुत अधिक है। उन्होंने हिंदी साहित्य के इतिहास से संबंधित अनेक प्रचलित पुरानी मान्यताओं को तोड़ा है और नई धारणाओं तथा मान्यताओं का निर्माण किया है। इस महत्वपूर्ण काम में आचार्य रामचंद्र शुक्ल के बाद सबसे अधिक सफलता रामविलास शर्मा को ही मिली है। यह उनके साहित्यचिंतन की शक्ति का प्रमाण है। उनके लेखन से पाठकों की साहित्यचेतना में गुणात्मक परिवर्तन हुए हैं। इस प्रसंग में एक उदाहरण पर्याप्त होगा। 'महावीरप्रसाद द्विवेदी और हिंदी नवजागग्ण' के आने के पहले आम पाठक ही नहीं सुधी पाठकों के मन में भी महावीरप्रसाद द्विवेदी और उनके युग की जो तस्वीर थी, वह अब नहीं रही। पहले महावीरप्रसाद द्विवेदी और उस युग के अधिकांश लेखक धर्मभीरु, रूढ़िवादी, नैतिकता के आग्रही, परंपराप्रेमी, इतिवृत्तात्मकता के पुजारी और छायावाद के विरोधी समझे जाते थे। महावीरप्रसाद द्विवेदी अधिक से अधिक किसी स्कूल के मास्टर की तरह डांटफटकार कर नए लेखकों की भाषा को शुद्ध करनेवाले संपादक, छायावाद के विरोधी और 'साहित्य में कपास की खेती' करनेवाले व्यक्ति के रूप में विख्यात थे। 'महावीरप्रसाद द्विवेदी और हिंदी नवजागरण' के आने के बाद द्विवेदी जी हिंदी नवजागरण के तेजस्वी विचारक, वैज्ञानिक चेतना के प्रसार के हिमायती, हिंदी भाषा के जातीय रूप के निर्माता, रीतिवादविरोधी अभियान के नेता और छायावाद के विकास की जमीन तैयार करनेवाले युगद्रष्टा के रूप में हमारे सामने आते हैं। पाठकों के इतिहासविवेक का यह परिवर्तन असाधारण है।

हिंदी साहित्य की प्रगतिशील परंपरा की व्यापक स्वीकृति और पाठकों के साहित्यविवेक के निर्माण का काम यों ही सरलता से नहीं हो गया है। रामविलास शर्मा ने हिंदी साहित्य के इतिहास से संबंधित अपनी अनेक मान्यताओं के लिए लगातार कठिन वैचारिक संघर्ष करके इस काम में दुर्लभ सफलता प्राप्त की

है। उन्होंने ठीक ही लिखा है कि 'हिंदी की अनेक स्वीकृत मान्यताओं के पीछे एक संघर्ष है। मान्यताएं याद रहती हैं, संघर्ष हम भूल जाते हैं।' उन्होंने हिंदी की प्रगतिशील परंपरा के विरोधियों से संघर्ष किया है, परंपरा की उपेक्षा करनेवाले अवसरवाद के विरुद्ध संघर्ष किया है और परंपरा की विकृत व्याख्याओं के विरुद्ध भी संघर्ष किया है। अपनी मान्यताओं के प्रति उनकी दृढ़ आस्था को कुछ लोग वैचारिक जड़ता कहते हैं और स्वयं गतिशीलता के नाम पर नए पुराने रचनाकारों के बारे में अपनी राय रोजरोज बदलते रहते हैं। पाठकों के इतिहासबोध के निर्माण में रामविलास शर्मा की वैचारिक दृढ़ता मौका देखकर रायजनी करने की कुछ लोगों की आदत से अधिक उपयोगी है। पाठकों के साहित्यविवेक के विकास में उनका वैचारिक स्थायीपन तथाकथित गतिशीलतावादियों के व्यभिचारीपन से अधिक सार्थक सिद्ध हुआ है।

9

स्वातंत्र्योत्तर हिंदी साहित्य के इतिहासलेखन की समस्याएं

1

साहित्य का इतिहास साहित्य के विकास की प्रक्रियाओं, अवस्थाओं और दिशा की पहचान कराता है। वह विकास की दिशा के बोध के साथसाथ संभावनाओं की ओर भी संकेत करता है। इतिहासलेखन का काम साहित्य के विकास के दौरान घटित परिवर्तनों को समझना, उनकी व्याख्या करना, परिवर्तनों के आपसी संबंध की संगति-असंगति पर विचार करना और नए परिवर्तनों को प्रेरित करना है। साहित्य के क्षेत्र के परिवर्तनों का सामाजिक राजनीतिक परिवर्तनों से गहरा संबंध होता है, इसलिए साहित्यिक परिवर्तनों की प्रक्रिया और दिशा को सामाजिक राजनीतिक परिवर्तनों के संदर्भ में ही समझा जा सकता है।

साहित्यिक परिवर्तनों के मूल स्रोत सामाजिक राजनीतिक परिवर्तन होते हैं और राजनीतिक सामाजिक परिवर्तनों के मूल में वर्गसंघर्ष होता है। इसकी अभिव्यक्ति विचारधारात्मक रूपों में होती है। विचारधारात्मक रूपों की एक भूमिका यह होती है कि 'उनमें जनता अपने संघर्षों के स्वरूप को पहचानती है।' साहित्य को विचारधारात्मक रूपों में गिनने का तात्पर्य उसको केवल विचार मानना नहीं है। विचारधारा के अंतर्गत भावना, विचार और मूल्यचेतना का समावेश होता है। विचारधारा एक ऐतिहासिक संदर्भ से निर्मित विशिष्ट चेतना की संपूर्ण गतिविधियों को कहा जा सकता है। साहित्य के इतिहास के संदर्भ में साहित्य को विचारधारात्मक रूपों में गिनने का अर्थ है साहित्य की ऐतिहासिकता और सापेक्ष स्वायत्तता को स्वीकार करना, साहित्य और समाज के द्वंद्वात्मक संबंध को महत्व देना और सामाजिक विकास तथा परिवर्तन के संदर्भ में साहित्य की अहम भूमिका को रेखांकित करना। साहित्य के इतिहास के संदर्भ में साहित्य की विकास-प्रक्रिया की ऐतिहासिकता और सापेक्षिक स्वायत्तता के साथसाथ उसकी परंपरा

की निरंतरता पर भी ध्यान देना चाहिए जो सदैव सामाजिक विकास की अवस्था के अनुकूल ही नहीं होती।

साहित्य या समाज के परिवर्तन के नए दौर में ही इतिहास पर पुनर्विचार की जरूरत होती है क्योंकि अतीत और वर्तमान को समझकर ही भविष्य की दिशा तय करना संभव होता है। आचार्य रामचंद्र शुक्ल ने हिंदी साहित्य लिखा तो उन्होंने भक्तिकाल के लोकोन्मुख काव्य को रीतिकाल के सामंती दरबारी काव्य से श्रेष्ठ सिद्ध किया। भारतीय नवज़ागरण के संदर्भ में सामंती जीवन दृष्टि और कला दृष्टि के विरुद्ध संघर्ष करते हुए लोकोन्मुख जीवन दृष्टि को प्रतिष्ठित करना उनके इतिहासलेखन का प्रमुख उद्देश्य था। आचार्य शुक्ल के पहले भी महावीर-प्रसाद द्विवेदी ने रीतिकाल के दरबारी सामंती कवियों की तुलना में भारतीय नव-जागरण के अग्रदूत और जनता की जाग्रत चेतना तथा स्वाधीनता की आकांक्षा के प्रतिनिधि भारतेंदु हरिश्चंद्र को श्रेष्ठ साबित किया था। लेकिन प्रयोगवाद और नई कविता के नेता अज्ञेय की रूपवादी कलादृष्टि केशवदास को अपनी कला-चेतना के अनुकूल पाकर ही 'केशव की कविताई' को पुनः स्थापित करने की कोशिश करती है। यहां यह भी कहा जा सकता है कि इतिहास को हम वर्तमान की अपनी चेतना और भविष्य की आवश्यकता के अनुसार ही समझने का प्रयास करते हैं। आज हम हिंदी साहित्य के इतिहासलेखन की समस्याओं पर विचार कर रहे हैं, इतिहास पर पुनर्विचार का प्रयास कर रहे हैं, तो इसका कारण यही है कि हम परिवर्तन के एक नए दौर से गुजर रहे हैं और हिंदी साहित्य के भविष्य की दिशा तलाश करने की कोशिश कर रहे हैं। इतिहासबोध इतिहास बनानेवालों के काम की चीज है, इतिहास का केवल भोग करनेवालों के काम की चीज नहीं। इतिहास का केवल भोग करनेवालों के लिए इतिहासबोध केवल बोझ प्रतीत होता है। साहित्य के इतिहास के संदर्भ में इतिहास बनानेवाले रचनाकार होते हैं, इतिहासबोध उनके लिए भी आवश्यक है। यह महज एकेडेमिक दिलचस्पी का विषय नहीं, जैसाकि कुछ लोग समझते हैं।

आज हिंदी साहित्य के इतिहासलेखन पर पुनर्विचार करने के प्रयास का उद्देश्य प्रकारांतर से हिंदी साहित्य में फैलते हुए रूपवादी साहित्यचिंतन के इतिहास-विरोधी दृष्टिकोण से संघर्ष करना भी है। हम इतिहासलेखन की समस्याओं से उलझते हुए, हिंदी साहित्य के इतिहासलेखन पर पुनर्विचार करते हुए एक ओर रूपवादी साहित्यचिंतन के इतिहासविरोधी दृष्टिकोण में संघर्ष करते हैं और दूसरी ओर पाठकों की साहित्यचेतना को अग्रगामी बनाने की कोशिश भी करते हैं।

साहित्य का इतिहास लिखते समय समाज को भूमिका या उपसंहार में जगह देने के बदले साहित्य की विकासप्रक्रिया को संपूर्ण सामाजिक प्रक्रिया के अंग के रूप में देखना-समझना जरूरी है। साहित्य का ऐसा इतिहास जरूरी है जिसमें व्यापक

सामाजिक संदर्भ में लेखक, रचना और पाठक का विकासशील संबंध प्रकट हो, साहित्यरूप और सामाजिक विकास का संबंध सामने आए और सामाजिक विकास के साथ साहित्य के विकास का संबंध भी स्पष्ट हो सके। कहने का तात्पर्य यह कि साहित्य की सामाजिकता, साहित्यिकता और विकासशीलता का उद्‌घाटन करना ही साहित्य के इतिहासलेखन का मुख्य प्रयोजन है।

साहित्य के इतिहासलेखन में एक महत्वपूर्ण समस्या साहित्य और समाज के विकास के साथ भाषा के विकास का अध्ययन भी है। साहित्य के प्रसंग में भाषा केवल अभिव्यक्ति का ही माध्यम नहीं है, वह चिंतन का भी माध्यम है। भाषा यथार्थ और चेतना के बीच माध्यमिकता का काम करती है, इसलिए भाषा की समस्या साहित्य के इतिहास की आंतरिक समस्या है। साहित्य के इतिहासलेखन में भाषा पर ध्यान देने का अर्थ यह नहीं है कि साहित्य के इतिहास को 'शब्दों का इतिहास' बना दिया जाये या साहित्य की भाषा में हीं साहित्यिकता की खोज की जाए। यह तो रूपवादी इतिहासदृष्टि को स्वीकार करना होगा।

साहित्य के इतिहासलेखन में एक समस्या साहित्यिक आंदोलन और फैशन में अंतर करने की है। व्यापक साहित्यिक आंदोलन सामाजिक परिवर्तनों से प्रेरित होते हैं, सामाजिक-राजनीतिक विकास के द्योतक भी होते हैं और साहित्य के विकास की दिशा को प्रभावित भी करते हैं, जबकि अल्पजीवी साहित्यिक फैशनों का, साहित्य की विकासप्रक्रिया पर कोई गहरा और स्थायी प्रभाव नहीं पड़ता है। हिंदी कविता के इतिहास में छायावाद और प्रगतिवाद हिंदी साहित्य के विकास को प्रभावित करनेवाले व्यापक आंदोलन थे लेकिन हालावाद और नकेनवाद केवल साहित्यिक फैशन माने जाएंगे। हिंदी कविता और कहानी के क्षेत्र में 1960 ई. से 1967 ई. के बीच ऐसे अनेक अल्पजीवी फैशन पैदा हुए थे जिनके जन्म के साथ ही उनकी मृत्यु की भी घोषणा करनी पड़ी थी। कविता के क्षेत्र में अकविता, सकविता, विद्रोही कविता, वीर कविता, ठोस कविता, ताजी कविता आदि तथा कहानी के क्षेत्र में अकहानी, सचेतन कहानी आदि साहित्यिक फैशनपरस्ती की आदत से उत्पन्न प्रवृत्तियां थीं जिनका साहित्य के विकास में कोई विशेष योगदान न था। साहित्य के क्षेत्र में हर दो-तीन वर्ष के बाद एक क्रांतिकारी परिवर्तन लाने या देखने की कोशिश करनेवाले लोग न तो क्रांतिकारी परिवर्तन की प्रक्रिया को समझते हैं और न साहित्य के परिवर्तन के स्वरूप को। ऐसे लोग सामाजिक और साहित्यिक परिवर्तनों के संबंध को भी नहीं जानते।

साहित्य के इतिहासलेखन में आंदोलनों और प्रवृत्तियों की व्याख्या करते हुए साहित्य का विकास देखते समय विभिन्न विधाओं के प्रति एक समन्वित दृष्टिकोण अपनाना बेहतर होगा। एक समय के साहित्य में सामाजिक यथार्थ और विचारधारा की जो अभिव्यक्ति होती है उसके अंतर्विरोध और एकता को एक

साथ पहचानना इतिहासलेखन के लिए जरूरी है। एक कालखंड के सामाजिक यथार्थ की अभिव्यक्ति में विधाओं की प्रकृति और रचनाकारों की निजी निर्माण-क्षमता से उत्पन्न भिन्नता के बावजूद एक प्रकार की एकता होती है। नई कविता और नई कहानी के काल में दोनों विधाओं की भिन्नता के बावजूद यथार्थबोध, विश्वदृष्टि और रचनादृष्टि संबंधी अनेक समानताएं मौजूद थीं। नई कविता और नई कहानी के काल में वैयक्तिकता और रूमानियत न केवल कविता में थी बल्कि कहानी में भी थी। इस दौर में प्रगतिशील और प्रगतिविरोधी जीवनदृष्टि और कलादृष्टि का संघर्ष भी दोनों विधाओं में चल रहा था। एक ओर कविता में जो लड़ाई मुक्तिबोध और शमशेर लड़ रहे थे वही लड़ाई कहानी के क्षेत्र में अमरकांत, शेखर जोशी, भैरवप्रसाद गुप्त, भीष्म साहनी, राजेंद्र यादव आदि लड़ रहे थे। कविता के अज्ञेय, भारती, लक्ष्मीकांत वर्मा, साही के समानधर्मा कहानी के क्षेत्र में मोहन राकेश, निर्मल वर्मा, उषा प्रियंवदा, लक्ष्मीनारायण लाल आदि मौजूद थे।

प्राय: प्रत्येक साहित्यिक आंदोलन में विचारधाराओं का टकराव होता है जिसकी अभिव्यक्ति लेखक की विश्वदृष्टि और रचनादृष्टि में होती है। एक आंदोलन विरोधी प्रवृत्तियों से संघर्ष करता हुआ क्रमश: स्थिर और स्थापित होता है। आंदोलनों के साथ कुछ ऐसे भी लेखक होते हैं जो फेंस के आसपास बैठकर अवसर का इंतजार करते रहते हैं। ऐसे लेखक एक विचारधारा और उससे संबद्ध रचनादृष्टि के प्रभुत्वशाली होते ही उसके साथ जुड़ जाते हैं। चूंकि विचारधारा और उससे प्रभावित रचनादृष्टि से उनका कोई सच्चा लगाव नहीं होता, इसलिए वे जिस विचारधारा और साहित्यिक प्रवृत्ति से जुड़े होते हैं उसके कमजोर होते ही उसको छोड़कर दूसरी जगह अवसर की तलाश करने लगते हैं। स्वातंत्र्योत्तर हिंदी साहित्य में यह स्थिति विशेष रूप से दिखाई देती है। पुरानी पीढ़ी के पंत और नई पीढ़ के प्रभाकर माचवे इसके सबसे बड़े प्रमाण हैं।

हिंदी साहित्य के इतिहासलेखन, विशेषत: स्वातंत्र्योत्तर हिंदी साहित्य के इतिहासलेखन की एक बड़ी समस्या इतिहासलेखन की पद्धति और दृष्टिकोण के विकास की है। केवल यह कह देने से समस्या नहीं सुलझ जाती कि हिंदी साहित्य के इतिहास को मार्क्सवादी पद्धति और दृष्टिकोण से लिखना चाहिए। हिंदी में साहित्य के मार्क्सवादी इतिहासलेखन की ऐसी पद्धति और दृष्टिकोण का विकास होना अब भी बाकी है जिसमें साहित्य की सामाजिकता और साहित्यिकता की साथसाथ रक्षा हो सके। हिंदी साहित्य के इतिहासलेखन की समस्याओं पर विचार करने की सर्वाधिक महत्वपूर्ण उपलब्धि यही हो सकती है कि हम एक ऐसी पद्धति का विकास कर सकें।

2

समकालीन साहित्य के इतिहासलेखन की समस्याओं पर विचार करना एक मुश्किल काम है, समकालीन साहित्य के इतिहास का लेखन तो और भी मुश्किल और जोखिम भरा काम है लेकिन यह एक आवश्यक काम है। आज जब हम निकट अतीत और समकालीन साहित्य के विकास पर विचार करते हुए भविष्य की दिशा निश्चित करने का प्रयत्न कर रहे हैं तब स्वातंत्र्योत्तर हिंदी साहित्य के इतिहासलेखन की विभिन्न समस्याओं पर विचार करना जरूरी हो गया है।

स्वातंत्र्योत्तर हिंदी साहित्य के इतिहास को प्रतिक्रियाओं के सिलसिले के रूप में नहीं समझा जा सकता। कुछ लोगों की 'प्रतिक्रियावादी' इतिहासदृष्टि के अनुसार संपूर्ण आधुनिक हिंदी साहित्य का इतिहास प्रतिक्रियाओं का इतिहास बन जाता है। उनके अनुसार छायावाद द्विवेदीयुग के विरुद्ध प्रतिक्रिया है, प्रगतिवाद छायावाद के विरुद्ध और प्रयोगवाद प्रगतिवाद के विरुद्ध प्रतिक्रिया है। इस इतिहासदृष्टि कुछ अधिक सूक्ष्म होने का प्रयत्न करती हुई छायावाद को द्विवेदीयुग की इतिवृत्तात्मकता के विरुद्ध कल्पनाशीलता की प्रतिक्रिया कहती है या स्थूल के प्रति सूक्ष्म का विद्रोह। ऐसे आलोचक और इतिहासकार प्रगतिवाद को सूक्ष्म के प्रति स्थूल का विद्रोह या कल्पना के प्रति यथार्थ का विद्रोह और प्रयोगवाद को प्रगतिवाद की सामूहिकता के विरुद्ध वैयक्तिकता का विद्रोह कहते हैं। इनके लिए प्रतिक्रिया और विद्रोह के अर्थ में कोई फर्क नहीं है। इस प्रकार की इतिहासदृष्टि साहित्य और समाज के संबंध की उपेक्षा करती है और साहित्य की प्रगति या दुर्गति को स्वतःसंचालित प्रक्रिया मान लेती है।

स्वातंत्र्योत्तर हिंदी साहित्य के इतिहास को 'एक व्यक्ति एक युग' की धारणा के आधार पर भी समझना ठीक नहीं है। नायकोन्मुख इतिहासदृष्टि के दिन अब लद गए। आश्चर्य की बात है कि अब भी कुछ लोग इस धारणा को ढोए जा रहे हैं। नई कविता और नई कहानी के काल को 'नेहरू युग' कहना इतिहास की नायकोन्मुख धारणा का शिकार होना है। आधुनिक हिंदी साहित्य के इतिहास में 'भारतेंदु युग', 'द्विवेदी युग' या हिंदी उपन्यास के क्षेत्र में 'प्रेमचंद युग', नाटक में 'प्रसाद युग' और आलोचना में 'शुक्ल युग' की भले ही एक सीमित सार्थकता हो, लेकिन स्वातंत्र्योत्तर हिंदी साहित्य के दस-पन्द्रह वर्षों को 'नेहरू युग' कहना अंग्रेजी साहित्य के इतिहास में प्रचलित 'विक्टोरिया युग' या 'ऐलिजाबेथ-युग को केवल दोहराना ही है।

स्वातंत्र्योत्तर हिंदी साहित्य के इतिहास की एक समस्या हिंदी के जातीय साहित्य की परंपरा और विदेशी प्रभाव के संबंध की है। जातीय परंपरा में जन-वादी और जनविरोधी सांस्कृतिक परंपराओं के संघर्ष पर भी विचार करना जरूरी

है। इस प्रसंग में यह भी विचारणीय है कि स्वातंत्र्योत्तर हिंदी साहित्य में हिंदी साहित्य की जनवादी जातीय परंपरा का विकास किन प्रवृत्तियों के रूप में हुआ है और जातीय परंपरा को विकृत करनेवाली, पश्चिमी प्रभाव को आंख मूंदकर स्वीकार करनेवाली कौन सी शक्तियां और प्रवृत्तियां हैं। विदेशी प्रभाव का एक रूप वह भी है जो दुनियाभर के, खास तौर से तीसरी दुनिया के मुक्तिसंघर्षों की सांस्कृतिक अभिव्यक्तियों से हिंदी साहित्य को जोड़ता है और दूसरा रूप वह है जो दुनियाभर के पूंजीवाद साम्राज्यवाद के सांस्कृतिक प्रभुत्व को बनाए रखने के लिए जनविरोधी विचारधाराओं का प्रचार प्रसार करता है। पहला हमारे साहित्य के विकास के लिए आवश्यक और सहायक है, दूसरा अनावश्यक और बाधक। नई कविता, नई कहानी, अकविता और अकहानी के दौर में व्यक्ति स्वातंत्र्यवादी, आधुनिकतावादी और अस्तित्ववादी प्रभाव सारतः बुर्जुआ विचारधारा के प्रभाव के रूप में हिंदी साहित्य में आए। इस दौर में हिंदी साहित्य के जातीय तत्वों की उपेक्षा और विदेशी बुर्जुआ जीवनदृष्टि और रचनादृष्टि के प्रचारप्रसार का संगठित प्रयास हुआ। आश्चर्य की बात तो यह है कि यह सब कुछ भारतीयता और राष्ट्रीयता का निरंतर जाप करनेवाले लोग कर रहे थे। रचना के स्तर पर विदेशी प्रभाव का एक रूप हिंदी के सृजनात्मक लेखन में अंग्रेजी शब्दों के भद्दे प्रयोग के रूप में दिखाई देता है। यह ठीक है कि आज के जमाने में कोई भी देश और समाज दूसरे देशों और समाजों से पूरी तरह कटकर अलग नहीं रह सकता लेकिन आधुनिक बनने के प्रयत्न में अपनी जातीय परंपरा से विच्छिन्न साहित्य की सामाजिक सार्थकता संदिग्ध ही है। आज भी पुरानी और नई पीढ़ी के वे ही रचनाकार प्रामाणिक और सार्थक रचनाकार हैं जो पश्चिमी पूंजीवादी प्रभावों से मुक्त और अपनी जमीन से जुड़े हुए हैं। कविता के क्षेत्र में नागार्जुन, केदारनाथ अग्रवाल और त्रिलोचन ऐसे कवि हैं जिनकी रचनाओं में हमारे जातीय जीवन, संस्कृति और साहित्य की जनवादी परंपरा के तत्व रचनात्मक रूप में प्रकट हुए हैं। मुक्तिबोध का आत्मसंघर्ष रचना के स्तर पर आधुनिक पाश्चात्य प्रभावों के भी विरुद्ध संघर्ष है। कहानी और उपन्यास के क्षेत्र में प्रेमचंद की परंपरा से जुड़े हुए रचनाकारों में जातीय तत्वों का विकास दिखाई देता है, 'अंधेरे बंद कमरे' के 'अपने अपने अजनबी' तो आधुनिकता के नाम पर विचारों के रेगिस्तान में भटकते हुए दिखाई देते हैं।

स्वातंत्र्योत्तर हिंदी साहित्य के इतिहास की एक और विचारणीय समस्या सृजनात्मक लेखन की भाषा के रूप में हिंदी के स्वरूप में परिवर्तन का अनुशीलन है। पहले जिस विदेशी प्रभाव की चर्चा की गई है उसका संबंध साहित्यरचना की भाषा के परिवर्तन और विकास से भी है। ऐसा नहीं है कि इस समस्या की ओर साहित्यकारों का ध्यान गया न हो। जून, 1964 ई. की 'कल्पना' में हिंदी के

सर्जनात्मक लेखन में अंग्रेजी शब्दों के प्रयोग पर एक परिसंवाद छपा है जिसमें विजयदेवनारायण साही, कृष्ण बलदेव, वेद, धर्मवीर भारती, नेमिचंद्र जैन, प्रभाकर माचवे आदि ने भाग लिया है। विदेशी प्रभाव की बीमारी के सर्वाधिक शिकार लोगों ने भी इस परिसंवाद में अंग्रेजी शब्दों के प्रयोग की आलोचना की है। साही ने बारीक तर्कपद्धति के सहारे अज्ञेय के लेखन में अंग्रेजी शब्दों के प्रयोग का समर्थन किया है। इस प्रवृत्ति के दूसरे समर्थक कृष्ण बलदेव वैद हैं जो आजकल उपन्यास, कहानी और नाटक लिखने के नाम पर हिंदी के बैकेट और नारमन मेलर हो रहे हैं। स्वतंत्रता के बाद के साहित्य की भाषा के परिवर्तन और विकास का अध्ययन करते समय यह भी विचारणीय है कि सृजनात्मक लेखन की भाषा पिछले तीस वर्षों में आम जनता की भाषा के कितना करीब आई है या दूर हटी है। स्वातंत्र्योत्तर हिंदी साहित्य के इतिहास पर नजर डालने से यह स्पष्ट हो जाएगा कि जब यथार्थवादी और प्रगतिशील लेखन उभार पर रहा है तब सृजनात्मक लेखन की भाषा जनता की भाषा के करीब हुई है और जब कलावादी प्रवृत्तियां प्रबल रही हैं तब सृजनात्मक लेखन की भाषा और जनता की भाषा के बीच की दूरी बढ़ी है।

स्वातंत्र्योत्तर हिंदी साहित्य के इतिहासलेखन की एक और समस्या हिंदी साहित्य में विभिन्न विधाओं के स्वरूप में परिवर्तन और उनके ह्रास और विकास से जुड़ी हुई है। छायावाद के काल में गद्यकाव्य का बहुत प्रचारप्रसार था। रायकृष्णदास की 'साधना' और वियोगी हरि के 'अंतर्नाद' में विचारहीन भावोच्छ्वास की प्रधानता देखकर ही आचार्य शुक्ल ने कहा था कि 'इनकी भरमार मैं अच्छा नहीं समझता क्योंकि इनसे प्रकृत गद्य का विकास रुक जाएगा और भाषा की शक्ति की वृद्धि में बाधा पड़ेगी।' छायावाद के बाद यह गद्यकाव्य हिंदी साहित्य से गायब हो गया। अब छायावाद के अवशेषों की भाषा में ही इस गद्यकाव्य के दर्शन हो सकते हैं। नई कविता के दौर में काव्यनाटक लिखे गए और लोकप्रिय भी हुए। 'अंधायुग', 'एक कंठ विषपायी', 'संशय की एक रात' आदि की खूब चर्चा हुई। लेकिन अब काव्यनाटकों का भी लोप हो रहा है। यात्रावर्णन, संस्मरण, रेखाचित्र, ललित निबंध आदि की भी अब वैसी भरमार नहीं दिखाई देती जैसी कभी थी। आखिर ऐसा क्यों? ऐसा लगता है कि पाठक जब साहित्य के माध्यम से जीवन की गंभीर समस्याओं और जटिल सामाजिक यथार्थ की मांग करने लगते हैं तो भावुकतापूर्ण और मनोरंजक विधाएं अनुपयोगी सिद्ध होती हैं। अनुपयोगी वस्तुओं का बोझ इतिहास बरदाश्त नहीं करता। स्वतंत्रता के बाद धीरेधीरे पाठकों की साहित्यचेतना का विकास हुआ है और इस विकसित पाठकीय चेतना की मांग को पूरा करने में असमर्थ विधाओं का अस्त होना स्वाभाविक है।

एक कवितावादी आलोचक रामस्वरूप चतुर्वेदी को नई कहानी के चरम उत्कर्षकाल में हिंदी का कथासाहित्य 'असमय वृद्ध' नजर आ रहा था। कुछ दिनों बाद उन्हें यह बोध हुआ था कि हिंदी 'कहानी को समकालीन साहित्य की समग्र स्थिति और दिशा—आधुनिकता—के साथ संयुक्त कर सकने की संभावना कम है' (माध्यम, अगस्त, 1964) आधुनिक भावबोध में आस्था रखनेवाले रामस्वरूप चतुर्वेदी की राय में गीतिकाव्य और ललित निबंध के साथसाथ कहानी भी आधुनिक भावबोध को वहन करने में अक्षम है। जिस आलोचक को 'खाली कुर्सी की आत्मा' और 'तंतुजाल' जैसे उपन्यासाभास महत्वपूर्ण उपन्यास लगें, प्रभाकर माचवे, निर्मल वर्मा, विपिनकुमार अग्रवाल आदि ही 'कहानी के स्थिर माध्यम में थोड़ी सी गतिशीलता उत्पन्न करने वाले' जान पड़ें और कहानी की चर्चा करते वक्त अमरकांत, मार्कंडेय, भैरवप्रसाद गुप्त, भीष्म साहनी आदि की ओर जिसकी कृपादृष्टि ही न जाए, उसे हिंदी का कथासाहित्य अगर 'असमय वृद्ध' होकर अपनी अंतिम सांसें गिनता दिखाई दे रहा हो तो आश्चर्य क्या है ! ऐसा सोचनेवाले केवल रामस्वरूप चतुर्वेदी ही नहीं हैं, और भी कई लोग हैं। लेकिन उनकी इस चिंता के बावजूद हिंदी कहानी और उपन्यास का जटिल यथार्थ की अभिव्यक्ति में सक्षम, लोकप्रिय और कलात्मक विधा के रूप में विकास हो रहा है। यह ठीक है कि नई कहानी और अकहानी के दौर में सामाजिक जीवन से कटे हुए कथासाहित्य की बाढ़ से उसकी साख गिरी थी लेकिन यथार्थवादी रचनाकारों के रचनात्मक प्रयत्न से हिंदी कथासाहित्य पुनः प्रतिष्ठित हुआ है और साहित्यचर्चा के केंद्र में मौजूद है।

स्वातंत्र्योत्तर हिंदी साहित्य के इतिहासलेखन का एक पक्ष इस दौर के विभिन्न साहित्यिक विवादों से जुड़ा हुआ है। साहित्यिक विवाद साहित्यिक आंदोलनों में चलनेवाले विचारधारात्मक संघर्षों से पैदा होते हैं और उनके माध्यम से संघर्षशील पक्षों की विचारधारा और कलादृष्टि को समझने में मदद मिलती है। स्वतंत्रता के कुछ पहले से ही प्रगतिवाद विरोधी कलावाद का नारा देकर प्रगतिवाद का विरोध कर रहे थे। स्वतंत्रता के साथ ही 'साहित्य में संकट और गतिरोध' की चर्चा उठ खड़ी हुई। प्रयोगवाद के दौरान परंपरा, प्रगति और प्रयोग का संबंध विवाद का विषय बना। इसी बीच में नए-पुराने का झगड़ा सामने आया और साहित्यकार की आस्था के सवाल पर भी बहस हुई। नई कविता के दौर में साहित्य और राजनीति के संबंध को विवादास्पद बनाया गया। नई कविता के दौर में आधुनिक भावबोध, लघु मानव, अनुभूति की ईमानदारी और प्रामाणिकता, भोगा हुआ यथार्थ आदि प्रश्नों पर जो विवाद हुए हैं उनसे स्वातंत्र्योत्तर हिंदी साहित्य में चलनेवाले विचारधारात्मक संघर्षों की दिशा को पहचाना जा सकता है। प्रगतिशीलों के बीच प्रगतिशीलता, प्रतिबद्धता, पक्षधरता और जन-

वाद को लेकर विवाद हुए हैं। स्वातंत्र्योत्तर हिंदी साहित्य के इन विवादों को भुलाकर इतिहास लिखना असंभव होगा।

स्वातंत्र्योत्तर हिंदी साहित्य के इतिहास को यथार्थवादी और गैरयथार्थवादी रचनादृष्टियों के संघर्ष के रूप में समझना बेहतर हो सकता है। यथार्थवादी और गैरयथार्थवादी रचनादृष्टि के संघर्ष के रूप में साहित्य के इतिहास को देखने के लिए यथार्थ की धारणा के अंतर्गत वस्तुजगत के यथार्थ से लेकर व्यक्ति के अंतर्जगत के यथार्थ तक का समावेश करना जरूरी है। व्यक्ति के अंतर्जगत का यथार्थ उसके बाह्य जगत, प्रकृति और समाज, के यथार्थ से प्रभावित होता है, लेकिन व्यक्ति का अंतर्जगत का बाह्यजगत का केवल प्रतिबिंब ही नहीं होता। दूसरी बात यह है कि यथार्थवाद को केवल एक कलादृष्टि ही न मानकर उसे व्यापक जीवनदृष्टि के रूप में स्वीकार करना होगा। तीसरी बात यह है कि यथार्थवादी कलादृष्टि में शिल्प और शैली की विविधता को स्वीकार करना होगा ताकि शिल्प के संदर्भ में परंपरा के विकास का मूल्यांकन हो सके और नवीन आविष्कारों की संभावना भी बनी रहे। यथार्थवादी जीवनदृष्टि की बुनियादी शर्त व्यक्ति और समाज के जीवन के सतत विकास में आस्था है और रचनादृष्टि की बुनियादी शर्त व्यक्ति और समाज के जीवन के यथार्थ की जटिल समग्रता का वस्तुनिष्ठ चित्रण है। हिंदी साहित्य की यथार्थवादी परंपरा अत्यंत समृद्ध है और वह कुछ आकस्मिक भ्रमों और भटकावों के बावजूद निरंतर विकसित हुई है। यथार्थवाद का सर्वाधिक उन्नत रूप किसानों और मजदूरों की वर्गदृष्टि के सामाजिक यथार्थ के बोध और व्यंजना करनेवाली रचनाओं में प्रकट होता है। यथार्थवादी रचनादृष्टि सामाजिक यथार्थ को आलोचनात्मक दृष्टि से अभिव्यक्त करने का ही प्रयत्न नहीं करती, वह किसानों और मजदूरों के जीवनसंघर्ष का चित्रण करती हुई सर्वहारा वर्ग के क्रांतिकारी संघर्ष के विकास में सहायक बनती है। गैरयथार्थवादी दृष्टि अंततः शोषक वर्गों के दृष्टिकोण का समर्थन करती है क्योंकि वह सामाजिक राजनैतिक यथास्थिति का समर्थन करती है। यथार्थवादी और गैरयथार्थवादी रचनापरंपराओं के संघर्ष में वर्गसंघर्ष की अभिव्यक्ति होती है। स्वातंत्र्योत्तर हिंदी साहित्य में यथार्थवादी परंपरा के लेखक साहित्य की सामाजिक भूमिका स्वीकार करते हुए किसानों और मजदूरों के मुक्तिसंघर्ष में सहायक मानते हैं। गैरयथार्थवादी परंपरा के लेखक साहित्य को आत्माभिव्यक्ति का साधन समझते हुए अपने व्यक्तित्व की खोज को ही अपनी रचना का लक्ष्य मानते हैं। हिंदी के यथार्थवादी लेखक प्रायः समाजवादी विचारधारा के समर्थक हैं और जनता के मुक्तिसंघर्ष के पक्षधर हैं। गैरयथार्थवादी लेखक समाजवाद के विरोधी, जनता की आकांक्षा की उपेक्षा करनेवाले और व्यक्तिवाद के सहारे पूंजीवाद के पोषक सिद्ध होते हैं। यथार्थवादी रचनादृष्टि का स्वातंत्र्योत्तर हिंदी साहित्य में यथार्थवादविरोधी प्रयोगवाद, नई कविता, नई कहानी, अकविता,

अकहानी से निरंतर संघर्ष होता रहा है। इन दो रचनादृष्टियों का संघर्ष उपन्यास और नाटक के क्षेत्र में भी देखा जा सकता है।

1930 ई. से हिंदी की यथार्थवादी और प्रगतिशील साहित्यपरंपरा अब तक बराबर कायम रही है, भले ही बीच में वह कभी कमजोर हुई हो और कभी मजबूत लेकिन वह कभी समाप्त नहीं हुई जैसाकि कुछ लोग समझते हैं। इस देश में जनवादी राजनीति के विकास और ह्रास के साथ ही यथार्थवादी रचनाशीलता में भी उत्थान और पतन के दौर आए हैं। जनवादी यथार्थवादी साहित्य की गति, प्रगति या दुर्गति, जनवादी राजनीति की गति से बहुतकुछ निर्धारित होती है।

3

स्वातंत्र्योत्तर हिंदी साहित्य के इतिहास पर विचार करते समय पहला महत्वपूर्ण सवाल सामने आता है कि क्या 1947 ई. को हिंदी साहित्य के इतिहास में एक नई शुरुआत या महत्वपूर्ण मोड़ के रूप में स्वीकार किया जा सकता है ? इस प्रश्न पर मतभेद की गुंजाइश है। साहित्य का इतिहास देश के राजनीतिक इतिहास के एकदम साथसाथ सदैव चले, यह जरूरी नहीं है। कभी कभी राजनीतिक परिवर्तन के घटित होने पर भी साहित्य में तत्काल बुनियादी परिवर्तन नहीं होते इसके विपरीत कभी कभी राजनीतिक परिवर्तन की संभावना से ही साहित्य में परिवर्तन संभव हो जाता है।

1947 ई. से लेकर 1951 ई. तक का काल देश की राजनीति और हिंदी साहित्य में भारी उथलपुथल और गहरे संघर्ष का काल है। राजनीति में आजादी के नाम पर सत्ताहस्तांतरण के बाद सामंती पूंजीवादी शोषक शासक वर्ग से किसानों मजदूरों का वर्गसंघर्ष तेज हुआ जिसकी अभिव्यक्ति तेलंगाना की कृषिक्रांति में हुई। हिंदी साहित्य में प्रगतिवाद और प्रयोगवाद, यथार्थवाद और कलावाद के बीच का संघर्ष तेज हुआ जिसकी अंतिम परिणति प्रगतिशील आंदोलन के विघटन और व्यक्तिवादी कलावादी रचनादृष्टि के रूप में प्रयोगवाद और नई कविता की स्थापना में दिखाई देती है। जिस प्रकार राजनीति में तेलंगाना की कृषिक्रांति संशोधनवादी और संकीर्णतावादी भटकावों के कारण असफल हुई, वैसे ही प्रगतिशील आंदोलन भी इन दोनों प्रकार की कमजोरियों का शिकार होकर बिखर गया। इस प्रसंग में यह भी याद रखना चाहिए कि तेलंगाना की कृषिक्रांति और प्रगतिशील आंदोलन का इस देश की कांग्रेसी सरकार ने बर्बरतापूर्वक दमन किया। किसानों और मजदूरों तथा उनसे सहानुभूति रखनेवाले लेखकों और कलाकारों को आजाद भारत की शोषक सत्ता के दमनकारी रूप का यह पहला अनुभव था। छायावाद और प्रयोगवाद के बीच प्रगतिवाद केवल एक काव्यांदोलन नहीं था, वह एक अखिल भारतीय प्रगतिशील सांस्कृतिक आंदोलन भी था जिसमें जनता की संघर्ष-

शीलता और मुक्तिकामना विभिन्न कलामाध्यमों में प्रकट हो रही थी। यह वास्तव में इस देश के किसानों और मजदूरों की विकसित वर्गचेतना की सांस्कृतिक अभिव्यक्ति थी। शोषकशासक वर्ग की सत्ता ने किसानों मजदूरों की क्रांतिकारी चेतना की राजनीतिक और सांस्कृतिक अभिव्यक्ति का क्रूरता से दमन किया।

1947 ई. से 1951 ई. तक के इस संघर्षकाल को कुछ लोग संक्रांतिकाल कहते हैं। संक्रांति से उनका आशय शांतिपूर्ण सहअस्तित्व है या संघर्ष, यह स्पष्ट नहीं है।

1947 ई. से 1951 ई. के बीच प्रगतिशील रचनादृष्टि और यथार्थविरोधी कलावादी रचनादृष्टि का जो संघर्ष तेज हुआ, उसकी शुरुआत 1947 ई. में ही नहीं हुई थी। डा. रामविलास शर्मा ने 'नयी कविता और अस्तित्ववाद' में 1947 ई. से, 'प्रतीक' के प्रकाशन से प्रयोगवाद का प्रारंभ कहकर इस संघर्ष के पुराने इतिहास को छोटा कर दिया है। प्रगतिवाद के विरुद्ध प्रयोगवाद के मूल में निहित कलावाद का संघर्ष काफी पुराना है।

1936 ई. से ही अज्ञेय का यथार्थवादविरोधी और प्रगतिवादविरोधी रवैया प्रकट हो रहा था। इसकी पहली अभिव्यक्ति 1937-38 ई. की 'विश्वभारती कवार्टली' में प्रकाशित हिंदी साहित्य संबंधी उनके लेख में हुई थी। 1938-39 ई. में 'विशाल भारत' के अल्पकालिक संपादनकाल में भी अज्ञेय अपनी प्रगति-विरोधी भूमिका प्रकट कर चुके थे। इसी बीच में उनके प्रगतिवादविरोधी वे लेख छप चुके थे जिनका 'त्रिशंकु' में संग्रह हुआ है। इन सबके बाद अज्ञेय के संपादन में 'तार सप्तक' निकला जिसमें घोषित अघोषित मार्क्सवादी कवि भी शामिल हुए। इस 'तार सप्तक' के अपने वक्तव्य में अज्ञेय ने लिखा था कि 'यथार्थ दर्शन केवल कुंठा उत्पन्न करता है।' 1936 ई. से 1943 ई. तक अज्ञेय का जो प्रगतिविरोधी रूप सामने आया था, उसको देखते हुए 'तार सप्तक' में रामविलास शर्मा, मुक्ति-बोध आदि का शामिल होना आश्चर्यजनक लगता है। अब 'तार सप्तक' के कुछ कवियों का उसमें शामिल होने की कुछ भूल पर पश्चात्ताप करना व्यर्थ है। 'तार सप्तक' से अज्ञेय को प्रतिष्ठा मिली और वे दूसरे और तीसरे सप्तकों के माध्यम से नई कविता को प्रतिष्ठित करने में कामयाब हुए। रचना के स्तर पर प्रयोगवादी प्रवृत्ति 1936-38 ई. से ही प्रकट हो रही थी। नकेनवाद के प्रवर्तकों में से प्रमुख श्री नलिनविलोचन शर्मा प्रयोगवादी कविताएं 1938-39 ई. से ही लिख रहे थे। 1945-46 ई. तक आते आते बिहार नकेनवाद अपनी जड़ जमा चुका था।

प्रगतिवाद के विरुद्ध कलावादियों का संघर्ष अधिक व्यवस्थित रूप से 1944-45 ई. से ही शुरू हुआ था। 1945 ई. में इलाहाबाद में 'परिमल' की स्थापना हुई। यह एक ऐसा साहित्यिक मंच था जहां से विजयदेवनारायण साही, धर्मवीर भारती, लक्ष्मीकांत वर्मा आदि प्रगतिवाद के विष उगलते रहे। 1947 ई. में

'प्रतीक' का प्रकाशन हुआ। 'परिमल' और 'प्रतीक' प्रयोगवादियों के प्रगतिवाद और यथार्थवाद विरोधी अभियान के मंच बने।

1947 ई. में सत्ता के हस्तांतरण के बाद अधिकांश मध्यवर्गीय लेखक और बुद्धिजीवी सुविधा और अवसर की तलाश में शासकवर्ग के हितों की सेवा के लिए प्रयत्नशील हुए। राजनीति और साहित्य के क्षेत्र में वर्गसंघर्ष के तीव्र होने पर उच्चवर्गीय लालसा पालने वाले मध्यवर्गीय साहित्यकारों की वर्गीय सहानुभूति स्पष्ट होती गई। एक ओर शासकवर्ग की ओर से तरह तरह की सुविधाओं का प्रलोभन था और दूसरी ओर किसानों और मजदूरों से जुड़े रहने पर कठोर दमन और कठिन परिस्थितियों से गुजरने की स्थिति थी। ऐसी हालत में कुछ लोग राष्ट्रवाद के नाम पर और कुछ कलावाद के नाम पर शासकवर्ग से जुड़ गए। जो कभी प्रगतिशील आंदोलन के नेतृत्व की कोशिश कर रहे थे, वे राजनीति से तटस्थ होने का बहाना बनाते हुए कविता में आध्यात्मिकता और रहस्यवाद की अभिव्यक्ति करने लगे। शासकवर्ग की ओर से अवसरों की बाढ़ थी तो अवसरवादियों का भी अभाव न था। 1949 ई. में अज्ञेय ने 'नेहरू अभिनंदन ग्रंथ' का संपादन किया। पता नहीं यह काम उन्होंने नागरिक की हैसियत से किया या कलावादी लेखक की हैसियत से। इसी समय रूढ़िवाद और राष्ट्रवाद के नाम पर गुलाबराय जैसे कुछ लोग साहित्य में गतिरोध और संकट का नारा देकर प्रगतिवाद का विरोध कर रहे थे। शोषक सत्ता के समर्थन में रूढ़िवाद, राष्ट्रवाद, व्यक्तिवाद, फ्रायडवाद और कलावाद एक ही मंच पर दिखाई देने लगे। उनका एकसूत्रीय कार्यक्रम था प्रगतिवाद का विरोध करना। इसी समय कांग्रेस सरकार ने भी प्रगतिशील आंदोलन से जुड़े हुए लेखकों, पत्रकारों, रंगकर्मियों और विभिन्न प्रगतिशील संस्थाओं पर चौतरफा हमला किया।

1947 ई. में इस देश के सामंतवादी पूंजीवादी नेताओं ने सत्ता हस्तांतरण के दौरान साम्राज्यवाद से जो समझौते किए उनके परिणामस्वरूप, रामविलास शर्मा ने शब्दों में, साम्राज्यवाद के आर्थिक प्रभुत्व के साथ सांस्कृतिक प्रभाव के विस्तार का सुनियोजित प्रयत्न किया गया। साम्राज्यवाद ने पूंजी के साथसाथ कला और संस्कृति के सिद्धांतों का भी निर्यात किया और यहां उनके स्वागत के लिए पहले से ही कुछ लोग तैयार बैठे थे।

हिंदी साहित्य की यथार्थवादी प्रगतिशील परंपरा हिंदी की जातीय जनवादी परंपरा के तत्वों का विकास कर रही थी लेकिन यथार्थविरोधी कलावादी प्रयोगवादियों ने पश्चिमी पूंजीवाद द्वारा प्रचारित कला और साहित्य के सिद्धांतों को हिंदी साहित्य में प्रतिरोपित करना शुरू कर दिया। 1947 ई. में साहित्य अकादमी से प्रकाशित 'समकालीन भारतीय साहित्य' में अज्ञेय का जो लेख छपा था उसमें उन्होंने प्रयोगवाद और नई कविता की मूल संवेदना के संदर्भ में पश्चिमी

प्रभाव को एक बुनियादी तत्व स्वीकार किया। उन्होंने यह भी लिखा कि आज के भारतीय लेखक और पश्चिमी के लेखक में संवेदना के स्तर पर कोई फर्क नहीं है। अज्ञेय ने 'नेहरू अभिनंदन ग्रंथ' का संपादन ही नहीं किया, उन्होंने 'कांग्रेस फार कल्चरल फ्रीडम' का भारत में संगठन और आयोजन भी किया। देशी शोषक सत्ता और साम्राज्यवाद से एकसाथ संबंध बनाए रखनेवाले अज्ञेय ने 1951 ई. में 'दूसरा सप्तक' निकालकर प्रगतिवाद के खिलाफ प्रयोगवाद और नई कविता के संघर्ष को निर्णायक दौर में पहुंचा दिया। 1951 ई. में भारत की कम्युनिस्ट पार्टी के नेतृत्व में परिवर्तन हुआ, तेलंगाना की कृषिक्रांति असफल हुई, तेलंगाना के हजारों क्रांतिकारियों की हत्या की गई और बाहरी दबाव तथा भीतरी असंगतियों के कारण प्रगतिशील आंदोलन विघटित हो गया। ऐसी स्थिति में 'दूसरा सप्तक' का प्रकाशन यथार्थविरोधी कलावादी रचनादृष्टि की विजय का सूचक है। हां, यहां यह ध्यान रखना जरूरी है कि 'तार सप्तक' की तरह इस बार सब लोग आंख मूंदकर इस आयोजन में शामिल नहीं हुए। नागार्जुन, केदार और त्रिलोचन ने इसमें शामिल होने से इनकार कर दिया।

'दूसरा सप्तक' का प्रकाशन नई कविता के प्रारंभ की प्रामाणिक अभिव्यक्ति है, प्रयोगवाद इसका पूर्वरूप था। स्वयं अज्ञेय ने 1952 ई. में प्रयोगवाद नाम को अस्वीकार करते हुए नई कविता के भीतर प्रयोगवाद को समाहित कर लिया। इस समय यथार्थवाद विरोधी रचनादृष्टि प्रभुत्वशाली स्थिति में आ गई। राजनीति में पूंजीवादी सामंती शोषकवर्ग की सत्ता अधिक मजबूत हुई। साम्राज्यवाद की साम्यवाद विरोधी शीतयुद्धकालीन विचारधारा इस देश में जड़ जमाने लगी।

अब विचारणीय प्रश्न यह है कि हिंदी साहित्य के इस मोड़ को हिंदी के आलोचक और इतिहासकार किस प्रकार समझने की कोशिश करते हैं। अज्ञेय ने 1957 ई. में समकालीन भारतीय साहित्य में जो लेख लिखा था उसमें उन्होंने इसे संवेदना का एक नया रूप कहा और 'व्यक्तित्व की खोज' को इसका केंद्रीय तत्व माना। हिंदी साहित्य में यह आत्मनिष्ठता का दौर था जिसने प्रगतिवादी रचनाओं को 'प्रचलित नारों और घिसेपिटे विचारों' का साहित्य कहा था। 1967 ई. में 'कल्पना' के चार अंकों में लक्ष्मीकांत वर्मा ने हिंदी साहित्य के पिछले बीस वर्ष के इतिहास पर विचार करने का कष्ट किया था। (कल्पना, जनवरी-फरवरी, मार्च-अप्रैल, मई, जून 1967) नई कविता के प्रतिमान और निकष निर्मित करने के असफल प्रयत्न के बाद इतिहासलेखन का उनका यह प्रयास विचारणीय है। इस लेख के अनुसार साहित्य में परिमलियों की पांच मांगें थीं—वैयक्तिक स्वातंत्र्य, लघु मानव, कम्युनिस्ट विचारधारा का विरोध, इतिहास और परंपरा से मुक्ति और अद्वितीय क्षणों की अनुभूति पर बल देनेवाली आधुनिकता। लक्ष्मीकांत वर्मा की इस आत्मस्वीकृति से प्रयोगवाद, नई कविता की

राजनीतिक और सांस्कृतिक विचारधारा स्पष्ट हो जाती है।

लक्ष्मीकांत वर्मा ने स्वातंत्र्योत्तर हिंदी साहित्य के इतिहासलेखन का जो प्रयत्न किया है उसका नियामक दृष्टिकोण क्या है ? वे इतिहास को भोग की वस्तु समझते हैं और इतिहास का भोग करने में असफल और असमर्थ होने पर कुंठित हो जाते हैं। उनका यह भी कहना है कि 'जो इतिहास से जूझते हैं या इतिहास में खपते हैं या संघर्ष करते हैं, अर्थहीन हो जाते हैं।' कोई भी पूछ सकता है कि आपने तो यह सब नहीं किया, फिर आप क्यों अर्थहीन हो गए ? उनका उत्तर होगा, 'यह अर्थहीनता आज के युग का अभिशाप है'। कुंठा और अर्थहीनता के चश्मे से देखने पर लक्ष्मीकांत वर्मा को स्वाधीनता के पहले का सारा साहित्य और इतिहास गलत नजर आता है। यथार्थवाद उनको एक राजनीतिक षड्यंत्र दिखाई देता है। कोई आश्चर्य नहीं कि इस बोध के कारण ही वे यथार्थवाद से कोसों दूर रहते हैं। लक्ष्मीकांत वर्मा के स्वातंत्र्योत्तर हिंदी साहित्य के इतिहासलेखन का उद्देश्य है, मार्क्सवाद, साम्यवादी राजनीति, समाजवाद, प्रगतिवाद और यथार्थवाद की निंदा करना। लक्ष्मीकांत वर्मा को मुक्तिबोध हारर टेरर से पीड़ित दिखाई पड़ते हैं और नागार्जुन मिडियाकर लगते हैं। सावन के अंधे को हरा ही हरा सूझता है। उनके चारों लेखों का मूल स्वर यह है कि 'हमीं हम ठोस, बाकी सब फूटे ढोल।' प्रगति-विरोधियों का यही कुंठा और निरर्थकता के आधार पर निर्मित इतिहास बोध है।

अब हमें यह देखना है कि हिंदी साहित्य के इस मोड़ के बारे में मार्क्सवादी आलोचकों की राय क्या है। शिवदानसिंह चौहान पुराने प्रगतिवादी है। 1965 ई. में उन्होंने 'आलोचना' के चार अंकों में स्वातंत्र्योत्तर हिंदी साहित्य का इतिहास लिखवाने का आयोजन किया था। पहले अंक के संपादकीय में उन्होंने इस इतिहास की रूपरेखा प्रस्तुत की थी। स्वतंत्रता प्राप्ति के बाद के पंद्रह सोलह वर्षों को उन्होंने 'नेहरूयुग' माना। स्वतंत्रता के बाद के हिंदी साहित्य के प्रारंभिक पंद्रह सोलह वर्षों को 'नेहरूयुग' मानने की धारणा का विरोध मैं पहले ही कर चुका हूं। विशेषांक के भाग एक के संपादकीय में आजादी मिलने के समय की आशा और उत्साह की चर्चा की गई है लेकिन वास्तविकता को छोड़ दिया गया है। उन्होंने स्वतंत्रता के बाद के साहित्य पर अस्तित्ववादी प्रभाव की भी चर्चा की है। हिंदी साहित्य में इस अस्तित्ववाद के फैलने ने कारणों की खोज करते हुए उन्होंने लिखा है, 'औद्योगिक विकास के साथ ही हमारे संवेदनशील तरुण लेखकों में यह पीड़ाजनक और नैराश्यपूर्ण अनुभूति जगी है कि मनुष्य मशीन का पुर्जा बन गया है जिसके कारण उसका व्यक्तित्व खंडित और विघटित हो रहा है।' प्रयोगवाद और नई कविता के दौर में अस्तित्ववादी विचारधारा एक वर्ग के रचनाकारों की जीवनदृष्टि पर प्रभाव था, यह शिवदानसिंह चौहान ही नहीं

रामविलास शर्मा और नामवरसिंह भी मानते हैं। शिवदानसिंह चौहान ने इस अस्तित्ववादी प्रभाव की स्वीकृति के सामाजिक आधार की ओर संकेत किया है। स्वातंत्र्योत्तर हिंदी साहित्य के इस मोड़ पर विचार करते हुए उन्होंने लिखा है :

> अभिनंदनीय बात यह है कि विचारधाराओं के संघर्ष की तीव्रता बहुत दिनों तक नहीं टिकी क्योंकि हिंदी के संवेदनशील रचनाकार, प्रगतिवादी हों या कला के लिए कलावादी, आजादी के कुछ ही दिनों में यह महसूस करने लगे कि आजादी से पहले की सरल दुनिया का अंत हो गया है। जीवन भी जटिल हो गया है और उसकी समस्याएं भी जटिल हो गई हैं और अब प्रश्न राजनीतिक उद्देश्यों और आंदोलनों से संबद्ध या असंबद्ध होने का नहीं बल्कि लेखक के नाते अपनी अनुभूति की गहराई में जीवन के यथार्थ को पाने और उसे अभिव्यक्ति देकर सत्य का उद्‌घाटन करने का है। समाज के प्रति उसकी प्रतिबद्धता का यही एकमात्र रूप और दायित्व है। (आलोचना, संपादकीय, स्वातंत्र्योत्तर साहित्य विशेषांक)

शिवदानसिंह चौहान के इस कथन पर विचार करनेवाले किसी भी व्यक्ति को आश्चर्य होगा कि एक मार्क्सवादी के लिए विचारधाराओं के संघर्ष की तीव्रता का बहुत दिनों तक न टिक पाना अभिनंदनीय कैसे हो सकता है। इस तरह तो राजनीति में तेलंगाना के क्रांतिकारी संघर्ष का अंत और सांस्कृतिक क्षेत्र में प्रगतिशील आंदोलन का विघटन भी अभिनंदनीय हो जाएगा। लेकिन सवाल यह है कि यह सब कुछ अभिनंदनीय किनके लिए होगा ? प्रयोगवाद और नई कविता के विकृत भावबोध, उलझी अनुभूति और रूपवादी आग्रहों के कारण कविता में जो जटिलता आई उसका प्रकारांतर से समर्थन करते हुए श्री चौहान लिखते हैं कि 'जीवन भी जटिल और उसकी समस्याएं भी जटिल हो गईं।' (वही) उनके कहने का तात्पर्य यह है कि जब जीवन और उसकी समस्याएं जटिल हो गईं तब उनसे संबद्ध साहित्य जटिल क्यों नहीं हो सकता। लेकिन सवाल यह है कि क्या स्वतंत्रता के पहले की दुनिया एकदम सरल थी ? क्या प्रेमचंद और निराला के साहित्य में जिस दुनिया की अभिव्यक्ति हो रही थी उसमें कोई जटिलता न थी ? श्री चौहान को राजनीतिक उद्देश्यों और आंदोलनों से संबद्ध या असंबद्ध होने का प्रश्न अनावश्यक लगता है, उनके लिए महत्वपूर्ण है 'सत्य का उद्‌घाटन।' उनके अनुसार 'समाज के प्रति लेखक की प्रतिबद्धता का यही एकमात्र रूप और दायित्व है' (वही) क्या इन कथनों में प्रयोगवादियों के विचारों की प्रतिध्वनि नहीं सुनाई पड़ती ? समाज के प्रति लेखक की प्रतिबद्धता का एकमात्र रूप अगर सत्य का उद्‌घाटन ही है तो फिर लेखक की राजनीतिक प्रतिबद्धता, सर्वहारा की वर्गचेतना से उसके तादात्म्य

आदि की बातें क्या निरर्थक नहीं हो जातीं ? फिर वर्गीय समाज में सत्य क्या वर्गों से ऊपर या परे की चीज है ?

स्वातंत्र्योत्तर हिंदी साहित्य के इस ऐतिहासिक मोड़ के बारे में नामवरसिंह ने 1973 ई. में 'स्वातंत्र्योत्तर भारतीय साहित्य' में प्रकाशित अपने लेख में विचार किया है। उनका कहना है कि 'आजादी के तीनचार वर्षों के संक्रांतिकाल के बाद देश में सांस्कृतिक नवजागरण की एक लहर आई जिसके फलस्वरूप एक प्रकार का नवरोमांटिक उत्थान हुआ।' 1947 ई. से 1951 ई. तक का यह वही काल है जिसमें देश की राजनीति में वर्गसंघर्ष का तीव्रतम रूप प्रकट हुआ था। इसी बीच में सांस्कृतिक स्तर पर भी विचारधारात्मक संघर्ष का उग्र रूप दिखाई देता है। इसी समय शोषक शासक वर्ग की सत्ता ने किसानों और मजदूरों की राजनीतिक सांस्कृतिक आकांक्षा और अभिव्यक्ति का क्रूरता से दमन किया था। क्या इस संघर्षकाल को संक्रांतिकाल कहना उचित है ?

नामवरसिंह कहते हैं कि 'स्वाधीनता के प्रारंभिक तीनचार वर्षों के संक्रांतिकाल के बाद देश में सांस्कृतिक नवजागरण की एक लहर आई।' (इंडियन लिटरेचर सिंस इंडिपेंडेंस, सं. के. आर. श्रीनिवास आयंगर, पृ. 79-80) विचारणीय यह है कि इस तथाकथित सांस्कृतिक नवजागरण की पृष्ठभूमि क्या है ? इस कालखंड में देश का बंटवारा हुआ, अभूतपूर्व सांप्रदायिक दंगों के भीषण हत्याकांड में देश डूब गया, गांधी की हत्या हुई, प्रगतिशील आंदोलन से जुड़े कलाकारों, साहित्यकारों, पत्रकारों, रंगकर्मियों, पत्रपत्रिकाओं आदि का कठोर दमन किया गया, तेलंगाना के हजारों क्रांतिकारियों की निर्मम हत्या हुई, राजनीति और साहित्य में क्रांतिकारी शक्तियों का विघटन और बिखराव हुआ, शोषकवर्ग की सत्ता क्रमशः मजबूत होती गई। सांस्कृतिक मोर्चे पर नई सत्ता से प्राप्त सुविधाओं के लोभ और वर्गीय सहानुभूति के कारण नया वर्गसंतुलन स्थापित होने लगा। देश की जनता निराशा, पस्ती और क्षोभ की मनोदशा में जी रही थी। क्या इस सामाजिक, राजनीतिक और सांस्कृतिक परिवेश में किसी सांस्कृतिक नवजागरण की संभावना की कल्पना की जा सकती है ? प्रायः सांस्कृतिक नवजागरण में जनता की सामाजिकराजनैतिक आकांक्षाओं की अभिव्यक्ति होती है। इस तथाकथित सांस्कृतिक नवजागरण में जनता की किन सामाजिकराजनीतिक आकांक्षाओं की अभिव्यक्ति हुई थी ? सवाल यह है कि इन सबके बावजूद नामवरसिंह नई कविता और नई कहानी के आंदोलन के पीछे एक सांस्कृतिक नवजागरण की कल्पना क्यों करते हैं ? वास्तव में यह साहित्य से समाज की ओर आलोचक की आलोचना यात्रा का फल है।

नई कविता और नई कहानी में रूमानियत है, यह नामवरसिंह ही नहीं रामविलास शर्मा भी मानते हैं। नई कविता वाले भी इस बात से इनकार नहीं

करते। जब यह तय हो गया कि नई कविता और नई कहानी में रोमांटिक तत्व हैं तो इस रोमांटिक उत्थान का कारण भी होना चाहिए। दुनियाभर में रोमांटिसिज्म के पीछे नवजागरण की चेतना सक्रिय दिखाई देती है तो यहां भी उसे होना ही चाहिए। संभवतः यही कारण है कि नामवरसिंह को स्वाधीनता के तीनचार वर्षों के बाद के काल में एक सांस्कृतिक नवजागरण की लहर दिखाई देती है।

1951 ई. के बाद हिंदी साहित्य में रूमानियत की एक लहर आई, अधिकांश आलोचक यह स्वीकार करते हैं। कविता के क्षेत्र में इसकी उपस्थिति को रामविलास शर्मा ने स्वीकार करते हुए नई कविता को छायावादोत्तर छायावादी कविता कहा है। इस प्रसंग में रामविलास शर्मा और नामवरसिंह में फर्क यह है कि नामवरसिंह इस काल के रोमांटिसिज्म को इतना व्यापक मानते हैं कि उसके अंतर्गत उस काल की संपूर्ण रचनाशीलता को समेट लेते हैं जबकि रामविलास शर्मा रूमानियत को नई कविता की अनेक प्रवृत्तियों में से एक प्रवृत्ति मानते हैं। नामवरसिंह इस नवरोमांटिक उत्थान की व्यापकता सिद्ध करने के लिए नागार्जुन और केदारनाथ अग्रवाल की कविताओं में भी रोमांटिक प्रभाव खोज लेते हैं। नई कविता के दौर में उसकी रूमानी, कलावादी और आधुनिकतावादी प्रवृत्तियों के विरुद्ध संघर्ष करनेवालों में नागार्जुन, केदारनाथ अग्रवाल, त्रिलोचन और मुक्तिबोध मुख्य हैं। नई कविता की यथार्थविरोधी प्रवृत्ति के खिलाफ नागार्जुन, केदारनाथ अग्रवाल और त्रिलोचन बाहर से संघर्ष कर रहे थे, वे नई कविता के दायरे में कभी नहीं आए। मुक्तिबोध तथा शमशेर नई कविता के भीतर रहकर यह संघर्ष चला रहे थे। नई कविता की रूमानियत के खिलाफ इस दोहरे संघर्ष की उपेक्षा करके उस काल के सभी रचनाकारों को रोमांटिसिज्म के रंग में रंगा बताना उचित नहीं है। नई कविता के काल में केदारनाथ अग्रवाल का 'श्लोक और आलोक' संग्रह 1957 ई. में छपा था, उसकी एक भी कविता में उस प्रकार की रूमानियत नहीं है जो अज्ञेय, भारती, गिरिजाकुमार माथुर और जगदीश गुप्त आदि में है। 1957 ई. में नागार्जुन ने एक कविता लिखी थी 'बहुत दिनों के बाद'। नामवरसिंह ने रोमांटिक उत्थान की व्यापकता सिद्ध करने के लिए इस कविता को याद किया है, लेकिन 1957 ई. में ही लिखी उनकी 'अकाल और उसके बाद' कविता को छोड़ दिया है।

शिवदानसिंह चौहान और नामवरसिंह के अतिरिक्त रामविलास शर्मा ने भी स्वातंत्र्योत्तर हिंदी साहित्य के इस ऐतिहासिक मोड़ पर विचार किया है। रामविलास शर्मा का मत है कि प्रयोगवाद की शुरुआत 'तार सप्तक' (1943) से नहीं, 'प्रतीक' के प्रकाशन (1947) से होती है। वे यह भी कहते हैं कि नई कविता की शुरुआत 1954 ई. से, 'नई कविता' पत्रिका के प्रकाशन से होती है। (नई कविता और अस्तित्ववाद, पृ. 27) असल में नई कविता की शुरुआत 'दूसरा

सप्तक' के प्रकाशन से होती है, 'नई कविता' के प्रकाशन से नहीं। 'नई कविता' पत्रिका ने नई कविता के आंदोलन को एक मंच प्रदान किया और उसे गति दी।

1947 ई. के आसपास की साहित्यिक स्थिति पर विचार करते हुए रामविलास शर्मा ने लिखा है, '1947 ई. के बाद एक ओर सामाजिक दायित्व से बचकर साहित्य रचने की प्रवृत्ति—पंत के रहस्यवाद, भारतभूषण अग्रवाल आदि के प्रयोगवाद में—बलवती हुई, दूसरी ओर प्रगतिशील साहित्य में उग्र और संकीर्णतावादी रुझान प्रबल हुए।' रामविलास शर्मा के अनुसार प्रयोगवाद के आगमन के पीछे काम करनेवाला चिंतन यह था कि :

> 'भारत स्वाधीन हो रहा है, सत्ता समृद्ध वर्ग के हाथ में आ रही है। ऐसे समय जीवन के गहनतर स्तरों को उज्ज्वलतर आलोक से विशदतर रूप में प्रतिभासित करना ज्यादा सुसंस्कृत कार्य था, संघर्ष, समाजवाद, यथार्थवाद आदि की बातें निहायत निरर्थक मालूम होती थीं। मूल उद्देश्य था साहित्य को सामाजिक हलचल के गर्दगुबार से दूर रखना, 'कला के लिए कला' का प्रतिपादन करना।' (वही, पृ. 27-28)

रामविलास शर्मा ने प्रयोगवाद और नई कविता के विचारधारात्मक स्रोतों की खोज करते हुए साम्राज्यवाद के सांस्कृतिक प्रभाव के रूप में अस्तित्ववाद की चर्चा की है। उन्होंने नई कविता के भीतर के विचारधारात्मक संघर्ष को भी स्वीकार किया है। लेकिन दिक्कत की बात यह है कि उन्होंने नई कविता की विचारधारा में निहित अस्तित्ववाद के सामाजिक आधार का कोई विश्लेषण नहीं किया है। अगर नई कविता के आंदोलन के दौरान इतने बड़े पैमाने पर कवियों ने अस्तित्ववाद को स्वीकार किया तो उसका कोई न कोई सामाजिक आधार जरूर होगा। नई कविता और अस्तित्ववाद के संबंध के बारे में रामविलास शर्मा के मत में दूसरी कठिनाई यह भी है कि उन्होंने 'अस्तित्ववाद और नई कविता' शीर्षक लेख में अस्तित्ववादी नई कविता के जो उदाहरण दिए हैं उनमें से अधिकांश 1960-61 ई. के बाद हैं जो नई कविता का नहीं, अकविता का दौर हैं।

1951-52 ई. से 1960-61 ई. तक के साहित्य पर अगर विचार किया जाए तो कविता, कहानी, उपन्यास, नाटक और आलोचना में कुछ समान प्रवृत्तियां मौजूद दिखाई देती हैं। एक बात स्पष्ट रूप से जाहिर होती है कि इस दौर में भी यथार्थवादी और यथार्थविरोधी प्रवृत्तियों का संघर्ष चल रहा था। इस काल की प्रधान प्रवृत्ति वैयक्तिकता और आत्मनिष्ठता की थी जो कविता, कहानी, उपन्यास, नाटक और आलोचना में मौजूद थी। इनके विपरीत यथार्थवाद की प्रवृत्ति भी थी जो कविता, कहानी, उपन्यास और आलोचना में वैयक्तिकता और आत्मनिष्ठता के खिलाफ संघर्ष कर रही थी। नई कविता की व्यक्तिवादी प्रवृत्ति विचारधारा

के स्तर पर अस्तित्ववाद से जुड़ी हुई थी, उसकी दूसरी अभिव्यक्ति रूमानियत में भी हो रही थी। इस काल की कविता में जो रूमानी प्रवृत्ति है, उसे रोमांटिसिज्म कहना उचित नहीं लगता क्योंकि दुनियाभर के रोमांटिसिज्म में विद्रोह की जो चेतना रही है वह नई कविता की रूमानियत में नहीं है। अज्ञेय, भारती, गिरिजा-कुमार माथुर, जगदीश गुप्त आदि की कविताओं में कहीं भी सार्थक विद्रोह का भाव नहीं है। वास्तव में नई कविता की रूमानियत का संबंध छायावादी रोमांटिसिज्म की स्वतंत्रता की चेतना और विद्रोह भावना से नहीं है, उसका संबंध तो तीसरे दशक के छायावादोत्तर कवियों, बच्चन, भगवतीचरण वर्मा, अंचल आदि की भोगवादी मनोवृत्ति, और रुग्ण मानसिकता से है। विजयदेवनारायण साही ने अपने बहुचर्चित निबंध 'लघु मानव के बहाने हिंदी कविता पर एक बहस' में तीसरे दशक के इन कवियों की चेतना और अनुभूति से नई कविता का जो आत्मीय संबंध दिखाया है वह सही है, लेकिन साही की चालाकी इस बात में है कि वे तीसरे दशक के इन कवियों की भोगवादी मनोवृत्ति और रुग्ण मानसिकता पर पर्दा डाल देते हैं और उनकी कविता को 'खुमारी और जवानी का काव्य' कहते हैं।

इस काल में कहानी में भी रूमानियत की यह प्रवृत्ति है जो निर्मल वर्मा और धर्मवीर भारती आदि की कहानियों में दिखाई देती है। मोहन राकेश के नाटकों में भी इसका अभाव नहीं है। इस काल के साहित्य में रूमानियत, आध्यात्मिकता और रहस्यवाद की प्रवृत्तियों के मूल में एक आश्वस्त मनोदशा है जो सामंती पूंजीवादी वर्ग की सत्ता के क्रमशः मजबूत होने से पैदा हुई थी। इस दौर में कविता, कहानी, उपन्यास आदि के क्षेत्र में कुछ ऐसे रचनाकार भी थे जो सामाजिक वास्तविकता को और सत्ता द्वारा निर्मित भ्रमों की असलियत को पहचानते हुए एक प्रकार की आंतरिक बेचैनी से गुजर रहे थे। इस आत्मनिष्ठता के दौर में कविता में अगर अनुभूति की ईमानदारी तथा प्रामाणिकता की मांग हो रही थी तो कहानी में भोगे हुए यथार्थ का नारा चल रहा था।

आधुनिक भावबोध कविता, कहानी, उपन्यास के क्षेत्र में यथार्थविरोधी धारा के साहित्यकारों के लिए आस्था की चीज थी। इसमें आधुनिकताबोध आत्मबोध का पर्याय हो गया था और वह आत्म भी खंडित, विभाजित, कुंठित और समाज से कटा हुआ था। यह आधुनिकता यथार्थ के विरुद्ध स्वप्न को, परंपराबोध के विरुद्ध क्षणबोध को, समाज के विरुद्ध व्यक्ति को और इतिहास के विरुद्ध मिथक का साहित्य में प्रचारित कर रही थी। अनास्था, कुंठा, घुटन, निराशा, आत्मरति, आत्मपरायापन और अजनबीपन को उलझे बिंबों, जटिल प्रतीकों और अमूर्त्तन के सहारे व्यक्त करने को ही आधुनिकता कहा जाता था। मुक्तिबोध ने इस आधुनिकतावाद की असलियत खोलते हुए लिखा है :

इस आधुनिक भावबोध में उन उत्पीड़नकारी शक्तियों का बोध शामिल नहीं है जिन्हें हम शोषक कहते हैं, पूंजीवाद कहते हैं, साम्राज्यवाद कहते हैं तथा उन संघर्षकारी शक्तियों का भी बोध शामिल नहीं है जिसे जनता कहते हैं, शोषित कहते हैं। (नए साहित्य का सौंदर्यशास्त्र, पृ. 59)।

मुक्तिबोध रचना और आलोचना दोनों ही स्तरों पर इस आधुनिकतावाद के खिलाफ लगातार संघर्ष करते रहे।

इस काल के कथा साहित्य में भी यथार्थवादी और यथार्थविरोधी प्रवृत्तियों का संघर्ष दिखाई देता है। नई कहानी में धर्मवीर भारती, मोहन राकेश, उषा प्रियंवदा, निर्मल वर्मा आदि की व्यक्तिवादी, रूमानी और आधुनिकतावादी रचना-दृष्टि के विपरीत अमरकांत, मार्कंडेय, शेखर जोशी, भीष्म साहनी की कहानियां हैं जिनमें भारतीय जनता के जीवन के यथार्थ का चित्रण हुआ है। रेणु के कथा साहित्य में यथार्थवाद और रूमानियत का मेल दिखाई देता है। 'मैला आंचल' में यथार्थवाद का नया रूप प्रकट हुआ है, उसमें व्यक्त एक अंचल के विशिष्ट स्वरूप और स्थानीय रंग को रोमांटिसिज्म कहना ठीक नहीं है। अज्ञेय 'तार सप्तक' की तरह का एक प्रयोग 'बारह खंभा' (1951-52 ई.) के रूप में उपन्यास में भी कर रहे थे। 'नदी के द्वीप', 'पथ की खोज', 'सूरज का सातवां घोड़ा', 'खाली कुर्सी की आत्मा', 'डूबते मस्तूल', 'अंधेरे बंद कमरे' आदि रचनाओं की व्यक्तिवादी रूमानी परंपरा के विपरीत 'मैला आंचल', 'बूंद और समुद्र', 'बीज', 'वरुण के बेटे' और 'झूठा सच' में यथार्थवादी दृष्टि का विकास हो रहा था। आलोचना के क्षेत्र में एक ओर अज्ञेय, प्रभाकर माचवे, लक्ष्मीकांत वर्मा, विजयदेवनारायण साही आदि कला की स्वायत्तता, जीवनानुभूति और सौंदर्यानुभूति के अलगाव पर बल दे रहे थे तो दूसरी ओर रामविलास शर्मा, मुक्तिबोध, नामवरसिंह आदि हिंदी साहित्य की जनवादी परंपरा की खोज और साहित्य की समाजोन्मुखता को बढ़ावा दे रहे थे। इन आलोचकों ने यथार्थविरोधी प्रवृत्तियों के खिलाफ संघर्ष किया और यथार्थ-वादी रचनाशीलता का समर्थन किया। इस काल की आलोचना विचारधारात्मक संघर्ष की तेजस्विता के कारण स्मरणीय है।

1959 ई. में 'तीसरा सप्तक' प्रकाशित हुआ। 1959-60 ई. में नई कविता के अनेक कवियों के संग्रह सामने आए। एक प्रकार से नई कविता और नई कहानी के आंदोलन अब निस्तेज होने लगे थे। 'नई कविता' के अंक 5-6 (1960-61 ई.) में 'नई कविता की वर्तमान स्थिति' पर एक परिचर्चा आयोजित हुई थी जिसमें दो कवियों और दो आलोचकों ने हिस्सा लिया था। इस परिचर्चा में देव-राज ने लिखा था कि 'नई कविता की संभावनाएं खत्म हो चुकी हैं। और शंभु-नाथ सिंह का मत था कि 'नई कविता अपने को दोहराने लगी है।' इस आंदोलन

के संचालकों द्वारा इसके मूल्यांकन पुनर्मूल्यांकन के प्रयास से ही इसकी ह्रासोन्मुखता का संकेत मिलता है। इसी अंक में संपादक जगदीश गुप्त ने नई कविता और अकविता के संबंध पर भी विचार किया है। 1960-61 ई. के बाद कविता और कहानी के क्षेत्र में नई प्रवृत्तियां उभरने लगी थीं। अकविता के साथ अकहानी की शुरुआत हो रही थी।

यहीं इस सवाल पर भी विचार करना जरूरी है कि क्या 1962 ई. के भारत चीन सीमासंघर्ष के कारण हिंदी साहित्य में कोई बुनियादी परिवर्तन हुआ था ? कुछ लोगों का विचार है कि ऐसा हुआ था। मुझे ऐसा लगता है कि इस घटना का हिंदी साहित्य पर कोई निर्णायक प्रभाव नहीं पड़ा और 1962 ई. को हिंदी साहित्य का कोई ऐतिहासिक मोड़ नहीं कहा जा सकता। भारत चीन सीमा-संघर्ष से प्रेरित जो अतिरंजनापूर्ण भावोच्छ्वासमयी और उग्र राष्ट्रवाद से लबा-लब कविताएं और कहानियां लिखी गई थीं, उनमें न तो साहित्यिक विवेक था और न राजनीतिक विवेक। यही कारण है कि इस घटना से प्रेरित एक भी रचना स्वातं-त्र्योत्तर हिंदी साहित्य के इतिहास में उल्लेखनीय नहीं है। कहा जाता है कि इस घटना से इस देश के बुद्धिजीवियों का स्वप्न भंग हुआ। सवाल यह है कि इस काल में स्वप्न, भ्रम और मोह के शिकार कौन लोग थे ? नागार्जुन, केदारनाथ अग्रवाल, मुक्तिबोध, यशपाल, अमरकांत आदि के साहित्य से यही सिद्ध होता है कि जनता के जीवन और समस्याओं से जुड़े हुए रचनाकार उस दौर में स्वप्न, भ्रम या मोह के शिकार नहीं थे। तो क्या उन नई कवितावादियों का मोह भंग हुआ था जो निरंतर साहित्य को राजनीति से अलग रखने की वकालत करते हुए शासक वर्ग के असली रूप को व्यक्तिस्वातंत्र्य, विवेक, मानवमूल्य, दायित्व, मर्यादा, आत्मा-न्वेषण, व्यक्तित्व की खोज और आत्मपरक ईमानदारी आदि के रंगीन पर्दे से ढकने की कोशिश करते थे ?

1960-61 ई. के बाद इस देश से शासक वर्ग के वादों और असलियत के बीच का भेद खुलने लगा था। संसदीय राजनीति में निहित व्यंग्य प्रकट हो रहा था। नई कविता और नई कहानी का रंगीन रोमानी कुहासा फट रहा था। साठो-त्तरी पीढ़ी के रचनाकार राजनीतिक स्तर पर विकल्पहीनता की स्थिति और साहित्य में दिशाहीनता की स्थिति का सामना कर रहे थे। ऐसे ही समय में अकविता और अकहानी जैसी प्रवृत्तियां सिर उठाने लगी थीं। इसके बाद तो कविता और कहानी में नएनए आंदोलन चलाने और नएनए नामों की खोज करने का फैशन चल पड़ा। नई कविता के अंक 8 (1966-67 ई.) में जगदीश गुप्त ने 'किसिम किसिम की कविता' की चर्चा करते हुए लगभग 45 किसिम की कविताओं का नामोल्लेख किया है। कहानी के क्षेत्र में भी उस समय नामों की संख्या इससे कुछ ही कम होगी। नामकरण के इस दौर में फर्क केवल नाम का ही रह गया था।

इस दौर के साहित्य को आक्रोश, विद्रोह, आक्रामकता, असहमति, अस्वीकृति, निषेध और मोह भंग आदि का साहित्य कहा गया है।

इस काल के हिंदी साहित्य में आक्रोश और अस्वीकृति की जो अभिव्यक्ति हो रही थी वह हिंदी क्षेत्र तक ही सीमित न थी। बंगला, मराठी, तेलुगु में भी इस प्रकार का साहित्य लिखा जा रहा था। हिंदी की भूखीनंगी, क्रुद्ध, बिटनिक पीढ़ियों पर बंगला की समानधर्मा प्रवृत्तियों का गहरा प्रभाव था। राजकमल चौधरी बंगला और हिंदी के बीच पुल का काम कर रहे थे। इस पीढ़ी के रचनाकारों ने परंपरा, इतिहास, आस्था आदि को पूर्णतः अस्वीकार कर दिया था। हर चीज को सही नाम देने के प्रयत्न में साहित्य कुत्सित नामों का कोश बन गया। इस दौर का साहित्य आदमी को सभ्य बनाने के बदले उसकी बर्बर और आदिम मनोवृत्तियों को जगाने का साधन बन गया था। अराजकता इस दौर के साहित्यिक और राजनीतिक दृष्टिकोण की मुख्य विशेषता थी।

एक विचारणीय सवाल यह है कि इस साठोत्तरी पीढ़ी का नई कविता और नई कहानी से क्या संबंध था? पिछले दौर में जो व्यक्तिवाद था वह इस दौर में अपनी चरम सीमा तक पहुंच गया। इतिहास और परंपरा से मुक्ति की कामना नई कवितावादी भी कर रहे थे, नई पीढ़ी ने इतिहास और परंपरा से मुक्ति का निर्णय ले लिया था। पिछली पीढ़ी की अनास्था में आस्था थी, नई पीढ़ी की किसी भी चीज में आस्था नहीं रही। जिस अस्तित्ववाद की चर्चा नई कविता के संदर्भ में की जाती है, उसका सर्वाधिक प्रभाव इसी नए दौर में प्रकट हुआ। श्रीकांत वर्मा, राजकमल चौधरी, जगदीश चतुर्वेदी, शरद देवड़ा, कामतानाथ, कैलाश वाजपेयी, महेंद्र भल्ला, सौमित्र मोहन, मुद्राराक्षस आदि की रचनाएं नई कविता और नई कहानी में निहित प्रवृत्तियों को ही चरमांत तक पहुंचा रही थीं। नई कविता और नई कहानी वालों की ओर से क्रमशः भारती और कमलेश्वर ने साठोत्तरी पीढ़ी पर अराजनीतिक, अराजक और नकली अस्तित्ववादी होने का आरोप लगाया था। नई कविता और नई कहानी से साठोत्तरी पीढ़ी के संबंध को स्पष्ट करते हुए नामवरसिंह ने ठीक ही लिखा है :

> इस प्रवृत्ति की नींव उसी दिन पड़ गई थी जब साहित्य में शीतयुद्ध का व्यक्ति स्वातंत्र्यवादी नारा बुलंद किया गया और इतिहास ने प्रमाणित कर दिया कि अंध कम्युनिस्ट विरोध क्रमशः किस प्रकार राजनीति विरोध और विचारधारा विरोध की सीढ़ियां उतरता हुआ कोरे अनुभववाद के सहारे अंततः देह की राजनीति में समाहित हो जाता है। ('आलोचना', अप्रैल-जून-1967)।

यह दौर मुख्यतः यथार्थवाद विरोधी दौर है। इसमें अगर यथार्थ कहीं है तो वह एक लोटा पानी में एक बूंद दूध के समान है। असल में इस दौर में नई कविता

और नई कहानी की राजनीतिक और साहित्यिक प्रवृत्तियों का ही पतनशील रूप प्रकट हुआ।

स्वातंत्र्योत्तर हिंदी साहित्य के विकास में दूसरा ऐतिहासिक मोड़ 1967 ई. में आया। 1967 ई. तक आतेआते जनता शोषक वर्ग के भ्रमों से मुक्त हो रही थी। वह सामंतवाद, पूंजीवाद और साम्राज्यवाद के शोषण से कराह रही थी। सरकार के भूमिसुधार के झूठे प्रयासों और समाजवाद के झूठे नारों की कलई खुल गई थी। पंचवर्षीय योजनाओं से जो भी विकास हो रहा था उससे अमीरी और गरीबी की खाई बढ़ती ही जा रही थी। जनता देशी विदेशी शोषण और उस शोषण को बनाए रखने वाली सत्ता से मुक्ति चाहती थी। जनता परिवर्तन के लिए बेचैन थी परंतु उसके सामने विकल्प बहुत स्पष्ट नहीं थे। जाग्रत जनचेतना की सामाजिक राजनीतिक परिवर्तन की आकांक्षा 1967 ई. में दो रूपों में व्यक्त हुई : एक तो 1967 ई. के आम चुनाव में और दूसरे नक्सलबाड़ी की कृषिक्रांति की शुरुआत में। यह विवाद का विषय हो सकता है कि हिंदी साहित्य पर निर्णायक प्रभाव किसका पड़ा, 1967 ई. के चुनाव में 'राजकीय सत्ता के ढांचे में एकाधिकार के टूटने' का या 'नक्सलबाड़ी' की 'कृषिक्रांति' का ? फिलहाल इस विवाद को छोड़कर यही कहा जा सकता है कि इन दोनों में जनचेतना के नए जागरण की अभिव्यक्ति हुई थी। 1967 ई. के चुनाव में जनता की परिवर्तन की इच्छा व्यक्त हुई थी और नक्सलबाड़ी की कृषिक्रांति में आमूल परिवर्तन के लिए क्रांतिकारी प्रयत्न हुआ था। 1967 ई. की इस नई राजनीतिक स्थिति और जनचेतना के नए उभार से जागरूक और संवेदनशील साहित्यकार अछूते कैसे रह सकते थे ? उस समय के राजनीतिक परिवर्तन के बारे में सभी लेखक एकमत न थे। कुछ लेखक संसदीय लोकतंत्र की संभावनाओं के प्रति आश्वस्त थे, वे भारतीय लोकतंत्र के इस महान प्रयोग में योगदान के लिए तत्पर थे, तो कुछ लेखक 'चुनाव संहिता' के आधार पर बनी सरकार से बहुत अधिक उम्मीद नहीं करते थे। अप्रैल-जून, 1967 की 'आलोचना' में 'चुनाव के बाद भारत' शीर्षक संवाद में भाग लेते हुए राजकमल चौधरी ने लिखा था : 'जब तक देश की अर्थव्यवस्था और शासन-व्यवस्था में आमूल, संपूर्ण और क्रांतिकारी परिवर्तन नहीं होगा, हमारा देश और हमारे देश का मनुष्य स्वाधीन नहीं होगा। यह काम चुनाव संहिता के आधार पर बनी सरकार से संभव न होगा।' ऐसी स्थिति में, राजकमल चौधरी के अनुसार, 'लेखकों और कवियों का सामाजिक कर्तव्य होता है कि वे जनता को सही जानकारी दें, उसकी स्थिति के विषय में और उसकी मुक्ति के विषय में। आमूल परिवर्तन के लिए जनता को प्रस्तुत करना हम लोगों का कर्त्तव्य है।'

समाज में जब क्रांतिकारी परिवर्तन की भूमिका तैयार होने लगती है और जन चेतना में क्रांतिकारी उभार आता है तो साहित्य में भी उसके प्रभाव परि-

लक्षित होते हैं। 1967 की व्यापक जन जागृति का स्वातंत्र्योत्तर हिंदी साहित्य पर एक प्रभाव तो यह पड़ा कि साठोत्तरी पीढ़ी के ऐसे अनेक लेखक और कवि जो 'जांघों के जंगल में पिकनिक' मना रहे थे वे भी इस नए राजनीतिक सामाजिक वातावरण के प्रति सजग सचेत हुए। धूमिल, श्रीराम शुक्ल, मुद्राराक्षस, लीलाधर जगूड़ी आदि अस्वीकार के रेगिस्तान से निकलकर समकालीन सामाजिक राजनीतिक यथार्थ की हलचलों को पहचानने लगे। 1967 ई. की इस जन जागृति का दूसरा परिणाम यह हुआ कि नए सिरे से सारे देश में प्रगतिशील आंदोलन पुनः संगठित होने लगा। हिंदी, बंगला, मराठी, तेलुगु, पंजाबी आदि भाषाओं में प्रगतिशील और क्रांतिकारी लेखकों के संगठन बनने लगे। एक बार फिर यथार्थवादी रचनादृष्टि का प्रभाव बढ़ा। लगभग दो दशकों के बाद हिंदी साहित्य शहरी मध्यवर्गीय दायरे से निकलकर किसानों-मजदूरों की चिंता करने लगा। कविता, कहानी, उपन्यास के क्षेत्र में यथार्थविरोधी प्रवृत्तियां कमजोर हुईं और यथार्थवाद के विभिन्न रूपों का विकास होने लगा।

1967 ई. के सामाजिक राजनीतिक वातावरण से प्रभावित रचनाकारों की एक नई पीढ़ी अखिल भारतीय स्तर पर उभरकर सामने आई। हिन्दी में आलोकधन्वा, कुमार विकल, पंकजसिंह, विष्णुचंद्र शर्मा, विजेंद्र, वेणुगोपाल, कुमारेंद्र पारसनाथसिंह, मंगलेश डबराल, ज्ञानेंद्रपति, अरुण कमल, ज्ञानरंजन, काशीनाथसिंह, रमेश उपाध्याय, स्वयंप्रकाश, जगदीशचंद्र, जगदंबाप्रसाद दीक्षित आदि रचनाकारों की नई पीढ़ी जनवादी रचनाशीलता के नए उत्थान को समृद्ध करने लगी। इसके अलावा पुरानी पीढ़ी के नागार्जुन, केदारनाथ अग्रवाल, त्रिलोचन, शमशेर, केदारनाथसिंह, अमृतलाल नागर, भीष्म साहनी, राही मासूम रज़ा आदि की रचनाओं में भारतीय जनता के सुखदुख, आशा निराशा, जन संघर्ष और नई जनचेतना की अभिव्यक्ति हो रही थी।

इस देश का शोषक शासकवर्ग जनचेतना के इस नए उभार और उसकी क्रांतिकारी अभिव्यक्ति से भयभीय होकर एक बार फिर निर्ममतापूर्वक किसानों मजदूरों के क्रूर दमन पर उतारू हो गया। लोकतंत्र और स्वतंत्रता की पवित्र पोशाक उतारकर वह नंगे रूप में सामने आया। 1967 से 1972 ई. के बीच हजारों क्रांतिकारियों को जेलों में ठूंस दिया गया और हजारों की निर्मम हत्या की गई। 1972 ई. में बंगाल में चुनाव का जो नाटक हुआ उसको देखकर नागार्जुन ने लिखा था: 'अब तो बंद करो हे देवी यह चुनाव का प्रहसन।' शासनवर्ग का आर्थिक संकट क्रमशः गहरा होता गया और सत्ता की कठोर दमनकारी नीति के बावजूद जब किसानों और मजदूरों का मुक्तिसंघर्ष न रुका तो 1975 ई. में आपात्काल की घोषणा करके लोकतंत्र के नाटक का पर्दा गिरा दिया गया। इस आपात्काल में सबसे अधिक दमन वामपंथी पार्टियों का और वामपंथी पार्टियों

तथा संघर्षशील जनता से सहानुभूति रखनेवाले लेखकों का हुआ। अभिव्यक्ति की स्वतंत्रता पर पूर्णतः प्रतिबंध लग जाने के कारण अचानक जनवादी यथार्थवादी लेखक अभिव्यक्ति के संकट से घिर गए। इस दौर में ईमानदारी से यथार्थ और सच्चाई की अभिव्यक्ति करना असंभव हो गया क्योंकि ईमानदार लेखन होने का मतलब व्यवस्थाविरोधी लेखक होना था। इस आपात्काल में भी उन लेखकों को कोई परेशानी नहीं हुई जो अंधेरे के गीत गाने लगे या फिर उनको भी कोई परेशानी नहीं हुई जो 'जैसी बहे बयार पीठ तब तैसी कीजै' की कला में माहिर थे। विशुद्ध कला की आराधना करनेवाले सत्ता की पूजा में सबसे आगे रहे। दूसरों पर 'धुरीहीनता' का आरोप लगाने वाले सत्ता की धुरी के चारों ओर चक्कर लगाने लगे। इस काल में भी जनवादी यथार्थवादी लेखकों ने जनजीवन के संकट और जन संघर्ष की अभिव्यक्ति का प्रयास किया। यह जरूर हुआ कि आपात्काल के कारण जनवादी यथार्थवादी लेखन के रूप में थोड़ा फर्क आया। आपात्काल के पहले की चीत्कार फूत्कार की शैली के बदले अधिक गंभीर, संयत और संतुलित शिल्प का विकास हुआ।

जनता के राजनीतिक विवेक के कारण देश आपात्काल के अंधेरे से 1977 ई. में बाहर आया। अब प्रगतिशील साहित्य अधिक शक्ति और संयम के साथ विकसित हो रहा है। आजकल यथार्थवादी साहित्य की साख बढ़ी है और यथार्थविरोधी साहित्य की साख घटी है। इस बीच में एक नई और अच्छी बात यह हुई है कि पुरानी पीढ़ी के नागार्जुन, केदारनाथ अग्रवाल, त्रिलोचन, शमशेर और केदारनाथसिंह की हाल की कविताओं में जनवादी यथार्थवादी रचनाशीलता का अधिक उन्नत रूप प्रकट हो रहा है। खास तौर से शमशेर और केदारनाथ सिंह की कविताओं में तो गुणात्मक परिवर्तन देखा जा सकता है।

1967 ई. के बाद जनवादी रचनाशीलता के नए उत्थान के साथसाथ हिंदी आलोचना का भी विकास हुआ है। आलोचना का विकास और उसका स्तर बहुत कुछ रचना के विकास और उसके स्तर पर निर्भर होता है। 1967 ई. के बाद की मार्क्सवादी आलोचना की एक विशेषता यह है कि इसने समकालीन लेखन के साथ जीने का प्रयत्न किया है। दूसरी विशेषता यह है कि इसने हिंदी साहित्य में फैली नई पुरानी रूपवादी प्रवृत्तियों के खिलाफ संघर्ष किया है और कर रही है। इस दौर में पुरानी पीढ़ी के कुछ आलोचक परंपरा को लाठी की तरह भांजते हुए नए रचनाकारों को डराने की कोशिश करते रहे हैं तो कुछ दूसरे आलोचक अब भी रीतिकालीन साहित्य बोध या फिर आधुनिक रूपवादी साहित्य बोध का प्रचार करते हुए दिखाई देते हैं। इसी दौर में रूपवादी रुझान का एक रूप पश्चिम के शैलीविज्ञान और भारतीय काव्यशास्त्र के रूपवादी तत्वों के अनमेल मिश्रण के रूप में सामने आ रहा है। बुर्जुआ 'विज्ञान' और सामंती 'रीति' की एकता से

निर्मित 'रीतिविज्ञान' के रूपवाद से मार्क्सवादी आलोचना का संघर्ष हो रहा है।

यह ठीक है कि आजकल जनवादी यथार्थवादी साहित्य के सामने व्यक्तिवादी और यथार्थविरोधी साहित्य कमजोर दिखाई दे रहा है, वह सामान्य पाठकों के द्वारा तिरस्कृत हो रहा है। लेकिन इसका यह तात्पर्य नहीं है कि यथार्थवादी और यथार्थविरोधी रचनादृष्टियों का संघर्ष समाप्त हो गया है। ऐसा तब तक संभव नहीं है जब तक राजसत्ता सामंती पूंजीवादी शोषकवर्ग के हाथों में है। विश्वास के साथ यही कहा जा सकता है कि जनता के मुक्तिसंघर्ष और जनवादी राजनीति की गति के साथ ही जनवादी यथार्थवादी साहित्य का भविष्य भी जुड़ा हुआ है।

अनुक्रमणी